화법 교육을 위한 의사소통 이론

3판

화법 교육을 위한 의사소통 이론

2013년 8월 20일 초판 1쇄 펴냄
2016년 2월 29일 개정판 1쇄 펴냄
2023년 8월 30일 3판 1쇄 펴냄
2024년 8월 28일 3판 3쇄 펴냄

지은이 박재현
편집 이소영·조유리
디자인 김진운
본문조판 아바 프레이즈
삽화 곽두식(이주신)

펴낸이 윤철호
펴낸곳 ㈜사회평론아카데미
등록번호 2013-000247호(2013년 8월 23일)
전화 02-326-1545
팩스 02-326-1626
주소 03993 서울시 마포구 월드컵북로6길 56
이메일 academy@sapyoung.com
홈페이지 www.sapyoung.com

ISBN 979-11-6707-116-3 93370

3판

화법 교육을 위한 의사소통 이론

박재현 지음

사회평론아카데미

3판 머리말

2013년에 초판이 나왔으니, 10년 만에 3판을 내게 되었다. 이번 3판에는 독자나 수강생의 피드백을 반영하였다. 직접 수업을 하면서 느끼는 학생의 반응에 따라 설명이 필요한 부분은 내용을 추가하고, 다듬어야 할 부분은 보완하였다. 그동안 제대로 다루지 못한 네 가지 담화 유형인 토의, 협상, 면담, 발표를 11장과 12장으로 추가하였다. 부분적으로는 대화 부분에 비폭력 대화 이론을 추가하고, 논증 부분에 논증의 구성 요소를 정비하였다. 장과 절의 제목도 담화 유형과 세부 주제가 잘 드러나도록 바꾸었으며, 무엇보다 제목을 '화법 교육을 위한 의사소통 이론'으로 변경하였다. 새롭게 추가한 담화 유형은 모두 화법 영역에서 다루는 것이고 대부분의 내용을 화법 교육에 맞도록 다듬었기 때문이다.

새로운 판을 내면서 필자로서 가장 감사한 분은 독자 한 분 한 분이다. 나의 말에 귀 기울여 주는 사람이 고맙듯이 내가 쓴 글을 한 줄씩 읽어 주신 독자분께 감사의 마음을 전한다. 늘 마음으로 응원해 주시고 기도해 주시는 부모님, 든든하게 가정을 이끌어 주고 응원해 주는 아내, 초판 출간 때는 어린 학생이었는데 늠름한 군인이 된 아들 준석이, 언제나 사랑스러운 딸 서연이에게도 고마운 마음이 크다. 아무것도 모르던 학부 시절 작은 잠재력을 신뢰해 주시고 학문에 씨를 뿌려 주시고 북돋아 주신 김종윤 교수님께 특별히 감사드린다. 돌이켜 보면 공부하던 시기는 학업의 수준과 마음가짐이 여러모로 설익었었다. 서툰 유학생의 보고서에 늘 친절하게 피드백을 적어 주셨던 가우란(Gouran) 교수님, 학문하는 사람의 마음가짐과 실천을 삶으로 보여 주신 민현식 교수님께도 감사드린다. 그 시절 함께 공부하며 함께 성장했던 선후배와 동료들에게도 감사한 마음이 크다. 이 책의 한 문장 한 문장을 적어 나갈 수 있는 양분과 힘은 모두 주변에서 나를 지지하고 응원해 주신 분들 덕분이다. 사회평론아카데미 출판사는 나와 독자를 잇는 가교 역할을 10년 동안 충실히 해 주었다. 권현준 대표와 3판 원고를 꼼꼼하게 읽고 다듬어 준 편집자들에게도 감사의 마음을 전한다.

2023년 8월 1일
박재현 씀

머리말

 가장 맛있는 요리는 한 사람을 생각하며 만든 요리라는 말을 들은 적이 있다. 나 역시 한 사람을 생각하며 글을 쓰고자 하였다. 엄밀하게 따지면 한 사람은 아니다. 그 사람은 오늘도 열심히 우리의 아이들에게 우리말로 소통하는 방법을 가르치고 모범을 보이는 이 땅의 국어 선생님들이다. 또는 그러한 마음을 품고 꿈을 키우고 있는 예비 국어 선생님들이다. 이 책을 그분들에게 마음의 선물로 드리고자 한다.

 '共感', 이 책을 쓰며 크게 깨닫고 배운 개념이다. 하나의 개념이라기보다는 사상인 동시에 실천의 원리이다. '소통'의 필요성을 절감하는 시대에 그 방법을 전하는 무수한 이야기 중에서 공감은 소통의 본질을 관통하는 중요한 원리라는 것을 이 책을 쓰며 깨달았다. 공감이란 내 앞에 마주한 사람의 생각과 감정의 미동에 주목하여 그 움직임의 결을 따라 내 마음을 쏟는 일이다. 이때 상대를 바라보는 눈빛과 공감을 드러낸 말은 상대에게 적지 않은 위로가 된다. 이 행위는 효과적인 대화와 설득력 있는 연설의 선결 요건이다. 이 책에서 한 단어를 선택하라고 하면 분명 그것은 '共感'일 것이다.

 이 책을 쓰는 동안 제목에 있는 '국어 교육을 위한'이라는 말이 부여한 무거운 임무를 잊지 않고자 계속 신경을 곤두세웠다. 10개의 장에 20개의 주제를 담았다. 모든 주제는 철저하게 국어과 교육과정을 바탕으로 하였다. 국어과 교육과정의 성취 기준과 그 설명에 담긴 개넘들의 이론적 바탕을 설명하는 것을 소임으로 여겼다. 각 주제 마지막에 '국어 교육에서 고려할 점'이라는 부분에는 설명한 이론이 교육 현장에 어떻게 적용되어야 하는지에 대한 생각을 담아 두었다. 본문 중간에 '선생님께'라는 부분은 함께 생각해 보고 싶은 내용을 선생님께 드리는 편지글처럼 적어 놓았다.

필요할 때마다 지혜와 용기를 주셔서 이러한 결실을 맺게 해 주신 하나님께 감사드린다. 책의 출간을 앞두고 감사의 마음을 전할 분들이 꽤 많다. 자식이 하는 일을 늘 기도하는 마음으로 응원하시는 든든한 버팀목이신 부모님, 학자의 삶이 어떠해야 하는지를 실천으로 보여 주시는 민현식 교수님, 한 가족처럼 국어 교육의 일을 함께 하고 있는 학과의 교수님들, 초고로 수업을 진행하며 알찬 피드백을 해 주고 장 제목을 훨씬 사람 냄새 나게 만들어 준 이관희 선생, 꼼꼼하게 편집하여 주신 사회평론의 교양학술팀원들, 가르치는 말과 평소 언행의 괴리를 누구보다 잘 알지만 묵묵히 눈 감아 주며 마음으로 지지해 주는 아내, 그리고 이론은 알지만 그렇게 실천하지 못하여 늘 미안한 아들 준석과 딸 서연이, 모두에게 두 손을 모아 감사의 마음을 전한다.

이번 개정판에는 2013년 초판을 낸 후 직접 강의를 하면서 어색하게 여겨졌던 부분과 주변에서 보완이 필요하다고 알려 주신 부분의 내용을 다듬어서 실었다. 특별히 2015년에 국어과 교육과정이 개정되어 연관된 성취 기준의 새로운 내용을 각 장마다 수록하였다. 그 과정에서 토론 논제의 요건과 반대 신문의 예시 등을 추가하고, '준언어'와 같이 개정된 교육과정에서 학계에서 통용되는 용어를 반영한 것을 수정하였다.

장 지오노의 '나무를 심은 사람'처럼 오늘도 묵묵히 우리 아이들의 마음에 공감하며 이들의 손을 잡아 주고 있는 이 땅의 국어 선생님들에게 이 책이 작은 도움이 되기를 바란다. 거친 흙을 고르고 사랑의 물을 주며 나무를 심는 그 분들의 나무 심기에 부족한 이 글이 밑거름이 되었으면 좋겠다.

2016년 2월 5일
박재현 씀

차례

I

자아 개념과 의사소통 불안

우리는 삶을 살아가면서 의사소통을 잘하고 싶다는 생각을 할 때가 있다. 의사소통을 잘한다고 했을 때 어떤 장면이 떠오르는가? 가족과 친구와 정감 있는 대화를 주고받으며 마음을 나누는 모습, 여러 사람 앞에서 자신감 있게 자신의 신념을 주장하는 상황 등일 것이다. 하지만 일상의 의사소통을 떠올려 보면 그러한 성공적인 장면도 있지만 의사소통에 서툴러 갈등을 빚거나 여러 사람 앞에서 당혹감을 경험한 장면도 적지 않다. '나는 늘 왜 이런 식으로밖에 말을 못하지?', '여러 사람 앞에서 말하는 것은 정말 싫어.' 등과 같은 생각이 마음을 괴롭히지만 뾰족한 해법을 찾는 것은 쉽지 않다.

의사소통의 이론을 다루는 이 책의 첫 번째 장에서는 그러한 문제를 해결하는 실마리로 '자아 개념'에 주목하여 자아 개념과 의사소통 방식의 문제를 다루고자 한다. 사람과 사람의 의사소통은 단순히 이럴 때 이런 말을 해야 한다와 같은 문제가 아니다. 화자인 '나'를 어떻게 인식하고 청자인 상대를 어떻게 인식하느냐에 따라 의사소통의 구도가 달리 설정되며, 언어에 진정한 의미가 부여되는 것이다. 즉, 의사소통을 잘하기 위해서는 우선 '나'에 대한 이해가 선행되어야 한다.

의사소통과 관련된 자아 개념을 살펴본 후 이와 연관하여 '의사소통 불안'이라는 주제도 함께 다룰 것이다. 우리는 친한 친구와 대화할 때는 전혀 떨지 않지만 대중 앞에서 연설해야 하는 상황에서는 극심한 불안감을 느끼고는 한다. 의사소통 불안의 원인은 다양하지만 의사소통과 관련된 자아 개념이 긍정적이지 못할 경우 의사소통 불안으로 이어질 가능성이 매우 높다. '의사소통과 자아 개념'과 '의사소통 불안'의 현상을 설명한 이론을 통해 내가 가지고 있는 의사소통의 문제점을 객관적으로 조망해 보고 해결의 단서를 찾아보도록 하자.

1. 의사소통과 자아 개념

인간의 의사소통 현상을 설명하는 의사소통 이론 중에서 교육적으로 가장 선행되어야 할 이론은 우선 화자 자신에 대한 이해와 관련된 것들이다. 의사소통의 상황이나 상대에게 문제가 있거나 언어의 형식적 차원에도 문제가 있을 수 있지만, 화자의 내면에 대한 이해가 선행되지 않는다면 문제를 해결하는 첫 단추를 잘못 끼울 소지가 있다. 여기서는 자아 개념이 타인과의 의사소통을 통해 형성되며 이렇게 형성된 자아 개념이 타인과 소통하는 자신의 의사소통 방식을 형성하는 순환과 고착의 과정을 중점으로 관련 이론을 살펴보도록 한다.

1) 자아 개념의 형성 과정

(1) 자아 개념의 의미

자아 개념(self-concept)이란 개인이 가지고 있는 능력, 성격, 태도, 느낌 등을 모두 포괄하는 자기 자신에 대한 주관적인 견해이다. 예를 들면 "나는 어떤 성격을 가진 사람인가?", "나의 능력은 어떠한가?" 등의 질문에 대해 "나는 부지런한 사람이다." 또는 "나는 바이올린 연주를 잘한다."와 같이 스스로 제시한 답을 의미한다. 이 자아 개념은 긍정적 자아 개념과 부정적 자아 개념으로 구분할 수 있는데, 이분법적인 것이 아니라 긍정과 부정의 양극단을 가진 연속체로 보아야 한다.

개인의 자아 개념은 여러 차원으로 구성되어 있다. 우선 "나는 내성적이다."와 같이 자신의 내적 성품이나 성향을 나타내는 자아 개념이 있다. 그리고 자신의 외모나 체형 등 신체적 특징에 관한 것들에 해당하는 자아 개념도 있는데 "나는 어깨가 넓은 편이다.", "나는 조금 통통한 체형이다.", "나는 운동신경이 매우 좋다." 등이 이에 해당한다. 사회 공동체에서 자신의 신분, 지위, 역할 등에 해당하는 자아 개념도 있다. "나는 우리 학급의 회장이다.", "나는 우리 집안의 장손이다." 등이 이에 해당한다. 학업과 관련하여 "나는 수학보다 국어를 잘한다."와 같은 자아 개념을 가지고 있을 수도 있다.

(2) 자아 개념의 형성

이러한 자아 개념은 개인의 내부에 있는 것이지만, 개인의 내부에서 자생한 것이라기보다는 타인에게서 들은 '나'와 관련된 메시지에 영향을 받아 형성된 것이다.

사례 **교사의 피드백이 학생의 자아 개념에 미치는 영향**

중학교 1학년인 선영이는 어렸을 때부터 글쓰기를 좋아하였다. 선영이는 새로 부임하신 김 선생님이 평소 좋아하는 국어 과목을 맡게 되어 기분이 좋았다. 독서 감상문을 쓰는 과제를 해 온 국어 시간에 김 선생님께서 선영이의 글을 보시고 다른 친구들 앞에서 칭찬해 주셨다.

"어제 여러분이 제출한 감상문을 모두 읽어 보았는데 선영이의 글이 인상적이었어요. 선영아, 네 글을 보니 감수성도 풍부하고 문장 표현력도 매우 훌륭하더구나. 너는 앞으로 사람들에게 감동을 줄 좋은 작가가 될 잠재력을 갖고 있구나."

선영이는 김 선생님의 칭찬을 듣고 하늘을 나는 것처럼 기분이 좋았다. 시샘하는 주변 아이들이 눈에 들어왔지만 오히려 으스대고 싶은 기분이 더 컸다. 그런데 갑자기 선생님께서 감상문을 앞에 나와서 발표해 보라고 하셨다. '여러 사람 앞에서 말하는 것이 부담스럽다.'라는 생각을 자주 해 온 선영이는 매우 당황하였다. 얼떨결에 앞에 나가서 두서없이 감상문의 내용을 말하고는 얼른 자리에 돌아와 앉았다.

조금 전까지 칭찬을 하셨던 선생님의 얼굴이 약간 굳어지는 것 같았다.

"선영아, 너는 글은 참 잘 쓰는데 말하는 것은 조금 서툰 것 같구나. 앞으로 말하는 연습을 조금 더 해야겠는걸."

위 가상의 사례에서 김 선생님의 피드백은 어떠한지 생각해 보자. 선영이의 자아 개념에 어떤 영향을 주었을까? 사실 교사는 항상 긍정적인 피드백만 하는 것은 아니다. 학생의 부진한 부분을 정확히 진단하여 이를 개선하기 위한 지도를 분명하게 할 필요가 있다. 아마도 초임 교사인 김 선생님은 이런 면에서 자신이 한 역할이나 선영이에게 한 말에 대해 아무런 문제의식을 갖지 않을 것이다. 하지만 이 상황을 좀 더 면밀히 보면 평소 말하기에 대한 두려움이 있었던 선영이는 영향력이 큰 존재인 국어 선생님께 명시적인 언어로 "너는 말하는 것이 조금 서툴구나."라는 말을 들었다. 언뜻 보면 지극히 정상적인 교사의 작은 피드백이 성장기의 어린 학생의 말하기 수행에 대한 자아 개념에 커다란 자극을 주는 상황이 발생한 것이다.

선영이는 그다음부터 공식적인 자리에서 여러 사람 앞에서 말하는 것을 더욱 두려워하게 되었을 수 있다. 또한 그러한 특정 상황에서뿐 아니라 타인과 말하는 것 자체를 부담스러워하고 꺼리게 되는 성향이 생겼을 수도 있다.

> 💡 **화법 교사 메모** ···
>
>   화법 교육에서 교사는 부정적인 자아 개념이 형성되는 악순환의 고리에서, 긍정적인 자아 개념이 형성되는 선순환의 고리로 옮겨 주는 역할을 해야 합니다. 화법은 단순히 오류를 지적한다고 해서 고쳐지는 '기술' 차원의 문제가 아니라 개인의 내면 깊은 곳의 자아 개념과 관련 있는 것이기 때문에, 교수학습 방법을 설계하거나 학생을 상대로 피드백을 할 때 이에 대한 세심한 배려가 필요합니다. 오류를 교정해 주는 과정은 반드시 필요하지만 자아 개념에 상처를 준다면 부작용이 더 클 수도 있습니다. 화법의 수행 차원에서는 오류를 지적하더라도 "너는 어떠하다."라는 식의 자아 개념을 규정하는 말을 할 때는 특별히 조심할 필요가 있습니다. 부정적인 피드백을 하더라도 칭찬할 부분을 찾아 가능하면 긍정적인 피드백과 병행하는 것이 바람직합니다.

(3) 중요한 타인

성장기에 자아 개념에 큰 영향을 미치는 사람들을 중요한 타인(significant others)이라고 한다. 부모, 교사, 친구 등이 해당한다. 다른 사람들이 하는 말은 그다지 기억에 오래 남지 않지만 이 중요한 타인들이 "너는 어떠하다."라고 '너'를 주어로 하는 말은 성장기 청소년들에게 커다란 영향을 준다. 교사나 부모의 피드백의 내용과 소통 방식이 청소년의 자아 개념에 미치는 영향은 매우 크다. 교사나 부모와 더불어 친구에게 들은 '나'에 대한 말의 영향도 매우 크다.

> **💡 화법 교사 메모** ....
>
> 최근 학생들끼리 주고받는 말은 욕설, 비속어, 비하 표현, 차별 표현 등 바람직하지 않은 쪽으로 더욱 심해지고 있는 실정입니다. 친구의 외모나 성적을 비하하고, 민족, 인종, 성별, 장애를 차별하고, 욕설과 비속어로 친구에게 거친 폭언을 하는 청소년들의 언어 실태는 매우 문제적입니다.
>
> 청소년들의 욕설이나 비속어는 친밀감이나 동질감의 표현이고 한시적인 현상이므로 큰 문제가 아니라는 시각도 있습니다. 이러한 시각은 일면 타당하지만 자아 개념이 견고하지 않은 청소년 시기에 친구들에게 지속적으로 욕설을 듣거나 비하 발언을 들어 자아 개념이 부정적으로 형성된다는 점에서는 그 문제가 매우 심각합니다. 본질적인 문제는 주고받는 말의 표현이 품위가 없고 격식에 맞지 않는 것이 아니라, 서로가 서로를 존중하고 존중받아야 할 자아 개념에 씻을 수 없는 상처를 남기고 있다는 것입니다.
>
> 이러한 부정적 언어 표현의 현상은 개인의 심리적인 문제와 맞물려 있고, 가정교육, 교육 환경, 영화나 인터넷 등 무분별한 매체 환경 등 그 원인이 복잡다단합니다. 이에 대한 해결의 책임이 교사에게만 있다고 볼 수도 없습니다. 하지만 학생의 자아 개념이 긍정적이고 건강하게 형성되도록 하기 위해서는 학생들이 서로를 존중하는 의사소통을 하도록 지도해야 할 것입니다.

(4) 거울에 비친 자아

타인에게 영향을 받는 자아 개념의 속성을 잘 설명한 이론으로 거울에 비친 자아(looking-glass self)가 있다. 이는 미국의 사회학자인 Cooley(1902)[1]가 '개인의 자아는 타인의 관점과 사회에서의 대인 상호작용을 통해 성장한다.'라며 자아의 형성 과정을 설명하는 데 사용한 사회심리학 개념으로 '영상적 자아(映像的自我)'[2]라고도 한다. Cooley는 타인과의 상호작용에서 타인에게 비친 자아의 상(像), 혹은 타자의 반응 속에서 형성되는 자아의 상(像)을 중심으로 자아가 형성된다고 하였다. Cooley는 "나는 내가 누구라는 나의 생각도 아니고 내가 누구라는 너의 생각도 아니다. 나는 내가 누구라는 너의 생각에 대한 나의 생각이다."[3]라고 자신의 주장을 제시하였다. 이를 도식으로 나타내면 다음과 같다.

---

1   Charles Horton Cooley(1864-1929). 미국의 사회학자로 미시간 대학교에 재직하였다.
2   『교육학 용어사전』에서는 이를 '영상적 자아'라고 하였다.
3   "I am not what I think I am and I am not what you think I am; I am what I think that you think I am."

A(나)의 생각: └ 'A(나)는 리더십이 강하다.'	×
B(친구)의 생각: └ 'A는 리더십이 강하다.'	×
A(나)의 생각: └ B(친구)의 생각: 　└ 'A는 리더십이 강하다.'	○

Cooley가 말하는 거울에 비친 자아에 의하면 사람은 다음의 세 가지 단계에 의해 자기 자신에 대해 알아 가게 된다. 첫째, 다른 사람에게 보이는 우리의 모습에 대해 상상한다. 둘째, 그 모습에 대한 타인의 판단에 대해 상상한다. 셋째, 자부심이나 굴욕감과 같이 타인의 판단으로 인해 생긴 자기감정(self-feeling)을 통해 자신을 알아 가며 자아가 성장한다.

거울에 비친 자아는 인간 고유의 시스템인데, 일반적으로 다른 사람들이 나를 바람직하게 생각해 주고, 나의 행위를 긍정적으로 인정해 준다고 느끼면 자신을 긍정하고 자신의 행위를 정당하게 생각하게 된다. 거울에 비친 자아는 어린 나이에 시작되어 모든 사회적 상호작용이 정지되지 않는 한 자신의 자아에 대한 수정을 절대 멈추지 않아 한 사람의 삶의 전체에 걸쳐 지속된다.

2) 자아 개념과 의사소통 방식

사람들은 타인의 말에 의해 형성된 자아 개념으로 다시 타인과 의사소통을 하는데, 자신의 자아 개념은 타인과 의사소통하는 방식에 영향을 미친다. 즉, 긍정적인 메시지를 많이 들어서 건강한 자아 개념을 가진 사람은 자신을 적극적으로 드러내며 타인의 반응을 능동적으로 수용하지만, 부정적인 메시지를 주로 들어서 건강하지 못한 자아 개념을 가진 사람은 타인과 의사소통하는 데 소극적이다.

Myers & Myers가 긍정적 자아 개념을 가진 사람과 부정적 자아 개념을 가진 사람의 의사소통 방식에 대해 논의한 내용 중 핵심적인 것만 간추리면 다음과 같다. 이 표를 이분법적으로 보기보다는 양극단의 연속체로 보고 전반적인 성향을 파악하는 것이 바람직하다.

긍정적 자아 개념을 가진 사람	부정적 자아 개념을 가진 사람
독창적인 표현을 사용하고, 풍부한 어휘력을 바탕으로 상황에 적절한 어휘를 사용한다.	자기가 독창적이라고 생각하지 않으므로, 상투적인 표현을 사용한다.("아시다시피", "~것 같아요.")
다른 사람의 인정에 연연하지 않고, 업적에 대해 자기보다는 남을 내세운다.	자신에 대해 비난조로 이야기하거나 자신은 나약한 사람이라고 이야기한다. ("나는 존재주가 없어.")
칭찬을 있는 그대로 적절하게 수용한다.	칭찬을 제대로 받아들이지 못하고 "왜 그래?"라고 묻는 식으로 피상적인 부인을 표현한다.
비난을 모면하는 길을 찾는 데 시간을 소모하지 않는다.	추진한 일의 성과보다 그 결과로 누가 신임을 얻는지 누가 비난을 받는지에 관심을 쏟고, 비난에 지극히 방어적인 태도를 취한다.
오만하지 않지만 자신 있는 태도를 취한다. 모르는 것에 대해서는 "모르겠다."라고, 잘못한 것에 대해서는 "잘못했다."라고 솔직하게 말한다.	자신이나 타인의 성공에 대해 끊임없이 투덜거리거나 비웃는 태도를 취한다.
타인의 감정을 폭넓게 수용하며, 독단적이지 않고, 편견이나 선입견에 사로잡히지 않는다.	타인의 성과나 결정을 객관적으로 수용하지 않고, 혹평함으로써 상대를 비꼰다.

(1) 자아 개념의 순환과 고착

이렇듯 자아 개념에 따라 개인이 선택하는 의사소통 방식에 차이가 나타난다. 자아 개념과 의사소통 방식에 대한 차이에서 중요한 시사점은 자아 개념의 형성이 반복적으로 순환한다는 것이다. 타인이 나에게 한 말이 나의 자아 개념에 영향을 미치며, 이 자아 개념으로 나는 또 타인과 의사소통한다는 것이다. 즉, 부정적인 메시지를 계속 받아서 부정적인 자아 개념이 형성된 사람은, 부정적인 자아 개념을 가진 사람의 의사소통 방식으로 소극적이고 비관적으로 상대를 대하게 된다. 상대는 이러한 의사소통 방식에서 그 사람을 부정적인 사람으로 규정하고, 다시 부정적인 메시지를 전달하게 된다. 이 과정이 순환하면서 부정적인 자아 개념은 고착되며 또 다시 부정적인 의사소통 방식으로 발현된다. 이 '순환'과 '고착'의 문제는 개인에게 치명적이다. 일상의 일시적인 사건처럼 시간이 지나면 자연스럽게 해결되는 다른 문제와 달리, 부정적인 자아 개념으로 인한 의사소통 방식의 부정적 순환 고리는 시간이 지날수록 더욱 악화되며 고착되기 때문이다.

(2) 자기실현적 예언

이러한 순환과 고착의 과정을 잘 설명해 주는 이론이 Rosenthal(1967)의 자기실현적 예언(self-fulfilling prophecy)[4]이다. 자기실현적 예언이란 예언의 영향으로 인해 발생하지 않을 수도 있었던 현상이 예언대로 실제 이루어지는 현상을 의미한다. 즉, '나는 내일 발표를 망칠 거야.', '내가 말하는 것을 사람들이 그리 좋아하지 않아.'와 같은 부정적 자아 개념을 가지고 있는 사람은 그런 방식으로 말을 하고 그로 인해 상대는 부정적 반응을 보이게 된다.

고대 그리스나 고대 인도의 문헌에도 이러한 예가 등장하는데, 사회학자인 Merton[5]이 자신의 책 *Social Theory and Social Structure*(1968)에서 자신의 결혼이 실패할 것이라는 잘못된 믿음을 가진 여성의 두려움이 실제로 결혼 생활의 실패를 야기한다는 말을 하면서 이 용어를 사용하였다.

사례 말하는 대로

한 예능 프로그램에서 인기 연예인이 부른 노래이다. 이 노래의 가사는 말하는 대로 삶이 실현된다는 내용을 담고 있다. '말하는 대로' 된다는 것을 깨닫는 장면은 '자기실현적 예언'의 설명과 맥이 닿아 있다고 볼 수 있다.

나 스무살 적에 하루를 견디고 불안한 잠자리에 누울 때면
내일 뭐하지 내일 뭐하지 걱정을 했지.
두 눈을 감아도 통 잠은 안 오고 가슴은 아프도록 답답할 때
난 왜 안 되지 왜 난 안 되지 되뇌었지.
말하는 대로 말하는 대로 될 수 있다곤 믿지 않았지 믿을 수 없었지.
마음먹은 대로 생각한 대로 할 수 있단 건 거짓말 같았지 고개를 저었지.
그러던 어느 날 내 맘에 찾아온 작지만 놀라운 깨달음이
내일 뭘 할지 내일 뭘 할지 꿈꾸게 했지.
사실은 한 번도 미친 듯 그렇게 달려든 적이 없었다는 것을
생각해 봤기 일으켜 세웠지 내 자신을.

---

4 '자기 충족 예언(自己充足豫言)' 또는 '자성 예언(自成豫言)'이라고도 한다. 'fulfilling'을 '충족(充足)'으로 번역한 논저가 많다. 'fulfill'은 요구(need)와 호응할 때는 '만족, 충족' 등으로 번역하지만 '예언(prophecy)'과 호응할 때는 실제 이루어진다는 뜻의 '실현(實現)'으로 보는 것이 타당하다.

5 Robert King Merton(1910~2003). 미국의 사회학자로 콜롬비아 대학교에서 재직하였다.

말하는 대로 말하는 대로 될 수 있단 걸 눈으로 본 순간 믿어 보기로 했지.

마음먹은 대로 생각한 대로 할 수 있단 걸 알게 된 순간 고갤 끄덕였지.

마음먹은 대로 생각한 대로 말하는 대로 될 수 있단 걸 알지 못했지 그땐 몰랐지.

이젠 올 수도 없고 갈 수도 없는 힘들었던 나의 시절 나의 20대

멈추지 말고 쓰러지지 말고 앞만 보고 달려 너의 길을 가.

주변에서 하는 수많은 이야기 그러나 정말 들어야 하는 건

내 마음속 작은 이야기 지금 바로 내 마음속에서 말하는 대로

말하는 대로 말하는 대로 될 수 있다고 될 수 있다고 그대 믿는다면

마음먹은 대로 생각한 대로 도전은 무한히 인생은 영원히

말하는 대로 말하는 대로 말하는 대로 말하는 대로

자기실현적 예언은 교육 분야에서도 매우 의미 있게 적용된다. 즉, 학습자의 학습 수준이 교사의 기대 수준에 부합하게 일어나는 현상을 의미한다. 교사와 같은 중요한 타인의 기대 수준이 학습자의 수행 능력에 미치는 영향력을 말한다. 개인은 타인이 바라보는 자기 자신에 대한 이미지에 맞추어 행동을 하려는 경향이 있기 때문에 학교 현장에서 교사의 기대 수준에 학습자는 자신의 행위를 맞추고자 노력함으로써 일정 수준의 성취를 하게 되는 것이다. 피그말리온 효과,[6] 속임약 효과[7] 등은 자기실현적 예언과 동일한 의미로 사용된다.

교육 분야의 자기실현적 예언과 관련된 매우 흥미 있는 실험 연구가 있다. 1964년 하버드 대학교 사회심리학과 교수인 Robert Rosenthal과 미국에서 20년 이상 초등학교 교장을 지낸 Lenore Jacobson은 미국 샌프란시스코의 한 초등학교에서 전교생을 대상으로 지능검사를 하였다. 그 후 검사 결과와 상관없이 무작위로 한 반에서 20% 정도의 학생을 선정하

---

6   피그말리온 효과(pygmalion effect): 사람은 진실된 자신보다 남으로부터 기대받는 모습대로 행동하게 된다는 것을 비유한 말. 그리스 신화에 나오는 키프로스섬의 왕 피그말리온이 상아로 만든 여상(女像)을 사랑하고 있는데, 미(美)와 사랑의 여신인 아프로디테(Aphrodite)가 거기에 생명을 불어넣어 아내로 삼게 했다는 전설에서 빌려 왔다. 이 말은 학교 교육이나 생산 활동에서 교사나 책임자가 기대하는 대로 학생과 직공은 능률을 발휘하게 된다는 자기충족적 예언(自己充足的豫言)을 나타내는 데 쓰인다. 학생들에 대한 기본적 신뢰, 학생의 능력에 대한 가능성을 믿지 않고서는 좋은 교육이 기대되지 않는다는 것을 시사한다(출처:『교육학 용어사전』).

7   속임약 효과(placebo effect): 속임약은 실제로는 생리 작용이 없는 젖당, 녹말, 우유 따위로 만든 약을 의미한다. 어떤 약물의 효과를 시험하거나 환자를 일시적으로 안심시키기 위하여 투여한다. 속임약 효과란 병이 나을 것이라는 긍정적 믿음이 병을 낫게 한다는 심리적 효과를 의미한다.

여 그들의 명단을 교사에게 주면서 '지적 능력이나 학업 성취의 향상 가능성이 높은 학생들'이라고 하였다. 정보를 전달받은 선생님들은 학생들의 성적이 향상될 것이라고 믿었고, 실제로 해당 학생들의 성적은 향상되었다. 학생에 대한 선생님의 기대와 선생님의 기대에 대한 학생들의 인식으로 인해 해당 학생들의 성적이 향상된 결과를 초래하였다. 즉, 학생에 대한 교사의 기대와 격려는 학생의 학업 성적 향상에 의미 있는 효과를 미친다는 것을 실험을 통해 입증한 것이다(Rosenthal & Jacobson, 1992).

☑ 화법 교육 방향

이 장을 통해 개인의 자아 개념이 무엇인지, 그 자아 개념은 어떻게 형성되는지 그리고 그 자아 개념이 어떻게 의사소통 방식에 영향을 미치는지에 대해 살펴보았다. 자아 개념은 심리학에서 주로 다룬 부분이지만 인간 의사소통의 중핵이므로 화법 교육에서도 주안점을 두어야 한다.

화자는 자신의 의사소통 방식을 객관적으로 인식할 수 있어야 한다. 늘 투덜대거나 비아냥거리는 식으로 말하지 않는지, 불필요하게 공격적으로 말하지 않는지, 항상 소극적이고 자신감이 부족하게 말하지 않는지 등 자신의 의사소통 방식을 점검할 수 있는 안목이 필요하다. 그다음은 이 장에서 다룬 여러 이론을 통해 그러한 의사소통 방식의 원인이 나의 어떠한 자아 개념과 관련이 있는지 파악해 보는 노력이 필요하다. 즉, 언어의 형식적 차원의 개선보다 선행해야 할 것은 바로 개인의 자아 개념의 상태를 점검하고 그로 인해 유발되는 의사소통 방식 문제의 뿌리를 찾는 것이다. 그 후에야 자아 개념의 부정적 측면을 긍정적 측면으로 전환하려는 노력이 가능하고 그로 인해 악순환의 고리에서 탈피하여 선순환의 궤도에 오를 수 있게 된다.

이러한 차원에서 교사는 우선 학생들의 자아 개념의 상태를 파악할 수 있는 안목이 있어야 한다. 학생들의 다양한 의사소통 방식에 대해 선입견을 가지면 안 된다. 항상 밝은 모습으로 활발하게 대답하는 학생과 고개를 푹 숙이고 눈을 제대로 마주치지 못하며 말하기를 꺼려하는 학생에 대해 감정적인 반응으로 대하면 안 된다. 교사는 학생의 내면 깊숙한 곳에 숨겨진 자아 개념의 상태를 우선 고려할 수 있는 안목을 갖추어야 하고 학생을 배려하는 마음가짐을 가져야 한다. 또한 대부분의 경우 학생의 이러한 문제는 개인적 성향에서 기인하기보다 부모의 의사소통 방식이나 가정환경 등에 크게 영향을 받는다는 점도 염두에 두어야 한다.

교사는 자아 개념과 의사소통의 관계에 대한 이해를 바탕으로 학생의 상태를 점검할 수 있는 안목을 갖추어야 한다.[8] 현 시점의 소극적이거나 반항적인 학생의 표면적 모습에 주목하기보다 과거의 성장 경험이나 가정환경까지 살펴 학생에 대한 피드백을 조절하는 태도를 갖추어야 한다. 또한 악순환의 고리를 선순환의 고리로 전환해 주려는 노력도 필요하다. 왜냐하면 앞서 언급한 것처럼 교사는 성장기에 있는 학생에게 매우 큰 영향을 미치는 중요한 타인이기 때문이다.

8　박재현(2008)에서는 무차별적으로 실시되는 비디오 촬영을 이용한 피드백이 말하기 불안 학습자에게 수행 차원에서는 도움이 되지만, 개인의 심리적 차원에 부정적 영향을 초래할 수 있음을 실험을 통해 밝힌 바 있다. 화법 교육의 여러 측면에서 오류에 대한 교정 위주보다는 학습자의 자아 개념을 긍정적으로 형성하려는 노력이 필요하다.

2. 의사소통 불안

내가 가장 두려움을 느꼈던 순간을 떠올려 보자. 폐쇄 공포, 고소 공포, 대인 기피 등의 성향도 있을 수 있고, 뱀이나 벌레 등 특별한 대상에 대한 두려움, 특별한 상황이나 사람에 대한 두려움 등도 있을 수 있다. 어렸을 적에 병원에 오래 입원했거나 큰 수술을 했다면 병원에 대한 두려움이 있을 수 있고, 치과에서 치아를 치료하는 것에 대한 두려움이 있을 수 있다. 엘리베이터에 갇혔던 경험이 있거나 에스컬레이터에서 넘어져 다친 경험이 있는 사람들은 그러한 것을 타기를 꺼리고 가능하면 계단을 이용하기도 한다.

두 번째 주제로 여기에서 다룰 공포는 의사소통과 관련된 것이다. 이 중에서 대중 연설 상황에서 연단에 서서 극심한 공포를 느끼는 것을 말하기 공포(speaking anxiety)[9]라고도 한다. 낯선 이성과 소개팅하기, 애인의 부모님께 첫인사 가기, 취업 면접하기 등 사람과 사람의 의사소통 상황에서 불안감을 느끼는 경우는 적지 않다. 연구 결과에 의하면 위의 상황들보다 대중 앞에서 공식적인 말하기를 할 때 가장 극심한 불안감을 느낀다고 한다. 여기에서는 대화와 같이 불안이나 꺼리낌이 덜한 경우보다는 불안감의 정도가 큰 공적인 상황에서의 의사소통 불안을 위주로 살펴보고자 한다.

---

9   이를 '연단 공포'라고도 한다.

1) 의사소통 불안의 개념

의사소통 불안(communication apprehension)이란 실제나 예상되는 의사소통에 수반하는 두려움이나 공포의 개인적인 수준을 의미한다(McCroskey, 1977). 의사소통 불안 대신 말하기 불안이라고도 한다. 그런데 이러한 불안 현상은 개인 간의 대화부터 토의와 같은 소집단 의사소통 상황, 대중 연설 등 모든 의사소통 맥락에서 수반되는 불안을 포괄하므로 의사소통 불안이라고 통칭하는 것이 더욱 타당하다. 말하기 불안이라고 하면 말하는 행위 자체에 대한 불안으로 해석되어 좁은 의미에 한정되는 단점이 있다. 듣든 말하든 타인과 소통하는 것 자체를 꺼리는 경우까지 광범위하게 포함해야 하므로 의사소통 불안이라는 용어가 더욱 적합하다.

의사소통 불안의 양상은 사람마다 상이할 수 있다. 자신의 감정을 잘 다스리지 못하는 어린 학습자의 경우 의사소통 불안이 야기하는 부정적인 느낌으로 인해 당장 도망치고 싶은 마음이 생기거나, 몸이 떨리거나 위축되어 불편한 증상을 경험하게 된다. 교실에서 유난히 조용한 학생들을 대상으로 한 연구 결과에 의하면 초등학생의 31%가 일정 수준의 의사소통 불안을 경험하는 것으로 나타났다(Holbrook, 1987).

의사소통 불안의 결과에 대해서는 다양한 실험 연구가 이루어져 왔다. Kearney & Plax(2006)에서는 그러한 연구 결과를 바탕으로 다음과 같이 두 학생의 예를 가상으로 구성하여 의사소통 불안이 사람의 삶에 어떤 영향을 미치는지 상세하게 설명하고 있다.

> 사례　의사소통 불안이 삶에 미치는 영향
>
> 의사소통 불안이 거의 없는 A학생과 의사소통 불안이 심한 B학생을 주인공으로 하여 13세의 학생 시기, 대학생 시기, 직장에서의 사회생활 시기로 구분하여 의사소통 불안의 성향이 두 명의 삶에 각각 어떤 영향을 미치는지 이야기하고 있다.
>
> A학생은 학창 시절 선생님으로부터 학업에 흥미가 있는 적극적인 학생으로 인식되어 긍정적인 피드백을 받는다. 선생님들은 A학생에게 친절하게 대하며 질문을 한 후 더 오래 기다려 주고 조금 부족한 답을 말해도 정보를 보태어 정답이라며 칭찬을 해 준다. 의사소통에 소극적인 B학생에게 선생님들은 매사에 의욕이 없다는 인상을 갖고 있으며 어려운 질문에 답을 잘하지 못하면 충분히 기다려 주지 않고 학생을 존중하지 않는 느낌을 주는 부정적인 피

드백을 한다. 특히 이런 피드백이 말이 아니라 찡그리는 표정, 차가운 눈빛 등의 비언어적인 메시지인 경우에는 B를 더욱 위축시킨다.

대학생이 되고 취업을 하였을 경우에도 이런 양상은 지속된다. A는 활달한 성격으로 대학에서 국제 관계를 전공하고 다양한 사람들과 교류한다. 취업 후에도 직장 상사에게 적극적이고 주도적이며 일에 열정이 크다는 느낌을 주어 인정을 받는다. B는 컴퓨터 프로그래밍을 전공하고 혼자 모니터를 보며 일하는 직장을 얻게 된다. 직장 상사는 B에 대해 일에 관심과 열정이 부족하고 사회성과 리더십이 결여되었다고 판단하고 B를 신뢰하거나 존중하지 않는다.

가상의 이야기이지만 의사소통 불안이 초래할 수 있는 영향을 충분히 이해할 수 있다. 의사소통 불안은 사실 공적인 말하기 상황만 모면하면 해결되는 일시적인 문제가 아니다. 앞서 자아 개념과 의사소통 방식의 관계에서 살펴보았듯이 학교나 직장에서 주변 사람들의 부정적인 피드백은 결국 부정적인 자아 개념을 형성하고 이렇게 형성된 부정적 자아 개념은 의사소통 자체를 꺼리는 성향으로 악화되며 다시 주변 사람에게 부정적인 인상을 주게 되는 악순환이 반복된다. 특정 상황에서 겪는 보편적인 불안 증세와 달리 의사소통 불안이 개인의 성향으로 고착되는 경우는 이를 극복하려는 개인의 의지와 노력은 물론이거니와 가족, 교사, 친구 등 주변 사람들의 정서적인 지지가 필수적이다.

2) 의사소통 불안의 유형

의사소통 불안의 원인을 정확하게 파악하려면 상황적 불안과 성향적 불안[10]을 구분할 필요가 있다. 앞서 언급한 의사소통 불안 증상은 특정한 사람에게만 해당하는 것이 아니라 정도의 차이는 있지만 누구나 쉽게 되는 보편적인 현상이다. 그러므로 이러한 특정 상황에서 일시적으로 불안감을 지각하는 것을 상황적 불안이라고 한다. 여기서 상황적 불안과 구별해야 할 것은 성향적 불안이다(McCroskey, Richmond & Stewart, 1986).

성향적 불안이란 상황적 불안 등 의사소통 불안 증상이 지속되면서 악화될 경우 개인의

10　또는 성격적 불안이라고 한다.

성향으로 고착되어 의사소통 자체를 꺼리는 성향으로 발달한 경우를 말한다. 앞서 자아 개념과 의사소통을 다루면서 부정적 자아 개념을 지닌 사람의 의사소통 방식에 대해 소개하였다. 이러한 악순환의 고리에 있는 사람은 '나는 말을 잘하지 못해.', '내가 말하면 사람들이 그다지 좋아하지 않아.'와 같은 인식을 가지고 있고 이로 인한 부정적 의사소통 방식은 다시 부정적 반응으로 돌아오기 마련이다. 이런 과정이 순환되면서 개인의 성향으로 자리 잡게 될 경우 성향적 불안으로 발달하게 된다.

Beatty(1988)는 공적 말하기 상황에서 이러한 상황적 불안과 성향적 불안의 상관관계에 대해 연구한 후, 공적 말하기 상황에서 불안을 경험함으로써 갖게 되는 장기적 효과는 의사소통을 회피하고자 하는 성향으로 발달한다고 주장하였다. McCroskey(1984)에 의하면 모든 학생이 공식적인 말하기 상황에서 불안을 경험하는데 이 중 20% 정도의 학생은 심각한

💡 화법 교사 메모 ··

의사소통 불안을 지도할 경우 상황적 불안과 성향적 불안을 구분해야 할 이유가 있습니다. 상황적 불안에 대해서는 학습자들로 하여금 누구나 겪는 자연스러운 현상임을 인식하게 하여 그 정도를 차츰 줄이도록 하는 접근을 해야 합니다. 반면에 성향적 불안에 대해서는 표면적인 숙달 훈련만으로는 그 근본 원인을 제거하기 힘들기 때문에, 부정적인 자아 개념을 변화시키는 등 내면적인 차원에 중점을 두어 접근하는 것이 바람직합니다.

누구나 보편적으로 겪는 상황적 불안의 경우 학생들에게 다음과 같은 작은 정보들도 크게 도움이 됩니다.

"누구나 이런 공적인 의사소통 상황에서는 떨린단다."
"100미터 달리기를 할 때 출발 직전이 가장 떨리듯이 말을 해야 하는 상황을 예감하고 있는 지금이 가장 떨린단다. 하지만 앞에 나와서 일단 말을 시작하고 시간이 지나면 그 떨림은 줄어들 거야."

학생들은 일반적으로 그 반에서 자신이 가장 심하게 불안을 느끼고 있다고 생각하기 쉽습니다. 그리고 최고 상태로 지각된 불안감이 언제 완화될지 또 정말 시간이 지나면 완화될지에 대한 확신도 없기 마련입니다. 교실에서 상황적 불안으로 인한 일시적인 불안 증세에 대해서는 학생들의 말하기 태도에 대한 몇 가지 신념을 대체해 주는 것만으로도 불안감을 느끼는 학생에게 도움을 줄 수 있습니다.

하지만 성향적 불안의 학생에 대한 대처는 다릅니다. 교사는 우선 불안 증세가 심각한 학생의 경우 상황적 불안인지 성향적 불안인지를 식별할 수 있는 안목이 있어야 합니다. 마치 명의가 환자의 상태를 정확히 진단하듯이 말입니다. 성향적 불안의 학생의 경우에는 무조건 말을 시키는 것보다 상태를 면밀히 관찰하여 학생의 상태에 맞게 지도해야 합니다. 불안을 극복해야 한다며 말하기를 강행할 경우 불안감이 극대화되어 난처한 상황을 회피하고자 하는 감정이 발생할 수 있습니다. 특히 발표를 망쳤다고 생각할 경우, 교사나 친구들의 피드백이 냉소적일 경우에는 그렇지 않아도 부정적인 자아 개념에 심각한 손상을 유발할 수 있습니다. 이러한 학생에게는 이후 다룰 전문적 기법이 효과적이며 필요한 경우 심리 상담과 병행하는 것도 고려해야 합니다.

문제를 가지고 있다고 한다. 불안 증세 자체가 심하거나 그렇지 않은 연속체상에서의 정도이기 때문에 정확하게 구분하기는 어렵지만 치료가 필요한 정도로 극심한 상태의 소수 학생을 포함하여 약 1/5의 학생은 성향적 불안 증세를 지니고 있다고 판단할 수 있다.

3) 의사소통 불안의 원인

의사소통 순간에 우리는 왜 불안을 느끼게 되는가? 우리는 이러한 상황을 예감하거나 직면할 경우 인지적으로, 생리적으로 반응을 하게 된다. 의사소통 불안의 원천을 정확하게 파악하기 위해서는 불안을 지각하는 경로를 생리적 측면과 인지적 측면으로 구분할 필요가 있다.

(1) 생리적 측면의 반응

대중 앞에서 말을 해야 하는 상황을 예감하면 생리적인 경로로는 뇌의 통제를 받아 특정 상황과 대상, 그리고 그 앞에 선 화자로서의 나를 의식하게 되면서 불안을 느끼게 된다. 이때 한편으로는 뇌의 통제를 받지 않는 자율 신경계가 활성화되면서 교감 신경의 작용으로 심박 수가 증가하고 혈류가 빨라지게 된다. 무의식적으로 생리적인 경로를 통해서도 심장이 두근거리고 호흡이 가빠지고 식은땀이 나는 불안의 증상을 지각하게 된다.

자율 신경은 말 그대로 뇌의 통제를 받지 않고 우리 몸의 생존을 위한 일을 한다. 예를 들면 심장이 온몸에 혈액을 계속 공급하고, 소화기관이 자고 있는 동안에도 음식물을 소화시키는 운동을 하는 등 자율 신경은 인체의 내부 장기들의 자율적인 작동에 관여한다. 의사소통 불안 상황에서는 자율 신경 중 교감 신경이 활성화되면서 심박 수가 증가하고 혈류가 빨라지고 침샘이 억제되면서 흥분을 느끼게 된다.

자율 신경은 특정 상황에 직면했을 때 우리의 몸 상태를 그 상황에 적합하게 하는 일을 한다. 위험한 동물을 만나 몸을 피해야 할 경우 또는 격렬한 운동 경기를 앞둔 경우에, 동공은 확대되고 심장은 혈액 공급을 늘리고 근육은 필요한 활동에 적합한 긴장 상태가 된다. 이처럼 대중 앞에서 말을 해야 하는 낯설고 당황스러운 상황에 직면하면 우리의 몸은 자율 신경의 활성화로 생리적인 변화를 겪게 되는 것이다. 이러한 자율 신경의 활성화는 누구에게나 일어나는 것이므로, 의사소통 불안이라고 하기 위해서는 화자가 발화 상황에서 인지적으로 불안을 지각해야만 한다(Beatty, 1988).

💡 화법 교사 메모⋯⋯⋯⋯⋯⋯⋯⋯⋯⋯⋯⋯⋯⋯⋯⋯⋯⋯⋯⋯⋯⋯⋯⋯⋯⋯⋯⋯⋯⋯⋯⋯

　　학생의 의사소통 불안을 지도할 때 이러한 자율 신경의 활성화로 인한 생리적인 변화에 대해 정확히 인식하지 못하면 어떻게 될까요? 아마 과도하게 다리나 몸을 떨거나 식은땀을 흘리며 어쩔 줄 몰라 하는 학생을 비정상이라고 받아들일 수 있을 것입니다. 이러한 생리적 현상은 정도의 차이는 있지만 누구에게나 있는 보편적인 현상입니다. 특히 뇌의 통제를 받지 않는 생리적인 차원의 반응에 대해 교사가 "정신 차려.", "떨지 마.", "많이 힘들구나.", "왜 그래?" 등 충고, 설득, 비판, 동정, 캐묻기 등의 피드백을 하는 것은 바람직하지 않습니다. 왜냐하면 학생은 생리적인 차원의 어려움을 겪는 것이므로 이에 대해 의식하면 의식할수록 긴장감은 증폭될 것이기 때문입니다. 학생 입장에서는 정신력 등 인지적으로 해결할 수 없는 문제에 대해 교사의 명시적인 말로 여러 사람 앞에서 지적을 받게 되면 더욱 당혹스러울 것입니다. 학생의 신체적 반응을 개선한다는 이유로 별생각 없이 한 작은 충고가 학생에게는 더욱 커다란 부담이 된다는 것을 인식할 필요가 있습니다.

---

(2) 인지적 측면의 반응

무의식적으로 일어나는 생리적 반응과 달리 다음과 같은 특정 상황을 의식적으로 지각한 경우 인지적 측면의 불안이 발생할 수 있다. 의사소통 불안을 유발하는 상황 요소는 다음과 같은 것들이 있다(McCroskey, 1984).

- 공식적인 분위기: 공식적인 상황에서 요구되는 형식적인 규칙이나 제약 등을 지키지 못할 경우 생길 수 있는 부정적 이미지에 대해 두려워할 수 있다.
- 지위 차이: 청중과 지위 차이가 날 경우 불안을 느낄 수 있다. 특히 자신의 사회생활에 큰 영향을 미칠 수 있는 기관의 장이나 직장 상사들과 같은 종속적 지위의 경우 불안은 더욱 커진다.
- 두드러짐: 여러 사람들의 이목이 화자에게 집중되어 말 한마디, 손짓 하나가 모두의 주의를 끌 때 불안을 느끼게 된다.
- 낯선 청자들: 편한 친구들이 아니라 대다수의 청자들이 낯설 경우 불안을 느끼게 된다.
- 화자와 청자의 차이: 세대 차이, 성별 차이 등 화자와 청자의 차이가 클 때 불안을 느끼게 된다. 특히 전달 내용에 대한 화자의 입장과 청자의 입장 차이가 커서 대립 구도가 설정될 때 불안은 극대화된다.
- 주의 정도: 사람들이 응시하거나 무시하는 극단적인 상황에서 불안을 느낀다.
- 평가 여부: 공적인 말하기 상황에서 화자를 평가하는 누군가가 있다는 존재감은 화자에게 불

안을 유발하게 된다.

- 과거 실패 경험: 이전의 공적 말하기의 실패 경험이 지속적으로 떠오를 경우 화자는 불안을 느끼게 된다.

4) 의사소통 불안의 대처 방법

의사소통 불안의 원인이 복합적이므로, 이에 대한 대처 방법도 여러 측면에서 이루어져야 한다.

(1) 생리적 문제에 대한 대처 방법

의사소통 불안은 인지적 차원의 문제뿐 아니라, 두려움에 대한 감정으로 인한 생리적 반응의 문제를 야기한다. 식은땀이 나고, 다리가 떨리며, 호흡이 가빠지는 것 등이다. 이러한 생리적 반응은 위기 상황이나 긴장해야 할 상황에서 자연스럽게 일어나는 생물체의 생물학적 기능과 작용이다. 지극히 자연스러운 현상이지만 생리적 반응이 불필요하게 지나쳐서 의사소통을 원활하게 못 한다면 문제가 될 수 있다.

■ 체계적 둔감화

생리적 반응에 대한 대표적인 대처 방법은 체계적 둔감화(systematic desensitization)이다. 이 방법은 1950년대 초반에 고소 공포증이나 비행 공포증과 같은 다양한 공포증에 대한 처치를 위해 개발되었다. 1960년대 중반에는 이 방법이 대중 연설에서 공포증을 경감하기 위한 방법으로 도입되었다. 그 후로 다양한 실험을 통해 체계적 둔감화 방법이 학생들의 말하기 불안 정도를 낮추는 데 효과적임이 입증되있다.

체계적 둔감화의 이론적 기반은 불안한 감정과 상반되는 반응이 불안 반응에 대신하여 일어나도록 조건을 만드는 상호 억제의 원칙이다. 이것은 불안보다 이완을 느끼도록 점진적인 단계를 거치게 설계되었다. 첫 단계는 '심부 근육 이완 훈련'에 대한 이론적 설명을 듣는 것이다. 그다음은 이론적 설명에 따라 긴장 완화 훈련을 하는데, 기초적인 숨쉬기부터, 손, 어깨, 이마, 목 등 한 부분의 근육의 긴장과 이완, 얼굴-목, 팔-몸통 등 여러 부분의 동시적 긴장과 이완 훈련으로 이어진다(사례 참조). 그다음은 특정 말하기 상황을 떠올리며 긴장을 이완하는 연습을 하게 된다. 처음에는 '연설에 대한 책을 읽는 것이나 연설에 대해 친구와 이야기하는 장면' 등 긴장감이 덜한 장면을 떠올리고, 차츰 '위원회에서 구체적인 대상을 설명하기, 전문가 집단 앞에서 연설하기, 비우호적인 사람 앞에서 연설하기' 등 긴장의 강도가 심한 말하기 상황을 떠올리며 긴장 이완 훈련을 한다.

사례 **불안증 극복 체조**(Bertram-Cox, 1965; 임태섭, 2003: 48 재인용)

말하기를 앞두고 긴장이 고조될 때 유용하도록 개발된 체조가 있는데, 이 체조를 익혀 발표 차례를 기다리는 동안 사용하면 말하기 불안에 수반하는 생리적 반응을 줄일 수 있다.
- 심호흡을 천천히 여러 차례 반복한다.
- 혀와 턱을 풀어 준다.
- 바른 자세를 유지한다.
- 손과 손목의 힘을 빼고 풀어 준다.
- 어깨와 등을 똑바로 하고 앉은 다음 배를 당긴다.
- 머리와 목에 힘을 빼고, 머리를 천천히 좌우로 아래위로 돌린다.

■ 실제 상황 노출법

체계적 둔감화가 불안 대신 이완을 느끼도록 점진적으로 유도하는 방법이라면, 실제 상황 노출법(flooding)[11]은 두려워하는 말하기 상황에 직면하게 하는 방법이다. 이는 상상했지만 예상했던 끔찍한 결과는 일어나지 않는다는 사실에 초점을 둔다. 이 방법의 전제는 '실제 두려워하는 대상을 접하였는데도 아무런 해로운 결과가 나타나지 않게 되면 불안 반응은 소멸되며, 연설을 하는 데 있어서, 실제 위협적인 것은 아무것도 없다.'라는 것이다. 실제 말하기 상황에 학습자를 노출하는 과정은 필요하지만, 극도의 반작용이 있으므로 이 방법을 사용할 때는 학습자에 대한 세심한 배려가 필요하다.

---

11   Ayres & Hopf(1993/2008)에서 'flooding'이라는 공포증 환자를 공포에 직면하게 하여 치료하는 정신의학 용어를 이해하기 쉽게 사용한 용어이다.

(2) 인지적 문제에 대한 대처 방법

의사소통 불안에 대한 인지적 문제에 대한 대처는 불안과 관련된 부정적인 인식을 긍정적인 인식으로 전환할 때 효과적이다.

■ 상황에 대한 인식 전환

말하기 상황 자체를 꺼려하는 인식을 바꾸어야 한다. 우선 '이 발표가 나를 이처럼 불안하게 만들 만큼 대단한 것인가?'라는 불안의 이유에 대한 근본적인 질문을 해 볼 필요가 있다. 그다음은 상황 자체가 괴롭고 어렵다고 부정적으로만 생각할 것이 아니라, '자신을 부각할 수 있는 좋은 기회'라고 긍정적으로 생각해 본다. 더불어 '사람들에게 고전 읽기의 중요성에 대해 강조해야지.'와 같이 말하기의 의의에 생각을 집중하는 것도 중요하다.

■ 자신에 대한 인식 전환

'나는 내일 발표를 망칠 거야. 나는 여러 사람 앞에서 말을 잘하지 못해. 내가 말하면 다른 사람들이 지루해하고 싫어할 거야.' 등과 같은 자신에 대한 부정적인 자아 개념과, '내일 발표는 완벽해야 해. 청중에게 감동을 주지 못한 연설은 실패한 거야. 절대 실수를 용납할 수 없어.'와 같은 강박 관념을 바꾸어야 한다. 스스로를 과소평가하지 말고, 강박감을 버리고, 유창성보다 자신의 능력, 진정성, 열정을 보여 주기 위해 노력하는 것이 도움이 된다.

부정적 자아 개념의 극복에는 과거의 말하기 실패 경험에 얽매이지 않고, 운동선수가 이미지 트레이닝을 하듯이 성공적으로 발표하는 장면을 상상해 보는 것이 도움이 된다. 이는 '자신의 미래를 밝은 것으로 내다보면 의식적이건 무의식적이건 이를 실현하는 방향으로 노력하고, 반대로 자신이 결국은 실패자가 되고 말리라는 생각을 가지면 의식적으로나 무의식적으로 실패자가 되는 방향으로 행동하게 된다.'라는 Rosenthal(1967)의 자기실현적 예언으로 설명이 가능하다. 부정적인 결과와 실패한 자신의 모습을 상상하면 실제 상황에서 그런 방식으로 의사소통하고, 성공적인 자신의 모습을 상상하면 실제 상황에서 성공적이고 자신감 있는 방식으로 의사소통하게 된다.

■ 불안 감정에 대한 인식 전환

불안에 대한 인식 변화를 위해 우선 필요한 것은 불안 심리가 단계적으로 진행되는 현상임을 이해해야 한다. 우선 화자는 준비 과정에서 불안을 ① 예감하게 되고, 말하기 시작 전후

해서 강한 불안감에 ② 직면하게 되지만, 말하는 중에는 심리적으로 ③ 적응하게 되어, 끝날 때는 불안감에서 ④ 해방된다. 여기서 주목해야 할 점이 말하는 과정에서 일어나는 불안감에 대한 심리적 적응 과정이다. 불안감은 일시적인 현상이라고 생각하고, 심리적으로 적응됨을 이해하는 것이 도움이 된다(임태섭, 2003: 42)

Lomas(1937)는 공적 의사소통 불안의 감정은 활발하고 효과적인 말하기를 할 때 느끼는 강렬한 감정과 다르지 않다는 주장을 하였다. 이후 연구자들은 이런 주장을 지지하며 생리적인 반응에 대해 부정적 자아 개념을 가진 사람과 긍정적 자아 개념을 가진 사람의 인식 차이에 대해 연구하였다. 자신이 형편없는 화자라고 여기는 사람은 증가하는 심장 박동을 두려움 또는 불안에서 오는 것이라고 여기는 반면에, 자신감 넘치는 화자는 이것이 활기차고 효과적인 발화를 위한 필수적인 흥분이라고 여긴다는 사실을 밝혀내었다(Beatty, 1988).

그러므로 불안 자체를 두렵고 당혹스러운 것으로 받아들이는 것이 아니라, 두려움을 극복하라는 정상적이고 긍정적인 신호로 여길 필요가 있다(Ayres & Hopf, 1993/2008). 불안 자체를 긍정적인 신호로 인식하고, '불안해 미치겠네. 정말 초조하다.'와 같은 극단적인 표현이 아니라 '어, 제법 흥분되는데.'와 같이 긍정적으로 표현하는 것이 도움이 된다(임태섭, 2003).

✓ 화법 교육 방향 ───

앞서 논의한 의사소통 불안의 대처 방법 중에는 현재 화법 교육에 배당된 시간과 교실 환경을 고려하면 학교 교육에 그대로 도입하는 데는 한계가 있고, 특별하게 마련된 프로그램에 적합한 경우가 있다. 의사소통 불안에는 개인 내면의 인식, 감정, 생리적 반응, 기술의 부족 등 여러 원인이 존재하므로, 짧은 시간에 이론 강의를 통해서는 개선되기 어렵다. 학습자 개인의 내면에 대한 세심한 관찰과 배려가 필요하며, 교사와 동료 학습자들의 우호적인 분위기 조성과, 이에 적합한 교실 환경이 필수적이다. 현실적으로 학교 교육에서는 이런 제한 사항으로 인해 의사소통 불안에 대한 지도가 어려운데, 이에 대해 두 가지의 접근이 가능하다.

첫째, 화법 교육의 각 단계에서 자연스럽게 의사소통 불안 지도를 병행하는 것이다. 말하기 기술의 숙달뿐 아니라 말하기 준비 단계에서의 부정적 인식 전환, 실행 전 대기 단계에서의 체계적 둔감화나 불안증 극복 체조 실시, 지속적인 말하기 시도로 두려움 극복 등 일련의 화법 교육 단계에서 필요한 대처 방법을 선별적으로 적용한다.

실제 말하기 상황에서 말을 더듬거나 유창하게 말하지 못하는 것은, 생리적·인지적 차원의 불안에 대한 인식과 더불어 말하기에 대한 준비가 소홀하거나 말하기 기술 자체가 미숙한 것이 원인일 수 있다. 이런 경우에는 의사소통 기술 자체에 대한 지도를 통해 말하기에 능숙하게 하면 이와 관련된 의사소통 불안을 줄일 수 있다.

　말하기에 대한 숙달도를 높여 불안을 낮추기 위해서는 준비 단계부터 실행 단계까지 의사소통 불안에 직접적인 영향을 미치는 말하기 기술에 대한 훈련이 필요하다. 우선 준비 단계에서는 자신에게 친숙하며 열정을 가지고 전달할 수 있는 주제를 선택하여, 자료를 치밀하게 수집하고, 전달하기 편하도록 내용을 효과적으로 조직한 후, 사전 연습을 철저히 해야 한다. 실행 단계에서는 시선 접촉, 손동작, 자세 등이 자연스럽도록 연습한다.

　둘째, 교실 분위기를 의사소통 친화적으로 조성하는 것이다. 학생들의 의사소통 불안을 줄이기 위한 의사소통 친화적 교실의 중요성에 대해서는 Chaney & Burk(1998)에서 자세히 논의하고 있다. 우선 학생들은 '다른 사람이 말할 때는 듣는다. 말하기에서 모두에게 차례가 돌아간다. 동료에게 존중을 표하라. 다른 사람의 참여를 독려하라.'와 같은 의사소통 기본 규칙을 지켜야 한다. 교사는 의사소통 불안의 신호를 인식하고 학습자를 배려해야 하며, 협조적 분위기를 유지해야 한다. 토론에서는 개방적 분위기가 필요하며, 교사의 질문과 피드백에서도 학생들의 반응을 독려하는 노력이 필요하다. 의사소통 불안에 대한 체계적인 지도가 이루어지더라도 교실 분위기 자체가 경직되어 있고 실수가 허용되지 않는다면, 학생들의 의사소통 불안 증세의 호전을 기대하기 어렵다. 일상적인 수업 의사소통 상황에서도 교사는 학생들이 의사소통으로 인한 부담을 덜 느끼는 편안한 분위기를 조성할 필요가 있다. 교사와 학생들은 발표하는 학생의 성공을 위해 긍정적인 분위기를 조성해 주어야 한다. 청중이 비판자가 아니라 지지자라고 느낄 때 발표하는 학생의 불안감은 줄어들게 된다.

II

자기 노출과 공감적 대화

우리 는 1장에서 의사소통의 근간인 자아 개념에 대해 알아보았다. 의사소통 방식은 개인의 외적 특성 중 하나로 고정된 것이 아니라 개인 내면에 자리 잡은 자아 개념에 의해 커다란 영향을 주고받는 순환의 고리에 의해 결정된다는 것을 알게 되었다. 또한 그 순환의 고리가 부정적으로 형성될 경우 의사소통 불안을 유발하는 결정적인 원인이 된다는 것도 함께 살펴보았다.

2장에서는 원활한 의사소통을 위해 '나'와 더불어 소통의 대상인 '너'를 함께 다룬다. 대인 관계의 형성·유지·발전에 있어서 사람과 사람 사이의 친밀감은 매우 중요한 요소이다. 의사소통 분야에서 이 친밀감을 형성하는 방법 중에 중요하게 다루어지는 '자기 노출'의 개념에 대해 알아볼 것이다. 화자의 입장에서 자신의 내면을 투명하게 드러내어 노출했다면 이를 또 투명하게 받아들이기 위한 청자의 자세도 중요하다. 이런 측면에서 '공감적 듣기'도 함께 다루고자 한다.

'자기 노출'은 화자의 표현에 대한 청자의 반응이 이어진다는 점에서, '공감적 듣기'는 일방적 듣기가 아니라 공감의 반응을 전달해 주어야 한다는 점에서 두 개념 모두 상호작용적 특성을 지닌다. 즉, 화자는 자기 노출, 청자는 공감적 듣기라는 일방향적인 획일적 구도에서가 아니라, 두 개념 모두 상호작용적 의사소통의 관점에서 이해되어야 할 것이다. 이와 더불어 갈등 상황에서 자기의 감정을 표현하여 문제를 해결하는 '비폭력 대화'에 대해서도 알아본다. 나의 감정을 적절하게 표현하고 상대는 그 감정을 수용할 때 감정을 공유하는 공감이 일어나게 된다.

1. 자기 노출

사람과 사람이 만나 서로 친해지기 위해서는 타인을 경계하기 위한 외벽을 어느 정도 허물고 자신의 내면을 드러내어야 한다. 이러한 과정이 없다면 만남이 계속되더라도 친밀감이 형성되기 어렵기 때문이다. 의사소통 연구자들은 이러한 현상에 대하여 자기 노출(self disclosure)이라는 개념으로 설명해 왔다. 여기에서는 대화를 통해 대인 관계가 형성되고 발전해 가는 장면에서 자기 노출이 어떤 기능을 하는지 그 기능이 원활하게 작동하기 위해서는 어떠한 자기 노출의 방법이 필요한지 살펴보도록 한다.

1) 자기 노출의 개념

자기 노출이란 "어떤 한 개인이 자신의 생각, 느낌과 경험 등을 다른 사람에게 언어적으로 나타내는 것"이다(Derlega 외, 1993/2009). 이 정의에 의하면 자기 노출은 네 가지의 속성을 지닌다.

① 이야기의 대상은 '자신'이다. 야구나 드라마가 대화의 화제가 되는 것이 아니라 자신의 생각과 느낌 등 자신에 관한 것을 말해야 한다.

② 이야기를 타인에게 해야 한다. 혼잣말이나 잠꼬대로 자신에 대해 언급하는 것은 자기 노출이라고 볼 수 없다. 말을 듣는 분명한 대상이 실재해야 한다.

③ 화자의 의도가 있어야 한다. 물론 화자가 의도하지 않아도 청자는 그 사람의 마음을 읽어 낼 수 있다. 하지만 엄밀한 의미에서의 자기 노출이란 무의식적이거나 의도 없는 표현이 아니라 자기 노출의 의도를 화자가 인식한 상태에서 전달된 것이어야 한다.[1]

④ 언어로 전달되어야 한다. 개인의 속마음은 말의 내용으로도 알 수 있지만 목소리, 눈빛, 표정 등 비언어적인 요소에서도 여실히 드러난다. 언어적인 요소에 수반된 비언어적 요소는 자기 노출의 의미를 이해하는 데 도움을 준다. 하지만 명시적인 말이 배제된 비언어적 의사소통 행위 자체만은 자기 노출의 범위에 들지 않는다. 명시적인 언어로 청자에게 분명하게 전달되어야 한다.

자신의 생각, 느낌, 판단, 경험 등을 이야기하는 자기 노출은 상대에게 적절한 반응은 물론이거니와 자신도 자기 노출을 해야 한다는 부담을 유발한다. 이런 자기 노출의 반응과 재반응이라는 상호작용을 통해 서로를 이해하게 되고 서로의 의사소통 방식에 익숙해지게 되면서 둘은 친해지고 있음을 경험하게 된다.

2) 자기 노출의 효능

(1) 개인의 성장

개인은 자기 노출을 통해 자신과 타인을 깊게 이해하게 된다. 자신의 내면을 드러내었을 때 지각하게 되는 타인의 반응은 자신의 생각이나 느낌을 더욱 명료하게 한다. 다른 사람들과 자신의 생각과 느낌에 대해 이야기를 주고받으며 객관적 관점으로 자신을 조망할 수 있게 된다. 물론 그 생각과 느낌의 일치와 차이의 간극은 타인을 이해하는 데도 도움을 준다. 즉, 자기 노출을 통해 자기를 드러내어 타인과 의사소통함으로써 자신과 타인에 대해 깊이 이해하며 성장하게 된다.

---

1   Pearce 외(1974: 5)에서는 자기 노출 의사소통이 일어나는 경우를 다음과 같이 정리하였는데 화자의 의도를 분명히 다루고 있다. "Self-disclosing communication occurs when a person **intentionally tells** something about himself(herself) to another person." 이때 누구에게 무엇을 말할지에 대해서도 화자가 결정해야 한다.

자기 노출은 1960~1970년대 의사소통 이론에서 주로 다루어졌다. 연구 초기의 대표적인 자기 노출 이론가는 Sidney Jourard이다. 그는 정신병이 세상에 대하여 폐쇄적인 경향을 갖는다는 점을 관찰한 후에, 병과 폐쇄성 그리고 건강과 투명성이 관련이 있다는 생각을 하게 되었다. 사람들은 세상에 대해 직접적으로 개방함으로써 고립되거나 정체되어 있지 않고 새로운 삶의 방식으로 나아가게 되는데 이러한 변화가 개인의 정신 건강과 성장에 관련이 있는 것으로 보았다(Littlejohn, 1996: 332).

(2) 대인 관계의 형성과 발전

자기 노출은 개인의 성장과 더불어 대인 관계의 형성과 발전에 결정적 요인으로 작용한다. 특히 대인 관계 초기의 친밀감의 형성에 직결되어 있다. 서로에 대한 정보가 전혀 없는 대인 관계의 초기에서 시작하여 서로를 조금씩 알아 가는 반응과 재반응의 상호작용을 통해 고독감이 해소되고 차츰 대인 관계가 발전하게 된다.

다음 가상의 사례는 서로 친해지는 과정에서 발생하는 여러 현상을 설명하고 있다. 속마음을 털어놓는 것, 대화의 화제나 대화 방식이 서로에게 익숙해지는 것, 서로 갈등을 해결해 가는 방법을 터득해 가는 것 등을 잘 설명하고 있다.

사례 대인 관계 발전의 과정

준호는 내 친구이다. 얼마 전 준호가 우리 동네로 이사를 와서, 등하교를 함께하며 친해졌다. 처음에는 서로 어색해하며 주로 학교에서 있었던 일이나 스포츠 이야기만 했다. 그런데 매일 함께 걸으며 이야기하다 보니 진로에 대한 고민이나 부모님께 혼난 이야기 같은 속마음도 털어놓을 수 있게 되었다.

준호는 만화 캐릭터를 좋아한다. 지금노 모형을 수십한나고 하는데, 그 애기민 나오면 표정이 밝아진다. 언젠가 준호의 왼손에 있는 작은 흉터에 대해 물은 적이 있었는데, 초등학교 미술 시간에 다쳤다고 했다. 꺼리는 기색이 역력해서 그 이후로 흉터 이야기는 하지 않는다.

준호는 가끔은 내 이야기를 귀 기울여 듣지 않고, 무언가 생각이 나면 갑자기 다른 이야기를 하기도 한다. 그럴 때는 기분이 좋지 않지만, 그냥 "내 말 좀 끊지 마." 정도로 가볍게 이야기하고 만다. 어떤 때는 티격태격 말다툼도 하지만, 그러고 나면 서로에 대해 더 많은 것을 알게 되고 더 친해진 느낌이 든다.

Charles Berger(1975)의 불확실성 감소 이론(uncertainty reduction theory)에 의하면 대인 관계의 발전에 불확실성의 감소는 필수적이다. 이 이론에 의하면 불확실성은 관계 발전의 가장 중요한 변인이다. 사람들은 인간관계에서 불확실한 상황을 힘들어하며, 다른 사람의 행동을 예측하고 싶어 한다. 그러므로 다른 사람에 대하여 정보를 추구하려는 동기를 갖게 된다. 따라서 최초의 상호작용에서 사람들은 더 많은 정보를 얻기 위해 많은 말을 하게 된다. 이때 자기 노출은 정보를 얻는 중요한 전략 중의 하나이다. 자신이 어떠한 점을 노출하면 그에 대한 반응으로 상대 역시 자신을 노출시킬 가능성이 있기 때문이다.

3) 자기 노출의 차원

자기 노출은 단일한 차원에서 이루어지지 않는다. 자기 노출은 직업이나 직위 등 공적인 영역에 속하는 사회적 자아와 가치관, 관심사 등 개인 내면에 속하는 개인적 자아로 구분된다. 여기에서는 사회적 침투 이론에서 구분한 네 가지 차원과 조하리의 창의 네 영역을 중심으로 보다 구체적으로 살펴보겠다.

(1) 사회적 침투 이론

자기 노출의 여러 차원과 대인 관계를 잘 설명하고 있는 이론은 Altman & Taylor(1973)의 사회적 침투 이론(social penetration theory)이다. 이 이론은 자기 노출을 가장 많이 인용하였는데, 대인 관계를 보상과 비용으로 설명하는 사회적 교환 이론(social exchange theory)의 영향을 받았다. 사회적 침투 이론에 의하면 자기 노출은 대인 관계의 초기 접촉 단계에서 가장 우세한 예측 단서이며, 보상이 비용보다 크면 친밀해지려는 노력이 추구되고 그 반대이면 더 이상 친밀해지려는 노력을 하지 않게 된다.

자기 노출은 친밀감의 수준을 의미하는 깊이(depth)와 대화하는 화제의 수를 의미하는 폭(breadth)의 두 차원에서 이루어진다. 사회적 침투 이론에서는 자기 노출의 폭과 깊이를 양파에 비유하여 설명하고 있다. 자기 노출이 될수록 양파의 껍질이 점점 벗겨지게 되고 중심을 향할수록 대인 관계가 더 발전한다고 본다. 중심으로의 침투를 상대에게 허용해야 관계가 발전되며 여기서 침투의 깊이는 노출의 정도가 된다.

표면(surface)층에서는 신장, 성별, 인종, 연령대 등 상대가 묻지 않아도 명시적으로 드러나는 정보가 노출된다. 외면(periphery)층에서는 이름, 직업, 주소, 전공 등 다른 사람을 처음 만나 대화할 때 일반적으로 드러나는 정보가 노출된다. 처음 만났을 경우 주로 질문과 답변 등을 통해서 이러한 정보가 드러나게 된다. 내면(intermediate)층에서는 비밀은 아니지만 다분히 개인적이어서 모든 사람과는 공유하지 않는 정보가 노출된다. 개인의 성격, 가치관, 감정 상태 등이 해당한다. 중심(central)층에서는 매우 사적이어서 주의를 요하는 정보가 노출된다. 마음 깊은 곳에 내재된 두려움이나 욕망 등이 해당한다.[2]

다음은 처음 만난 이성이 자기 노출을 통해 서로 관계를 형성해 가는 장면의 사례이다. 준수와 수연은 질문과 자기 노출 행위를 통해 서로를 알아 가고 있다.

사례 자기 노출의 정도

준수: 반갑다. 어디에서 왔니?

수연: ㉠ 거제도. 왜, 거제도 사람 처음 봐?

준수: 아니, 그게 아니고. 거기 살기 좋다며?

수연: ㉡ 난 서울이 좋던데. 서점도 크고 영화관도 크고.

준수: 그러면 부모님은 거제도에 계셔?

수연: 응, ㉢ 그런데 엄마는 많이 편찮으시고.

준수: 아, 미안.

수연: 네가 뭐가 미안해? 우리 엄마가 너 때문에 아픈 것도 아닌데.

준수: ㉣ 우리 어머니도 오래 편찮으셨거든. 그 이야기 하면 친구들도 그래.

수연: 맨히 힐 밀 없으니끼 그리는 거야.

준수: 그러니까.

---

2   이러한 네 가지 차원의 구분은 절대적이라기보다는 문화권과 같은 사회적 변수나 개인의 성향과 같은 개인적 변수 등에 의해 차이가 있을 수 있다.

우선 둘은 같은 학교의 친구이므로 표면 층위에 해당하는 성별이나 연령대 등의 정보는 이미 노출된 상태이다. 이에 대한 대화 내용은 생략되고 바로 ㉠과 같이 고향 등의 외면 층위에 해당하는 질문과 자기 노출로 대화를 시작한다. 둘 사이의 대화가 진행되면서 ㉡과 같은 개인의 기호나 가치관에 대한 내용이나 ㉢과 같은 지극히 사적인 정보를 노출하면서 그 깊이를 더해 가고 있다. 수연의 자기 노출에 준수도 동등한 수준의 자기 노출에 대한 부담을 느끼고 ㉣처럼 자기 노출의 균형을 맞추고 있음을 알 수 있다. 준수와 수연은 질문과 자기 노출이라는 상호작용 전략을 사용하여 관계 형성 초기에 친밀감과 공감대를 형성하며 대인 관계를 발전시켜 나가고 있다.

사회적 침투 이론에 의하면 사안에 따라, 친밀감의 수준에 따라 침투를 허용하는 깊이가 달라진다. 이 자기 노출의 정도는 상대마다 다른데, 매일 만나는 친구라도 주말에 본 드라마나 야구 경기 정도를 얘기하는 경우는 자기 노출이 거의 되지 않는 경우이다. 반면에 1년에 한 번 만난 고향 친구에게 내면의 갈등을 털어놓는다면 자기를 상당히 많이 노출한 것이다. 이렇듯 인간의 관계는 만남의 빈도와 같은 양적인 측면도 중요하지만 자신의 내면을 어디까지 보일 수 있는지와 관련된 자기 노출의 수위와 같은 질적인 측면도 중요하다.

다음은 대상에 따라 노출의 깊이가 다름을 설명하는 사회적 침투 이론을 도식화한 것이다. 네 개의 양파 껍질은 정은의 내면이다. 준석은 정은의 남자 친구이고 영호는 학생회의 선배이다. 정은은 준석과 영호에게 노출하는 깊이가 사안(폭)에 따라 상이하다. 장래 계획에 대해서는 남자 친구인 준석과 심도 있는 이야기를 주고받는다. 학교 사안에 대해서는 학생회 선배인 영호와 깊은 이야기를 하고 같은 학교가 아닌 남자 친구 준석과는 그다지 깊은 이야

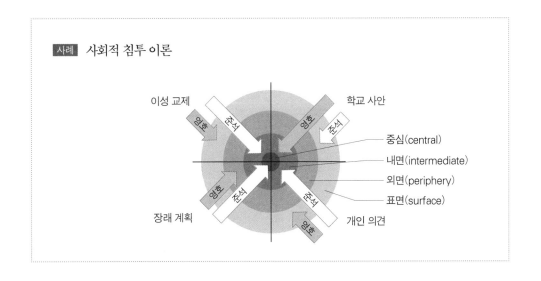

사례 사회적 침투 이론

기를 하지 않는다. 이렇듯 사회적 침투 이론은 사안마다 상대에 따라 침투를 허용하는 깊이(노출의 정도)가 다른 현상을 설명하는 데 유용하다.

(2) 조하리의 창

■ 조하리의 창의 네 영역

자기 노출의 영역을 설명하는 데 유용한 이론 중 하나가 조하리의 창(Johari window)이다. 'Johari'란 이 이론을 처음 제시한 'Joseph Luft'와 'Harry Ingham'의 앞부분을 따서 만든 명칭이다(Luft & Ingham, 1955). 조하리의 창은 나 자신에 대한 나의 인식과 타인의 인식을 네 개의 창으로 구분하였다. 이 네 개의 창을 통해 나는 나에 대해 얼마나 알고 있으며 나에 대해 타인에게 얼마나 투명하게 정보를 제공하여 공개하였는가를 가늠할 수 있다.

첫 번째 창은 공개된 영역(open area)으로 나도 알고 남도 아는 영역이다. 이미 나에 대한 정보가 소통되어 자기 노출이 이루어진 부분이다. 이 영역이 넓을수록 서로에 대해 많이 알고 있다고 생각하고 친밀하다고 여기게 된다.

두 번째 창은 보이지 않는 영역(blind area)이다. 남들은 알고 있지만 나는 모르고 있는 영역이다. 나에 대해 스스로는 인식하지 못하지만 남들은 이미 나에 대해 이 영역에 대한 정보를 가지고 있다.

세 번째 창은 숨겨진 영역(hidden area)이다. 나는 알고 있지만 남들은 모르는 영역이다. 자기 노출을 하지 않아 남들이 알지 못하고 숨겨져 있는 영역이다. 나는 알고 있지만 타인에게 말하지 않은 내면의 생각, 은밀한 감정, 공상, 부끄러운 생각 등이다.

네 번째 창은 미지의 영역(unknown area)이다. 나도 모르고 남도 모르는 영역이다. 깊은 무의식 속에 있으므로 나조차 아직 관심을 기울이지 못해 알지 못하는 영역이다. 무의식적인 두려움, 내재된 욕망이나 기대 등이 여기에 속한다. 물론 나조차 의식하지 못하므로 자기 노출이 가능하지 않다.

조하리의 창(Johari window)

	내가 아는 영역	내가 모르는 영역
남이 아는 영역	❶ 공개된 영역	❷ 보이지 않는 영역
남이 모르는 영역	❸ 숨겨진 영역	❹ 미지의 영역

자기 노출의 측면에서 의미가 있는 영역은 남이 모르는 영역인 세 번째 숨겨진 영역과 네 번째 미지의 영역이다. 대인 관계의 발전이라는 차원에서는 세 번째 숨겨진 영역이 가장 중요하다. 자기를 투명하게 노출하여 숨겨진 영역의 면적이 줄어들수록, 즉 첫 번째 공개된 영역이 넓어질수록 서로에 대해 많은 정보를 공유하며 친밀감의 정도도 커질 것이다. 반면에 자기 노출을 꺼리고 이 영역의 면적이 줄어드는 것을 허용하지 않는다면 상대도 그러한 반응을 보일 것이고 둘 사이의 관계 발전은 한계에 이를 것이다. 사안에 따라 대상에 따라 이 부분의 넓이를 어느 정도 허용할지 판단하고 경계를 허물기 위한 의사소통의 노력에 주의를 기울여야 관계의 발전이 이루어질 것이다.

네 번째 미지의 영역은 나도 모르는 영역이므로 엄밀하게 따지면 '의도적으로 자신에 대해 말하는' 자기 노출의 범위에 들지 않는다. 자아의 심연 속에 무의식의 상태에 존재하므로 나조차 이 부분의 면적과 상태를 가늠하지 못한다. 하지만 이 미지의 영역 역시 내 안에 있으며 나를 구성하는 부분이므로 무의식적이기는 하지만 언어적이든 비언어적이든 상대에게 표출되기 마련이다. 말하는 방식으로 드러나기도 하고 성격으로 드러나기도 하며 얼굴의 미묘한 표정으로 드러나기도 한다.

1장에서 자아 개념을 다루면서 이야기한 것과 같이 우리의 자아는 타인의 반응을 통해 형성된다. 미지의 영역은 나의 무의식적 표출에 대한 타인의 반응을 통해 점차적으로 지각이 가능한 영역이 된다. 자신의 내면에 집중하고 타인의 반응을 의미 있게 해석하기 위해 노력할 때 미지의 영역 속에 감추어진 자아의 모습이 드러나게 된다.

이렇듯 타인과의 의사소통은 서로의 관계 발전을 위해서도 필요하지만 자아에 대한 이해와 이를 통한 내적 성장에도 매우 중요한 역할을 한다. 앞서 자기 노출의 효능에서 설명한 '개인의 성장'이 이루어지게 된다.

■ 조하리의 창과 자기 노출

조하리의 창을 사회적 침투 이론에서 다루고 있는 침투의 대상으로서의 중층적 자아에 적용한다면 이미 알고 있는 공개된 영역은 표면에 해당한다. 상대가 모르는 외면, 내면, 중심은 나의 의도적인 자기 노출을 통해 숨겨진 영역에서 공개된 영역으로 변경된다. 관계 초기에 간단한 질문으로 약간의 노출이 이루어진다면 직업, 사는 곳과 같은 외면이 공개된 영역이 된다. 서로의 만남이 지속되고 경험을 공유할수록 모든 사람에게 이야기하지 않는 내적인 판단과 감정을 소통하며, 내면이 공개된 영역으로 변경된다. 물론 관계가 지속적으로 발전할수록 지극히 사적이어서 때로는 위험하기도 한 중심까지 침투가 허용되기도 한다. 이 경우 둘 사이의 관계에서 숨겨진 영역의 면적은 최소가 되고 공개된 영역의 면적은 최대가 된다.

　　자기 노출 이론가들은 중심까지 침투를 허용하여 숨겨진 영역을 없애고 모두 투명하게 공개하는 것이 대인 관계의 발전에 가장 유익한 길이라고 판단하지 않는다. 침투를 허용할 적절한 경계의 설정이 필요함을 주장하고 있다. 이는 무조건적인 노출에 수반하는 위험 때문이기도 하다. 여기서 자기 노출의 적절성의 문제가 대두된다.

4) 자기 노출의 방법

　　자기 노출의 적절성은 사실 상황과 상대에 따라 다르기 마련이다. 수학 공식처럼 해당 시기와 노출의 정도를 명확한 함수로 나타낼 수도 없다. 관계마다 자기 노출의 필요성을 느끼고 노출의 정도를 편안하게 느끼는 정도가 다르기 때문이다. 또 자기 노출의 속도와 주기도 다르기 마련이다. 이때 자기 노출의 적절성 차원에서 염두에 두어야 할 원리는 상호성의 규범과 경계에 대한 적절한 관리이다.

💡 **화법 교사 메모** ···

　　아동의 발달 과정을 기준으로 할 때 자기 노출을 의식적으로 할 수 있는 나이는 어느 정도일까요? Rosenberg & Mann(1986)에서는 자기 노출 개념을 발달 관점에서 연구하여 상호성의 규범을 인지하는 나이가 초등학교 6학년 때 정도임을 밝혀냈습니다. 연구 결과를 고려하면 초등학교 고학년 이후부터 자기 노출에 대한 기초적인 교육적 접근이 가능합니다. 중등학교에서는 적절한 자기 노출의 방법을 점진적으로 지도할 수 있습니다.

---

(1) 상호성의 규범

　　상호성의 규범(the norm of reciprocity)이란 상대의 이전 의사소통에 상응하는 의사소통적 반응을 제공한다는 의미이다. 상대의 노출 수준과 유사한 정도에서 노출이 일어난다는 것이다. 일반적으로 노출에 대한 불균형이 발생할 경우 노출을 중단하고 감소시키는 쪽으로 동기화된다. 이 상호성의 규범은 우리의 자기 노출 행위에 강한 영향을 미친다(Jourard, 1971;

Dindia, 1982). 여기서 노출의 균형은 실제 노출의 균형 정도라기보다는 서로에게 지각되는 균형의 정도이다. 다음은 자기 노출의 불균형이 발생한 장면의 사례이다.

> **사례** 자기 노출의 불균형
>
> 수연: 오랜만이네. 혹시나 했었는데, 맞네?
>
> 준수: 근데 누구신지?
>
> 수연: 나 몰라? 그, ㉠ 대학교 2학년 때 박수연. 우리 세검정에서, 나, 미대.
>
> 준수: 맞네. 미대 박수연. 근데 여긴 어떻게?
>
> 수연: 어떻게 날 몰라봐? 난 별로 변한 것도 없는데.
>
> 준수: 야, 우리도 다 늙었지. ㉡ 지금은 어디 살아?
>
> 수연: 평창동.
>
> 준수: 아, ㉢ 결혼은?
>
> 수연: 5년 전에.
>
> 준수: ㉣ 아이는 있어?
>
> 수연: 응.
>
> 준수: ㉤ 아들이야 딸이야?
>
> 수연: ㉥ 너 무슨 조사하러 왔니?

오랜만에 만난 수연은 ㉠과 같이 이름, 주소, 전공과 같은 사회적 침투 이론에 의하면 위험의 정도가 덜한 외면 층위의 정보를 노출하면서 자신을 드러내고 있다. 준수와 수연이 과거에 알았던 관계일지라도 오랜만에 만났을 경우 과도한 자기 노출로 인한 위험을 방지하고자 수연은 적절한 선에서 자기 노출을 시도하고 있다. 이에 준수는 ㉡~㉤과 같이 수연에게 지속적인 자기 노출을 요구하는데 자신은 정작 자기 노출을 전혀 하지 않는다. 이렇듯 서로 간에 자기 노출의 불균형이 발생하게 되고 수연은 이러한 불균형을 지각하고 자기 노출을 중단하고 ㉥처럼 불쾌감을 드러내게 된다.

상호성의 규범을 적용하면 대인 관계의 발전을 위한 자기 노출에서 점검해야 할 요소를 파악할 수 있다. 첫째, 상대방도 나와 같이 자기 노출의 의지가 있는지 확인해야 한다. 앞서 자기 노출의 개념에서 살펴보았듯이 자기 노출은 의도적인 것이므로 상대 역시 자기 노출의 의지가 있어야 한다. 둘째, 자기 노출의 속도와 정도에 대한 보조를 맞추어야 한다. 자주 만나서 신뢰가 쌓이기 이전에는 나와 상대의 자기 노출의 속도와 정도를 면밀히 살펴 서로가 비슷한 정도의 자기 노출을 주고받으며 보조를 맞추어야 한다. 일방적인 자기 노출은 노출의 불균형으로 상대에게 받아들여져 자기 노출을 회피하는 양상으로 발전하게 된다. 이렇게 되면 친해지고자 하는 의욕에서 행했던 일방적이고 과도한 자기 노출이 오히려 대인 관계의 발전을 저해하는 걸림돌이 되고 만다. 아래의 대화 사례에서 ㉠은 과도한 자기 노출에 해당한다.

사례 자기 노출의 위험성

영호: 안녕하세요? 처음 뵙겠습니다. 삼호전자에 근무하는 이영호입니다.

서원: 반가워요. 저는 최서원입니다. 유치원에서 일해요.

영호: 식사 아직 안 하셨지요? 여기 파스타 정말 맛있어요.

서원: 네, 보기에도 그렇게 보이네요.

영호: 우선 빵부터 드시죠. 저는 밥보다 빵이 훨씬 좋아요. ㉠ 어렸을 때는 빵 가게에서 주인 몰래 빵을 집어 먹다 들켜서 혼난 적도 있어요.

서원: (놀라며) 우리 오늘 처음 만났는데…….

자기 노출의 정도와 속도에 정답은 없다. 오히려 서로의 자기 노출 주기가 적절하게 맞는 것이 중요하다. 자기 노출이 만날 때마다 유사한 정도로 지속적으로 이루어지기도 힘들다. 어떤 때는 일정 수준에서 자기 노출이 고착되어 있기도 하고 어떤 때는 급속도로 자기 노출이 이루어지기도 하는 것이 사람과 사람의 만남이다. 즉, 상호성의 규범을 염두에 두고 '자주'와 '많이'가 아니라 '함께' 적절한 자기 노출을 해야 함을 인식해야 한다.

(2) 경계 관리 이론

Sandra Petronio(1991)는 경계 관리 이론(boundary management theory)을 통해 자기 노출의 복잡성에 관한 유용한 개념들을 통합하였다. 관계를 맺고 있는 사람들은 상대와 함께 공유하려는 감정이나 사고와 그들이 공유하려 하지 않는 것들 사이의 경계를 조정하고 관리하는 과정을 계속해서 수행한다. 개인적인 공격을 받을 위험을 감수하면서도 경계(bound-ary)를 개방함으로써 더욱더 '친밀감과 공유'를 촉진할 수 있는 반면, 경계를 폐쇄함으로써 더욱더 '자율과 안전'을 보장받을 수 있다.

경계를 개방하여 정보를 공유하고자 하는 욕구와 경계를 폐쇄하여 자신을 보호하려는 욕구 사이에 일어나는 이러한 갈등은 끊임이 없다. 이러한 갈등의 현상을 Cozby(1973)는 자기 노출 이론의 연구 흐름을 정리하면서 '노출을 확대하고자 하는 힘과 노출을 감소하고자 하는 힘의 경쟁'으로 표현하였다. Rawlins(1983)는 진행 중인 친구 관계에서 개방성으로 인한 문제를 연구하며 '표현성(expressiveness)과 보호성(protectiveness)의 변증법적 균형'이 대화의 딜레마라고 하였다.

사례 자기 노출의 딜레마

자기 노출과 관련하여 대화의 딜레마에 대해서는 다음 사례를 참고할 수 있다. 적절한 자기 노출을 하지 못하여 대인 관계의 어려움을 겪는 학생은 경계의 개방과 폐쇄의 딜레마에서 좌절하고 고민하고 있다.

"저에 대해 다른 사람에게 잘 이야기하지 않아요. 상처받는 게 두려워요. 그러니까 친구도 마음을 열지 않아 친해지기 힘들고요. 어떤 때는 친해지고 싶은 마음에 어릴 적 어려웠던 시절 이야기까지 했어요. 그런데 그 친구는 저를 점점 멀리하더라고요. 마음을 열고 다가가면 물러서고, 혼자 있으면 점점 멀어지는 것 같아 외롭고 그래요. 친구와 친밀하면서도 적절한 거리를 유지하는 게 너무 힘들어요. 그 거리가 어느 정도인지도 모르겠고요."

적정 수준에서 자기 노출을 하기 위해서는 이러한 욕구의 경쟁과 갈등 현상을 인식해야 하며 경계에 대한 관리가 필요하다. 사람이 무엇을 노출했다면 그 노출 행위는 상대에게 그에 상응하는 적절한 반응을 요구하게 된다. 이러한 요구와 반응은 적절하게 관리되어야 한다. 상대에게 무엇인가를 노출했을 때, 상대는 관계를 바람직한 방향으로 촉진하는 방향으로 반응하거나 그 반대 방향으로 반응할 수 있다. 경계를 잘 관리하기 위해서는 심사숙고가 필요하다. 자기 노출의 방법이나 시기에 관해 결정을 해야 하는 동시에 상대의 자기 노출 요구에 어떻게 반응할지에 대해서도 신중하게 결정해야 한다.

그러므로 부정적 자기 노출로 인한 위험에 대해 명확히 인식해야 하며 나의 노출로 인한 상대의 반응의 긍정성과 부정성을 판단할 수 있어야 한다. 이렇듯 자기 노출의 결과에 대한 민감성을 바탕으로 자기 노출의 경계를 관리하려는 노력을 기울일 필요가 있다. 특히 사회적 침투 이론의 자아의 중층에서 외면과 내면의 경계에 대한 관리, 극도의 위험을 수반하는 내면과 중심의 경계에 대해서는 대인 관계의 발전에 기여하는지를 면밀히 따져 관리할 필요가 있다.

☑ 화법 교육 방향

이 장에서는 대인 관계의 형성과 발전에서 자기 노출이 미치는 영향에 대해 살펴보았다. 자기 노출의 실천법으로는 상호성의 규범을 지키며, 위험을 인식하고 긍정적으로 관계가 발전하는 방향으로 경계를 적절하게 관리하라는 일반적인 방법에 대해 논의하였다. 자기 노출이 워낙 상황과 상대에 따라 다르므로 모든 상황에 보편적으로 적용되는 뾰족한 해법을 찾기는 힘들 것이다. 다만 대인 관계에서 자기 노출이 어떤 영향을 미치는지에 대한 이론을 이해하는 것은 대인 관계의 형성과 발전을 바라보는 매우 통찰력 있는 안목을 제공한다. 대인 관계의 문제의 원인은 워낙 복잡다단한 것이겠지만 자기 노출과 관련된 부분이라면 노출의 적절성 면에서 문제가 없었는지 서로의 의사소통 행위에 대한 점검을 가능하게 한다.

화법 교육에서는 이럴 때는 이런 표현으로 말하라는 규범적 처방보다는 대인 관계의 형성과 발전을 위한 자기 노출의 필요성을 이해한 후 자신의 자기 노출 행위에서 경계를 적절하게 관리하고 조정하는 자기 점검 전략에 주안점을 두고 지도할 필요가 있다.

2. 공감적 대화

앞서 자기 노출의 중요성과 방법에 대해 살펴보았다. 상대가 관계의 발전을 위해 자기 노출을 시도할 때 청자 입장에서도 적절한 반응을 해야 원활한 상호작용이 이루어진다. 상대의 자기 노출에 대해 이성적으로 사리를 분별하여 분석하고 판단하고 충고하는 반응도 필요하겠지만 우선 상대의 처지를 이해하고 감정을 공유하려는 공감의 자세가 필요하다. 특히 개인의 내적인 이야기를 꺼낼 때에는 섣부른 판단과 충고보다는 공감하여 듣는 자세가 더욱 요구된다. 자기의 감정을 적절하게 표현하고 상대가 이 감정을 이해하고 수용할 때 진정한 공감적 대화가 이루어진다. 여기에서는 상대 감정을 이해하는 공감적 듣기와 자기의 감정을 표현하며 말하는 비폭력 대화를 중심으로 공감적 대화 방법을 살펴보기로 한다.

1) 공감적 듣기의 개념

(1) 공감의 의미

'공감(共感)'의 사전적 의미는 '남의 감정, 의견, 주장 따위에 대하여 자기도 그렇다고 느낌. 또는 그렇게 느끼는 기분'이다. '공감'의 한자 '느낄 감(感)'으로 인해 상대의 감정만 공감의 대상으로 생각하기 쉽다. 공감의 대상은 남의 감정과 같은 정서적인 부분도 있지만 상대의 의견이나 주장과 같은 이성적인 부분도 있다. 그러므로 공감의 대상을 상대의 기분이나 감정으로 국한하는 것은 잘못이고 이성적인 차원과 정서적인 차원 모두에서 자기도 그렇다고 느끼는 것까지를 공감의 영역으로 이해하여야 한다.

공감을 의미하는 영어 단어 'empathy'는 그리스어 $\acute{\epsilon}\mu\pi\acute{\alpha}\theta\epsilon\iota\alpha$(empatheia)에서 유래하였다. '안(in, at)'을 뜻하는 $\acute{\epsilon}v$(en)와 '격정(passion)이나 고통(suffering)'을 뜻하는 $\pi\acute{\alpha}\theta o\varsigma$(pathos)가 합쳐진 말이다. 원어를 고려한다면 상대의 고통 속으로 들어가 함께 고통을 느낀다는 뜻을 담고 있다. 공감에 대해서는 다양한 학자들이 정의하고 있는데 상담과 심리 치료에서 공감적 듣기의 중요성을 강조한 연구자는 미국의 심리학자 Carl Rogers[3]이다. Rogers(1975)가 제시한 공감의 의미는 다음과 같다.

공감은 다른 사람의 개인적인 지각 세계 안에 들어가 그 속에서 완전하게 익숙해지는 것이다. 두려움, 분노, 다정함, 혼란 등 그가 경험하는 무엇이든지 순간순간 그의 안에 흐르는 변화하는 감정의 의미에 민감해지는 것이다. 일시적으로 그의 삶을 살면서 판단하지 않고 섬세하게 움직이며 그도 거의 알지 못하는 의미를 감지한다. 하지만 너무 위협적이어서 그조차 알지 못하는 감정까지 밝히려고 하지 않는 것을 의미한다. 그 사람이 두려워하는 부분을 두려워하지 않는 새로운 시각으로 보면서 그의 세계에 대한 당신의 지각을 전달하는 것을 포함한다(Rogers, 1975: 3).

여기에서 공감의 본질에 대한 몇 가지 단서를 발견할 수 있다.

첫째, 상대의 지각 세계 안으로 들어가려는 노력이 필요하다. 상대와 심리적 거리를 유지하는 것이 아니라 상대의 지각 세계로 들어가 마치 내가 그러한 것처럼 두려움과 혼란의 감정을 판단 없이 느끼는 민감성을 가져야 한다.

둘째, 내면의 변화를 공유해야 한다. 일시적인 기분을 공감하기보다는 지각 세계 내부에서 흐르는 의식, 나아가서는 무의식까지도 감지하며 그 속에서 함께 움직이는 것이다.

셋째, 이렇게 시작된 바를 상대에게 전달해야 한다. 상담 분야의 연구자이므로 이 부분을 강조하였다. 청자로서 정보의 수신 역할만 하는 것이 아니라 공감에 대한 적절한 반응을 해야 한다. 앞서 자기 노출이 화자의 정보 제공에 대한 청자의 반응으로 이어지는 상호작용

---

3   Carl Ransom Rogers(1902~1987). 미국의 심리학자로 상담 분야의 내담자 중심 치료(client-centered therapy), 교육 분야의 학생 중심 학습(student-centered learning) 등 인간 중심 접근(person-centered approach)으로 유명하다.

의 과정이라고 설명한 것과 같이 공감적 듣기도 청자의 정보 수신에 이은 반응의 전달이라는 점에서 이해와 표현의 상호작용적 의사소통이다.

(2) 공감적 듣기의 의미

그렇다면 공감적 듣기(empathic listening)는 무엇일까? Wolvin & Coakley(1988)는 공감적 화법을 "감정과 사고에 있어 대화 참여자는 마치 자신의 세계처럼 느끼며 다른 사람의 세계를 재해석하고, 다른 사람의 판단 준거에 따라 그 사람의 감정과 사고를 동일시하며, 이성적이고 감성적인 거울이 되어 다른 사람의 감정과 사고를 복제해야 하는 것"으로 설명하며, 공감적 듣기를 "다른 사람의 경험 세계에 관심을 갖기, 전달하고자 하는 메시지에서 감정과 내용 인식하기, 행동적 피드백과 함께 반응하기" 세 가지로 구분하여 정의하였다(정상섭, 2005: 283 재인용).

공감적 듣기란 일반적인 의미의 경청과는 다르다. 강의 시간에 학생들이 강의 내용에 집중하여 듣는 경우를 생각해 보면 공감적 듣기와 차별점을 인식할 수 있다. 상대의 언어적·비언어적 메시지에 모든 주의를 집중하여 듣더라도 자신의 판단으로 기억할 정보와 그렇지 않은 정보, 도움이 되는 정보와 도움이 되지 않는 정보, 동의하는 정보와 동의하지 않는 정보들을 선별하고 정보의 가치를 판단하고 나의 장기 기억과 연결하는 인지적 처리 과정이 총동원되는 듣기 행위는 강의를 들을 때 매우 바람직하다. 하지만 공감의 요소가 결여되었다면 공감적 듣기라고 할 수 없다. 공감적 듣기란 상대의 이야기에 대한 판단을 유보하고 상대의 생각을 이해하고 상대의 감정을 공유하며 내가 마치 상대인 것처럼 듣고 이에 대해 적절한 공감의 반응을 하는 상호작용의 과정이 충실하게 이루어지는 듣기 행위를 의미한다.

일부 연구자들은 공감적 듣기를 넓은 의미의 적극적 듣기(active listening)로 간주하거나 이 둘을 동의어로 처리하기도 한다. 적극적 듣기란 언어적·비언어적 메시지에 귀를 기울이면서 의사소통이 지속적으로 일어나도록 언어적·비언어적 피드백을 보내는 것을 의미한다. 물론 공감적 듣기를 하기 위해서도 적극적으로 집중하여 듣는 과정이 필요하지만 적극적으로 듣는다고 반드시 공감한다고 말할 수 없으므로 이를 독립된 형태로 인정하는 것이 타당하다(백미숙, 2006).

다음 사례는 상대의 감정에 주목하지 않고 충고하며 판단하는 대화 장면이다.

공감하기보다 판단하고 충고하는 대화

영호: 수진아, 너 표정이 왜 그래?

수진: 아니 선배님이 갑자기 나보고 오늘 애들 몇 명 데리고 동아리방 다 꾸며 놓으라고
　　　하시잖아. 오늘 집에 일이 있어서 차라리 자원을 받으시는 게 어떠냐고 말씀드렸
　　　더니 이래라 저래라 하는 거냐고 막 화를 내고. 솔직히 우리들 다 바쁘잖아. 갑자기
　　　바쁜 애들한테 그런 거 하라고 하는 게 말이 되니?

영호: ㉠ 네 말이 맞긴 한데. 조금 방법을 바꿨으면 어떨까 싶은 생각이 든다. 선배님 입
　　　장에서도 네게 따로 부탁하는 게 쉽지 않은 거잖아. 그럴 땐 그냥 일단 하겠다고 하
　　　고 친구들이랑 함께하다가 너 가야 하는 시간 됐을 때 말씀드리고 갔어도 괜찮지
　　　않았을까? 그럼 거절했다는 느낌도 덜 받으셨을 거 아냐.

수진: 그렇게 무턱대고 한다고 했다가 시간이 길어져서 중간에 못 나가면 어떡해? 그럼
　　　선배님은 나한테 맡겼다고 신경 안 쓸 텐데. 내가 없어져 봐. 괜히 나만 혼나기밖에
　　　더하겠어? 내가 중간에 가서 그런 거라고 하시면 어떻게 해?

영호: 그렇게까지 하시겠냐? ㉡ 근데 이럴 때 보면 너 진짜 맺고 끊는 거 엄청 분명한 것
　　　같아.

수진: 뭐? 그래, 나 못됐어!

영호: 아니, 내가 언제 못됐다고 했냐. 좀 다른 방법도 있을 수 있었다는 거지. 내 말은.

수진: 됐거든! 갑자기 나보고 이러면 어떡하라는 거야? 너라면 할 수 있겠냐!

영호: 아, 내가 뭐 잘못했다고 했나. 왜 나한테 화를 내…….

　　영호는 수진에게 도움을 주기 위해 상황을 객관적으로 보면서 ㉠처럼 분석해서 조언을
하고 있다. 하지만 수진이 현재 상태에서 원하는 것은 자신의 화난 감정에 대해 이해해 주
고 위로를 받는 것이다. 이 장면에서 공감이 이루어지지 않자 수진은 이견을 제시하며 논쟁
을 벌이게 된다. 영호 역시 자신의 의도를 이해하지 못한 수진에 대해 ㉡처럼 성격을 판단
하여 비난하는 말을 하게 된다. 결국 둘의 대화는 애초의 의도와는 달리 서로를 비방하는
싸움으로 번진다. 이와 더불어 "잘 될 거야."라는 막연한 위로하기, "이제 그만 좀 해."라는
말 끊기, "언제부터 그랬는데? 왜 그래?"와 같은 심문하기, "난 더 그래."와 같은 한술 더 뜨
기 등과 같은 반응도 친구를 도우려는 좋은 의도이지만 공감적 반응이라고 하기 어렵다.

　　다음 사례는 남편과 아내가 심각한 사안에 대해 서로 공감적 듣기를 하는 대화 장면이다.

사례 상대의 마음에 공감하는 대화

(남편은 지방에 있는 동생 석훈을 데려와 함께 거주하고 싶어 한다. 신혼인 아내는 이를 매우 부담스러워하는데 남편은 아내의 난처해하는 감정을 충실히 헤아리면서 설득해 간다.)

남편: 석훈이 여기 와서 함께 지내면 어떨까?

아내: 자기, 뭐라 그랬어? 나 농담하고 싶은 기분 아니야.

남편: ㉠ 그래 알아, 철저히 내 입장만 생각하면서 내 욕심대로 얘기하는 거야.

아내: 자기 입장이 뭔데.

남편: 처음엔 나도 어렵다고 생각했어. 그런데 자취하기도 어려운 형편에 먼 곳에서 우리 집 근처 학교에 통학하는 것이 마음에 걸려. 불쌍한 녀석 우리가 조금만 도와주면 좋겠어.

아내: 나는 안 불쌍해? 나는 세상에서 내가 제일 불쌍해. 지금 누굴 돌볼 수 있는 상태가 아니란 말이야. 요즘 회사에서 얼마나 힘들다고.

남편: ㉡ 그래. 자기 힘든 거 알아.

아내: 그런데 너무한 것 아니야? 우리 이제 결혼했는데, 시동생하고 함께 살아야 해? 아무리 자기 마음이 그랬어도 내 생각 하면 그런 생각 안 했어야 하는 거 아니야?

남편: ㉢ 그래. 무리라는 거 알아. 그리고 자기 동의 없이 안 된다는 거 알고. 지금 당장이 아니어도 좋으니까 한 번만 생각해 주면 안 될까? 나도 학교 멀리 다니며 공부하랴 일하랴 고생했는데 석훈이도 고생하는 것 같아서.

아내: ㉣ 알지. 그럴 거야. 자기 고생한 것 생각하면 그런 생각도 들 것 같아. 근데 자기야, 그런 마음 이해는 하는데 이렇게 즉흥적인 감정으로 이루어져선 안 된다고 생각해.

남편: ㉤ 알았어. 나도 한 번 더 생각해 볼게. 자기 기분도 안 좋을 텐데 미안해.

밑줄 친 부분에는 서로에 대한 공감이 나타난다. ㉠에서는 아내가 갑작스러운 말에 당혹해하는 감정을 이해했다는 남편의 공감이 드러난다. ㉡에서는 아내의 지친 심신에 대해 충분히 이해하고 있음을 표현하였다. ㉢에서는 아내가 남편의 제안을 받아들이기 힘들어하는 감정 상태에 공감하며 즉답을 요구하기보다는 한 번 더 생각해 보자고 요청하고 있다. ㉣에서는 아내도 남편의 우울한 감정에 공감을 드러내고 있다. ㉤에서는 아내의 불편한 감정을 공감하며 미안하다고 사과하고 있다. 자칫 갈등으로 이어져 대화가 중단될 수 있는 의사소통 상황이지만 서로의 감정에 주목하며 공감의 자세를 유지하고 있음을 알 수 있다. 이 대화로 문제가 한 번에 완전하게 해결되지는 않았지만 서로의 마음 상태에 대해 공감대를 형성하는 모습을 볼 수 있다.

(3) 공감적 듣기의 효능

공감적 듣기는 원활한 메시지의 소통뿐 아니라 정서적 측면과 대인 관계적 측면에서 긍정적인 기능을 한다.

첫째, 상대의 마음의 문을 열게 한다. 판단을 유보하고 공감의 자세로 집중하고 들을 때 상대는 마음의 문을 열고 자신을 편안하게 드러낼 수 있다. 청자가 판단이라는 여과 장치를 해제하는 자세를 보인다면 상대가 자신의 생각과 느낌을 여과 없이 전달하는 데 도움을 줄 수 있을 것이다.

둘째, 화자로 하여금 인간적 가치에 대한 존중감을 느끼게 한다. 공감적 듣기의 자세는 정보를 교환하는 데 국한되는 것이 아니라 말하는 사람이 가치 있는 존재로서 존중받는다는 느낌을 제공한다. 특히 자녀, 학생, 환자 등 청자보다 사회적으로 낮은 위치에 있는 화자들은 상대가 자신의 말에 집중하여 경청하는 것만으로도 상당한 위로감과 존중받는 기분을 느낄 수 있다. 이것은 1장에서 다룬 긍정적 자아 개념의 형성과도 관련이 있다. 일시적인 의사소통 행위 차원뿐 아니라 둘 사이의 신뢰와 존중감의 형성으로 장기적으로 서로의 의사소통을 원활하게 한다.

셋째, 둘 사이의 정서적 친밀감의 형성에 기여한다. 이러한 친밀감은 대인 관계의 발전에 긍정적인 영향을 미친다. 백미숙(2006)에서는 의사와 환자의 의사소통 상황에서 공감적 듣기의 효능으로 환자 자신이 인격체로서 의사에게 존중받는다는 인식이 상호 간에 협력적인 관계를 구축하고 이를 통해 의료의 질과 환자의 만족도를 향상할 수 있다고 언급하였다.

2) 공감적 듣기의 방법

공감적 듣기의 방법에 대해서 Stewart & Logan(1998)은 '집중하기, 격려하기, 반영하기'로 구분하였다. 정상섭(2005)에서는 '주의 집중하기, 관점 수용하기,[4] 격려하기, 공감적 반영하기'로 구분하였다. Chaney & Burk(1998)에서는 '요약하기'와 '반영하기'를 독립적으로 구분하여 다루고 있다. 여기서는 공감적 듣기의 방법을 소극적 차원과 적극적 차원으로 크게 구분하고 이를 다시 집중하기, 격려하기와 요약하기, 반영하기로 나누어 다루고자 한다. 이때 소극적과 적극적의 변별점은 청자가 의미 있는 내용을 담아 명시적인 언어로 피드백을 하는가의 여부이다. 물론 소극적 들어주기에서도 언어적 반응을 하지만 특정 정보를 담고 있다기보다는 "그래", "계속 이야기해 봐." 등 대화의 흐름을 조절하거나 상대의 말하기를 촉진하는 단순한 기능을 한다.

(1) 소극적 들어주기

■ 집중하기(focusing)

우선 현재 내 앞에서 말하고 있는 상대에게 집중할 필요가 있다. 상대를 향해 앉고, 눈을 맞추고, 부드러운 표정을 지으며, 적절한 손짓을 해야 한다. 쉬운 기술인 것 같지만 대인 관계의 실제 장면을 보면 집중하기가 되지 않아서 갈등이 발생하는 경우가 적지 않다. 상대가 이야기하고 있는데 고개를 돌려 상대를 보지 않고 모니터로 일을 계속 보면서 무성의하게 답변하는 경우, 아내가 말할 때 눈을 맞추지 않고 신문을 보며 건성으로 듣는 경우 등이 다반사이다. 단순히 정보를 듣기 위해서는 이러한 과정이 필요 없을 것이다. 화자의 메시지를 정확하게 분석적으로 파악하면 듣기를 성공적으로 완수했다고 할 수 있다. 하지만 공감적 듣기는 다르다. 공감의 출발점은 우선 상대를 향해 앉고 상대를 마주보는 것부터 시작한다는 것에 유의해야 한다.

Chaney & Burk(1998)에서는 듣고 있음을 의미하는 행위와 그렇지 않은 행위를 열린 행위와 닫힌 행위로 구분하여 설명하고 있다.

---

4 관점 수용이란 자신의 입장이 아닌 상대의 입장에서 경험을 이해하고 그것을 표현해 주기 위해 타인의 생각, 상황, 느낌을 알고 이해하는 것이다. 역할 취해 보기, 타인의 감정 이해하기 등을 통해 화자의 생각을 이해하는 인지적 관점 수용과 감정을 이해하는 정서적 관점 수용을 할 수 있다(정상섭, 2005).

듣고 있음을 의미하는 행위(behaviors that say "I'll listen") (Chaney & Burk, 1998)

열린 행위(open behaviors)	닫힌 행위(closed behaviors)
직접적인 눈맞춤	빤히 쳐다보기
접촉하기	하품하는 척하기
미소 짓기	다른 곳 바라보기
고개 끄덕이기	신경질적인 습관 보이기, 안절부절못하기
눈을 크게 뜨기	부정적으로 고개 흔들기
앞으로 기울인 자세	화자로부터 멀어지는 자세 취하기
긍정적인 얼굴 표정	부정적인 얼굴 표정

■ 격려하기(encouraging)

상대가 나의 말에 집중하고 있다고 느낀 화자는 계속 이야기할 수 있는지 확인하고자 한다. 이때 필요한 것이 격려하기이다. 우리는 종종 화자가 이야기할 때 집중하여 듣지 않고 다음에 내가 할 말을 생각하는 경우가 있다. 공감적 듣기를 위해서는 다음에 내가 할 말에 집중하는 것이 아니라 상대가 편안한 마음으로 자신의 이야기를 지속할 수 있도록 배려할 필요가 있다.

상대가 이야기를 계속하도록 화맥을 조절할 때는 "좀 더 이야기해 봐.", "계속 이야기해 봐."와 같은 요청을 할 수도 있고, "네 생각은 어떠니?"와 같이 질문을 할 수도 있다. 또는 상대의 말이 끊긴 휴지의 시간도 다급해하지 말고 침묵을 오래 견디는 노력도 필요하다. 이때 질문은 이해하지 못한 새로운 정보를 요구하거나 상대를 질책하기 위한 것이 아니라 상대가 이야기를 계속하도록 유도하기 위한 질문이라는 것에 유의해야 한다.

격려하기를 할 때는 다음과 같은 공감적 듣기의 표지를 사용한다(Adler, 1977/2007).

관심 표현: 그래서?, 그런데?

공감 표현: 그러게 말이야, 정말 그렇고말고.

동정 표현: 저런, 쯧쯧, 저걸 어째?

기쁨 표현: 정말 잘됐나, 멋지다, 신난다.

놀라움 표현: 어머, 정말?

(2) 적극적 들어주기

적극적 들어주기에서는 청자가 수동적인 입장에서 듣기에만 집중하는 것이 아니라 적극적으로 메시지를 구성하여 전달하는 측면이 강조된다. 적극적 들어주기는 청자가 객관적인 관점에서 문제에 접근할 수 있도록 화자의 말을 요약하고 반영하여 화자가 스스로 문제를 해결할 수 있도록 돕는 것이다.

적극적 들어주기를 할 때는 공감적 듣기의 표지로 '~구나'와 '~네'를 사용하는 것이 효과적이다. 이들은 대화체에서 상대의 인지적 상태를 나타내는 기능을 한다. 아래의 표현들은 상대(너)에 대해 말하면서도 화자(나)의 관점으로 말하게 되므로 직접적인 표현이 아닌 간접적 표현이 되어 상대의 체면을 존중하고 부담을 경감해 주는 효과가 있다(구현정, 2009).

~처럼 들리는구나/들리네.
너는 ~한 기분인 것 같구나/같네.
너는 내게 ~라고 말하는 것 같구나/같네.
~라는 거구나/거네.

■ 요약하기(summarizing)

요약하기는 말 그대로 화자의 말을 요약하여 재진술해 주는 것이다. 청자 입장에서는 특별히 다른 말을 준비할 필요가 없이 다음의 예에서 엄마의 말과 같이 상대의 메시지를 그대로 재진술하면 된다.

아들: 엄마, 나 피곤하고 졸려요.
엄마: 그래, 우리 준석이가 피곤하고 졸리는구나.
아들: 네, 오늘 운동을 해서 그런가 봐요.

화자의 말을 그대로 재진술해 주는 요약하기를 통해서 상대의 말을 분명하게 이해했음을 알릴 수 있고 화자의 현재 상태에 공감했다는 것을 드러낼 수 있다.

■ 반영하기(reflecting)

반영하기는 화자가 한 말의 의미를 재구성해서 피드백해 주는 것이다. 화자가 자신의 상태에 대해 직접적으로 이야기한 경우 요약하기와 같은 직접적 재진술이 가능하지만 상대가 장황하게 자신의 상태를 설명하는 경우 직접적인 재진술이 불가능하다. 상대의 생각을 수용하고 상대의 현재 상태에 감정이입을 하여 상대가 어떤 감정을 느끼는지 거울처럼 비춰 줄 필요가 있다.

이성적인 차원에서는 화자가 스스로 문제를 바라보는 객관적인 관점을 가질 수 있도록 논리적인 의미를 반영한다. 정서적인 차원에서는 화자가 느끼는 불안과 초조함 등의 감정을 인지하고 이 감정 상태를 자신의 말로 풀어서 진술해 준다.

> 아들: 엄마, 다음 주가 시험 기간인데 내일 꼭 치과에 가야 되나요?
> 엄마: 중요한 시험을 앞두고 치료보다 시험에 집중하고 싶은 마음이 드는구나.
> 아들: 네. 이번에는 시험 공부 제대로 하고 싶어요. 병원에는 다음 주에 가면 안 될까요?

위의 예에서 아들은 시험에 집중하고 싶은 마음과 더불어 치과를 방문하는 것을 꺼리는 두 가지 마음을 동시에 가지고 있음을 알 수 있다. 여기서 엄마가 "무슨 소리야, 지난주에 예약했어. 오늘 밤에 열심히 공부하고 내일은 치과에 가야지."라고 말할 경우 아들은 자신의 감정 상태에 대해 전혀 공감이 이루어지지 않았다고 판단하게 된다. 엄마의 그러한 두 번째 발화에 대한 아들의 세 번째 발화는 '짜증', '체념', '분노'의 감정이 담긴 말로 이어질 가능성이 커진다. 즉, 자신의 감정 상태를 토로하였을 때 명령, 충고, 훈계, 비난 등의 반응이 있을 경우 대화에 갈등이 생기게 되는데, 공감적 듣기는 이를 방지하고 대화를 원활하게 하고 대인 관계를 긍정적인 방향으로 유지하고 발전시키는 데 기여하게 된다.

3) 감정 표현의 방법: 비폭력 대화

공감적 듣기는 상대가 고민을 토로할 때 공감하여 듣는 방식이다. 감정을 공유하는 공감이 이루어지려면 말하는 사람이 자기의 감정을 표현하고 듣는 사람이 이를 수용해야 한다. 여기에서는 상대와 갈등 상황에서 지키기 바라는 바를 감정(느낌)을 드러내어 표현하는 비폭력 대화 방법에 대해 알아보고자 한다. 공격성을 줄이고 공감이 이루어지는 방식으로 말할 때 갈등을 원만하게 해결하여 인간관계가 유지되거나 발전하게 된다.

(1) 비폭력 대화의 개념

공감 현상을 일상의 대화로 들여와 상담자가 아닌 부모–자녀, 친구, 교사–학생, 직장 동료 간의 소통 방법에 접목한 것이 임상심리학자인 Marshall Rosenberg가 1960년대에 개발한 비폭력 대화 모형(nonviolent communication model)이다. 비폭력 대화는 상대를 비난하는 도덕적 판단 대신 객관적으로 관찰한 바를 말하고, 자기 내면의 욕구와 느낌을 솔직하게 드러내고 바라는 바를 부탁하는 방법이다.

비폭력 대화에서는 상처를 주는 자칼의 대화와 공감을 표현하는 기린의 대화로 양분하여 대화 현상을 설명한다. 비폭력 대화 모형에서는 타인의 감정을 인식하는 것과 더불어 자신의 감정을 인식하여 표현할 때 감정이 공명하는 공감이 발생하며 이로써 연민(compassion)의 대화가 가능하고 상호 이해와 원만한 인간관계를 유지할 수 있다고 설명한다(Rosenberg, 2015/2017).

(2) 비폭력 대화의 방법

비폭력 대화는 자신의 감정을 정확하게 지각하고 욕구를 표현하여, 대화 참여자 간에 공감이 원활하게 이루어져 원만한 인간관계를 유지하는 것을 지향한다. 비폭력 대화에서는 공감이 실현되는 핵심 요소로 관찰, 느낌, 욕구, 부탁을 제시하였다. 이 네 가지 요소는 대화의 흐름에서 일련의 단계를 이루어 대화 구조의 패턴을 형성한다.

■ 관찰

이 단계에서는 '상대의 행동은 잘못되었다.'라는 평가가 포함된 도덕적 판단을 버리고 객관적으로 관찰된 바를 말한다. 상대의 행동에 문제가 있다고 단정하고 시비를 가리는 것은 자신의 욕구나 분노를 표출하는 것이다. 일단 상대의 행동이 잘못되었다는 관점으로는 나의 욕구를 절대로 만족시킬 수 없다. 예를 들어 친구의 연락이 뜸하면 "무관심한 친구네."라고 비난하고, 자주 연락하면 "성가신 친구네."라고 비난한다. 친구가 연락하는 방식으로는 균형 잡힌 지점을 도저히 찾을 수 없다. 이렇게 되면 친구는 거부감을 느껴 자기를 방어하거나, "너도 그렇잖아."라면서 반격한다. 이런 대화 방식이 반복되면 서로의 관계는 멀어지게 된다.

친구가 회의 시간에 계속 늦었을 때, "지금 뭐 하는 거야. 왜 이렇게 게으르고 무책임해?"와 같은 도덕적 판단은 상대를 공격하는 폭력적 대화이다. 이 상황에서 도덕적 판단을 객관적 관찰의 방식으로 바꾸면 "회의에 세 번 늦었구나."라고 말하는 것이다. 현재 사안에 대한 주관적이고 감정적인 해석이 갈등을 증폭시킬 수 있으므로 객관적으로 관찰한 사실만을 말해야 한다. 도덕적 판단과 객관적 관찰을 구분해 보자.

도덕적 판단	객관적 관찰
동원이는 공격적이다.	동원이는 친구가 지우개를 던지자 몸을 밀었다.
동원이는 나를 무시한다.	문자 메시지를 보냈는데 동원이가 답신을 안 했다.
우리 반 학생들은 반항적이다.	내가 학습 활동을 하자고 했더니 우리 반 학생들이 싫다고 했다.

■ 느낌

이 단계에서는 자극을 받았을 때 몸과 마음에서 일어나는 반응을 표현한다. 느낌이란 현재 상황에서 상대의 행동으로 인해 자신이 경험하는 감정을 의미한다. 느낌과 구별할 것은 생각이다. 예를 들면 "친구들과 함께 있을 때 나는 투명 인간처럼 느껴져."라는 말은 느낌이 아니라 생각을 말한 것이다. "친구들이 나를 중요하게 생각하지 않아서 속상해."라는 말이 느낌을 표현한 것이다. Rosenberg에 의하면 느낌은 충족되지 않은 내면의 욕구와 연결되는데, 감정 어휘를 사용하여 생각이 아닌 느낌을 분명하고 솔직하게 표현할 때 상호 연민의 대화가 이루어진다고 한다.

■ 욕구

이 단계에서는 느낌과 연관된 욕구를 말한다. 욕구는 내면에서 충족되지 못한 기대를 뜻한다. 느낌은 욕구에서 비롯되므로 욕구와 느낌은 하나의 쌍을 이루므로 함께 표현하는 것이 효과적이다. 느낌을 욕구에 직접 연결할수록 상대가 이 욕구에 더 쉽게 연민으로 반응하게 된다. "당신은 매일 늦어요. 나보다 일이 더 중요한 것 같아요."라는 말은 비난이다. 이를 "당신과 친밀한 시간을 보내고 싶은데"라는 욕구와 "당신이 늦게 오면 서운해요."라는 느낌을 연결해서 말해야 한다.

[상대를 비난하는 공격적 대화] 춥게 입고 다니면 감기 걸리니까 외투 입고 다니라고 했는데, 잔소리라고 하다니 너무한 거 아니야?

[느낌과 욕구를 연결한 대화] 멀리 떨어져 있어서 직접 챙기지도 못하는데 네가 감기에 걸리지 않고 건강하기 바라기 때문에, 그런 말을 잔소리라고 귀찮아하면 서운해.

친구의 건강을 걱정하는 같은 말이라도 상대는 이를 "다 커서 자기 건강도 못 챙기다니."라는 비난으로 여겨 잔소리하지 말라고 반격을 할 수도 있다. 이렇게 되면 걱정해서 전화한 사람은 서운한 느낌이 든다. 여기에서 화가 나서 너무하다고 공격하면 상대를 위하는 마음으로 시작한 대화가 싸움으로 번지게 된다. 이런 대화 패턴이 반복되면 서로의 관계는 멀어질 수밖에 없다. 상대의 행동을 비난하는 대화 방식을 나의 욕구와 느낌을 표현하는 대화 방식으로 바꾸면 공격성이 사라져 비폭력 대화가 된다. 내가 너에게 원하는 나의 선한 의도는 이런 것이고, 그것이 이루어지지 않을 때 어떤 느낌이 드는지 말하는 것은 상대를 비난하는 공격성이 매우 약하다. 상대를 비난하는 공격적 대화를 나의 느낌과 욕구를 드러내는 방식으로 바꾸면 다음과 같다.

네가 늦게 와서 짜증이 나.
→ 시작 시간에 맞추어 영화를 보기 바랐기 때문에 속상해.

네가 하겠다고 약속한 일을 하지 않아서 너무 실망스러워.
→ 너의 말을 신뢰할 수 있기를 바라기 때문에 네가 약속한 일을 하지 않으면 서운해.

가끔 내 외모나 성격을 평가하는 말에 화가 나.
→ 너에게 비판받기보다는 인정받고 싶기 때문에 네가 하는 사소한 말에 마음이 아파.

■ 부탁

이 단계에서는 자신의 욕구와 그로 인한 느낌을 해소하기 위해 상대에게 자신이 원하는 행위를 구체적으로 요청한다. 모호한 표현이 아니라 가시적이고 실현 가능한 행위를 구체적인 언어를 사용해서 말한다. "~을 하지 마."라는 부정적인 문장보다 긍정적인 문장을 사용하며, 명령보다는 "~해 줄 수 있을까?"와 같은 의문문을 사용하여 권유나 질문 형태로 표현하면 상대의 심리적 저항감을 줄일 수 있다.

비폭력 대화 모형의 네 가지 요소를 이어서 말하면 다음과 같다. 복도에서 장난치는 학생들의 안전을 걱정하는 선생님의 "너희들, 조심해서 안 다녀?"라는 말은 다음과 같이 바꾸어 말할 수 있다.

[관찰] 너희가 복도에서 때리고 장난치는 것을 보면

[느낌과 욕구] 너희들이 학교에서 다치지 않고 안전하게 지내기를 원하기 때문에 선생님은 걱정
스러워.

[부탁] 복도에서는 때리고 장난치기보다는 조용히 다니면 어떨까?

학업 계획서를 제출하라고 했는데 오늘도 가져오지 않은 민서에게 "내가 학업 계획서 오늘까지 가져오라고 했어, 안 했어? 뭐가 되려고 그러는 거야? 앞으로 나와."라고 화를 내는 선생님의 대화는 다음과 같이 바꾸어 말할 수 있다.

[관찰] 오늘까지라고 강조했는데, 학업 계획서를 제출하지 않았구나.

[느낌과 욕구] 민서가 자기 주도적으로 학습하기를 원하는 마음에 제출하라고 한 건데 아직 작성
하지 않았다니 서운하네.

[부탁] 다음 주 화요일까지 기한을 연장할 테니 학업 계획서를 작성해서 가져올 수 있겠니?

☑ 화법 교육 방향

공감적 대화를 지도할 때는 쌍방향적 의사소통 구도를 설정하는 것이 효과적이다(박재현, 2018). 화자는 비폭력 대화의 방법에 따라 '관찰, 느낌, 욕구, 부탁'의 순으로 현재 상황에서 자기가 느끼는 감정을 표현한다. 청자는 공감적 듣기의 방법에 따라 상대가 말하는 중에는 집중하기와 격려하기의 방법으로 경청하고, 말을 마친 후에는 요약하기와 반영하기의 방법으로 상대의 감정을 이해하고 적절하게 반응하도록 한다. 그다음에는 청자가 화자가 되어 자기 감정을 동일한 과정으로 표현하고, 화자는 청자가 되어 감정을 이해하고 반응한다. 이렇듯 서로의 감정이 순환하면서 공유될 때 진정한 공감적 대화를 경험할 수 있다. 갈등 상황을 상정하여 간단한 실습으로 진행할 수 있는데, 자세한 실습 모형은 박재현(2021)의 공감 순환 내화 교육 모형을 참고하면 된다.

III

대화의 원리

2장 에서는 대화를 통한 대인 관계 발전의 현상을 자기 노출, 공감적 듣기, 비폭력 대화를 통해 살펴보았다. 상대의 이야기에 공감하며 자신의 내면을 진솔하게 드러낼 때 진정한 의미에서 관계의 발전을 기대할 수 있음을 알게 되었다. 여기에서는 본격적으로 대화에 작용하는 기본 원리를 설명하는 이론을 살펴보고자 한다.

잔잔한 음악이 흐르는 커피숍에 앉아 대화를 하는 장면을 생각해 보자. 대화 참여자들은 서로 말 차례를 교대해 가면서 담소를 나눈다. 동시에 말을 해도 안 되고 혼자 장황하게 연설을 해도 안 된다. 더 나아가 상대를 배려하고 존중하는 태도로 말해야 한다. 이렇듯 대화가 원활하게 전개되기 위한 기본 원리가 존재한다. 대화 현상을 설명하는 기본 원리로 연구자들이 주목한 것은 바로 대화 참여자 간의 '협력'과 '예의'이다. 이 장에서는 '협력의 원리'와 '예의의 원리'를 중심으로 대화 현상을 살펴보도록 하겠다.

1. 협력의 원리

　대화는 본질적으로 혼자 할 수 없는 것이다. 반드시 이야기를 주고받을 상대가 필요하다. 이때 대화 참여자들은 암묵적으로 상대의 '협력'을 전제하게 된다. 상대는 나의 말을 들으려는 의지가 있어야 하고 적절한 태도를 지녀야 한다. 나 역시 상대의 말을 들으려는 의지와 태도가 필요하다. 사람들의 대화에서 이러한 상호 협력의 중요성에 주목한 것이 '협력의 원리'이다. 자연스러운 의사소통 상황에서 사람들은 필요에 따라 협력의 원리를 고의로 위반하기도 하는데 이때 발생하는 것이 '대화 함축'이다. 여기서는 '협력의 원리'와 '대화 함축'을 중심으로 대화의 원리를 알아보도록 하겠다.

1) 협력의 원리

　협력의 원리(cooperative principle)[1]란 Herbert Paul Grice[2]가 1975년에 'Logic and Conversation'이라는 제목으로 다룬 글에서 제시한 대화의 원리이다. 화자와 청자 사이에

1　일부 논저에서는 '협동의 원리'라고 하기도 한다.
2　Herbert Paul Grice(1913~1988). 영국 태생으로 UC 버클리 대학교 교수를 역임하였다.

서 이루어지는 대화는 기본적으로 서로 협력하려는 노력이 필요하다. 대화 참여자는 서로가 대화를 전개하는 데 필요한 협력적 노력을 하고 있다는 기본적인 전제를 가지고 대화에 참여하게 된다. 화자는 이러한 전제를 준수하며 말을 하고 청자는 이러한 전제를 바탕으로 화자의 말을 해석한다.

Grice는 이러한 전제를 협력의 원리라고 명명하고 다음과 같이 설명하였다.

> 당신이 참여한 대화의 방향이나 목적에 따라 대화 진행 단계에서 요구되는 만큼 대화에 기여하라.
>
> Make your conversational contribution such as required, at the stage at which it occurs, by the accepted purpose or direction of the talk exchange in which you are engaged.
>
> (Grice, 1975: 45)

이 전제에 의하면 대화 참여자는 대화 전개에서 대화의 방향과 목적을 지속적으로 인식하여 그에 맞추어 대화에 기여하려는 노력을 해야 한다. 대화의 전체 흐름과 맥(脈)에 대한 인식을 바탕으로 각 단계마다 필요한 말의 내용을 고려하여 적절한 말하기 방식으로 대화에 기여해야 한다. Grice는 이 협력의 원리를 구체적으로 설명하기 위해 네 개의 격률(maxim)을 설정하고, 그 아래 아홉 개의 세부 격률을 제시하였다. 격률(格率)이란 준칙이라고도 하는데 행위의 규범이나 윤리의 원칙을 의미한다.

(1) 양의 격률 maxim of quantity	필요한 만큼의 정보를 전달하라. Make your contribution as informative as is required(for the current purposes of the exchange).
	필요 이상의 정보를 전달하지 마라. Do not make your contribution more informative than is required.
(2) 질의 격률 maxim of quality	거짓이라고 믿는 바를 말하지 마라. Do not say what you believe to be false.
	적합한 근거가 부족한 말을 하지 마라. Do not say that for which you lack adequate evidence.
(3) 관련성의 격률 maxim of relation relevance	관련성 있게 말하라. Be relevant.

	모호한 표현을 피하라. Avoid obscurity of expression.
(4) 태도의 격률 **maxim of manner**	애매한 중의적 표현을 피하라. Avoid ambiguity.
	간결하게 말하라. (불필요하게 장황하게 말하지 말라.) Be brief. (Avoid unnecessary prolixity.)
	조리 있게 말하라. Be orderly.

(1) 양의 격률

양의 격률(maxim of quantity)이란 대화에서 요구되는 필요한 만큼의 정보를 전달하고 필요 이상의 정보를 전달하지 말라는 것이다. 여기에서 정보의 양이 적절하다는 것은 부족하거나 넘치지 않아야 한다는 뜻을 모두 담고 있다. 상대의 질문에 필요한 정보를 제공하지 않고 무성의하게 답하거나 필요 이상으로 과도한 정보를 긴 시간 동안 이야기하는 것 모두 양의 격률을 위반한 것이다.

일상 대화에서 이러한 양의 격률을 위반하는 경우를 어렵지 않게 찾아볼 수 있다. 무성의한 짧은 답변으로 일관하여 대화의 의지를 보이지 않는 경우도 있고, 대화 시간 동안 주도권을 놓지 않고 대화를 독점하는 경우도 있다. 화자 입장에서는 많은 정보를 제공하는 것이 친절함의 표현이라고 생각할 수 있으나 청자가 원하는 정도보다 정보가 과도하게 많을 경우 원활한 대화를 방해하게 된다. 이러한 현상이 일시적인 것이 아니라 대화 성향으로 굳어져 적절한 순서 교대를 하지 않고 대화를 독점하려 든다면 다른 사람들은 이 사람과의 대화를 꺼리게 될 것이다. 이런 측면에서 양의 격률은 적절하게 순서를 교대해야 한다는 순서 교대 원리와도 관련이 있다.

(2) 질의 격률

질의 격률(maxim of quality)은 진실성과 관련이 있는데 거짓이라고 여기는 말을 하지 말고, 적합한 근거가 불충분한 말을 하지 말라는 것이다. 주장 자체가 참이 아니거나 그 주장을 뒷받침하는 근거가 불충분할 경우 온전한 대화가 성립되는 것을 방해한다. 질의 격률 역시 양의 격률처럼 위반되었을 경우 효과적인 정보 전달을 방해하게 된다.

질의 격률도 단순히 정보 전달 차원에만 해당하는 것이 아니라 대인 관계에도 영향을 미친다. 결정적인 순간에 질의 격률이 위반된 참이 아닌 정보나, 근거가 부족한 정보를 전달하면 대화 상대에 대한 신뢰가 무너진다. 이러한 현상이 성향으로 굳어지면 다른 사람들에게 믿을 수 없는 사람으로 인식되어 신뢰에 바탕을 둔 대인 관계가 불가능하게 된다. 이것은 나중에 다룰 화자의 공신력과도 관련이 있다.

(3) 관련성의 격률

관련성의 격률(maxim of relevance)이란 대화의 화제와 관련되게 말하라는 것이다. 대화의 화제도 잘 선택해야 하지만 대화 중에 현재 전개되는 화제에 집중하여 그에 관한 말을 하여야 한다. 일상 대화에서도 이미 끝난 화제를 다시 꺼내거나, 갑자기 다른 화제를 꺼내거나, 대화의 맥을 놓치고 엉뚱한 말을 하는 사람을 볼 수 있다.

관련성의 격률은 대화를 이루는 데 있어서 가장 중요한 격률이다. 형식적으로는 양의 격률과 질의 격률이 다소 결여되더라도 관련성의 격률이 지켜진다면 대화가 진행되는 것으로 볼 수 있기 때문이다. 하지만 그 반대의 경우, 다른 격률은 모두 지켜지지만 관련성이 없다면 대화가 진행된다고 볼 수 없다(구현정, 2009).

관련성의 격률도 효과적인 정보 전달 차원과 더불어 대인 관계에 영향을 미친다. 대화의 화제에서 벗어나는 말을 하는 것은 상대의 말을 집중하여 듣지 않는다는 인상을 주어 대화 참여자 간의 공감대 형성을 방해하게 된다. 앞서 공감적 듣기를 다루면서 상대가 전달하는 정보에 대한 이해뿐 아니라 그가 현재 경험하는 감정에 대한 공유가 대인 관계의 발전에 중요함을 설명하였다. 예를 들어 "오늘 발표를 잘 못했어. 속상하네."라고 말하는 친구에게, "공원이나 가자."라고 말하는 것은 관련성의 격률을 위반한 것이다. 이렇듯 관련성의 격률이 자주 위반된다면 진정한 대인 관계의 발전은 기대할 수 없게 된다.

(4) 태도의 격률

태도의 격률(maxim of manner)[3]이란 명료하지 않은 표현과 애매한 중의적 표현을 피하고 간결하고 조리 있게 말하라는 것이다. 흔히 태도(manner)라는 말에서 에티켓 등을 떠올

---

3 일부 논저에서는 '방법의 격률'로 번역한 경우도 있다.

릴 수 있다. 여기서 태도란 말하기의 바른 자세와는 조금 다른 것으로 한마디로 하면 내용의 간명한 전달에 관한 것이다.

■ 모호한 표현을 피하라

모호한 표현이란 명료하지 않은 표현을 의미한다. 전달하고자 하는 정보를 충분하게 이해하지 못하는 경우에 이런 표현이 나오게 된다. 또는 자신의 의사를 분명하게 전달하지 않고 얼버무릴 때 이런 표현이 사용된다. 예를 들면 "언제 한번 보자."라고는 하지만 정확하게 날짜와 장소를 정하지 않은 경우, "대충 서너 개 구해 오너라."라고 하며 정확하게 숫자를 말하지 않은 경우 등이 해당한다.

■ 애매한 중의적 표현을 피하라

애매하다는 것은 한 개념이 다른 개념과 명확하게 구분되지 않는다는 것이다. 이러한 애매성이 언어적 기제로 표출되는 것 중 대표적인 것이 중의성이다.

중의성에는 "배가 있다."와 같이 여러 의미를 담고 있는 어휘를 선택하여 발생하는 어휘적 중의성, "늙은 신사와 여자가 벤치에 앉아 있다."와 같이 '늙은'의 수식 구조의 애매성에서 기인한 구조적 중의성, "어떻게 오셨어요?"라는 질문이 수단을 묻는 것인지 목적을 묻는 것인지를 맥락으로 판단해야 하는 것과 같은 애매함으로 인한 문장의 중의성이 있다(구현정, 2009).

■ 간결하게 말하라

간결한 표현이란 내용 전달에 필수적인 정보 외에 불필요한 정보, 과도한 수식, 군더더기 표현 등을 모두 제거한 것을 말한다. 동일한 말을 계속 반복하거나 장황하게 에둘러서 말하는 것은 모두 간결하게 말하라는 격률을 위반한 것이다.

■ 조리 있게 말하라

조리(條理)란 국어사전에 의하면 '말이나 글 또는 일이나 행동에서 앞뒤가 들어맞고 체계가 서는 갈피'를 의미한다. 조리 있게 말하라는 것은 일의 순서에 맞게 말하라는 것이다. 사람들에게는 일의 순서에 대한 일반적인 사전 지식이 존재한다. 이 순서를 지키지 않고 말하면 원활한 정보 전달을 방해하게 된다.

다음 A와 B의 발화는 동일 대상에 대한 사건 정보를 전달하고 있다. A는 일반적인 일의 순서를 따른 것이고 B는 그렇지 않은 것이다. 이 경우 B의 발화는 조리가 없는 어색한 발화가 된다(오주영, 1997).

> A: 그는 침대에서 일어나 세수하고 아침 식사를 했다. 그리고 학교에 갔다.
> B: 그는 학교에 갔다. 그리고 침대에서 일어나 세수하고 아침 식사를 했다.

2) 대화 함축

Grice의 협력의 원리에서 제시한 세부 격률들은 일상 언어생활에서 의도적으로 지켜지지 않는 경우가 있다. 협력의 원리는 대화 참여자가 마땅히 준수해야 할 규칙으로 역할을 하는 동시에, 서로 협력하고 있다는 전제하에 격률을 고의로 위반하여 자연스러운 소통을 가능하게 하는 역할도 한다. Grice는 협력의 원리를 반드시 지켜야 할 규범으로 소개한 것이 아니라 격률의 고의적 위반을 통한 대화 함축(conversational implicature)을 설명하면서 기반이 되는 언어 수행의 원리로 소개한 것이다. 대화 함축이란 형식적으로는 협력의 원리가 지켜지지 않는 것처럼 보이지만 대화 참여자가 협력하고 있다고 가정할 때 발생하는 숨겨진 의미이다. 협력의 원리는 대화 참여자가 협력하고 있다는 가정을 유지해 주어 의미의 추론을 통한 대화의 전개를 가능하게 한다.

다음 대화에서 A의 제안에 대해 B는 '예'와 '아니요'로 간명하게 답변하지 않고, 자신이 채식주의자인지 알지 못하느냐며 오히려 질문을 한다.

> A: 오늘은 날씨도 좋은데 내가 잘 아는 튀르키예 음식점에 가 볼래?
> B: 나 채식주의자인 것 몰라?

협력의 원리 중 관련성의 격률을 위반한 사례이다. 하지만 B의 발화는 '네가 가자고 하는 튀르키예 음식점에는 채식주의자용 음식이 없을 것 같아.'라는 의미가 함축되어 있다. 표면적으로는 협력의 원리를 위반한 것처럼 보이지만 둘의 협력을 가정한다면 B는 거절의 의사를 담아 A가 제안한 식당에 가지 않는 이유까지 포함하여 말한 것이다.

이렇듯 일상 대화에서는 의도적으로 격률을 위반함으로써 자연스럽게 대화를 전개해 감을 알 수 있다. 위 대화에서 만약 B가 "가고 싶지 않아."라고 답하고 다시 A가 "왜?"라고 이유를 묻고, B가 다시 "나 채식주의자인 것 몰라?"라고 되물으면 순차적으로 격률이 준수되지만 대화의 순서 교대가 늘어 비효율적이 된다. 효율적인 대화를 가능하게 하는 이러한 대화 함축의 기능을 이성영(1994)에서는 '경제성 원리'로 설명하였다. 즉, 협력의 원리만으로 일상 대화를 지배하는 원리가 모두 설명되는 것은 아니다. 그러므로 협력의 원리는 반드시 대화 함축과 연관 지어 이해해야 한다.

다음의 영상 광고는 거짓 정보를 말하지 말라는 질의 격률을 고의적으로 위반하여 요구 사항을 자연스럽게 전달한 사례이다.

사례 질의 격률을 위반한 대화 함축

(아들과 영상 통화하는 부모님)

어머니: 아범아, 잘 있지?

아버지: ㉠ 우리 아무것도 필요 없다.

어머니: (TV를 때리며) 아무것도 안 나온다. 하하하.

아버지: 연속극 옆집 가서 본다. 허허.

아들: 아, 아버지, ㉡ 알았어요. 알았어요. 바꿔 드릴게요.

(고장이 나서 물이 솟는 세탁기를 배경으로)

어머니: ㉢ 우린 아무것도 필요 없다.

아버지: 아들아.

– 휴대 전화 방송 광고 중

화자인 아버지는 고장 난 텔레비전을 배경으로 영상 통화를 하며 ㉠처럼 아무것도 필요

없다고 하고 있다. '텔레비전이 고장 나서 새 텔레비전이 필요하다.'라는 의도를 '필요 없다' 라는 참이 아닌 형식으로 말하고 있다. 아들은 이에 함축된 아버지의 의도를 파악하고 ⓒ처 럼 '이해했으며 새로 바꿔 드리겠다.'라는 약속을 한다. 표면적으로는 부모님의 말이 협력의 원리를 위반한 것이지만 둘의 협력을 가정한다면 부모님은 요구의 의미를 담아 새로운 텔레 비전이 필요한 이유를 전달한 것이다. 이어서 새로운 세탁기의 필요에 대해서도 ⓒ과 같이 "아무것도 필요 없다."라며 말하고 있다. 이렇듯 일상의 대화에서는 협력의 원리를 고의로 위반하여 자연스럽게 자신의 의도를 전달하기도 한다.

☑ 화법 교육 방향

협력의 원리를 문법 규칙처럼 반드시 지켜야 하며 이를 위반한 경우는 대화가 실패한다 고 인식하는 것은 곤란하다. 물론 세부 격률들이 정보의 효과적인 전달을 가능하게 하는 기 본 규칙으로 작용하기도 하지만 대화 참여자 간의 협력을 전제로 발화의 내면에 숨겨진 대 화 함축을 추론하게 하는 기준으로 작용함을 인식해야 한다. 그러므로 화법 교육에서는 대화 에 작용하는 언어 현상에 대한 인식을 기르는 데 주안점을 두어야 한다.

2. 예의의 원리

　　예의(禮儀)란 '존경의 뜻을 표하기 위하여 예로써 나타내는 말투나 몸가짐'을 뜻한다. 어떻게 대화를 해야 하는가라는 물음에 대한 답으로 의사소통 연구자들이 찾은 답은 예의(politeness)이다. 컴퓨터에 명령어를 입력하기 위한 가장 중요한 원리는 아마도 간결성과 명료성일 것이다. 직접적이고 명시적인 말로 오해의 소지가 없는 정보를 효과적으로 전달하는 규칙이 다른 모든 규칙에 우선한다. 하지만 사람과 사람의 대화를 설명하기에는 정보의 효율적 전달과 관련된 원리만으로는 부족하다.

　　언어는 정보를 전달하는 역할도 하지만 사람과 사람의 관계를 형성하고 발전시키는 중요한 매개이기 때문이다. 이때 명료한 정보 전달과 더불어 대화를 지배하는 원리가 존재한다. 이 장에서는 그동안 연구자들이 그 지배 원리로 일관되게 지목하고 있는 예의에 대해 알아보고자 한다. 예의라는 지배 원리를 지키기 위해 간접성과 모호성이 따르고 이로 인해 비효율과 오해의 위험이 수반되며 경우에 따라서는 명료성을 포기하기까지 해야 한다. 여기에서는 '예의' 개념을 인간의 언어 사용 기제에 직접적으로 적용한 이론들을 위주로 살펴보기로 한다.

1) 예의 규칙

앞서 다룬 협력의 원리가 주로 정보의 효과적인 전달을 강조하였다면 대화 참여자 간의 상호작용에서 인간관계의 형성과 발전을 중시하였을 경우 강조되는 대화 원리의 핵심어는 '예의'이다. '예의'의 개념을 언어 사용의 기제에 적용하여 공손성(예의) 원리로 정리한 사람은 Leech(1983)인데 여기서는 그 이전인 1973년도에 '예의' 연구를 시작한 Lakoff[4]의 예의 규칙에 대해 알아보기로 한다.

Lakoff(1973)의 예의 이론(politeness theory)에 의하면 담화의 목적은 정보 공유와 대인 관계의 형성과 발전으로 대별된다. 이때 담화의 목적이 대인 관계를 지향할수록 예의 규칙의 이행이 중요해진다. Lakoff(1973)가 주장한 '화용적 언어 사용 능력(pragmatic competence)'에 의하면 첫 번째 정보 공유 목적에서는 '명료하라(Be clear)'는 능력이 중시되고 두 번째 관계 목적에서는 '예의를 지키라(Be polite)'는 능력이 중시된다. 이때 예의 바름의 능력이 명료함의 능력보다 일반적으로 우선한다. 왜냐하면 관계 유지를 위해 대화 참여자들은 명료하게 정보를 전달하지 않고 직접적인 표현을 회피하기 때문이다. 이를 바탕으로 Lakoff는 1973년에 세 가지 예의 규칙(rules of politeness)을 제안하고 1990년에는 세 가지 예의 전략(politeness strategy)을 제안하였다.

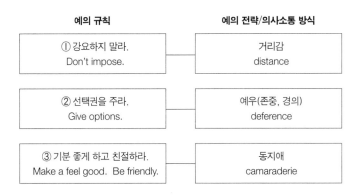

첫 번째 예의 전략은 적절한 거리를 유지하고 격식을 갖추라는 것이다. 지나치게 개인적인 정보를 물어 상대를 곤란하게 하는 것은 예의에 어긋난다. 두 번째 예의 전략은 상대를 예

---

4   Robin T. Lakoff(1942~). 미국 UC 버클리 대학교 교수이다. 주요 관심 분야는 화용론과 사회언어학이다.

우하여 선택의 여지를 주라는 것이다. 직접적인 명령보다는 상대에게 선택권이 있는 요청이나 질문으로 표현하여 발화의 강도를 낮추는 것이 예의를 갖추는 것이다. 세 번째 예의 전략인 동지애는 상대를 우호적이고 기분 좋게 대하라는 것이다. 고압적이거나 권위적인 표현을 삼가고 친근하고 정감 있는 표현이 상대에게 예의를 드러내는 데 적합하다.

Lakoff의 예의 규칙은 언어를 정확하게 사용하는 것보다 청자의 기분을 상하지 않게 하는 것을 더 중시하여 대인 관계를 원만하게 하는 것을 중시하고 있다.

2) 공손성의 원리

앞서 정보의 효과적인 전달 측면은 협력의 원리로 설명이 가능하지만 대화 전반을 설명하기에는 부족함이 있다고 논의하였다. 특히 대인 관계를 고려할 때 협력의 원리에서 제시한 격률을 문자 그대로 지킬 수 없는 경우가 발생하며 이에 대한 고의적인 위반 행위인 대화 함축도 빈번함을 이야기하였다.

Leech(1983)는 Lakoff(1973)의 예의에 관한 논의를 받아들여 공손성의 원리(politeness principle)[5]로 사람들의 대화 원리를 설명하였다. Leech(1983)는 공손성(예의)을 대화를 움직

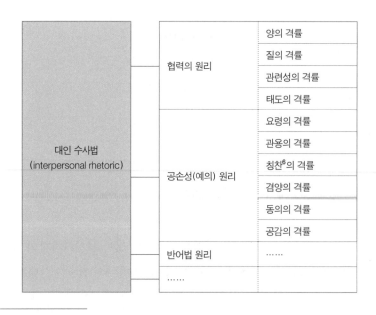

대인 수사법 (interpersonal rhetoric)	협력의 원리	양의 격률
		질의 격률
		관련성의 격률
		태도의 격률
	공손성(예의) 원리	요령의 격률
		관용의 격률
		칭찬[6]의 격률
		겸양의 격률
		동의의 격률
		공감의 격률
	반어법 원리	……
	……	

---

5   공손성의 원리를 지켜 말하는 방법을 정중 어법이라고 한다.

이는 기본적인 힘으로 생각하고, 대인 수사법(interpersonal rhetoric)을 협력의 원리, 공손성의 원리, 반어법의 원리(irony principle) 등으로 구분하였다. 특히 공손성의 원리는 협력의 원리가 명백히 위반되는 경우를 설명하고자 제안하였다(오주영, 1997).

Leech(1983)는 공손성 원리의 세부 격률로 여섯 가지를 제시하였다. 이 여섯 격률을 살펴보면 왼쪽은 상대방에 대한 것으로 오른쪽은 자신에 대한 것으로 구분되어 있음을 알 수 있다. 여섯 격률을 지배하는 일반적인 원칙은 '자신보다 상대를 중시한다.'이다.

(1) 요령의 격률(tact maxim)	(2) 관용의 격률(generosity maxim)
a. 상대의 부담을 최소화하라. b. 상대의 이익을 최대화하라.	a. 자신의 이익을 최소화하라. b. 자신의 부담을 최대화하라.
(3) 칭찬의 격률(approbation maxim)	(4) 겸양의 격률(modesty maxim)
a. 상대에 대한 비방을 최소화하라. b. 상대에 대한 칭찬을 최대화하라.	a. 자신에 대한 칭찬을 최소화하라. b. 자신에 대한 비방을 최대화하라.
(5) 동의의 격률(agreement maxim)	(6) 공감의 격률(sympathy maxim)
a. 상대와 자신의 차이를 최소화하라. b. 상대와 자신의 일치를 최대화하라.	a. 상대와 자신의 반감을 최소화하라. b. 상대와 자신의 공감을 최대화하라.

공손성(예의)의 원리는 상대와 자신을 축으로 서로 짝을 이루고 있다. 이를 이해하기 쉽게 도식으로 나타내면 다음과 같다.[7]

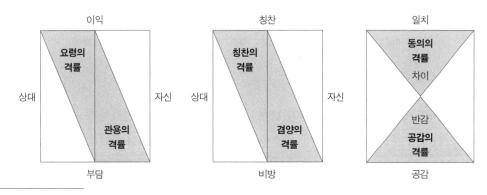

6　'찬동(贊同)'이라는 용어를 쓰는 경우도 있다. 찬동의 사전적 뜻은 '어떤 행동이나 견해 따위가 옳거나 좋다고 판단하여 그에 뜻을 같이함'이다. '동의의 격률'과 혼동할 소지가 있어서 뜻의 명료함이나 학습자의 이해를 고려할 때 '칭찬'이라는 표현이 더욱 타당하다.

7　Leech(1983)의 공손성 원리를 쉽게 설명하기 위해 필자가 고안한 도식이다. 상대와 자신을 축으로 각각 '이익'과 '부담', '칭찬'과 '비방'으로 짝으로 이루고 있음을 표현하였다. 동의의 격률과 공감의 격률은 짝은 아니지만 핵심어를 드러내어 표현하였다.

도식을 통해 알 수 있듯이 개별 격률이 실제로 운용될 때는 타인 중심성과 자기중심성이 동시에 작용하기도 한다. 또한 이 격률을 실제 대화에 적용할 때 유의할 점도 있다. 격률에 대한 설명으로 '최소화하라', '최대화하라'고 표현되어 있으나 극한값을 나타내는 것이 아니라 적정 수준까지 준수해야 함을 나타낸 것이다. 예를 들어 '겸양의 격률'을 지키기 위해 한없이 자신을 깎아 내리는 자기 비하가 도를 넘는다면 바람직한 대화가 될 수 없다.

(1) 요령의 격률

요령의 격률은 상대의 부담(cost)을 최소화하는 소극적인 측면과 상대의 이익(benefit)을 최대화하는 적극적인 측면으로 이루어져 있다. 부담과 이익을 양 끝단으로 하여 부담이 커질수록 예의가 없는 것이며 이익이 커질수록 예의가 있는 것이다.

다음은 맞선 장소에 늦게 나온 상대 측 여자와 남자 쪽 아버지인 회장의 대화 장면이다.

사례 상대의 부담을 최소화하는 대화

여자: 늦었습니다. 일이 좀 많았어요.

회장: ㉠ 괜찮아요. 오랜만에 아들 녀석하고 오붓하게 대화도 나누고 시간 가는 줄 몰랐네요. 허허허. 아, 그래, 김 회장님은?

여자: 네, 오늘 못 나오신다고 전해 달라셨어요. 죄송합니다.

회장: 아이고, 이거 미리 알았으면 나도 자리 피해 주는 건데 그랬구나. 하하하.

남자의 아버지인 회장은 상대가 늦게 나와 사과하자 상대의 심리적 부담을 최소화하기 위해 ㉠처럼 아들과 오붓하게 대화하는 시간이어서 기다리는 시간이 전혀 지루하지 않았다고 말하고 있다. 이러한 표현 전략은 상대의 사과에 대해 단순하게 괜찮다고 말하기보다는 시간이 짧게 느껴졌으며 좋은 시간을 보냈다고 말함으로써 상대의 부담을 줄이는 요령의 격률에 해당한다.

직접적인 이익과 부담 외에도 말하는 표현에 따라서도 예의가 드러난다. 간접성과 예의는 항상 정비례하는데 직접적인 명령보다 간접적이고 완곡한 표현이 상대의 부담을 덜어 주어 예의 있는 표현이 된다. Leech(1983)에 의하면 발화가 직접성을 지닐수록 의미가 명료하여 체면 손상의 위협이 강하나, 발화가 간접성을 지니면 청자에게 선택권을 부여하여 체면 손상의 위협이 적어진다.

이는 Lakoff(1973)의 두 번째 예의 규칙인 '선택권을 주라.'와 관련이 있다. "풀 빌려 줘." 라는 상대에게 선택권이 없는 강한 명령보다 "풀 좀 빌려 줄 수 있니?"라는 선택권을 상대에게 부여한 표현이 더 예의를 갖춘 것이다. 그러므로 요령의 격률은 부담과 이익 측면에서 발화 내용과 더불어 직접적 표현과 간접적 표현과 같은 표현 방법에도 영향을 받는다는 것을 알 수 있다.

다음의 사례를 살펴보자.

> 김 선생님: 다음 주에 매우 중요한 발표가 있는 것 알지? 네가 회장이니 발표 준비하거라.
> 박 선생님: 다음 주에 중요한 대회가 있는데 회장인 네가 발표를 맡아 주면 어떨까?

여기서 김 선생님의 표현처럼 상대에게 선택권이 없는 강한 명령보다 박 선생님의 표현처럼 선택권을 상대에게 부여한 표현이 상대의 부담을 최소화한 배려의 표현이 된다. 이렇듯 요령의 격률은 상대의 부담을 최소화하는 소극적인 측면과 상대의 이익을 최대화하는 적극적인 측면으로 이루어져 있다.

(2) 관용의 격률

자신의 이익을 최소화하고 부담을 최대화하라는 관용의 격률은 요령의 격률을 화자 자신의 입장에 적용한 것이다. 부담과 이익의 관계 역시 자신의 부담이 커질수록 이익이 줄어들수록 예의가 있게 된다. 다음 사례를 보자.

> 선생님: 다음 주에 중요한 대회가 있는데 회장인 네가 발표를 맡아 줄 수 있겠니?
> 서연: 예, 제가 준비해 보겠습니다.
> 수지: 먼저 선생님께서 구상을 해 주셔야 제가 하지요.

선생님의 요구에 대한 서연의 답변은 자신이 부담을 짊어지게 되어 관용의 격률을 지킨 것이다. 관용의 격률을 지키기 위해서는 자신의 부담과 이익에 대해 주의 깊게 고려하여 자신의 부담을 크게 하고 이익을 적게 하는 방향으로 말해야 한다. 동일한 상황에서 수지의 답변을 살펴보자. 자신이 감당할 부담을 오히려 발표를 요구한 선생님에게 떠넘겨 자신의 부담을 최소화하고 있다. 이 경우 상대에게 부담을 지우게 되어 '상대의 부담을 최소화하라.'는 요령의 격률을 어기게도 된다. 즉, 요령의 격률과 관용의 격률은 대화 참여자의 부담과 이익이라는 측면에서 상호 대칭적이다. 교실에서 "선생님 설명은 너무 어려워요. 다시 설명해 주세요."라고 상대 탓을 하기보다 "제가 이해하지 못했는데 다시 설명해 주실 수 있나요?"라고 나의 탓으로 돌려 말하는 것도 상대의 부담을 줄이는 방법이다.

(3) 칭찬의 격률

칭찬의 격률은 상대에 대한 비방을 최소화하고 칭찬을 최대화하라는 것이다. 비방을 하는 것은 당연히 상대에게 예의를 갖추지 못한 것이고 칭찬해야 할 상황에서 칭찬을 하지 않는 것 역시 칭찬의 격률을 위반하는 결과를 초래한다. 이는 진심으로 칭찬할 수 없다는 의미를 함축하고 있기 때문에 결국에는 상대에 대한 비방을 암시하는 결과로 이어지기 때문이다. 다음 사례를 보자.

> 박 선생님: 어제 토론 대회에서 너의 발표가 가장 뛰어났어. 본선에서도 잘 해낼 거야.
> 김 선생님: 어제 토론 대회에서 실수가 너무 많더라. 본선에서는 분발해야겠어.

박 선생님은 학생을 진심으로 칭찬하고 있지만, 김 선생님은 상대의 잘못을 비방하여 칭찬의 격률을 어기고 있다.

(4) 겸양의 격률

자신에 대한 칭찬을 최소화하고 비방을 최대화하라는 겸양의 격률도 칭찬과 비방이라는 개념을 중심으로 서로 대칭을 이루고 있다. 이 겸양의 격률은 예를 중시하는 우리나라의 경우 매우 중시된다. 상대의 칭찬에 대해 "고맙습니다." 정도로 기쁘게 받아들이는 것보다는 전통적으로는 자신을 낮추어 부족함을 드러내는 표현을 예의 바른 표현으로 받아들이는 경향이 크다.

> 선생님: 어제 토론 대회에서 너희들 발표가 가장 뛰어났어. 너희들은 토론 동아리의 기둥이야.

수지: 예. 다음에도 시켜만 주십시오. 멋지게 해내겠습니다.

서연: 아닙니다. 여러모로 부족한 발표였습니다. 더 노력하겠습니다.

수지의 답변은 얼핏 보면 크게 문제가 없어 보인다. 선생님의 칭찬을 받아들이고 다음에도 멋지게 해낼 것이라는 자신감을 드러내고 있다. 하지만 자신에 대한 칭찬을 최소화하고 비방을 최대화하라는 겸양의 격률을 고려한다면 상대의 칭찬에 대해 자신을 낮추는 서연의 답변이 예의를 갖추는 면에서 더욱 바람직하다. 물론 과도한 자기 비하는 바람직하지 않다. 이때 "감사합니다. 여러모로 부족했습니다. 선생님께서 도와주신 덕분에 무사히 마칠 수 있었습니다."처럼 자신을 낮추고 상대를 칭찬할 수도 있다. 상대에 대해서는 칭찬의 격률을 사용하고 자신에 대해서는 겸양의 격률을 사용하면 예의를 갖춘 표현을 할 수 있다.

(5) 동의의 격률

동의의 격률은 상대와 자신의 의견 차이를 최소화하고 일치를 최대화하라는 것이다. 모든 상황에서 상대와 의견이 일치하지는 않는다. 하지만 이에 대한 표현 방식에서 동의의 격률을 준수하면 예의를 갖추어 갈등을 줄일 수 있다. 다음 사례를 보자.

재호: 발표회 장면을 학교 홈페이지에 올리면 어떨까? 발표 정보를 공유하면 좋을 것 같은데.

영수: 말도 안 돼. 내 생각은 다른데. 발표 영상 공개는 너무 부담스러워. 서로 비교도 되고.

민호: 정보를 공유하는 취지는 좋네. 다만 다른 학생들의 동의도 구해야 하고 여러 면에서 조심
스럽기는 해. 이번에는 시범적으로 한두 개만 올리면 어떨까?

영수는 재호의 제안에 무리가 있다고 판단하고 의견의 차이를 직접적으로 드러내고 있다. 이러한 표현은 여러 사람이 함께 있는 회의 자리에서 처음 아이디어를 낸 재호를 무안하게 할 수 있다. 자신이 생각하는 문제점을 이야기하더라도 민호와 같이 대화 초반에는 취지에 대한 공감과 긍정적인 효과를 언급하여 일체감을 높이고, "다만"과 같은 완충적인 표현과 "어떨까?"와 같은 선택권을 부여하는 의문문을 사용하여 부드럽게 자신의 의견을 제시하는 것이 더욱 예의를 갖춘 표현이 된다.

이렇듯 동의의 격률이란 상대와 자신의 차이를 최소화하고 일치를 최대화하라는 것이다. 모든 상황에서 상대와 의견이 일치하지 않을뿐더러 상대의 의견에 주관 없이 무조건 동조하

는 것은 바람직하지 않다. 하지만 표현 방식 차원에서 동의의 격률을 고려하여 말하면 예의를 갖추어 갈등을 줄일 수 있다. 대화 초반부터 나와 상대의 의견이 다름을 직접적으로 드러내면 상대에게 불쾌감을 유발하거나 원만하게 문제를 해결할 수 없는 대화 분위기를 조성할 수 있다. 상대의 의견에 무조건 동조하라는 것이 아니라 상대 의견에서 동의하는 부분에 대해서는 공감을 표현하고 순차적으로 이견이 있는 부분을 드러내는 것이 바람직하다.

(6) 공감의 격률

공감의 격률은 상대와 자신의 반감을 최소화하고 공감을 최대화하라는 것이다. 상대의 불행에 유감을 표현하고 상대의 행운에 기쁨을 표현하는 것이다. Leech(1983: 139)는 좋은 일에 대해서는 구체적으로 언급하여 상대에게 기쁨을 표현하고 불행한 일일 경우에는 불행에 대한 구체적인 정보를 제공하지 않고 안타까움을 표하는 것이 상대에게 공감을 나타내는 데 효과적이라고 하였다. 예를 들면 상을 당한 극단적인 슬픔에 처한 상주에게는 아무 말도 하지 않는 것이 바람직하다. 슬픈 일을 당한 경우에는 충고나 캐묻기 등 말을 많이 하기보다는 상대의 슬픔을 공감하려는 노력이 더욱 중요하다. 공감의 격률은 앞서 다룬 공감적 듣기와 맥이 닿아 있다.

3) 예의 이론

(1) 체면과 체면위협행위

Leech(1983)는 이익과 부담, 칭찬과 비방, 일치와 공감 등 상대에게 유발하는 보편적 감정을 기반으로 하는 공손성의 원리를 제시하였다. Brown & Levinson(1987)은 이 중 상대의 체면(face)에 초점을 맞추어 예의 이론을 제시하였다. 이들은 체면을 '모든 사회 구성원이 자신에 대해 주장하는 공적 자아상(public self-image that every member wants to claim for himself)'으로 정의하고, 모든 성인 화자는 이 체면을 가지고 있으며 체면을 지키려는 체면 욕구(face needs)'가 대화의 중요한 목적이라고 주장하였다.

체면(體面)의 사전적 정의는 '남을 대하기에 떳떳한 도리나 얼굴'이다. 주로 '체면이 서다, 체면을 차리다, 체면이 깎이다, 체면을 지키다' 등으로 쓰인다. 용례에서 호응하는 서술어를 보면 체면이란 차리고 세워야 할 측면과 깎이지 않고 지켜야 할 측면으로 구분됨을 알 수 있다. 체면이란 자신의 자아 개념에 대한 외부의 평판으로 인한 감정 상태와 연관이 있다. 차리고 세워야 할 측면의 체면은 당당함, 떳떳함, 자랑스러움 등의 감정과 관련이 있고, 깎이는 측면의 체면은 난처함, 당혹스러움, 부끄러움 등의 감정과 관련이 있다.

체면 위협 행위(FTA: face threatening acts)란 상대의 체면 욕구를 만족시키는 데 실패하여 상대의 체면을 손상하는 모든 행위를 의미한다. 상대의 요청을 한마디로 거절하거나 여러 사람 앞에서 상대의 잘못을 비방할 때 상대에게 체면 위협 행위를 하게 되는 것이다. 따라서 대화 참여자들은 이러한 체면 위협 행위를 줄이는 방향으로 예의를 갖추어 말해야 갈등이 줄어들게 된다.

다음은 학교 동아리 선배와 후배인 수진의 대화 장면이다. 동아리 선배는 집에 가려는 수진을 불러서 동아리방 꾸미기를 지시한다.

> 선배: 수진아. 내일 동아리방 꾸며야 하는 거 알지? 그거 네가 맡아서 했으면 하는데. 혼자 하라는 건 아니고, 너 편한 친구들 몇 명 말하면 내가 남으라고 얘기해 줄게. 네가 우리 동아리에서 미술 실력이 가장 뛰어나니까 네가 하는 게 좋겠어.
>
> 수진: 제가요? 저를 좋게 봐 주셔서 감사하긴 한데요, 선배님. 오늘은 집안 행사가 있어서요. 친척분들이 모두 오세요. ㉠ 못 할 것 같아요.
>
> 선배: 그럼 누가 하니? 친척분들은 다음에도 만날 수 있지만 신입생 환영회가 이번 주인데 동아리방은 당장 꾸며야지. 네가 맡아서 예쁘게 꾸며 주면 모두 좋아할 텐데, 혼자 하라는 것도 아니고 말이야.
>
> 수진: 저 말고 다른 친구들도 마찬가지예요. 저희들도 사실 너무 바빠요. 바쁜 학생들한테 갑자기 남으라고 하면 너무 불공평한 것 같아요. 차라리 자원을 받으시는 게…….
>
> 선배: ㉡ 너 지금 선배한테 이래라 저래라 하는 거니? 너네 바쁜 거 나도 알아. 그렇지만 하루잖니?
>
> 수진: 죄송해요. 그렇지만 선배님이 화내셔도 못 할 것 같아요.

선배의 무리한 요구에 수진은 ㉠과 같이 거부 의사를 표현한다. 선배는 이를 체면 위협 행위로 느끼고 ㉡처럼 훈계하냐며 불쾌감을 드러내어 둘 사이에 갈등이 생기게 된다.

(2) 체면의 구분: 적극적 체면, 소극적 체면

체면은 적극적 체면과 소극적 체면으로 구분된다(Brown & Levinson, 1987: 62).

- 적극적 체면: 화자 자신의 바람이 적어도 몇 사람에게는 수용되기를 원하는 것.
  the want of every member that his wants be desirable to at least some others.
- 소극적 체면: 화자 자신의 행위가 다른 사람에 의해서 방해되지 않기를 바라는 것.
  the want of every 'competent adult member' that his actions be unimpeded by others.

적극적 체면과 소극적 체면은 한 사람이 모두 가지고 있다. 이와 관련한 논의를 각각의 특성과 예의를 갖춘 적절한 대화 방식으로 구분하여 표로 정리하면 다음과 같다.

	적극적 체면(positive face)	소극적 체면(negative face)
특성	• 서로 연결되어 유대 관계를 유지하고 구성원의 일부가 되고자 하며 상대에게 존경받고 인정받기를 원한다.	• 독립적 존재로서 인정받고자 하며 상대로부터 방해받지 않고 부담과 강요에서 자유롭기를 원한다.
	적극적 예의(positive politeness)	**소극적 예의(negative politeness)**
적절한 대화 방식	• 친근하고 유대감을 나타내며 관심을 보이고 칭찬과 존경을 표현해야 한다.	• 상대의 독립을 인정하며 강요하거나 명령하지 않고 개인적 권리를 침해한 것에 대해 유감을 표현해야 한다.

(3) 체면 유지 전략

Brown & Levinson(1987: 60)은 체면 위협의 정도에 따라 대화 참여자가 선택할 수 있는 다섯 가지 전략을 제시하였다. 여기에서 ①의 경우가 상대의 체면을 가장 크게 위협하며

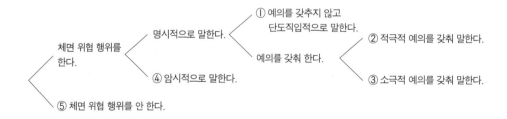

⑤로 갈수록 순차적으로 체면 위협의 정도가 줄어들게 된다.

■ 전략①: 예의를 갖추지 않고 단도직입적으로 말한다.

1단계 전략은 'bald on record'라고 한다. 예의를 갖추는 데 필요한 표현을 전혀 하지 않고 노골적으로 자신이 바라는 바를 직접적이고 명확하게 말하는 것이다. 예를 들면 군대에서 상관이 부하에게, 학교에서 교사가 학생에게 말하듯이 명확한 위계 관계가 있을 때처럼 직접적으로 명령하는 경우가 대표적이다.

- 소대장: 지금 당장 훈련할 테니 휴식 중단하고 모두 연병장으로 집합하라.
- 선생님: 책상 줄 맞추고 모두 시험 볼 준비해라.

물론 위계 관계에서 윗사람만 이 전략을 사용하는 것은 아니다. 아랫사람도 자신의 의사를 전달하기 위해 예의를 갖추는 일체의 표현을 생략하고 직접적으로 자신의 바람을 말하기도 한다.

교사: 시험 시간이 끝났으니 모두 연필을 놓고 답안지를 제출하세요.
학생: 5분 더 주세요.

어머니: 우리 아들과 산에 오니 참 좋구나.
아들: 빨리 좀 오세요.

일반적인 경우 상대를 향한 직접적인 명령은 상대의 체면을 위협한다. 앞서 표현의 간접성은 예의와 비례한다고 한 것과 같은 맥락이다. 이 전략은 상대보다 분명하게 우월한 지위에 있거나 친구나 가족처럼 사회적 거리가 매우 가까운 관계에서 사용된다. Lakoff(1973)의 예의 규칙과 관련지어 논의하면 세 가지 규칙(① 강요하지 말라, ② 선택권을 주라, ③ 기분 좋게 하고 친절하라) 모두를 지키지 않을 가능성이 높다.

■ 전략②: 적극적 예의를 갖춰 말한다.

적극적 예의 전략으로 자신의 바람을 조금 덜 위협적인 방법으로 전할 때 사용한다. 유대 감을 나타내고 상대의 적극적 체면을 존중하는 표현을 사용해야 한다. 직접적인 표현보다는 간접적인 표현을 사용하여 예의를 갖추고 상대를 존중하기 위한 노력을 하며 Lakoff(1990)의 동지애 전략을 사용하여 유대감과 소속감을 드러낸다.

> 학생: 교수님의 이번 강의를 통해 많은 것을 깨닫게 되었습니다. 교수님의 수업을 선택한 것은 정말 행운이었습니다. 지난 수업에서 보여 주신 자료를 학생들에게 제공해 주신다면 큰 도움이 될 것 같습니다.

위 사례에서 학생은 지난 시간에 교수님이 활용한 자료를 얻고자 한다. 직접적인 요구보다는 유대감과 존중을 드러내는 표현을 사용하고 요청을 받아들인다면 큰 도움이 될 것 같다는 표현을 사용하여 예의를 드러내고 있다.

■ 전략③: 소극적 예의를 갖춰 말한다.

소극적 예의 전략으로 상대에게 강요하지 않고 개인적 권리를 침해한 것에 대해 유감을 표현하여 소극적 체면을 존중한다. Lakoff(1973)의 예의 규칙 중 첫 번째 '강요하지 말라.'에 해당한다.

> 학생: 정말 죄송합니다. 교수님, 매우 번거로우시겠지만 지난번 자료를 홈페이지에 올려 주실 수 있으신가요?

위 사례를 보면 "정말 죄송합니다.", "매우 번거로우시겠지만" 등의 표현은 상대의 권리 침해에 대해 미안한 마음을 표현한 부분이다. 또한 직접적으로 강요하지 않고 "올려 주실 수 있으신가요?"라고 표현하여 상대에게 제안의 수용과 거절에 대한 선택권을 부여하고 있다.

구현정(2009)에서는 소극적 예의 전략에 해당하는 담화 전략을 다음과 같이 소개하고 있다.

① 간접 대화 행위로 요청을 표현한다. (부담스러울 거라 생각되지만)
② 말 사이에 주저할 때 사용하는 대화 표지를 사용한다. (저어, 있잖아요, 설마, 아마도)
③ 상대방의 부담을 줄이기 위한 표현을 사용한다. (조금만, 한 번)
④ 사과하는 말을 하거나 용서를 구하는 말을 한다. (죄송합니다만)
⑤ 상대방의 행동이 나에게 베풀어 주는 것임을 강조하는 말을 한다. (그리 해 주신다면 정말 감

사하겠습니다.)

■ 전략④: 암시적으로 말한다.

'오프레코드(off record)' 전략이라고 하는데 체면 위협 행위로 인한 책임을 회피하기 위해 자신의 바람을 명시적으로 전달하지 않고 암시적으로 말함으로써 이에 대한 해석의 여부를 상대에게 전가한다. 체면 위협 행위로 인식되지 않도록 자신의 바람을 혼자 슬쩍 암시적인 방식으로 말하여 상대로 하여금 제안의 해석과 이에 대한 수용과 거절의 여부를 모두 넘기는 것이다.

A: 비가 많이 오네. 학교에 서류를 제출해야 하는데 걱정이야.
B: 마침 학교에 가는 길인데 내 차로 함께 갈래?

위 사례에서 A는 자신의 바람을 명시적으로 노출하지 않고 혼자만의 걱정처럼 암시적으로 표현하고 있다. 친구 B는 A가 원하는 바를 알아채고 상대의 요청을 수용하고 있다. 이때 A의 발화는 명시적인 요청이 아니기 때문에 강요의 의미가 적어 상대의 체면을 덜 위협하게 된다. B 역시 상대가 원하는 바를 인식하더라도 그냥 "그래, 왜 이렇게 비가 오지? 걱정이다." 정도의 표현으로 상대의 요청을 거부할 수 있다.

암시적으로 체면 위협 행위를 하는 경우는 상대에게 힌트를 주거나 은유적인 표현을 사용하거나 모호한 표현을 사용하거나 말을 중간에 생략해 버리는 방법들을 사용한다(구현정, 2009).

■ 전략⑤: 체면 위협 행위를 안 한다.

다섯 번째 전략은 체면 위협 행위를 하지 않는 것이다. 요청할 바가 있지만 상대의 체면을 위협할 소지가 있으므로 침묵하는 경우에 해당한다. 상대의 체면을 손상할 위험은 거의 없어 대인 관계를 유지하는 데 일정 부분 기여할 수 있지만, 자신이 원하는 정보를 전혀 제공할 수 없으므로 의사소통 본래의 목적은 달성하기 어렵게 된다.

(4) 전략의 선택

Brown & Levinson(1987)은 전략을 결정하는 공식을 다음과 같이 제시하였다.

$$W_x = D(S, H) + P(H, S) + R_x$$

여기서 W는 예의를 지키기 위한 작업 양, D는 화자(S)와 청자(H)의 사회적 거리(social distance), P는 청자(H)와 화자(S)의 상대적 힘(power), R은 상대에게 미치는 위험 부담의 정도를 뜻한다. 이 세 가지 요소에 의해 체면 위협 행위의 전략을 선택하게 된다. 예를 들면 매우 친한 친구와 같이 사회적 거리가 가깝고 힘의 차이가 없고 위험 부담이 적은 경우에는 예의를 지키기 위한 노력이 줄어들게 된다. 반대로 직장 상사와 부하 직원의 관계처럼 사회적 거리가 멀고 상대적 힘의 차이가 현저하며 위험 부담이 클 경우에는 상대의 체면을 위협하지 않으려고 예의를 갖추려는 노력이 커지게 된다.

☑ 화법 교육 방향 ──

지금까지 사람과 사람의 대화를 지배하는 원리 중 가장 대표적인 것들을 살펴보았다. 협력의 원리는 정보의 양과 질, 관련성, 태도 등 정보의 효과적인 전달을 설명하는 데 적합하다. 또한 대화 참여자가 협력한다는 가정하에 발생하는 대화 함축 현상을 해석하는 데 유용한 기준의 역할을 한다. 하지만 협력의 원리로 모든 대화 현상을 설명하는 것은 부족하다. 사람들끼리는 효과적인 정보 전달 외에 대인 관계를 고려하는 원리가 중시되기 때문이다.

연구자들은 대화에서 인간관계를 위한 보편 원리로 '예의'의 개념에 주목하여 이론을 발전시켰다. 예의에 대한 다양한 규칙과 격률을 살펴보았으며 이를 '체면'을 위협하는 현상에 초점을 둔 예의 전략들도 살펴보았다. 혼자가 아니라 함께 만들어 가야 하는 측면에서 '협력'이 중요하며 상대와의 인간관계를 고려해야 하는 측면에서 '예의'가 중요하다. 이 두 원리는 현실적 적용에서는 다소 개인이나 문화에 따른 차이는 있겠지만 인간의 대화 현상을 설명하는 보편적인 원리임은 분명하다.

IV

비언어 의사소통

3장 에서는 인간관계의 발전을 위한 대화의 원리에 대해 알아보았다. 주로 어떤 말을 어떻게 해야 하나에 중점을 두어 '협력'과 '예의'라는 두 가지 원리를 살펴보았다. 4장에서는 그 말에 수반되어 의미를 형성하는 비언어 의사소통에 대해 살펴보고자 한다.

사실 인간의 의사소통 체계를 언어(verbal)와 비언어(nonverbal)라는 이분법적 구도로 보기보다는 인간의 통합적 의사소통 체계로 인식하는 것이 바람직하다. 물론 말로만 소통하거나 말없이 몸짓만으로도 소통이 가능하다. 하지만 대부분의 대인 의사소통은 말의 내용과 목소리, 눈빛, 표정 등이 동시에 어우러져 복합적인 의미를 전달한다. 이때 비언어와 말의 내용이 일치하여 의미를 보완하거나 강화하기도 하고, 불일치하여 의미의 해석을 어렵게 하기도 한다. 이러한 불일치가 때로는 의사소통의 오해와 갈등을 유발하기도 한다.

최근 다양한 SNS에 사용되는 이모티콘을 생각해 보자. 이모티콘이란 emotion(감정)+icon(기호)인데 이를 합하면 '감정 기호'가 된다. 문자 메시지 등의 디지털 매체에 어떤 방식으로라도 자신의 감정을 표현하여 전달하고자 하는 것이 인간의 본능이다. 어린아이들도 누구의 가르침 없이 독창적인 방식으로 나름의 감정을 다양한 기호를 사용하여 표현한다. 이러한 양상은 인간의 의사소통이 문자적 메시지의 전달만으로는 불충분하고 감정이나 의지 등을 다양한 방식으로 함께 전달하려는 본능적인 속성에 기인한 것으로 해석될 수 있다.

1. 비언어 의사소통의 본질

여기에서는 대인 의사소통 상황에서 발생하는 비언어 의사소통의 여러 양상을 살펴보고자 한다. 지금까지 연구자들은 그러한 신호를 기호화하려고 하였으며, 다양한 경로에서 그러한 메시지가 표출됨을 이론화하였다. 일반적으로 알려진 표정과 몸짓 외에 어떤 경로로 어떻게 메시지를 전달하는지 살펴보고 이러한 메시지들이 사람과 사람의 의사소통에 어떻게 영향을 미치는지 알아보도록 하자. 비언어 의사소통의 여러 유형과 다양한 양상을 이해하기보다는 그러한 것들이 어떤 방식으로 대인 관계의 형성과 발전에 영향을 미치는지에 초점을 두어야 한다.

1) 비언어 의사소통의 개념

(1) 비언어 의사소통의 범위

비언어란 사고와 정서를 전달하는 데 동원되는 신호에서 언어적 메시지를 제외한 모든 것을 의미한다. 그러므로 비언어의 범위가 언어적 메시지의 범위보다 그 폭이 넓다. 이때 언어적 메시지에 수반하여 감정을 드러내거나 의미 변화를 초래하는 목소리, 어조, 억양, 성량,

속도 등을 준언어(paralanguage)라고 하는데 이는 비언어의 범주에 포함된다. 이와 더불어 얼굴 표정, 시선, 몸짓 등 인간의 행동과 관련된 것들, 체형, 의상, 장신구 등 인간의 외양과 관련된 것들, 서로의 간격이나 가구 배치 등 공간이나 시간을 인식하는 방식 등 모든 것이 비언어 의사소통의 범주에 속한다.

-💡- **화법 교사 메모** ··

어조나 속도 등 준언어적 자질들을 여타 비언어 의사소통과 별도로 구분하여 중점을 두어 가르치고자 한 화법 교육의 의도는 이해하되 의사소통을 언어, 비언어, 준언어의 세 가지로 독립적으로 구분하기보다는 학문적으로는 준언어가 비언어의 범주에 속하는 하위 층위임을 이해할 필요가 있습니다. 비언어 의사소통 연구자들은 이 준언어를 '음성 행위(vocal behavior, vocalic)'라고 하여 비언어의 세부 범주에 포함하여 다루어 왔음에 주목해야 합니다.

---

(2) 언어와 비언어의 관계

준언어를 포함한 비언어적 메시지와 언어적 메시지의 관계는 보완, 대체, 모순으로 크게 구분해 볼 수 있다.[1] 이를 의미 일치 여부와 언어적 메시지와 함께 사용하는지의 여부를 두 축으로 하여 제시하면 다음과 같다.

	언어적 메시지와 함께 사용	언어적 메시지 없이 따로 사용
의미 일치	① 보완	③ 대체
의미 불일치	② 모순	

첫째, 언어적 메시지와 함께 사용하는 경우이다. 이때 언어적 메시지와 비언어적 메시지의 의미가 일치하면 ① 보완이 된다. 비언어적 의사소통은 연속적인 아날로그적 특성을 지니고 있기 때문에 언어적 메시지와 문법적 형식성을 이용하여 논리적 일치 여부를 판단하기

1　Richmond, McCroskey & Payne(1991)의 경우 '보강, 모순, 반복, 대체, 강조, 화맥 조절' 여섯 가지로 구분하였다(이창덕 외, 2011, 재인용). 그런데 '화맥 조절'은 언어적 메시지와 관계를 논의하는 데 있어서 층위가 달라 여기서는 논외로 하였다. '보강'과 '강조'의 변별이 어렵고 '반복'과 의미의 중복 범위를 엄밀히 구분하기 어렵다고 판단하여, 언어적 메시지와 함께 쓰이되 그 의미가 일치할 경우를 '보완'이라고 통칭하였다.

어렵다. 비언어적 메시지는 언어적 메시지에서 누락된 부분을 보충하기도 하고 특정 부분을 강조하는 세부 기능을 감당하기도 한다.

둘째, 언어적 메시지와 함께 쓰이되 의미가 불일치할 경우 ② 모순이 된다. 사실 불일치라는 표현보다 모순이라는 표현의 의미가 더욱 강하다. 모순이란 언어적 메시지와 비언어적 메시지가 상반될 경우 성립한다. 하지만 다중 경로로 복합적으로 제시되는 여러 비언어적 메시지 중 일부라도 언어적 메시지와 상반될 경우 청자에게는 단순한 불일치가 아닌 모순으로 인식된다. 그러므로 청자 입장에서 보완은 그 의미가 모두 일치하여 전혀 오해의 소지가 없는 경우를 의미하며, 약간의 불일치라도 청자에게 의미 이해에 혼동을 주는 경우가 있을 때는 모순이 된다.

셋째, 언어적 메시지 없이 독립적으로 사용되는 경우 ③ 대체가 된다. 즉, 언어적 메시지를 대체하였다는 의미이다. 청자의 입장에서 언어적 메시지가 없으므로 화자의 의도가 담긴 언어적 메시지와 일치 여부를 판단할 기준이 없다. 그러므로 화자의 의도와 부합하는 언어의 의미를 대체하든 화자의 의도와 배치되는 언어의 의미를 대체하든 모두 대체로 통칭할 수밖에 없다.

다음 사례는 언어적 메시지와 비언어적 메시지가 함께 사용된 의사소통 상황이다. 비언어적 메시지와 언어적 메시지의 관계를 파악해 보자.

사례 언어적 메시지와 비언어적 메시지의 관계

오늘은 고등학교 친구들과 동창회를 하는 날이다. 모임 장소에는 재우가 먼저 나와 있었다. 반가운 마음에 "얼마만이야? 재우야, 정말 반갑다."라고 하면서 ㉠ 손에 힘을 주어 악수를 하였다. 마침 준호가 와서 오늘 몇 명이나 오냐고 물었다. 나는 그냥 ㉡ 손가락으로 넷을 펴 보였다. 함께 신나게 학교 다닐 때 이야기를 하고 있는데 재우가 먼저 돌아가고 준호와 둘이서 이야기를 나누었다. 얼마 지나지 않아 준호가 조바심을 내는 듯했다. 그래서 내가 시간 없느냐고 물었다. 준호는 ㉢ 조심히 시계를 들여다보며, "괜찮아, 얘기해 봐."라고 말했다. 그래서 조금 서운했지만 다음에 연락하기로 하고 헤어졌다.

언어적 메시지와 함께 쓰여 의미가 일치하는 ㉠은 보완이며, 의미가 일치하지 않는 ㉢은 모순이다. 언어적 메시지 없이 비언어적 메시지만으로 의미가 표현된 ㉡은 대체이다.

2) 비언어 의사소통의 유형

비언어 의사소통의 유형 구분의 기준은 다양하다. 시각이나 촉각 등 지각 경로에 따라 나누기도 하고 신체 움직임, 신체 모습, 음성 행위, 상황 등의 기준으로 구분하기도 한다. 여기에서는 여러 유형 구분 중 저명한 비언어 의사소통 연구자인 Burgoon 외(1996)의 분류 기준인 ① 신체적 모습, ② 인공물, ③ 동작, ④ 신체 접촉, ⑤ 음성 행위, ⑥ 공간, ⑦ 시간을 적용하고자 한다.

(1) 신체적 모습

신체적 모습(physical appearance)은 사람의 체형(somatotype), 인상(physiognomy) 등을 의미한다. 연구 결과에 의하면 사람들은 체형이나 인상 등 외모가 좋은 사람이나 자신의 외모와 유사성이 있는 사람에 대해 호감을 갖는다고 한다.

체형은 사람의 자연적인 생김새로서 둥글고 통통한 체형, 근육질의 튼튼한 체형, 마르고 날씬한 체형 등이 있다. 체형에 따라 개인이 주는 이미지가 다르고 이러한 이미지는 대인 관계에서 일종의 메시지로 작용할 수 있다.

인상은 얼굴의 모양, 피부색, 머리 모양, 이목구비의 생김새 등에 해당한다. 동양에서는 관상학이 발달할 정도로 인상에 상당한 의미를 부여하여 왔다. 이것은 얼굴 전체의 모습이나 이목구비의 모양도 특정한 메시지로 인식한다는 의미이다.

(2) 인공물

인공물(artifact)이란 의상, 장신구, 소지품 등을 의미한다. 옷의 경우 밝거나 어두운 기분이나 느낌을 표현하기도 하고, 세대를 구분하며, 사회적 지위나 경제적 차이를 반영하기도 한다.

장신구로 자신을 표현한 경우는 Madeleine Korbel Albright 전 미국 국무장관의 브로치 외교가 유명하다. 공식적인 상황에서 자신이 전달하고자 하는 메시지가 담긴 브로치를 착용하였다. 자신의 감정 상태와 상대에 대한 우호적이거나 적대적인 메시지를 눈에 잘 띄는 비둘기, 나비, 벌, 꽃 등의 브로치를 착용하여 표현하였다.

미국의 Bobby Rush 민주당 의원은 의회 회의실 연단에서 양복 재킷을 벗고 안에 입고 있던 후드티의 모자와 선글라스를 쓰는 행위를 한 적이 있다. Rush 의원은 최근 미국 사회에서 논란을 빚고 있는 흑인 청년 살인 사건을 계기로 흑인에 대한 편견과 차별에 경종의 메시지를 전달하기 위해 이 같은 복장을 했다고 밝혔다. Rush 의원은 미 의회의 복장 규정을 위반해 연설을 마치지 못하고 경비원들에 의해 강제로 연단에서 내려왔다.

사례 의상의 메시지

(3) 동작

전통적으로 인간의 동작은 여러 메시지를 효과적으로 전달하는 수단이었다. 이러한 몸짓, 시선, 표정 등의 의미를 연구하는 학문을 동작학(kinesics)이라고 한다. 이 분야 연구의 선구자는 인류학자 Ray Birdwhistell로 1952년에 동작학이라는 용어를 처음 사용하였다. 구조주의 언어학의 영향을 받은 Birdwhistell은 1950년대에 언어학 분석에서 사용되는 단위들과 대응시켜 인간 의사소통 행위의 몸짓을 기술하고 연구하는 방법론을 개발하였다. kineme(동작소≒phoneme; 음소)은 '몸짓의 최소 구별 가능한 대조 단위'로 정의하였으며, 이것의 변형을 allokine(≒allophone; (변)이음), kineme의 조합을 kinemorph라고 하였다. 예를 들면 눈을 깜빡이는 윙크는 kineme이고, 윙크와 더불어 눈썹과 입가를 치켜 올리면 facial kinemorph가 된다(Burgoon, Buller, & Woodall, 1996).

Birdwhistell(1970)의 표정 동작소(facial kinemes)

기호	의미	기호	의미
—○—	Blank faced		Out of the side of the mouth (left)
—⌒	Single raised brow; ⌒ indicates brow raised		Out of the side of the mouth (right)
—⌄	Lowered brow		Set jaw
⋁	Medial brow contraction		Smile: tight—; loose o
	Medial brow nods		Mouth in repose: lax o; tense—
⌒⌒	Raised brows		Droopy mouth
○○	Wide eyed		Tongue in cheek
—○	Wink		Pout
＞ ＜	Lateral squint		Clenched teeth
＞＜ ＞＜	Full squint		Toothy smile
	Shut eyes (closed pause 2 count blink)		Square smile
	Shut eyes (closed pause 5 plus count)	◎	Open mouth
	Sidewise look		Slow lick of lips
	Focus on auditor		Quick lick of lips
	Stare		Moistening lips
	Rolled eyes		Lip biting
	Slitted eyes		Whistle
	Eyes upward		Pursed lips
—○ ○—	Shifty eyes		Retreating lips
	Glare		Peck
○ ○	Inferior lateral orbit contraction		Smack
△s	Curled nostril		Lax mouth
s△s	Flaring nostrils		Chin protruding
△	Pinched nostrils		"Dropped" jaw
△	Bunny nose		Chewing
△	Nose wrinkle		Temples tightened
⌒	Left sneer	ε ɜ	Ear "wiggle"
~	Right sneer		Total scalp movement

■ 몸짓

몸짓(gestures)이란 상대에게 의미를 전달하기 위해 몸의 일부 혹은 몸 전체를 움직이는 것을 말한다. 이러한 몸짓을 통해 사물이나 위치를 가리키기도 하고 자신의 감정을 표출하기도 하며 특정 몸짓이 특정 대상을 상징하기도 한다. 몸짓은 언어적 메시지에 수반되거나 말을 강조하기 위해서 사용되며, 때로는 독립적으로 의미를 전달하기도 한다. 대화에서 상호작용의 흐름을 조정하기도 하고 인사나 경례 등 인간관계를 규정하는 데도 쓰인다. 몸짓은 문화적인 산물로서 사람들은 사회와 문화권 내에서 그 유형과 의미를 학습하게 된다.

■ 시선

시선은 의사소통 상대를 바라보는 눈길이다. 일반적으로 시선이 유지되는 것은 관심이나 호감의 표현으로 해석된다. 그러나 시선을 받는 상대가 어떻게 느끼느냐가 중요하기 때문에 상대에 따라서 적절히 조절하는 것이 필요하다.

대중 연설이나 강연에서는 청중을 고루 쳐다보아야 하며 대화와 같은 대인 의사소통 상황에서는 상대에 대한 태도를 드러낸다는 점에서 시선이 중요하다. 특히 인간관계 측면에서 시선은 친밀감을 드러내는 직접적인 통로가 된다. 서양에서는 진정한 의사소통의 성립 조건으로 눈맞춤을 중시하나 동양에서는 똑바로 쳐다보는 것이 예의에 어긋나기도 한다.

시선은 특히 대인 의사소통 상황에서 친밀감을 증폭시키는 데 결정적인 역할을 한다. 그냥 말을 주고받기보다 상대를 바라보고 눈을 맞추며 하는 대화에서 서로 진정성을 느끼게 된다. 시선은 앞에서 살펴본 공감적 듣기의 방법 중 '집중하기'와 직결된다. 상대를 향해 앉아 상대를 바라보는 것은 공감의 첫 단계이다.

최근에는 대화 중에도 상대를 바라보지 않고 스마트폰에 시선을 두는 경우가 잦아지고 있다. 의사와 환자, 부모와 자녀, 교사와 학생 등 모든 관계에서 상대를 바라보며 시선을 맞추는 기본적인 태도가 결여된다면 의사소통에서 친밀감과 진정성과 같은 가치 있는 요소가 줄어들게 된다.

사례 '아이 터치' 부족한 의사, 오진율 높아

의료 선진국인 싱가포르의 병원에서 컴퓨터 모니터를 책상 판 안에 넣어 의사와 환자가 얼굴을 마주보며 대화하도록 하였다. 의사들이 환자와 눈을 맞추며 대화하기보다는 주로 모니터만 바라보고 말함으로 인해 서로의 교감이 떨어진다는 지적에 따른 조치이다. 모니터는 주로 의사와 환자의 시선을 물리적으로 가로막고 있다. 이로 인해 환자는 친절하게 설명을 듣지 못했다는 불만이 생길 수 있고 의사 역시 환자의 낯빛을 제대로 파악하지 못하여 오진율이 높아질 수도 있다.

■ 표정

표정은 마음속의 감정, 정서, 심리 상태를 표현하는 얼굴의 모양이다. 표정은 개인의 감정이나 심리 상태를 그대로 드러낸다. 대화에서 상대방을 파악하는 첫 번째 정보는 음성 언어가 아니라 얼굴 표정이다. 표정은 사람의 감정 상태를 그대로 반영하므로 화자는 표정을 통해 청자가 현재 이야기에 얼마나 관심이 있는지 파악한다. 그 반응에 따라 화제를 바꾸거나 말의 길이 등을 조정한다(구현정, 2009: 41). 얼굴 표정을 통해 우리는 타인의 정서에 대한 공감을 표시하며 이는 감정이입이 더 잘 일어나게 하는 효과가 있다. 여러 비언어적 행위 중 감정 표현의 가장 풍부한 근원이 되는 신체가 바로 얼굴이다.

(4) 신체 접촉

접촉이란 악수나 포옹 등과 같이 사람과 사람의 접촉을 통한 의미 전달을 가리킨다. 이를 연구하는 학문 분야를 접촉학(haptics) 또는 촉각학이라고 한다. 신체 접촉은 강력한 의사소통 도구로서 두려움, 사랑, 불안, 온정, 냉정함과 같은 넓은 영역의 느낌을 전해 준다. 일반적으로 스킨십이라고 하는데 특히 대인 관계에서 친밀감을 전달하는 데 직접적으로 연관이 있다. 하지만 접촉이 가능한 신체 영역은 문화적으로 규정되며 특정한 신체 접촉이 성적인 의미를 내포할 수 있기 때문에 대부분 조심스럽게 행해진다.

휴대 전화에 접촉이라는 뜻의 햅틱이라는 용어를 사용한 경우

'좋은 엄마 되기'를 실천하여 아이를 꼭 안아 주는 엄마의 모습을 담은 TV 광고

(5) 음성 행위(준언어)

음성 행위[vocal behavior, 준(準)언어(paralanguage)]는 음성을 이용한 의사소통의 특질로 억양, 성량, 속도, 어조 등을 의미한다. 전형적인 준언어 외에도 언어적 표현에 수반하여 의미를 전달하는 목소리, 휴지, 간투사, 침묵 등이 있고, 웃기, 울기, 속삭이기, 신음 소리, 하품하기 등과 같은 것들도 있다. 일상 대화에서 개인이 사용하는 준언어적 표현은 어느 정도

고정되어 있기 마련이다.

발표나 연설과 같은 의사소통의 목적, 대상, 상황에 따라 준언어적 표현을 효과적으로 사용해야 한다. 발표 영상의 시각적 요소와 음성적 요소에 대한 신뢰도와 호감도를 평가한 연구 결과에 의하면 발표자의 음성은 호감도보다는 신뢰도와 관련 정도가 컸다(이유나·허경호, 2008). 화자가 준비한 내용의 신뢰도를 평가하는 데 음성적 요소가 중대한 영향을 미친다는 것을 고려하여 청중이 지루하지 않게 역동적인 어조로 내용의 분위기에 맞게 말하고, 적절한 속도로 청중의 이해를 돕는 것이 중요하다.

■ 억양

억양이란 말할 때 음성의 높낮이에 나타나는 변화를 의미한다. 우리말에서 억양은 단어의 의미를 변별하는 기능을 하지는 않지만, 화자의 감정이나 의도를 드러내는 기능을 한다. 예를 들어 '그래'라는 언어 표현은 억양에 따라 화자의 감정과 의도를 다르게 드러낼 수 있다.

사례 억양에 따른 화자의 감정과 의도 표현

ㄱ (미술관에서) 네가 좋아하는 작품이 이거니?
　　(다정하게) 그래.
ㄴ (상대에게 따지듯이) 너 정말 이럴 거야?
　　(반감을 가지고) 그래.
ㄷ 이번에 학급 회장이 되었다는데.
　　(놀라며) 그래?
ㄹ 그 사람 병원에 입원했대.
　　(많이 놀라며) 그래?
ㅁ 이번 시합에 너한테 도전한대.
　　(황당하다는 느낌으로) 그래?

발표나 연설을 할 때는 의도적으로 억양에 변화를 주어 말의 단조로움을 피하는 것이 좋다. 발표 억양을 평가한 연구에서 책을 읽는 듯한 부자연스러운 억양이 여러 억양 중 가장 낮은 점수를 받았다. 평가자들은 이러한 억양이 발표 준비가 부족하다는 인상을 주어 정보의

신뢰성과 화자의 공신력을 저하하고 지루함을 유발한다고 평가하였다. 반면에 적절한 억양의 변화로 리듬감이 있는 발표는 긍정적으로 평가하였다(신지영, 2008). 특히 정보 전달적 말하기보다 설득적 말하기에서 높은 음높이와 역동적인 억양 변화로 리듬감을 주었을 때 유창하다는 평가를 받았다(조민하, 2014).

■ 성량

성량이란 목소리의 크기(loudness)를 의미하는데, 내용을 강조하거나 감정을 표현하는 기능을 한다. 성량은 음성의 고저와 강약의 복합물이다. 고저(高低)는 주파수의 많고 적음에 의해 결정되는데 주파수가 많으면 고음, 적으면 저음이 된다. 인간의 가청 주파수는 20~20,000Hz이고 일상적으로 듣기 좋은 주파수 범위는 1,000~6,000Hz이다. 강약(强弱)은 진폭의 크기에 의해 결정된다. 진폭이 크면 강한 음, 작으면 약한 음이 된다(임영환 외, 1996).

다수의 청중을 상대로 하는 발표나 연설을 할 때는 청중이 충분히 들을 수 있도록 성량이 적절해야 한다. 마이크와 같은 음향 기구를 사용할 때는 과도하게 소리 지르지 말고 적절한 수준을 확인한 후 일관된 성량을 유지한다.

■ 속도

속도란 말의 빠르기를 의미한다. 말의 속도는 대상이나 상황에 따라 달라질 수 있는데 청자가 자연스럽게 들을 수 있을 정도로 적당하게 변화를 주면서 조절한다. 어린이나 노인에게 말할 때에는 말의 속도를 평소보다 더 느리게 해야 자연스럽다. 속도는 발음의 길이, 쉼, 간투사 사용 등에 의해 영향을 받는다. 일반적으로는 분당 120~180 단어의 속도로 말한다.

발표나 연설을 할 때는 말하는 내용의 난이도와 청자의 이해 수준을 고려하여 속도를 조절한다. 청중의 표정을 살펴 내용에 대한 이해 여부를 실시간으로 확인하여 말의 속도를 조절한다. 발표 속도를 평가한 연구에 의하면, 발음이 정확하다는 조건에서 약간 빠른 속도의 발표가 높은 점수를 받았다. 속도가 같아도 휴지 구간이 길면 발화 속도가 느리게 여겨져 휴지 구간을 짧게 한 경우보다 점수가 낮았다. 묶음을 포함한 말 속도는 초당 5음절 중반이 적절하다. 초당 6음절이 넘거나 4음절 정도이면 평가 결과가 좋지 않았다(신지영, 2008).

발표 내용이 너무 어렵지 않거나 일정 수준 이상의 성인 청중을 대상으로 설명형 발표를 할 경우에는 조금 속도감 있는 발표를 하는 것이 속도가 느려 지루함을 유발하는 것보다 효과적이다. 효과적인 발표 전략에 대한 연구에서도 정보 전달적 말하기가 설득적 말하기보다 발화 속도가 상대적으로 중요한 것으로 나타났다. 이렇듯 자연스럽고 자신감 있는 발성과 약간의 속도감이 정보 전달의 유창성을 높인다. 연설과 같은 설득적 말하기에서는 오히려 다소 느린 속도가 적절하고 유창하다고 평가되었다(조민하, 2014).

발표 시간이 정해진 경우에는 말의 속도를 잘 조절하여 시간을 정확하게 지킨다. 청중 앞에서 의사소통 불안이 심해져 말의 속도가 점점 빨라지는 경우가 있는데, 자신의 정서 상태에 따라 말의 속도가 빨라지지 않는지 점검하여 일관된 속도를 유지하도록 한다.

■ 어조

어조란 말의 분위기를 의미하는데, 의사소통의 상황에 따라 조절하면서 말할 필요가 있다. 확신에 찬 어조로 말해야 할 때와 슬프거나 안타까운 마음이 담긴 어조로 말해야 할 때가 다르다. 간혹 정치 연설이나 설교 등을 듣다 보면 과도하게 소리를 지르고 목청을 높이는 경우를 볼 수 있다. 격한 어조가 자신의 진정성을 드러내는 데 도움이 되어 화자에게 강하게 호소할 수 있다고 여기는 것이다. 음향 기기가 발달한 최근에는 과거에 광장에서 목청을 높여 외치는 것과 같은 격한 어조보다는 말의 내용과 상황에 어울리는 어조를 사용하는 것이 효과적이다. 특히 마이크에 대고 고함을 치는 것은 청자에게 청각적인 불편함을 초래하기 마련이다. 격한 어조로 고함을 지르는 것과 확신에 찬 어조로 부드럽고 조용하게 말하는 것 중 어느 것이 설득적인지 판단하여 대상과 상황에 적절한 어조를 유지해야 한다.

■ 목소리

이와 더불어 개인의 목소리도 개별성을 갖는다. 성문(聲紋)[2]으로 범인을 식별할 수 있듯이 사람마다 음질이 다르다(구현정, 2009: 38). 이렇듯 목소리는 개인마다 고유한 특성을 갖는다. 진실한 감정은 발표 내용 자체보다도 발표자의 목소리에 의해 드러난다. 이것은 청중을 주제에 몰입하게 하고, 태도를 변화시키는 데 큰 영향을 미친다. 간혹 대중 연설 상황에서 좋은 목소리를 내기 위해 자신이 매력적이라고 생각하는 목소리를 흉내 내는 경우가 있다. 이때 잘못하면 진정성이 결여되게 느껴져 화자의 공신력을 저해하는 부작용이 발생할 수 있다. 가능하면 화자 본인의 목소리를 사용하되 목소리를 가다듬어 편안한 상태에서 발화하여 불필요한 잡음을 없애는 것이 바람직하다.

---

2   성문(聲紋)이란 주파수 분석 장치를 이용하여 음성을 줄무늬 모양의 그림으로 나타낸 것으로 사람마다 고유의 형상이 있기 때문에 범죄 수사에 쓰인다.

(6) 공간

공간이나 간격도 특정한 메시지를 표현할 수 있다. 이러한 공간과 간격이 드러내는 메시지를 연구하는 학문을 근접학(近接學, proxemics)이라고 한다. 근접학은 공간학 또는 간격학이라고도 하는데 인간과 문화적 공간의 관계를 연구하는 학문 분야이다. 1960년대 초, 의사소통과 문화의 상호 의존성에 입각하여 미국의 인류학자 Edward T. Hall은 근접학을 발달시켰다. hall에 의하면, 개인이 서로 간에 유지하는 간격은 그들의 상호 관계나 문화적 특유성에 의존한다. 예를 들면, 아랍, 지중해, 라틴 아메리카 지역의 사람들은 간격이 가까운 것을 선호하며, 북유럽인들은 서로 간에 거리를 두는 것을 편하게 느낀다.

Burgoon 외(1996)에서는 간격에 대한 문화적 차이를 설명하면서 공간을 고정 공간(fixed element), 반고정 공간(semifixed element), 비형식 공간(non-fixed element)으로 구분하여 설명하였다. 고정 공간이란 교실 구조 등 움직일 수 없이 고정된 공간을 의미하며, 반고정 공간이란 의자 배열이나 가구 배치 등 필요한 경우 움직일 수 있는 공간을 의미한다. 비형식 공간은 의사소통 상황에서 대화 참여자 간의 간격을 의미한다.

■ 고정 공간과 반고정 공간

고정 공간과 반고정 공간의 경우 여러 가지 차원의 메시지를 전달한다. 첫째, 그 공간을 사용하는 사람의 성향을 드러내기도 한다. 다음은 박경리 작가와 이효석 작가의 집필 공간이다. 두 작가의 취향과 성향을 방의 공간과 배치된 가구나 집기 등에서 발견할 수 있다.

사례 공간과 개인 성향

박경리 작가의 집필 공간이다. 돗자리, 한국식 창문, 전통 수납 가구, 앉은뱅이책상 등이 놓여 있다.

이효석 작가의 집필 공간이다. 크리스마스 트리, 외국 여배우 그림, 레코드판, 피아노, 책상과 의자 등이 놓여 있다.

둘째, 공간 자체가 특정한 의사소통 양식을 규정하는 메시지를 전달할 수 있다. 예를 들면 사각형의 교실에 바둑판식으로 책상을 배열한 교실을 떠올려 보자. 다분히 교사와 학생들이라는 다소 직선적인 소통 구조가 형성된다. 학생의 책상 배열을 둥글게 한다거나 모둠별로 마주 보게 배열하면 학생과 학생의 상호작용을 촉진하게 된다.

사례 책상 배열에 따른 의사소통 구도

셋째, 고정 공간과 반고정 공간의 문제는 누구의 영역이냐 하는 문제로서 대화 참여자 간의 관계 설정이나 심리적인 면에 큰 영향을 준다. 예를 들면 같은 화제를 가지고 교장과 평교사 간에 대화를 나눈다고 해도 교장실에서 나누는 것과 교무실에서 나누는 것은 의사소통의 분위기가 달라질 수 있다. 많은 경우에 교사가 학생을 교실이 아니라 교무실로 데려와서 훈계하는 것도 이와 같은 맥락이다. 또한 방의 배치, 회의 탁자 모양, 학생 수에 대비한 교실 크기, 다른 사람과 자신이 어떤 위치에 앉는지 등도 대인 의사소통에 무시할 수 없는 영향을 준다. 예를 들면 사무실 책상 배치의 경우 창가 쪽에 높은 직위의 사람이 앉고 문가 쪽에 낮은 직위의 사람이 앉도록 되어 있는 경우가 많다.

■ 비형식 공간(사람과 사람 사이의 거리)

Hall(1966)은 관계에 따라 다음과 같이 네 가지 간격대(間隔帶)를 설정하였다. 일반적으로 적절한 대인 거리에 대해 관계에 따라 자신이 편하게 느끼는 공간이 침범당했다고 느낄 때 심리적 불편함을 경험하게 된다. 이러한 간격은 문화권에 따라 다른데 중동이나 중남미 지역은 가까운 거리를 친밀하고 편하게 느끼며 미국과 같은 서구 국가들은 일정 거리를 유지하는 것을 편하게 느끼는 경향이 있다.

친밀한 간격(intimate distance, 연인 등): 6-18 inches (15-46 cm)
개인적 간격(personal distance, 친구, 가족 등): 1.5-2.5 feet (46-76 cm),
사회적 간격(social distance, 낯선 사람): 4-7 feet (1.2-2.1 m)
공공적 간격(public distance, 공적 연설 상황 등): 12-25 feet (3.7-7.6 m)

(7) 시간

시간 역시 인간의 의사소통에서 의미로 해석된다. 시간학(chronemics)이란 의사소통에서 시간의 사용과 관련이 있는 의미를 연구하는 학문이다. 일반적으로 시간에 늦는 것은 '당신과의 만남은 그리 중요하지 않아요.'와 같은 부정적 메시지로 여겨진다. 이렇듯 시간에 대한 인식은 개인적 시간 감각뿐 아니라 의사소통 상대, 예를 들면 지위가 높은 사람 또는 친한 친구 등을 포함한 상황과 지리적인 여건에 따라 다양하다. 또한 어느 정도 늦는 것이 허용되는 문화권이 있는 반면 그렇지 않은 문화권도 있다. 늦는 것이 허용되는 문화권에서는 모임에 너무 일찍 가서 주인이 당황하는 경우가 있으므로 약속에 일찍 가는 것이 항상 바람직한 것은 아니다. 또한 문자 메시지를 받고 답신하는 시간도 상대에 대한 심리적 거리감을 나타내는 메시지가 되기도 한다.

✅ **화법 교육 방향**

화법 교육에서 비언어 의사소통의 유형과 관련하여 핵심적인 교육 내용은 '모든 것은 말한다.'라는 것이다. 화법 교육은 주로 음성이나 문자로 표상되는 협의의 '언어'에 교육의 중점을 두었다. 비언어 의사소통에 대한 이해는 인간의 총체적 의사소통 체계를 이해하는 데 도움을 준다. 그러므로 단순히 비언어 의사소통의 유형을 나열하여 소개하기보다는 이러한 것들이 복합적으로 어우러져 메시지를 전달한다는 점에 지도의 중점을 두어야 한다.

2. 비언어 의사소통의 사용

비언어 의사소통의 개념과 유형을 이해했다면 올바른 사용 방법을 익혀야 한다. 이를 위해서는 비언어 의사소통의 기능과 사용 원리를 이해할 필요가 있다. 비언어 의사소통은 명시적으로 드러나는 음성이나 문자와는 달리 암묵적으로 메시지를 전달하기도 하며 화자의 의도와는 무관하게 무의식적으로 의미를 전달하기도 한다. 그러므로 비언어 의사소통을 통한 표현과 이에 대한 이해가 잘못되었을 때는 불필요한 오해와 갈등을 유발할 수 있다. 여기에서는 이런 차원에 초점을 두어 바람직한 비언어 의사소통의 사용 방법과 유의점을 알아보도록 한다.

1) 비언어 의사소통의 기능

인간의 의사소통에서 비언어적 메시지는 다양한 기능을 한다. Argyle(1988)은 비언어 의사소통의 주요 기능을 감정 표현, 대인 관계의 태도 표현, 상호작용의 조절, 자기표현, 관습적 행위 표출 등으로 구분하였다.

(1) 감정을 표현한다

언어적 메시지만으로도 감정을 표현할 수 있고, 비언어적 메시지만으로도 감정이 아닌 이성적 사고를 표현할 수 있다. 여기에서 감정을 표현한다는 의미는 비언어적 메시지가 인간의 감정 표현과 직결되어 있다는 것이다. 이때 감정의 표현은 의식적이어서 통제가 가능한 경우도 있고 무의식적이고 본능적이어서 통제가 불가능한 경우도 있다. 무의식적인 경우에는 언어적 메시지와 의미가 상충하는 경우도 발생할 수 있다.

(2) 대인 관계의 태도를 표현한다

대인 의사소통 상황에서 대인 관계의 태도를 표현한다. 예를 들면 대화 상황에서 상대가 나에 대해 또는 나의 이야기에 대해 호감을 가지고 있는지 반감을 가지고 있는지 비언어적 메시지를 통해 확인이 가능하다.

대인 관계에서는 특히 친밀감을 드러낼 때 이러한 비언어 의사소통이 주로 사용된다. Burgoon 외(1996)에서는 대인 관계에서 친밀감을 드러내는 중요한 네 가지 비언어적 행위를 다음과 같이 제시하였다.

1. 간격(proximity): 친밀감, 매력, 신뢰, 주의, 지배, 설득성, 진취성 전달
2. 웃음(smiling): 감정 유발, 침착성, 격식성, 친밀감, 선호 전달
3. 접촉(touching / haptics): 친밀감 전달
4. 눈맞춤(eye contact): 다른 비언어 행위들의 효과 증폭

(3) 대화에서 상호작용의 단서를 제공한다

화자와 청자가 순서를 교대하며 대화할 때 여러 단서로 대화의 시작과 끝, 전개부의 흐름, 화제 전환 등을 조절하는 단서를 제공한다. 예를 들면 눈을 마주침으로써 대화를 시작하고자 하는 의도를 알리거나, 대화 중 발언권을 넘기고자 눈을 맞추거나 잠시 휴지를 두어 순서 교대의 신호를 하는 것 등이다. 청자 역시 상대의 말에 동의를 표현하기 위해 고개를 끄덕이거나 언짢은 내용에 대해 눈살을 찌푸리는 반응을 보여 화제를 전환하거나 이야기의 길이를 짧게 조정하기도 한다. 이와 더불어 좌석 배치나 상대와의 간격과 같은 공간과 관련된 메

시지는 상하 관계나 서로에 대한 호오를 드러내어 대화에 영향을 미치기도 한다. 대화의 흐름을 조절하는 기능을 '화맥 조절'이라고 한다.

(4) 자기표현을 한다

비언어적 메시지는 자신의 개성을 드러내는 자기표현의 기능을 한다. 이때는 주로 시각적인 메시지가 사용된다. 의상, 신체 장식, 머리 모양, 장신구, 소지품 등으로 자신을 표현한다. 이를 통해 자신의 사회적 지위, 직업, 관심사 등을 표현할 수 있다.

(5) 관습적 행위를 한다

비언어적 의사소통을 통해 관습적 행위를 하는데 가장 대표적인 것은 인사이다. 상대를 만나 고개를 숙이거나 악수를 하며 인사를 하고 헤어질 때는 손을 흔들기도 한다. 우리나라의 경우 어른께 무릎을 꿇고 절을 하며 새해 인사를 하는데 이때 남성과 여성의 절도 그 모

습이 다르다. 다양한 상황에서의 비언어적 행위가 일종의 관습이 되어 문화적으로 공유가
된 경우이다.

2) 비언어 의사소통의 사용 원리

메시지를 전달하는 통합된 체계로서의 비언어 의사소통의 속성에 따라 유의점을 중심으
로 다음과 같은 사용 원리를 생각해 볼 수 있다.

(1) 복합 메시지의 불일치에 대한 인식

비언어 의사소통은 하나 이상의 메시지가 복합적으로 의미를 구성하므로 이들의 불일치
에 유의해야 한다. 비언어 의사소통은 "사랑해."라는 말과 함께 부드러운 목소리, 따스한 눈
빛, 꼭 잡은 손 등 다양한 메시지가 복합적으로 의미를 전달한다. 하나의 비언어 신호가 작용
할 경우도 있으나 대부분의 경우 말과 함께 복수의 비언어 신호가 복합적으로 의미를 구성
한다.

의사소통 상황에서 청자 입장에서 불확실성이 가장 적어 안정감을 느끼는 경우는 말의
내용에 수반된 복수의 비언어 신호가 일치할 때이다. 반대의 경우 하나의 신호라도 불일치의
메시지로 전달될 경우 청자 입장에서는 진의를 구분하는 데 어려움을 겪게 되고 이런 양상
이 반복되면 상대를 신뢰하기 어려워 원활한 의사소통을 방해하는 원인이 된다. 대부분의 경
우에 복합 메시지의 불일치 상황에서 사람들은 비언어 의사소통을 더욱 신뢰한다. 그러므로
화자는 복합 메시지의 불일치에 항상 유의해야 한다. 이때 불일치는 언어와 비언어 간 또는
비언어 간에 발생할 수 있다. 모든 경우가 상대에게 혼란을 초래할 가능성이 있으므로 전달
하고자 하는 의도와 일치하는 비언어적 메시지를 선택할 수 있어야 한다.

(2) 본능적이고 무의식적인 표현에 대한 주의

비언어 의사소통은 본능적으로 표출되는 경우가 많으므로 무의식적으로 부정적인 메시
지를 전달하지 않는지 유의해야 한다. 비언어 의사소통도 말과 같이 분명한 의도를 가지고

의식적으로 하는 경우가 있다. 수신호로 교통 안내를 한다든가 발표를 목적으로 손을 드는 경우는 의식적인 행위이다. 하지만 화가 났을 때의 찌푸린 표정이나 기쁠 때 눈가에 번지는 미소처럼 본능적이고 무의식적인 경우도 많다. 특히 얼굴 표정이나 눈빛 등은 내면의 감정 상태를 고스란히 전달한다. 이런 이유로 인해 사람들은 언어적 메시지와 비언어적 메시지가 불일치할 경우 비언어적 메시지를 더욱 신뢰하는 경향이 있다.

의사소통 상황에서 고려할 점은 말의 내용과 무관하게 내가 다양한 비언어적 메시지를 무의식적으로 표출하고 있다는 것이다. 예를 들어 수업을 듣는 학생이 눈이 좋지 않아 눈살을 자꾸 찌푸리는 경우를 생각해 보자. 학생은 교수님을 평소 존경하고 그분의 강의를 매우 좋아한다. 하지만 본인의 이러한 무의식적인 행동은 교수 입장에서는 자신이나 자신의 강의에 대한 불만으로 인식될 소지가 있다.

이렇듯 대화를 시작하기 전에 얼굴 표정이 밝지 않다면 상대는 말의 내용과 무관하게 부정적인 메시지를 우선 받은 셈이 된다. 말하면서 목소리가 어둡고 활기차지 않으며 눈맞춤을 하지 않는다면 상대는 말의 내용보다 이러한 복합적 비언어적 메시지의 차가운 분위기로 인해 유쾌하지 않고 부정적인 느낌을 받게 된다. 화자 입장에서는 '별말 하지 않았는데 불쾌해하네. 이상한데.'라고 느낄 수 있지만 별말 하지 않은 것이 아니라 다양한 경로로 상당히 많은 부정적 메시지를 대화 중에 표현했음을 인식해야 한다.

이러한 무의식적인 메시지로 인한 갈등과 관련하여 Richmond, McCroskey & Payne(1991: 7)의 논의를 참고할 수 있다. 이들은 비언어 의사소통에서 화자의 의도와 청자의 인식을 두 축으로 네 개의 상자를 제시하였다(이창덕 외, 2011 재인용).

첫째, 화자도 의도를 가지고 비언어적 메시지를 전달하였고 청자도 이를 인식한 경우이다. 예를 들면 대화 내용이 지루하여 시계를 쳐다보니 상대가 말을 줄인 경우이다.

둘째, 화자는 의도를 가지고 비언어적 메시지를 전달하였으나 청자가 이를 인식하지 못한 경우이다. 여러 사람이 모여 대화를 하는 중에 한 사람이 다른 사람이 들어서는 안 될 비밀 얘기를 꺼낼 경우 주위에서 눈짓을 하였는데 이를 알아채지 못하고 계속 말을 하는 경우이다.

셋째, 화자는 의도 없이 특정 행동을 하였는데 청자가 이를 메시지로 인식한 경우이다. 버스에서 좌석에 앉은 사람이 소지품을 가방에 넣고 내릴 준비를 하는 것 같아 자리에 앉고 싶은 마음에 앞에 가서 섰으나 결국 도착지까지 내리지 않고 간 경우이다.

넷째, 화자가 의도 없이 어떤 행위를 하고 청자도 이를 메시지로 인식하지 않은 경우이다. 대화 중에 계속 스마트폰을 만지작거렸는데 상대도 이런 행동을 메시지로 인식하지 않은 경우이다.

이 네 개의 경우 중 의사소통 상황에서 갈등이 생길 수 있는 것은 두 번째와 세 번째이다. 화자의 의도와 청자의 인식이 일치하지 않을 경우 명시적인 말로 내용을 전달하는 언어적 의사소통과 달리 비언어적 의사소통에서는 오해나 갈등이 생길 수 있다. 특히 요즘은 감정을 나타내는 기호를 사용하여 문자 메시지를 주고받는데, 이에 대한 화자와 청자의 인식 차이로 인해 갈등이 발생하기도 한다.

사례 문자 메시지에 사용한 기호에 대한 화자와 청자의 인식 차이

'……' 말줄임표 부장 카톡에 밤잠 설친 김 대리

스마트폰 대중화로 대부분의 국민이 SNS를 사용하는 시대가 됐다. 직접 찾아가 말을 해야 했던 과거와 달리 손가락 하나로 언제 어디서든 누구나 쉽게 소통할 수 있다. 하지만 세대 간, 사회 집단 간 SNS·온라인상 언어 사용이 달라 의미를 잘못 파악하거나 상대방의 진심을 오해하는 일이 벌어지기도 한다. (중략)

카카오톡, 페이스북 등 SNS가 일상화되면서 많은 이들이 문자 기호(ㅠㅠ, ㅋ, ㅎ 등)와 이모티콘(^^, :) 등)을 사용한다. 세대별로 '같은 이모티콘에 다른 의미'를 부여하는 경우가 많아 괜한 오해도 생긴다. 다수의 20~50대 SNS 이용자들에 따르면 'ㅠㅠ, …, ^^, ㅋ, ㅇ'의 개수 등 이모티콘 사용 양상은 세대별로 크게 차이가 있다.

웃는 눈을 형상화한 ^^ 이모티콘이 대표적. 40, 50대는 이에 대해 "정중하게 친절", "밝게 웃음", "배려하는 미소" 등의 느낌이 난다고 답했다. 반면 20, 30대는 "웃고 있지만 뒤가 서늘한 기분", "썩은 미소", "아니꼽게 '어디 한번 잘해봐'란 느낌"이 든다고 말해 인식에 큰 차이를 보였다.

20대 이 모 씨(28)는 "^^을 사용하는 대신 :) 이나 :D을 많이 사용한다"며 "더 정중하고 깔끔한 미소처럼 보이기 때문"이라고 답했다. :), :D는 옆에서 볼 때 웃는 표시로, 과거 서양에서 주로 쓰이던 이모티콘이다. 해외 문화에 익숙하고 교류가 잦은 청년층을 중심으로 서양 유래 이모티콘이 빈번히 쓰이는 것으로 보인다.

말줄임표(...)나 물결표(~) 역시 세대 간 사용 양상이 크게 달랐다. 50대 서 모 씨는 "…이나 ~는 허전하거나 딱딱해 보이지 않도록 쓴다"며 "이것을 써야만 예의 있어 보이고 말을 이어 가는 느낌이 든다"고 말했다. 20대 한 모 씨는 정반대로 "아프거나 힘이 없는 느낌, 혹은 매우 진지한 이야기를 할 것만 같은 기분이 들어 어색하다"고 밝혔다. 그는 "매우 진지한 얘기를 할 때만 …을 쓰고, ~는 거의 사용하지 않는다"고 덧붙였다.

지난 14일 한 누리꾼이 올린 "노화의 증거, 말줄임표와 물결표"라는 글은 트위터상에서 15000건 이상 공유돼 각종 온라인 커뮤니티에서 화제가 됐다. 이 누리꾼은 글에서 "나이 들수록 자꾸 말줄임표와 물결을 넣고 싶어진다. 뭐라 설명할 수 없지만 물결과 말줄임표에 드는 욕구... 신기한~~"이라고 설명해 많은 이들의 공감을 자아냈다.

20~30대는 ㅋㅋ(웃음을 나타내는 문자 기호)와 ㅇㅇ('응'이라고 대답하는 뜻을 가진 문자 기호)의 개수도 예민하게 받아들였다. 김 모 씨(23)는 "친구에게 온 메시지에 'ㅋ'이나 'ㅇ' 한 개만 있으면 무성의하거나 비꼬는 느낌이 들어 유쾌하지 않다"며 "ㅋ이 연달아 있는 'ㅋㅋㅋ' 같은 경우엔 유쾌한 느낌"이라고 말했다. 반면 40대 최 모 씨는 일부러 부하 직원들에게 일을 시킬 때 'ㅋ'을 하나씩 자주 붙였다며 'ㅋ'이 한 개든 두 개든 이를 붙이면 강압적인 느낌이 아니라 다정하고 부드럽게 부탁하는 기분이 들어 사용한다고 말했다.

세대간 생각하는 방식 등이 다르듯 같은 이모티콘 역시 나이대별로 다르게 받아들이는 것. 한 대기업 임원(50)은 이모티콘 하나를 해석하는 데 후배들과 이렇게 차이가 큰 줄 몰랐다며 직장 후배들이나 자녀들과 소통할 때 보다 조심해야 할 것 같다고 말했다.

(출처: 한지연·이재은 기자, 머니투데이, 2017. 3. 27)

(3) 직접적인 감정 노출에 대한 주의

비언어적 의사소통은 감정 상태를 드러내므로 갈등이 생기지 않도록 자기 점검의 노력을 해야 한다. 사람들은 무슨 말을 할지 말의 내용에 대해서는 상당한 고민을 하지만 사람을 만나서 어떤 방식으로 어떻게 말을 전달할지는 별로 고민하지 않는 경향이 있다. 즉, 상대를 만났을 때 어떤 표정으로 인사를 건넬 것이며 목소리는 어떻게 해야 되겠다는 생각을 별로 하지 않는다.

　그러나 본능적이고 무의식적인 비언어적 메시지는 인간 내면의 감정 상태를 주로 표현한다는 특성이 있다. 상대에 대한 자신의 감정 상태나 현재 대화 상황에 대한 자신의 감정 상태가 대수롭지 않게 생각한 자신의 표정이나 목소리에 고스란히 담겨 상대에게 전달된다는 것이다. 사소한 것 같지만 상대를 향해 앉기, 상대와 눈을 맞추기 등 일상생활에서 이러한 기초적인 것이 안 되어 의사소통에 갈등이 생기는 경우는 적지 않다.

　상대를 바라보지 않고 모니터만 보고 자판을 계속 두드리며 대꾸를 하거나 다른 곳을 보면서 무성의하게 대화하는 경우로 인해 감정이 상했던 경험이 있을 것이다. 성별 대화 연구로 유명한 Devorah Tannen의 책 중 '그 신문을 버리고 나와 이야기해요'라는 장의 제목은 대화 상대를 향해 몸을 틀지 않고 눈을 맞추지 않고 건성으로 듣는 남편의 대화 태도를 인상적으로 표현하였다. 무슨 말을 해야 할지에 대한 고민도 중요하고 세련된 비언어 의사소통 기술도 중요하지만 가장 기초적인 것은 자신의 감정 상태를 드러내는 자세, 표정, 눈빛 등에 대한 자기 점검이다.

　특히 화가 나서 거칠게 호흡을 하거나 분노에 찬 눈빛으로 바라보거나 물을 벌컥벌컥 마시는 행위 등은 말은 안 했지만 상대에게 분노에 찬 감정을 고스란히 전달하게 된다. 이런 경우 감정을 잘 숨기지 못하고 얼굴 표정으로 그대로 표현하는 사람들을 우리는 '표정 관리'를 못한다고 한다. 인간의 감정은 자연스러운 것이지만 사회생활을 하면서 자신의 감정 상태를 상대와 상황을 가리지 않고 직접적으로 드러내는 경우 갈등이 생길 소지가 있다. 이와 반대로 감정을 전혀 표정으로 드러내지 않는 사람을 '포커페이스'라고 한다. 자신의 감정 상태를 숨기는 데 능숙하여 불필요한 갈등을 방지할 수는 있지만 속내를 알 수 없는 사람으로 받아들여져 신뢰나 호감을 얻지 못하는 경우도 많다. 이런 측면에서 감정을 드러내는 양의 많고 적음보다 더욱 중요한 것은 자신의 감정 상태가 눈빛, 얼굴 표정, 자세, 손짓 등 다양한 경로로 전달된다는 것을 인식하고 이를 지속적으로 점검하고 조정하려는 노력이다.

(4) 문화적 차이에 대한 민감성 제고

비언어적 의사소통은 문화적으로 차이가 나므로 이러한 차이를 인식하여 적절히 행동해야 한다. 모든 관습적인 행위나 사회적으로 학습된 행위는 해당 문화 고유의 특성을 지니게 된다.

사례 감정을 나타내는 여섯 가지 보편적인 표정

화남	놀람	불쾌함
두려움	기쁨	슬픔

비언어적 의사소통 중에는 슬플 때의 얼굴 표정 등 문화적으로 보편적인 것들도 있다. 연구자들은 여섯 가지의 보편적인 감정 상태에 의한 얼굴 표정을 제시하였다. 슬픔, 기쁨, 두려움, 화남, 불쾌함, 놀람의 표정은 연령이나 지역 등 문화적 차이 없이 인류 보편적이다. 얼굴 표정은 특정한 감정 상태에 대해 뇌의 신호로 얼굴의 신경과 근육이 만들어 낸다. 여섯 가지의 기본 감정 상태의 얼굴 표정이 인류 보편적이란 것은 매우 의미가 있다. 서로의 언어가 달라 말은 통하지 않아도 얼굴 표정만으로도 기본 감정 상태를 인식하고 최소한의 불확실성을 없앤 상태에서 의사소통할 수 있는 여지를 제공하기 때문이다.

하지만 이러한 보편적인 것과 달리 문화적으로 차이를 보이는 경우도 많다. 서로 정중하게 고개를 숙여 인사를 주고받는 문화권이 있고, 끌어안고 뺨을 부비는 문화권도 있다. 손동작도 그 의미하는 바가 문화적으로 차이가 있다. 우리나라에서는 'OK'나 '돈'을 상징하는 손동작이 다른 나라에서는 상대를 조롱하는 메시지로 쓰인다. 또 엄지손가락을 치켜들어 최고라고 칭찬하는 손동작 역시 다른 문화권에서는 상대를 조롱하는 메시지로 사용된다.

이러한 사례 외에도 수많은 비언어적 의사소통 행위는 문화적 차이를 보인다. 상대의 문화를 존중하는 태도도 중요하지만 일단 그러한 문화적 차이에 대해 이해할 필요가 있다. 모든 비언어적 의사소통의 문화적 차이에 대해 지식적인 이해도 중요하지만 우선 문화적 민감성을 기를 필요가 있다. 자신과 다른 문화적 배경을 가진 사람을 만났을 경우에는 자신이나 상대의 특정 행위가 서로에게 다른 메시지로 읽힐 수 있다는 사실을 알고 세심한 주의를 기울여야 한다.

사례 문화적 민감성의 중요성

청와대를 방문한 마이크로소프트 전 회장은 왼손을 바지 주머니에 넣은 상태로 대통령과 악수를 하여 국내외에서 논란을 유발하였다. 특별한 의도가 없는 자연스러운 행동이었다는 의견도 있지만 상대국의 인사 문화를 제대로 고려하지 못한 부적절한 행동이었다는 견해가 많았다. 외신도 이를 보도하며 국제적으로 활동하는 사람들은 문화적 민감성이 필수적임을 지적하였다. 인사 방식에 대한 문화적 차이로 논란이 일자 두 달 뒤에 청와대를 방문한 구글 CEO는 대통령과 두 손으로 악수하였으며 페이스북 CEO는 평소와는 달리 정장을 입고 허리를 숙여 인사하며 악수를 하였다.

---

(5) 발표 시 비언어 표현 전략

발표의 목적을 달성하기 위해서는 내용도 중요하지만 발표자의 말하는 태도나 방법도 중요하다. 발표자의 첫인상을 결정하는 것은 발표 내용뿐 아니라 비언어적 표현이다. 비언어적 표현은 긍정적 인상과 신뢰감을 줄 뿐 아니라 발표자의 진실한 감정과 주제에 대한 열정을 전달하여 화자의 공신력과 직결된다.

■ 시선

발표할 때 비언어적 표현 중 시선 접촉은 매우 중요하다. 발표 상황에서 발표자의 시선은 대본을 향하고, 청중의 시선은 스크린을 향하는 경우가 많아 시선 접촉이 제대로 이루어지지 않는다. 특히 청중을 바라보지 않고 미리 작성한 대본 형식의 발표문을 그대로 읽거나 암기하여 발표하는 경우가 있다. 이러한 발표는 청중의 반응에 유연하게 대처하지 못하고, 준비한 내용을 일방적으로 전달하게 되어 청중과 교감이 현저하게 떨어진다. 사전에 작성한 대본을 사용하면, 내용을 어느 정도 숙지하고 있더라도 대본에 대한 의존도가 높아져 계속 시선이 대본을 향하게 된다. 스크린이나 대본보다 청중과 시선을 맞추며 청중의 반응에 따라 말할 내용과 방법을 조절하며 역동적으로 의미를 주고받아야 한다.

중요한 발표라고 여겨 의사소통 불안이 생길 경우에는 대본 형식의 발표문이 아니라 카드식 발표 개요를 작성하여 사용하는 것이 도움이 된다. 발표 개요에는 핵심적인 내용만 적고 청중의 반응을 예상하여 질문을 준비해 두면, 실전에서도 발표문을 읽지 않고 청중의 반응을 살피면서 언어적, 비언어적 표현을 조절하면서 자연스럽고 효과적으로 발표할 수 있다.

카드식 발표 개요 작성하기

발표자의 시선은 발표자의 진실성을 전달한다. 청중의 눈을 보고 이야기하지 않으면 진실을 이야기하고 있다는 느낌을 전달하기 어렵다. 또한 발표자가 자신감을 갖는 데도 도움이 된다. 청중의 눈을 바라보는 것이 처음에는 어색하고 어렵지만, 익숙해지면 청중의 눈을 바라보며 이야기하는 것이 발표자에게도 커다란 자신감과 편안함을 준다는 것을 깨닫게 된다 (Kosslyn, 2007/2009: 228-230).

■ 표정

발표자의 표정 역시 청중을 존중하는 마음, 발표에 임하는 마음가짐, 주제에 대한 진실성을 여실히 드러낸다. 발표 시에는 자신감 있으면서도 겸손한 표정으로 청중에게 신뢰감을 주어야 한다.

■ 손동작

발표 시 손동작을 사용할 때 가장 중요한 점은 발표 내용과 맞아야 한다는 점이다. 말로 표현되는 내용이나 매체 자료로 제시되는 내용과 손동작이 일치해야 한다. 즉, 내용과 손동작이 시간적으로 일치하는 동기화(同期化)를 해야 한다. 예를 들어 차분하게 문제를 제기할 때는 겸손한 태도로 손을 모으거나 해당 매체 자료를 가리키고, 해결책을 강조할 때는 역동적인 손동작을 사용하여 중요성을 강조하는 방식이다. 손에 지시봉이나 레이저포인터를 들고 사용할 경우 청중의 시선을 가리키는 곳에 집중시키므로 효과적으로 사용하되, 과도하게 움직이면 오히려 청중의 집중을 저해하므로 유의한다.

☑ 화법 교육 방향

비언어 의사소통을 다룬 논저나 강의 등에서는 다양한 비언어 의사소통의 유형을 소개하는 데 그치는 경우가 다반사이다. 화법 교육에서는 비언어 의사소통의 유형을 소개하는 것보다 비언어 의사소통이 대인 관계의 형성과 발전에 미치는 영향에 대한 인식이 더욱 중요하다. 비언어 의사소통을 지도할 때는 여러 사진 자료로 비언어 의사소통의 유형을 소개하거나 드라마나 영화의 장면에서 비언어 의사소통과 관련된 부분으로 흥미로운 학습 활동을 구성하는 것도 좋지만 자신의 의사소통 방식 중 부정적인 부분을 개선하기 위한 자기 점검을 할 수 있게 해야 한다. 글이나 드라마에 나오는 타인의 비언어 의사소통 방식에 대한 분석적 접근보다는 자신의 비언어 의사소통 행위를 점검하고 조정하는 상위인지를 길러 줄 수 있는 학습 활동을 구성하는 것이 바람직하다.

특히 무의식적이고 습관적인 말투나 행동 중 상대를 불쾌하게 하는 부분은 없는지 점검표 방식이나 짝 활동 등 상호 피드백 활동을 통해 자신의 의사소통 방식을 점검하고 조정하는 능력을 길러 줄 필요가 있다. 다양한 비언어 의사소통 유형의 소개는 의사소통 상황에서 상대에게 영향을 미칠 수 있다는 것을 이해시키는 차원에서 제시되어야 할 것이다.

V

의사소통 문화와 언어 공동체

4장 에서는 비언어적 의사소통에 대해 알아보면서 의사소통의 문화적 차이에 대한 인식이 필요함을 논의하였다. 이러한 문화적 차이는 공동체마다 가지고 있는 신념이나 가치관 등에 의해 특정한 의사소통 양식을 선택하여 사용함으로 인해 생겨난 것이다. 교통과 통신의 발달은 새로운 문화에 대한 접근을 용이하게 하였고 다른 문화권의 사람들과 소통할 기회를 촉진하였다. 우리나라도 다양한 민족과 인종의 사람들이 함께 생활하는 다문화 사회가 되었다.

의사소통의 문화적 차이는 모어, 국가, 인종 등에 의해서만 비롯되지 않는다. 다양한 사회 공동체도 성별, 세대, 지역, 직업, 종교 등으로 인한 나름의 의사소통 문화를 가지며 다른 공동체와 차이를 보인다. 의사소통의 문화적 차이에 대한 이해는 의사소통 능력을 구성하는 중요한 요소 중의 하나이다. 이러한 의사소통의 문화적 차이를 이해하기 위해서는 그 차이를 부각하여 드러내 줄 유용한 분석 틀이 필요하다. 문화에 관심을 둔 인류학자나 의사소통학자들은 그러한 차이를 설명하기 위한 분석 틀로 문화적 차원을 설정하기 위한 노력을 해 왔다.

여기에서는 의사소통과 관련하여 문화적 차원에 대한 기존의 이론들을 살펴보도록 하겠다. 또한 문화적 차이로 인해 공동체마다 다른 공동체와 구별되는 나름의 의사소통 규범과 관습이 있는데 인류학자나 사회언어학자들은 이를 '언어 공동체'라고 하여 관심을 가져왔다. 언어 공동체를 결정하는 다양한 변수들을 중심으로 언어 공동체의 특성도 함께 살펴보겠다.

1. 문화적 차원

여기에서는 의사소통의 문화적 차이를 설명하기 위한 문화적 차원에 대한 연구 중 가장 널리 알려진 Hall(1976)의 고-맥락 문화와 저-맥락 문화에 대한 논의와 Hofstede(1983, 1984)의 문화적 차원 이론(cultural dimension theory)을 알아보도록 하겠다.

1) 고-맥락 문화와 저-맥락 문화

비언어적 의사소통에서 근접학(proxemics)의 개념을 정립한 미국의 인류학자 Edward T. Hall은 1976년에 *Beyond Culture*라는 책을 발간하였다. 여기에 소개된 개념이 의사소통 방식을 맥락에 대한 의존 정도로 설명한 고-맥락 문화와 저-맥락 문화이다. Hall(1976)은 다음의 표와 같이 의사소통 문화를 맥락 의존 정도가 높은 고-맥락 문화와 맥락 의존 정도가 낮은 저-맥락 문화로 구분하였다. 두 문화의 가장 큰 차이는 언어 표현 방식인데 고-맥락 문화에서는 '간접 언어 표현 방식'을 사용하고 저-맥락 문화에서는 '직접 언어 표현 방식'을 사용하는 경향이 강하다.

고-맥락 문화와 저-맥락 문화의 언어 표현 방식(Hall, 1976)

직접 언어 표현 방식(저-맥락 문화)	간접 언어 표현 방식(고-맥락 문화)
상황적 맥락이 중시되지 않는다.	명확한 언어적 메시지가 중시되지 않는다.
중요한 정보는 주로 명확한 언어적 메시지에 의해 전달된다.	중요한 정보는 주로 맥락적 단서(장소, 시간, 상황, 관계)에 의해 전달된다.
자기표현, 언어적 유창성, 설득력 있는 연설에 가치를 둔다.	상호작용에서 침묵을 유지하거나 모호한 언어를 사용하며 '조화'에 높은 가치를 둔다.
타인을 설득하거나 자신의 관점을 받아들이게 하기 위한 의견이나 의도를 직접 표현한다.	핵심을 돌려 말하고 타인에게 직접 "아니요." 라고 말하는 것을 꺼린다.

*Beyond Culture*의 표지

대표적인 고-맥락 문화 국가는 한국, 일본, 중국, 필리핀, 베트남, 프랑스, 그리스, 러시아, 중남미 국가, 아랍 국가, 아프리카 국가 등이고 저-맥락 문화의 국가는 미국, 호주, 독일, 뉴질랜드 등이다. 이러한 범주 구분은 이분법적이라기보다는 언어 표현 양상을 설명하는 연속체의 좌우측 단으로 이해하는 것이 바람직하다. 해당 국가는 그 연속체에서 일정한 위치에 있으며 그에 해당하는 의사소통 방식의 경향성을 갖는다. Hall(1976)의 논의를 우리나라의 의사소통 문화와 관련지어 살펴보도록 하자.

(1) 고-맥락 문화의 간접 언어 표현 방식

첫째, 중요한 정보가 명확한 언어적 메시지보다 상황이나 관계와 같은 맥락적 단서에 의해 전달되는 경향이 크다. 고-맥락 문화로 분류되는 한국 사회의 경우 언어 외에 많은 정보가 맥락에 의해 결정되며 의사소통 참여자는 이러한 맥락 정보를 처리하는 데 능숙하다. 특히 의사소통 참여자들은 '눈치'와 '감'에 크게 의존하는 편이다. 한국 사회는 맥락 의존도가 높은 문화적 특성이 있으므로 의사소통 참여자 간에 관계나 담화 맥락을 잘 고려할 필요가 있다.

다음 사례는 우리나라 사람들이 직접적으로 마음을 드러내어 표현하지 않아도 서로의 마음을 알 수 있다는 데 착안하여 만든 광고이다. '정(情)'이라는 우리의 정서를 바탕으로 특히 서로의 마음을 잘 헤아리는 가까운 사이에서는 굳이 말하지 않아도 서로의 속마음을 헤아려 소통할 수 있음을 나타내고 있다. 늦은 밤 귀갓길에 자전거로 마중 나와 "누난 내가 지켜 줘야지."라는 말을 하는 남동생에게 누나는 과자를 건넨다. '말하지 않아도'라는 문구가 화면에 보이고 "말하지 않아도 알아요. 눈빛만 보아도 알아. 그냥 바라보면 마음속에 있다는 걸."이라는 광고 음악이 흐른다. 남동생은 누나를 걱정하는 마음을, 누나는 그런 남동생에게 고마워하는 마음을 "고맙다."라는 명시적인 언어 표현 없이 미소와 행동으로 소통하고 있다.

사례 직접적인 언어 표현보다 맥락으로 소통하는 경우

남: 어이, 아가씨.

여: 어머, 뭐 하러 왔어.

남: 누난 내가 지켜 줘야지.

여: 자. (뒤에서 초코파이를 건넨다.)

내레이션: 말하지 않아도, ○○○ 초코파이 정(情).

– 초코파이 광고 중

둘째, 의사소통 상황에서 침묵을 유지하거나 핵심을 돌려 말하고 모호한 언어를 사용하는 경향이 크다. 한국 사회의 경우 의사소통 상황에서 수직적 위계질서가 분명한 편이다. 특히 윗사람에게 자신의 의견을 정확하게 전달하지 않고 침묵하거나 모호하게 전달하는 경향이 있다. 윗사람의 의견을 존중하고 그에 순응하는 것을 바람직하게 여기는 유교 문화권의 영향에서 비롯한 현상이다. 또한 자신의 요구를 직접적인 언어 표현으로 드러내는 것을 상대에게 부담을 주고 체면을 위협하는 행위로 인식하는 경향이 강하다. 그러므로 완곡하게 돌려서 표현하거나 눈짓이나 표정, 음성 행위 등 비언어적 자질을 이용한 의사소통을 하는 경향이 강하다.

셋째, 집단주의에 가치를 두어 '조화'를 중시하며 의사소통에서 장기적인 인간관계를 고려하는 경향이 있다. 고-맥락 문화의 한국 사회의 경우 직설적인 표현으로 공동체의 조화를 위협하는 언행을 꺼리며, 내키지 않는 일에도 직접적으로 '아니요'라고 말하지 않는 경향이

크다. 상대의 체면을 위협하여 인간관계에 부정적인 영향을 미치는 직접적인 표현보다는 얼버무리는 등 간접적으로 의사를 표현하는 경우가 많다.

다음은 이규태의 수필 '헛기침으로 백 마디 말을 한다'이다. 한국인의 의식구조에 대한 이 수필에는 우리나라의 고-맥락 문화적 의사소통 방식이 잘 묘사되어 있다.

사례 **고-맥락 문화적 의사소통**

헛기침으로 백 마디 말을 한다

우리 한국의 가정이나, 직장이나, 사회는 말없는 통찰의 커뮤니케이션이 말로 하는 커뮤니케이션의 분량보다 한결 많다는 점에서 특수성을 찾아볼 수가 있다. 우중충한 하늘에서 비가 내리기 시작했다. 지금 며느리는 아이에게 젖을 물린 채 다림질을 하고 있다. 이웃 방에 있던 시어머니가 말을 건네 온다.

"아가, 할미가 업어 줄까."

이 말은 할미가 젖을 빠는 손자에게 하는 말이 아니라 비가 뿌리는 밖에 널려 있는 빨래를 빨리 거둬들이라는, 시어머니가 며느리에게 하는 분부인 것이다. 며느리는 그 말을 통찰력으로 알아듣고 빨래를 거둬들인다. 텃밭에 가 남새 뜯어 국거리 마련하랴, 저녁밥 지으랴, 애들 돌보랴, 일손이 바쁜 며느리는 시어머니 담배 피우고 있는 방 앞에서 강아지 배때기를 차 깨갱거리게 하거나 마루에서 노는 닭들에게 앙칼스레 욕을 퍼붓는다. 시어머니는 '옳거니' 통찰로 그 뜻을 알아차리고 바구니 들고 남새밭에 가면 되건만, '그렇지 않아도 좀 쉬었다가 텃밭에 가려고 했는데 강아지 배때기를 차…….' 어디 가나 보라고 버티고 있으면 며느리는 업힌 아이보고 "니 어머니는 무슨 팔자로 손이 세 개 달려도 모자르냐?"라고 혼잣말을 한다.

이 같은 통찰을 필요로 하는 대화를, 서구식으로 통찰을 필요로 하지 않는 대화로 통역하면 다음과 같은 것이 된다.

"나는 아이 업고 밥 짓기가 바쁘니 나를 돕는 뜻에서 바구니 들고 남새밭에 가 국거리 좀 뜯어다 주실 수 없겠습니까?"

"응, 그러마. 나 지금 담배 한 대 피우고 있으니 다 피우면 나가려고 하고 있다. 약 5분만 기다려 다오."

"좋아요. 5분 후에는 약속대로 이행해 주시길 바라요. 꼭요."

"알았다. 그렇게 하마."

가정에서부터 나라라는 큰 집단까지 한국인은 너무 많이 통찰로 커뮤니케이션을 하고 있다. 이 통찰이 부드럽게 이뤄지면 빨래 걷는 며느리처럼 충돌 없이 행복하게 영위가 되지만, 남새밭에 가지 않는 시어머니처럼 통찰이 어긋나면 증오와 불화가 빚어진다. 시어머니는 며느리가 지피는 장작불의 조잡함에서, 며느리가 먹인 시어미 삼베 고쟁이의 칼날같이 뻣센 풀에서 며느리의 반항을 통찰할 줄 알아야 한다.

우선 제목을 보면 '헛기침'이 나온다. 헛기침은 비언어적 의사소통 중 '음성 행위'에 해당한다. 명시적인 언어가 아닌 단순한 소리임에도 시간과 장소 등 처한 상황이나 서로의 관계에 따라 다양한 의미를 전달한다. 헛기침은 주로 상대의 말이 언짢은 경우나 방에 들어가기 전에 인기척을 하는 경우 등 상호작용의 과정에서 다목적 담화 표지의 역할을 감당한다.

수필에서는 시어머니와 며느리라는 동일 공간에서 지속적으로 상호작용을 해야 하지만 수직적이어서 어려운 고부 관계를 설정하고 이들이 속내를 전달하는 방식을 흥미롭게 설명하고 있다. 이를 '통찰로 하는 의사소통'이라고 하며 가정에서부터 사회까지 이러한 경향이 과도한데 명시적인 메시지 없이 맥락 단서로 소통하는 이 방식이 원활하게 기능할 경우에는 서로의 체면을 위협하지 않고 자연스러운 분위기를 형성하지만 그 반대의 경우에는 오해와 갈등의 원인이 될 수 있음을 경고하고 있다. 짧은 수필이지만 Hall의 문화적 범주 구분과 여러 면에서 맥이 닿아 있다.

(2) 저-맥락 문화의 직접 언어 표현 방식

첫째, 맥락적 단서에 의존하기보다는 명시적이고 직접적인 언어 표현을 중시하는 경향이 크다. 저-맥락 문화권의 의사소통에서는 효과적인 정보 전달을 위해 정확한 단어를 선택하여 분명하게 자신의 의사를 표현하는 것이 중요하다. 명시적이고 직접적인 언어 표현 외에 '눈치'나 '김'에 의해 드러나는 비언어적 표현 등 맥락적 단서를 파악하는 데 고-맥락 문화권에 비해 상대적으로 능숙하지 못하다.

둘째, 언어적 유창성, 자기표현, 설득력 있는 연설 등에 가치를 두며 자신의 의견을 직접 표현하여 상대가 관점을 수용하도록 한다. 자신의 의견을 표현하는 데 감정보다 논리를 사용하는데, 특히 내용을 선조적으로 조직하는 단선적 담화 구조를 사용하는 경향이 강하다. 즉,

'도입-전개-정리'의 순서가 명확한 담화 구조를 선호한다.[1] 또한 자기의 생각과 느낌을 있는 그대로 드러내는 것을 바람직하게 여긴다.

셋째, 개인주의에 가치를 두며 과업 위주의 일시적인 인간관계를 형성하는 경향이 있다. 인간관계보다 과업의 완수를 중시하므로 '예'와 '아니요'와 같이 자신의 의견을 직접적으로 표현한다. 장기적인 인간관계를 고려하여 내키지 않는데도 '예'라고 하는 고-맥락 문화와는 달리 개인의 의견을 중시한다. 다음은 이러한 의사소통 방식에 대한 일화를 방송에서 소개하는 외국인의 사례이다.

사례 '예'와 '아니요'가 분명한 직접적 언어 표현 방식

사회자: 그러면 크리스티나는 싫으면 싫다, 좋으면 좋다 한 번에 다 말하는 스타일이세요?

크리스티나: 네, 제가 바로 얘기해요. 그래서 집에서 우리 시어머니 놀라는 적 많아요. 특히 우리 시어머니 저한테 맛있는 음식 준비했어요. 며느리한테 "먹어라, 많이 먹어." 그런데 제가 그때 먹고 싶지 않았어요. 그럼 어머니한테 "어머니, 제가 싫어요. 안 먹겠어요." 그럼 어머니 마음도 '나쁜 며느리'.

– SBS 예능 프로그램 '강심장' 중에서

한국인 남편과 결혼한 이탈리아 여성 크리스티나는 한국 생활에서 겪은 의사소통으로 인한 갈등을 이야기하고 있다. '예'와 '아니요'를 분명하게 이야기하는 문화와 그렇지 않은 문화의 차이로 인해 시어머니와 초기에 오해가 있었지만 지금은 서로를 이해하게 되었다고 한다.

---

1 단선적 담화 구조와 상대적인 의사소통 방식은 자신의 의사를 에둘러 표현하거나 핵심 내용을 말하지 않고 말의 끝을 흐리는 것 등이 있다. 관련이 없는 것 같지만 의미심장한 이야기를 말하는 것과 같은 의사소통 방식 등도 이에 해당한다.

2) 문화적 차원 이론

Hofstede(1984)는 체계적인 문화 간 연구를
위해서는 문화 현상을 다루는 제반 분야에 적용이
가능한 문화 간 비교의 준거가 필요함을 역설하
였다. 여러 나라에서 대규모로 실증적 자료를 수
집하여 문화를 심도 있게 해석하는 데 유용한 네
개의 차원을 규명하였는데 이를 문화적 차원 이론
(cultural dimension theory)이라고 한다. 이 분석

Geert Hofstede와 그의 저서
Culture's Consequences 표지

틀은 다국적 기업 직원들의 직무 가치를 규명하기 위한 연구로 시작되었는데 다양한 분야에
서 문화적 차이를 인식하는 분석 틀로 널리 쓰이고 있다.

네덜란드 학자인 Geert Hofstede는 1965년 유럽 IBM에 개인 연구소를 설립하였다.
1967년부터 1973년까지 다국적 기업인 IBM의 40개 국가에 퍼져 있는 지사를 대상으로 직
원 11만 7,000명의 문화적 가치를 비교하는 방대한 조사 연구를 시행하였다. 이 통계 분석을
토대로 1984년에 *Culture's Consequences*라는 책을 발간하였다. 1990년에서 2002년 사이
에 6개의 연속적인 국가 간 연구를 실시하였다. 연구 결과 모두 76개 국가에 대해 네 개의 차
원에 대한 가치 점수를 확보하였다.[2]

여기에서는 Hofstede가 초기에 주장한 네 가지의 문화적 차원을 위주로 살펴보겠다.

(1) 개인주의

첫 번째 차원은 개인주의와 집단주의에 관한 것이다. 이것은 '개인이 집단 내에 소속되

---

2   1991년에 Michael Harris Bond와 동료들은 23개국의 학생들을 대상으로 중국 피고용자들과 관리인을 대상으
로 개발된 조사 연구를 수행하였다. Hofstede는 63개국으로 확대한 연구 결과를 *Cultures and Organization*이라
는 책으로 발간하였는데 이때 중국인의 가치 조사 결과를 추가하여 문화적 차원 모형의 다섯 번째인 '장기 지향성(LTO;
long term orientation)'을 추가하였다. 이 다섯 번째 차원은 처음에는 '유교적 역동성(Confucian dynamism)'으로 불렸
다. 장기 지향 문화에서는 '검소'와 '인내'의 가치를 중시한다. 2010년에는 사람들의 가치와 신념 체계를 조사하는 국제
조사 프로젝트 기구인 '세계 가치 조사(World Values Survey)'에 힘입어 Michael Minkov는 93개국까지 측정 대상을
확대하여 연구한다. 이 조사 결과에 의해 Hofstede는 '관대(indulgence)와 구속(restraint)'이라는 여섯 번째 차원을 규
명하였다.

는 정도'와 관련이 있다. 개인과 자신의 가족을 중시하는 개인주의 경향이 가장 높은 국가는 미국이며 그다음은 호주, 영국, 캐나다 등이 높은 편이다. 일본과 중동 국가는 중간 정도이다. 홍콩, 싱가포르, 한국, 대만은 매우 낮은 편이다. 개인주의의 상대적인 개념은 집단주의이므로 개인주의가 낮은 나라들은 집단주의 문화로 분류된다.

■ 개인주의 문화

개인주의 문화는 앞서 살핀 Hall(1976)의 명료한 언어적 메시지를 선호하는 저-맥락 문화와 연관이 깊다. 개인주의 문화에서는 자아와 개인적 성취에 가치를 둔다. 자아 개념, 자아 존중, 자아 정체성, 자기표현 등이 중시되며 개인은 사회를 이루는 가장 중요한 핵심 요소로 인식된다. 개인의 목표와 집단의 목표가 연계되어야 하는 것은 아니라고 인식하며 이 둘이 상충하였을 경우 개인의 목표가 집단의 목표보다 우선시된다.

의사결정 과정에서는 집단의 조화나 합의를 추구하기보다는 사실적 정보를 기반으로 개인은 독립적으로 의사를 개진한다. 형평성에 근거한 공정성에 높은 가치를 두며 의견의 충돌도 진실을 밝히고 합리적인 결정을 하기 위해 필요한 과정이라고 인식한다.

개인주의 문화에서는 자신이 속한 집단의 인간관계에 의존하기보다는 스스로 문제를 해결하려는 경향이 강하다. 즉, 혼자 문제를 처리하고 독립적으로 일하는 것이 바람직하지 않은 것이라고 생각하지 않으며 일과 개인의 생활을 구분하려는 경향이 강하다.

■ 집단주의 문화

Hall(1976)의 고-맥락 문화와 관련이 있는 집단주의 문화에서는 조화에 높은 가치를 부여하며, 사회적 상호작용 내에서 자아 개념이 별로 중시되지 않는다. 나보다는 우리에 더 비중을 두어 개인은 소속 집단에 의해 보호를 받고 집단은 개인에게 헌신과 충성을 요구한다. 개인과 집단의 이익이 상충할 경우에는 개인의 이익이 다소 희생되더라도 집단에 이익이 되는 방식을 선택한다.

이러한 문화에서는 사회의 구조가 견고하며 개인은 집단이 설정한 관습과 규칙을 따른다. 집단의 규칙은 안정성과 질서를 유지하는 기능을 한다. 공동체에 대한 개인의 소속감이 높으며 집단 내에서 사람들은 상호 의존적이다. 자원 배분이나 보상과 처벌의 기준은 개인보다 집단이 되는 경우가 상대적으로 많다. 개인을 칭찬할 경우 오히려 겸연쩍어 하는 경우가 있으므로 집단을 칭찬하는 것이 효과적이다. 개인의 실적이나 성과보다 연공서열에 의해 승진이나 복지 등 많은 것이 결정된다.

집단주의 문화에서는 직접적인 언어 표현은 집단의 조화를 해치고 인간관계에 부정적인 영향을 끼칠 소지가 있으므로 간접적인 언어 표현이 중시된다. 즉, 고-맥락 문화의 특징인 비언어적 의사소통과 모호한 표현 등이 나타난다. 위계 구조에 따라 많은 사람의 허락을 받고 상의를 해야 하므로 의사결정이 느리다.

(2) 권력 격차

권력 격차(power distance)란 '권력 거리'라고도 하는데 대인 관계나 집단 내에 제도적이고 조직적인 권력이 불평등하게 존재하며 집단 구성원이 이러한 권력의 불평등한 배분을 인정하는 정도를 의미한다. 권력 격차가 클수록 권력의 불평등한 배분을 쉽게 받아들여 위계질서에 의한 권위를 상대적으로 쉽게 수용하는 경향이 있다.

권력 격차를 양적으로 표시한 것을 권력 격차 지수(PDI; Power Distance Index)라고 하는데 과테말라가 가장 높으며 아랍 국가, 러시아, 인도, 중국, 아프리카 국가들이 높은 편이다. 한국, 대만, 일본은 중간 정도이며 호주, 캐나다, 덴마크, 이스라엘은 비교적 낮은 편이다.

■ 고-권력 격차 문화

고-권력 격차 문화(high-power-distance culture)에서는 사회적 관계 내에서 수직적·계급적 구조가 존재하며 권력이 소수에 집중되는 권위주의적 특성이 지배적이다. 사회적 상호작용에서 사람들의 관계는 불평등하며 이러한 차이는 연령, 성별, 세대, 지위 등의 속성에 의해서 극대화된다. 사회 집단 내 위계질서는 주로 지위에 의해 표시되는데 지위가 낮은 사람은 핵심적인 일을 하기보다는 지위가 높은 사람의 명확한 지침에 의해 보조적인 일을 한다. 지위가 높은 사람과 낮은 사람 사이의 개인적이고 친밀한 관계 형성이 어려운 편이다.

이러한 문화권의 집단 구성원은 부모, 교사, 상관 등 지위가 높은 사람의 권위주의적인 태도에 순응적이며 지위가 높은 사람에 대해 대립하는 의견을 제시하기보다는 지시를 따르려는 경향이 강하다. 지위가 높은 사람은 지위가 낮은 사람들의 의견을 경청하여 문제를 상의하지 않고 의사결정을 일방적으로 하는 편이다. 일을 할 때 명확한 지침과 마감 기한을 정확하게 지시하는 경향이 있고 지위가 낮은 사람이 일 처리의 주도권을 갖는 것을 기대하기는 어렵다.

■ 저-권력 격차 문화

저-권력 격차 문화(low-power-distance culture)는 수평적인 사회적 관계를 특징으로 하며, 연령, 성별, 지위, 역할 등에 의한 차이를 최소화하는 경향이 있으며 개인적 차이가 부각된다. 공식적 지위는 인정하지만 개인적인 특성에서 비롯된 차별은 덜 인정하여 서로를 동등한 존재로 대한다.

지위가 높은 사람은 지위가 낮은 사람을 존중하고 경우에 따라 핵심적인 일을 맡기기도 한다. 지위가 낮은 사람의 경우는 자신의 권리에 대한 요구를 편하게 하고 의사결정 과정에서 옳지 않다고 생각하는 의견을 비판하고 자신의 의견을 제시하는 직접적인 방식으로 기여하는 것이 바람직하다고 생각한다. 사회적 상호작용에서 직접적이고 덜 형식적이며 지위 고하를 막론하고 서로를 평등하게 여겨서 친밀한 사적 관계 형성이 가능하다.

(3) 불확실성 회피

불확실성 회피(uncertainty avoidance)란 집단이 처한 모호하고 불확실한 상황을 받아들이는 정도를 의미한다. 문화에 따라 불확실성을 참지 못하여 이를 감소시키기 위해 지속적인 시도를 하는 극도로 경직된 문화가 있고, 불확실성을 잘 받아들여서 이에 대해 참을성을 지니는 상대적으로 유연한 문화가 있다.

불확실성 회피 정도가 높은 경우는 그리스가 대표적이고 가톨릭이나 불교 국가, 아랍 국가 등 역사가 비교적 길고 인구 구성이 단일한 나라들이 이러한 성향을 보인다. 남미나 독일 어권 국가들도 불확실성 회피 정도가 매우 높은데 한국과 일본도 매우 높은 편에 속한다. 대만은 중간 정도에 속한다. 불확실성 회피 정도가 낮은 경우는 변화를 잘 수용하는데 실용적인 것을 추구하는 미국, 스웨덴, 홍콩, 덴마크, 싱가포르 등의 국가가 이러한 성향을 보인다.

■ 고-불확실성 회피 문화

고-불확실성 회피 문화(high-uncertainty-avoidance cultures)에서는 집단 내에 불확실성이 존재하는 것을 매우 꺼려 하므로 낯선 미지의 상황을 해소하기 위해 지속적인 노력을 한다. 미래의 불확실성을 최소화하기 위해 집단의 변화는 규칙, 법, 제도의 제정을 통해 점진적으로 신중하게 이루어진다. 이러한 규칙과 제도에 의한 통제 수준이 높고 집단 구성원들도 이러한 공식적인 안전 장치를 신뢰하며 이를 잘 준수하려고 노력한다.

변화보다 안전이라는 가치가 중시되므로 일을 처리할 때 손익을 충분히 예견하고도 위험이 존재하면 가능하면 이를 회피하려고 한다. 그러므로 집단에 새로운 아이디어가 신속하게 수용되기는 어렵다. 업무를 처리할 때는 유관 부서와 세부적으로 협조가 이루어져야 한다.

의사소통 상황에서는 명시적이고 논리적인 형태의 직접적인 언어 표현 방식이 선호된다. 의사결정을 할 때는 명확한 사실에 근거하여 형식적 절차를 중시하며 권위 있는 전문가의 의견에 의존하는 정도가 높다.

■ 저-불확실성 회피 문화

저-불확실성 회피 문화(low-uncertainty-avoidance cultures)에서는 집단 구성원들이 모호하고 불확실한 상황에 대한 스트레스를 잘 극복하고 참아 내는 경향이 강하다. 낯선 미지의 상황을 편안하게 느끼고 잘 받아들이며 위험이나 갈등조차 업무 처리의 일부로 여겨 불확실성을 줄이기 위한 노력을 그다지 하지 않는다.

규칙과 제도 등 집단을 구속하는 장치는 가능하면 최소화하여 이에 대한 의존 정도가 낮다. 안정보다 혁신과 변화의 가치를 추구하므로 실용적인 성향이 강하여 새로운 아이디어를 잘 받아들이고 기존의 경계를 허무는 것이 장려된다. 부하에게 자율권을 부여하며 상사는 이를 지원한다.

(4) 남성주의

남성주의(masculinity)란 남성성과 여성성의 전형적 특성이 문화 내에 배어 있는 정도에 관련된 문화적 차원이다. 남성주의 문화에서는 남성과 여성의 사회적 역할이 명확하게 구분되어 있으며 여성주의 문화에서는 남성과 여성의 사회적 역할이 구분되는 정도가 약하다.

남성주의 지수가 가장 높은 나라는 일본이며 독일을 비롯하여 독일 문화의 영향을 받은 스위스, 헝가리, 오스트리아 등이 매우 높은 편에 속한다. 영국도 높은 편이며 홍콩, 싱가포르, 대만은 중간 정도이다. 우리나라는 남성주의 지수가 낮은 편에 속하며 네덜란드, 덴마크, 핀란드, 노르웨이 등의 북유럽 국가들의 남성주의 지수는 매우 낮다.

■ 남성주의 문화

남성주의 문화(masculine culture)에서는 '성취, 부(富), 권력, 지위, 확장, 경쟁' 등의 가치를 중시한다. 남성주의 문화의 남성은 자기주장이 강하며 사회에서 주도적인 역할을 수행한다. 그로 인해 의사소통 방식은 비교적 공격적인 성향을 보인다. 남성주의 문화의 여성은 부드럽고 겸손한 성향이며 경쟁과 성취보다는 삶의 질을 중시한다.

■ 여성주의 문화

성별에 따른 사회적 역할이 평등한 여성주의 문화(feminine culture)에서는 애정, 동정, 협력, 배려, 민감성 등의 가치가 높이 평가된다. 의사소통 상황에서 다분히 관계 지향적이며 갈등은 대화와 타협으로 이상적으로 해결될 수 있다고 여긴다. 비언어적 단서에 대한 파악에 능숙하고 모호한 상황에 대한 참을성이 강하다. 여성주의 문화에서는 타인에 대한 배려나 겸양을 중시하며 남성과 여성 모두 겸손하고 부드러우며 삶의 질을 중시한다.

이상에서 설명한 문화적 차원은 주로 국가적 수준에서 다루어졌는데 개별 조직의 의사소통 문화와 담화 관습을 설명하는 데도 유용하다. 예를 들어 다음 직장에서 대화하는 사례의 경우, 구성원들이 지향하는 가치가 다름을 알 수 있다. 과장은 집단주의를 중시하고 경쟁에 가치를 둔다. 또한 불확실성보다 정해진 대로 업무를 추진하는 경향이 있다. 반면에 대리나 사원은 과장과는 다른 가치를 중시하고 있다. 이렇듯 지향하는 가치가 다를수록 의사소통 방식에도 차이를 보인다.

사례 직장 의사소통 문화

과장: 자, 주목하세요. 주말에 회사 단합대회 있으니까 모두 시간 비우세요.

대리: 올해 단합대회는 사원들의 의견을 모아서 진행한다고 들었는데요.

과장: 지금 타사 신제품 출시로 우리 회사 매출에 비상이 걸렸어요. 이 상태라면 경쟁에서 도태됩니다. 이번 분기에 20억 달성해야 합니다. 의견 모으고 말고 할 여유 없어서 그렇게 결정했어요.

대리: 다소 시간이 걸리더라도 여러 사람의 의견을 들으면 다양한 계획안이 나올 수 있지 않을까요?

과장: 작년에 단합대회 계획 상세하게 짰는데 그대로 합시다. 이번에 신입 사원도 많고 괜히 새로운 방식으로 했다가 어떤 일이 생길지도 모르고 그냥 깔끔하게 정해진 대로 하는 게 좋을 것 같아요.

대리: 작년에 팀별로 대항전 하다가 다친 사람도 있었는데 올해는 신입 사원도 많으니 팀별로 회사를 알아 가는 활동으로 바꾸면 어떨까요?

과장: 어허……, 그런 거 옛날에 다 해 봤어요. 그냥 어슬렁거리다가 시간만 가요. 그냥 위에서 정한 대로 좀 합시다.

사원: 과장님, 저는 이번 주말에 선약이 있어서 참석이 어려울 것 같은데요.

과장: 아니 무슨 소리입니까? 개인적인 약속이 중요해요? 우리 부서에서는 한 명도 빠짐없이 참석하도록 해요. 진짜 아파서 병원에 입원할 정도 아니면 말도 꺼내지 마세요.

☑ 화법 교육 방향

문화적 차원을 설명한 이론은 의사소통 방식을 관찰하는 유용한 분석 틀(프레임)을 제공한다. 타 문화권과의 교류가 늘고 다문화 속성이 더욱 강해지는 현대 사회에서 단순히 의사소통의 차이를 인정하라거나 배려하는 자세가 중요하다는 막연한 교육 내용은 학습자들에게 실질적인 도움이 크지 않을 수 있다. 화법 교육의 내용으로 대상과 상황에 따른 실용적인 처세를 구체적으로 담아낼 수도 있지만 그에 선행해야 할 것이 바로 문화적 차이를 인식하는 안목을 길러 주는 것이다.

지금껏 다룬 문화적 차이에 대한 이론들은 수많은 후속 연구를 통해 검증되고 있으며 현재도 계속 진화하고 있다. 이러한 이론을 이해하는 것은 의사소통의 문화적 차이와 관련된 현상을 설명하는 인식의 도구를 갖는 것이다. 화법 교육에서는 이러한 이론 자체에 대한 이해와 더불어 실제 언어생활에서 다양한 사례를 수집하여 적용해 보고 의사소통 사용에 대한 인식 능력을 제고하는 방향으로 교육 내용이 마련되고 교수·학습이 이루어져야 할 것이다.

2. 언어 공동체

문화적 차원에 대한 연구가 진행되는 동안 사회언어학자들은 언어 공동체(speech community)의 성격과 범위를 정하기 위한 노력을 지속하였다. 사회·문화적 차원에서 의사소통 방식의 세밀한 결을 정교하게 설명하기 위해서는 언어 공동체라는 개념이 유용한데 언어 공동체를 어떻게 규정할 것인가에 대한 논쟁이 계속되고 있다.

우리 사회도 최근 구성원의 다양화로 인해 기존의 민족을 중심으로 생각한 언어 공동체의 개념과 그 범위에 대한 재고가 필요한 시점이 되었다. 앞서 다룬 문화적 차원에 이어 언어 공동체의 개념과 범위에 대한 쟁점들을 살펴보도록 하겠다.

1) 언어 공동체의 사전적 정의

언어 공동체(speech community)에 대해 표준국어대사전에서는 '언어 사회'라고 하여 '같은 언어를 사용하면서 공동생활을 하는 사회 집단'으로 정의하고 있다. 두산세계대백과사전에는 '언어집단'이라는 표제어로 '일정한 지역에서 공동생활을 하며 커뮤니케이션을 행하는 사람들 사이에는 언어 면에 있어서도 등질(等質)의 것이 이루어진다는 상정 아래 설정된 지역 사회로 언어 공동체라고도 한다.'라고 설명하고 있다.

이러한 사전적 정의는 '동일 언어'와 '동일 지역 공동생활'이라는 두 가지 요소를 언어 공동체가 성립하는 필수 조건으로 간주하고 있다. 하지만 이러한 언어 공동체의 범위는 매우 협소하게 설정된 것이며 실제 사회 현상을 설명하기 위해서는 더욱 유연하게 언어 공동체의 범위를 설정할 필요가 있다.

2) 언어 공동체의 변수

공동체라는 개념의 특성상 구성원들은 무엇인가를 공유해야 한다. 그 무엇에 해당하는 변수로 '언어(모어)', '지역', '민족', '혈통' 등을 쉽게 떠올릴 수 있다. 하지만 언어 공동체의 개념과 범위는 이러한 단일 변수로 명쾌하게 설명되지는 않는다. 다음의 여러 경우를 생각해 보자.

① 한국에서 나고 자라 초등학교 6학년 때 미국으로 건너가 10년을 생활한 친구는 우리 언어 공동체의 일원인가? 한국어를 능숙하게 구사하지만 미국의 의사소통 문화에 많은 영향을 받고 성장하였으며 영어도 곧잘 구사한다.

② 이순신 장군은 우리 언어 공동체에 속하는가? 구어로는 우리말을 사용했겠지만 문어로는 한자를 사용하였다. 혈통이나 인종 면에서는 우리나라 사람이지만 시대적으로 동떨어져 현재 우리와 직접 대면한 상호작용은 불가하다. 하지만 우리는 그분이 남긴 '난중일기'를 이해하며 정서적인 감동을 받기도 한다.

③ 현재 왕성하게 상호작용을 하는 연예인 팬클럽의 인터넷 커뮤니티 회원들은 언어 공동체인가? 수시로 게시판에 글을 남기고 댓글로 반응하면서 상호작용을 하지만 서로의 얼굴조차 모른다. 연예인의 일정이나 소식 등 많은 정보를 공유하지만 다른 부분에서는 차이가 크다.

④ 한국의 농구 팀에서 활동하는 혼혈 선수는 언어 공동체에 속하는가? 혈통은 다르지만 한국에 귀화하여 국적을 취득하여 한국인이며 우리말도 잘한다.

이렇듯 언어 공동체의 경계를 결정짓는 변수에 대해서는 의견이 분분하다. 사실 언어 공동체는 포함 범위를 달리하여 복수가 존재하며, 개인은 다수의 언어 공동체에 동시에 포함된다. 언어 공동체를 설명하는 다양한 변수들에 대한 관점을 살펴보도록 하자.

(1) 민족과 언어 공동체

우선 언어 공동체를 민족 공동체와 동일시하는 관점이 있다. 이 관점에 의하면 민족정신과 모국어 사용, 역사적 공간의 공유가 언어 공동체를 결정짓는 핵심적인 조건이며 민족의 협력을 가능하게 하는 것이 바로 언어 공동체이다(배해수, 1979).

국어교육학 사전에서는 다음과 같이 언어 공동체를 '같은 말을 주고받으면서 살아가는 사람들의 공동체'라고 보고 이를 '겨레'와 동일시하였다. '겨레'는 같은 핏줄을 이어받은 민족을 뜻하는 말로 이러한 개념 정의도 다분히 '민족'의 관점을 취하고 있다.

> 언어 공동체
>
> (상략) 우리 언어 공동체는 오늘날 한반도를 중심으로 7,000만 명이 넘을 만큼 커져서 만주, 시베리아, 일본, 미국 그 밖의 여러 나라에까지 흩어져 살아간다. 그러나 옛날에는 같은 한반도 주변 지역에 살면서도 서로 상당히 다른 말을 쓰는 여러 공동체로 갈라져 있었다. 한(韓), 조선(朝鮮), 부여(夫餘), 예(濊), 맥(貊) 같은 것은 늦게까지 남았던 겨레들이다. 뒤로 오면서 힘센 공동체가 작은 이웃 공동체들을 싸잡아 오늘날처럼 하나의 공동체로 자란 것이다.
>
> ―『국어교육학사전』 '언어 공동체' 설명 중

이상의 관점은 우리나라의 언어 공동체를 설명하기 위한 것으로 판단된다. 세계의 다양한 언어 공동체를 설명하기보다는 혈통, 민족, 모어 등 여러 면에서 단일한 것으로 생각하는 우리의 민족 공동체에 초점을 두고 있다. 이러한 설명에서 주목할 점은 공동생활을 하는 거주 지역의 측면에 대해서는 열린 관점을 보이고 있다는 것이다. 즉, 만주나 미국 등 흩어져 살아가는 사람들 역시 우리의 언어 공동체의 범위에 포함하고 있는데 배해수(1979)에서 자연적 공간이 아닌 역사적 공간을 강조한 것과 같은 관점을 취하고 있다. 또한 '겨레'로 판단한 크고 작은 언어 공동체의 소멸과 통합의 과정을 설명하여 언어 공동체를 고정된 실체가 아니라 변화하는 유기체로 보고 있음도 확인할 수 있다.

우리말을 보존하고 전승하기 위한 일제 강점기의 노력을 생각해 볼 수 있다. 국권과 영토를 빼앗겼음에도 불구하고 민족정신을 보존하기 위해서는 언어 공동체의 존속이 필수적이라고 여겨 목숨을 걸고 우리말을 지키기 위한 노력을 했던 조선어학회 사건 등이 이에 해당한다.

민족의 생존과 민족정신의 계승을 위해 언어 공동체의 보존을 추구하였던 선현들의 회생으로 지금의 우리말이 이토록 잘 지켜졌음은 두말이 필요 없다. 하지만 이렇게 지켜 온 언어 공동체가 이후 우리 민족끼리의 전쟁으로 인해 지금까지 정치적·지리적으로 분리되는 일이 발생하였다. 이러한 분화는 정신적·언어적 차이를 유발하여 어휘 선택 등 언어 사용이 점점 이질화되고 있다. 최근에는 재중 동포, 결혼 이주여성, 이주 노동자 등 한국 사회 구성원의 다변화가 급속하게 진행되고 있다.

이러한 사회적 변화로 말미암아 혈통과 모어를 공유하는 겨레인 '민족'이라는 변수만으로는 언어 공동체의 실체를 설명하기 어렵게 되었다. 교통과 통신의 발달은 사회 구성원의 다변화를 더욱 가속화할 것이기 때문에 이러한 양상은 더욱 확산될 것이다. 프랑스나 미국 등 다양한 인종과 민족이 하나의 국가를 구성하는 사례처럼 '혈통', '인종', '지역', '모어'만으로 언어 공동체를 규정하는 것은 한계가 있다.

(2) 지역과 언어 공동체

앞에서 단일 민족 공동체와 언어 공동체를 동일하게 여기는 경향이 있는 우리나라의 경우도 해외 여러 나라에서 흩어져 살면서 언어 공동체를 이룬다고 하였다. 사전적 정의와 같이 언어 공동체를 정의하면서 동일 지역에 거주하는 실제 공동체를 필수 조건으로 설정하는 경우도 있다. 하지만 동일 지역 거주가 언어 공동체의 필수 조건이라고 보는 것은 여러 면에서 한계가 있다.

Saville-Troike(2003/2009)에서는 미국 캘리포니아에 거주하는 아르메니아인과 시리아에 거주하는 아르메니아인을 예로 들어 실제적인 상호작용이 거의 없더라도 동일한 언어 공동체의 구성원으로 간주할 수 있다고 하였다. 또한 전화나 이메일 등의 통신 수단으로 흩어져 있는 개인 및 집단도 면 대 면 접촉이 없어도 강력한 상호작용의 연결망을 유지할 수 있다고 하였다.

우리나라의 경우에도 동일 지역에 함께 거주하지는 않지만, 세계 여러 나라에 거주하는 해외 교포들도 우리 언어 공동체의 범위에 포함하는 것이 타당하다. 동일 지역 거주라는 변수를 필수 조건에서 제외하면 사이버 언어 공동체의 성립이 충분히 가능하다. 볼링, 자전거 동호회의 온라인 커뮤니티나 연예인 팬클럽 인터넷 카페 등도 면 대 면 접촉은 없지만 활발한 상호작용이 있다면 언어 공동체로 간주할 수 있다.

(3) 혈통과 언어 공동체

대부분의 학자들은 혈통이 언어 공동체의 필수 조건이 될 수 없다는 것에 동의한다. 혈통과 인종이라는 조건이 언어 공동체 성립의 결정적 전제 조건이 될 수 없음에 대해 다음과 같은 근거들을 제시하고 있다.

언어권이 인종 분할과 일치하지 못하며 진정한 의미에서의 혈통과 언어 공동체의 구성이 일치하지 않는다. 전 세계에는 근친 관계의 혈통에 속하는 인류가 각각 상이한 언어 공동체로 구분되어 있으며 상이한 여러 종족의 혈통들이 하나의 공동체를 구성하는 경우가 있다. 그러므로 자연적인 혈통 관계는 언어 공동체의 범위 밖에 존재하는 것이며 언어 공동체 성립에 완전한 토대가 될 수 없다(배해수, 1979).

사례 인종 차별 표현

우리나라의 프로 스포츠에는 여러 국적의 외국인 선수들이 있다. 축구, 야구, 배구 등 다른 프로 스포츠에서는 사용하지 않지만 프로 농구에서만 사용하는 특별한 용어가 있다. '하프 코리안(half-Korean)'이라는 말이다. 의미를 그대로 해석하면 한국인의 피가 절반만 섞인 혼혈인이라는 뜻이다. 이들은 외국 국적을 지닌 용병과는 또 다른 차별적인 처우를 받는다. 한국인도 아니고 외국인도 아니고 절반만 한국인이라는 이 표현은 다문화 구성원이 급증하는 현대 한국 사회에서 혈통을 차별하는 표현이다. 행정적 편의로 당사자를 배려하지 않고 붙인 이 이름이 그들의 정체성에 얼마나 혼란을 주는지, 한 팀에서 함께 땀 흘리며 팀워크를 발휘해야 할 운동선수들을 혈통으로 구분하여 공동체의 결속을 얼마나 방해하고 있는지 문제의식을 갖고 개선할 필요가 있다.

우리나라는 단일민족이라는 의식으로 인해 유난히 혈통에 대한 집착이 강하다. 사회 구성원이 다양해진 지금은 이러한 의식이 공동체의 결속에 도움이 되기보다는 공동체의 결속을 방해하는 경우가 생긴다. 언어적으로는 민족과 인종에 대한 차별 표현이 대표적이다.

(4) 모어와 언어 공동체

　　자라나면서 배운 모어(first language)의 공유와 언어 공동체의 설정에 대해서도 의견이 나뉜다. Lyons(1970)의 경우는 "언어 공동체란 주어진 언어나 방언을 사용하는 모든 사람을 의미한다."라고 하여 방언일지라도 모어의 공유가 필수적이라고 주장한다(박경자 외, 2001; Saville-Troike, 2003/2009)

　　민족을 언어 공동체의 전제로 여기는 배해수(1979: 332-333)의 경우도 다음과 같이 강한 결속을 주장하였다.

　　신비의 유대를 맺고 있는 언어 공동체와 모국어는 그 어느 하나가 붕괴하면 다른 하나도 필연적으로 붕괴하게 되는 상호 의존 관계를 공유하고 있는 것이다.

　　모국어는 언어 공동체 자체의 기능이 수행되는 하나의 영역이며, 언어 공동체는 모국어가 생겨 나오는 지반이며, 모국어가 효력을 발생하는 범위이며, 모국어를 창조하고 사용하는 단체이다.

　　반면에 동일한 언어를 공유하지 않고 어느 정도의 언어 장벽이 있더라도 의사소통이 가능한 정도면 충분하다는 견해도 있다. 미국 언어학자 Gumperz[3]는 1962년에 언어 공동체를 '하나의 언어를 사용하든지 아니면 여러 언어를 사용하든지 간에 사회적 상호작용을 빈번히 함으로써 함께 결합된 사회적 집단'으로 정의하였는데 동일 언어의 사용보다 빈번한 사회적 상호작용에 더 무게중심을 두고 있음을 알 수 있다. 1968년에는 '공유하는 언어 기호를 사

3　　John J. Gumperz(1922-2013). 미국 언어학자로 UC 버클리 대학교, UC 산타바버라 대학교에 재직하였다. 인도 언어 연구, 노르웨이 코드 스위칭, 대화의 상호작용 연구, 의사소통의 민족지학 연구 방법에 공헌하였다.

용하여 정규적으로 그리고 빈번하게 상호작용을 하고 언어 사용상의 차이로 인하여 다른 집단과는 구분되는 인간의 집단'으로 언어 기호의 공유로 정의를 변경하였다(박경자 외, 2001). 이 역시 동일 언어 사용을 전제했다고 보기는 어렵고 여전히 상호작용에 중점을 두고 있다

하나의 국가에서 하나의 모어를 사용해 온 우리나라의 경우는 전자의 개념 설정이 유효하지만 세계적인 경우를 본다면 언어 공동체를 동일 언어 사용 집단과 동일시하는 것은 무리가 있다. 태어나면서부터 영어를 배워 사용하는 나이지리아와 영국, 또는 프랑스어를 사용하는 세네갈과 프랑스를 동일 언어 공동체라고 보기는 어렵다.

Saville-Troike(2003/2009)도 동일한 언어를 구사하는 일군의 집단과 언어 공동체는 다르다고 주장하며, 미국 텍사스주의 스페인어 사용자들과 아르헨티나의 스페인어 사용자는 동일 언어를 사용함에도 불구하고 다른 언어 공동체의 일원임을 예로 들고 있다. 그는 동일 언어 구사가 언어 공동체의 충분조건은 되지만 필요조건은 아니라고 하면서, 언어 공동체는 순수한 언어적 요소보다는 역사와 정치 그리고 집단적 동질감에 기반을 두고 있다고 하였다. 이러한 논의를 Saville-Troike(2003/2009)의 충분조건과 필요조건의 논리를 빌려 정리하면 다음과 같다.

동일 언어(모어 포함)를 사용하는 집단은 언어 공동체일 수 있다. (충분조건)
하지만 모든 언어 공동체가 동일한 언어(모어 포함)를 사용하는 것은 아니다. (필요조건은 아님)
그러므로 '동일 언어 사용 집단'과 '언어 공동체'는 필요충분조건인 동치(同値)[4]가 아니다.

3) 언어 공동체의 조건: 담화 관습

민족, 지역, 혈통, 모어와 언어 공동체의 관계에 대해 살펴보았다. 충분조건과 필요조건이라는 논리학 개념을 동원해야 할 만큼 실제 언어 공동체의 현상을 명확하고 엄밀하게 재단하여 정의하는 것은 힘들다. 하지만 언어 공동체라는 말의 본질에 '공유'라는 속성이 내재되어 있으며 그 공유의 실체가 존재함을 부인할 수 없다. 연구자들이 주목한 공유의 실체는

---

4   동치(同値): [논리] 두 개의 명제가 동일한 결과를 가져오는 일. 예를 들면 '그가 정직하지 않은 것은 아니다.'와 '그는 정직하다.'는 표현이 달라도 동일한 내용을 나타내고 있어 어느 쪽을 사용하여도 동일한 결과를 가져온다. [수학] 두 명제 p, q에서 p이면 q이고 q이면 p일 때의 p와 q의 관계.

지역이나 혈통과 같은 물리적인 것이 아니라 담화 관습의 공유이다.

Hymes(1972)는 언어학적 지식 외에 심리적, 사회적, 문화적 요인을 추가한 의사소통 능력(communicative competence)을 제안하였다. 그 의사소통 능력이 발현되는 사회·문화적 테두리로서 언어 공동체를 "말의 수행과 해석에 대한 규칙과 적어도 하나의 언어적 변이에 대한 해석의 규칙을 공유하는 공동체"[5]로 정의하였다. Hymes는 두 가지 규칙(rule)의 공유를 강조하였는데 두 가지 모두 필수적인 것이라고 하였다.

여기서의 '해석'의 의미는 단순한 말의 의미 해석을 넘어 언어의 '수용 가능성'을 염두에 둔 것이다. 의미의 정오(正誤)를 따지는 해석이 아니라 해당 언어 공동체의 사회·문화적 맥락에서 수용 가능한 범위 내에서의 적절한 언어 사용을 의미하는 것이므로 다분히 가치 판단이 담겨 있다. 이러한 가치 판단이 결국은 의사소통 능력이 높고 낮음을 결정짓게 되는 것이다.

Labov[6](1972)는 '언어 형식 및 사용과 관련된 태도 및 가치관의 공유'를 언어 공동체의 요건이라고 설명하며 직접적으로 이러한 가치의 문제를 제시하였다. 즉, 동일 형태의 언어 사용 공동체가 아니라 언어 사용과 관련된 가치에 대한 동일한 규범 체계를 가져야 함을 주장하였다.

공동체 구성원에게 내재된 가치에 대한 규범 체계는 수영 안전 수칙과 같은 단순한 규칙 항목들의 집합이 아니다. 이러한 언어 사용과 관련된 가치 판단이 담긴 규범 체계는 사회·문화적 테두리에서 시대를 거듭하면서 전통이 되면 그 사회의 담화 관습을 형성하게 된다. 그러므로 언어 공동체가 공유하는 실체의 본질을 정확하게 설명하기 위해서는 규범(규칙)만으로는 불충분하며 이러한 규범이 구성원들에게 인정된 담화 관습의 개념이 필요하다.

4) 언어 공동체의 범위: 중층과 중복

언어 공동체를 민족이나 국가 차원에서 논의하는 것도 가능하지만 친족, 학교, 회사 등

---

5   a community sharing rules for the conduct and interpretation of speech, and rules for the interpretation of at least one linguistic variety(Hymes, 1972: 54.

6   William Labov(1927 -). 미국 언어학자로 사회언어학 방법론으로 유명하다. 1971부터 펜실베이니아 대학교 언어학과에 재직하였다. 사회언어학, 언어 변화, 방언학이 관심 분야이다.

다양한 사회 집단의 범위에서도 논의가 가능하다. Santa Ana & Parodi(1998: 33-34)에서는 언어 공동체의 유형을 설명하면서 상호 배타적인 언어 공동체를 나타내는 〈그림 1〉과 동심원 모양의 〈그림 2〉를 제시하였다.

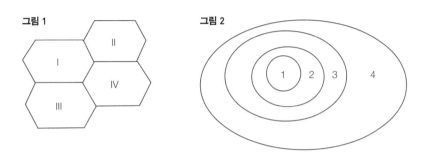

여기에서 동심원 모양의 언어 공동체 설명은 한 사람이 여러 언어 공동체에 위계를 달리하여 포함될 수 있는 현상을 설명한다. 이들에 의하면 '1'은 가장 친밀한 범위에서 상호작용이 일어나는 '확장된 가족 집단'이고 '2'는 서로 얼굴을 알고 상호작용하는 학교나 직장과 같은 '사회 집단'에 해당한다. '3'은 얼굴을 모르는 관계인 '행정 지구'에 해당한다. '4'는 가장 넓은 범위로 '민족 단위 공동체'이다.

이렇듯 실제 사회에서 개인은 하나 이상의 언어 공동체에 속하기 마련이다. 개인은 중층의 집단에서 그에 합당한 정체성을 유지하면서 그 공동체에 적합한 언어 사용 규범을 준수하며 담화 관습을 따른다. 위의 동심원 모양의 설명으로 예를 들면, 안동 김씨 집안에서, A대학교에서, 경상도에서, 대한민국에서와 같이 외연이 확대되면서 해당 언어 공동체의 담화 관습에 따라 행동하는 개인을 쉽게 상정할 수 있다.

그런데 이러한 동심원 모형은 언어 공동체 외연의 확대를 설명하는 데는 용이하나 중복성을 설명하는 측면에서는 한계가 있다. Saville-Troike(2003/2009)는 하나의 언어 공동체가 반드시 하나의 언어만을 가지지 않아도 되며, 한 사람이 동시에 둘 이상의 여러 언어 공동체에 속하면서 각 언어 공동체마다 다른 언어 사용 규칙을 추가하거나 전환할 수 있다고 하였다. 한 개 이상의 언어 공동체에 소속되는 경우 1차 구성원과 2차 구성원으로 구분하는 것이 유용하다는 주장도 하였다.

이러한 양상을 중복언어공동체(over-lapping speech communitiy)라고 하며 이런 경우의 언어 사용 전환을 코드 스위칭(code switching)[7]이라고 하는데 다시 김씨 대학생의 예를 들어 보자. 안동 김씨 집안에서 자란 학생이 서울 소재 A대학교에서 나름 익숙해진 표준어로 교수님과 대화하다가 경상도 고향 집의 어머니께 온 전화를 받아 고향 말로 대화를 하는 경우를 생각해 보자. 개인의 내면에는 친족, 학교, 지역 등의 중복언어공동체에 해당하는 중층의 정체성을 유지하면서, 해당 상황에 맞게 표준어로 이야기하다가 실시간으로 고향 말로 전환하는 코드 스위칭을 하게 된다. 이때 코드 스위칭은 단순히 표준어와 지역 방언의 대체를 의미하는 것이 아니라 교수님에게 허용되는 정도와 고향 어머니께 허용되는 정도 등 언어 사용의 담화 관습과 관련된 제반 요인의 전환을 의미한다.

이상의 논의를 종합하면 언어 공동체는 위계를 갖는 중층 개념으로 보는 것이 타당하나 정확하게 동심원의 모양이기보다는 중복 부분이 있는, 교집합 영역이 설정된 모형으로 인식하는 것이 실제 현상을 설명하는 데 적합하다. 그림에서 우즈베키스탄에 사는 고려인 3세 김소니아 씨와 중동 주재원으로 두바이에서 근무하는 박단비 씨의 사례를 살펴보자. 개인은 다양한 담화 관습을 가진 여러 언어 공동체에 중복하여 속해 있다. 국적, 지역, 민족, 종교, 모어, 혈통, 세대, 성별, 직업 등 복합적인 요인에 의해 언어 공동체가 결정된다.

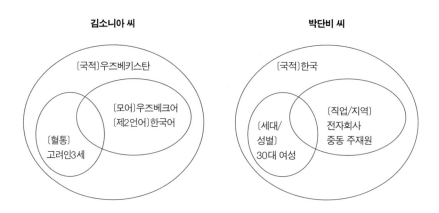

이렇듯 사회 구성원의 구성 양상이 복잡할수록 언어 공동체의 범위를 엄밀하게 경계 짓는 것은 어렵게 된다. 그러므로 언어 공동체의 다양성을 존중하려는 마음가짐이 필요하다.

---

7   대화에서 두 개 이상의 언어 또는 다양한 언어를 동시에 사용하는 것.

5) 담화 공동체

언어 공동체(speech community)와 더불어 담화 공동체(discourse community)라는 개념이 있다. 이 둘을 동일한 개념으로 취급하는 경우도 있고, 담화 공동체를 언어 공동체의 하위 개념으로 가족, 학교, 직장 등 특정 집단으로 인식하는 경우도 있다.

Saville-Troike(2003/2009)도 언어 공동체 연구에 있어서 기존의 사회적·정치적 경계의 활용에 대한 비판이 있었음을 언급하고 '담화적 실행(discursive practice)'을 위한 규칙을 공유하는 집단'으로서의 담화 공동체의 개념을 제시하고 있다. 즉, 상대적으로 구조주의 개념이 강한 언어 공동체에 비교되는 개념으로서 담화 공동체를 '생각하고, 믿고, 행동하고 특정 사회 역할에 구체적으로 나타나는 언어를 사용하는 방법을 공유하는 사람들의 집단'으로 인식하였다. 즉, 담화 공동체를 언어 공동체보다 더 균질한 집단으로 보고 "유사한 사회적 특성과 학문적·직업적 지향이 같은 집단 및 일련의 수사 규범과 관례를 공유하는 집단"으로 정의하였다(Saville-Troike, 2003/2009: 224).

예를 들어 과학자 집단과 법률 공동체는 집단의 사회적 위치, 관심사, 집단 내에서 요구되는 공식성의 정도와 같은 요인을 공유하며 특정한 언어 변이(language variation)를 공유한다. 이러한 특정 직업에서 특정 용도로 사용되는 특별한 언어의 변이를 언어학에서는 사용역(register)[8]으로 설명한다.

☑ 화법 교육 방향 ──

지금까지 의사소통을 문화의 시각에서 바라본 학문적 견해들을 소개하였다. 맥락 의존 정도에 따라 문화적 차원을 설명한 Hall(1976)의 논의와 네 가지 중요한 문화적 차원을 설정하고 여러 나라의 특성을 설명한 Hofstede(1984)의 논의는 우리가 여러 문화권의 의사소통 양상을 해석하는 유용한 분석 틀로 사용할 수 있다는 점에서 의미가 있다. 또한 그러한 문화적 차원이 실현되는 실체로서의 언어 공동체에 대한 사회언어학자들의 논의는 실제 세계에서 의사소통의 특정 자질을 공유하는 공동체의 개념, 조건, 범위 등 그 존재 양상을 바라보는

---

8 언어학에서 사용역이란 글이나 말이 사용되는 상황에 적합한 언어의 수준과 형식을 의미한다. 예) 면담한 내용을 논문에 싣기 위해 학술 문체로 사용역을 바꾸었다.

안목을 제공한다는 점에서 의미가 있다.

화법 교육에서는 이러한 개념들을 의사소통의 양상을 해석하는 분석 틀로서 또 개인이 속한 공동체의 담화 관습을 익히고 발전시킬 필요가 있다. 그러므로 언어적이든 비언어적이든 개별 의사소통 행위의 적절성과 효과성은 의사소통 참여자 개인적 차원에서 언어적 정확성으로만 판정되는 것은 부족하며, 그들이 속한 언어 공동체의 담화 관습에 대한 이해와 그 공동체의 문화적 특성을 설명하는 여러 문화적 차원에 대한 인식하에서만 분명한 판단이 가능하다는 것을 알아야 한다.

VI

발표와 연설을 위한 설득 메시지 조직

5장 까지는 주로 자아 개념, 자기 노출, 공감적 듣기, 대화 원리 등 주로 대인 의사소통과 관련된 내용을 다루었다. 6장부터는 공적인 상황에서의 대중 의사소통에 중점을 두어 관련 의사소통 이론을 살피고자 한다. 우선 발표나 연설에서 설득 메시지를 효과적으로 조직하는 방법을 알아볼 것이다.

"말을 조리 있게 하다." 또는 "글에 조리가 서 있다."라고 할 때 '조리(條理)'란 '말이나 글 또는 일이나 행동에서 앞뒤가 들어맞고 체계가 서는 갈피'를 말한다. 상대의 마음을 움직여야 하는 설득 상황에서는 이러한 조리가 더욱 중요하다. 내용의 앞뒤가 분명하게 들어맞고 전체 내용에 짜임새가 있어야 이해하기 편하고 메시지를 받아들이기 용이하기 때문이다.

메시지를 설득적으로 조직하기 위해서는 내용을 논리적이면서도 상대가 이를 인지적·심리적으로 처리하기 편하도록 구조화할 필요가 있다. 이와 더불어 개별 내용들을 유기적으로 연결하여 내용의 흐름을 정비할 필요가 있다. 여기에서는 대표적인 설득 메시지 조직 유형인 '동기화 단계'를 살펴보고 내용을 유기적으로 연결하는 데 필요한 '내용 연결 표현'에 대해 알아보도록 한다.

1. 동기화 단계 조직

설득은 언어라는 매개를 이용하여 타인의 마음을 움직이는 것이다. 설득이라는 담화 장르 역시 언어 공동체가 암묵적으로 합의하고 있는 담화 구조를 갖고 있는데, 효과적인 의사소통을 위해서는 이 구조를 명확히 인식할 필요가 있다. 특히 설득 담화의 구조는 인간이 메시지를 수용하는 내적 과정과 밀접하게 연관되어 있다. 메시지 수용 대상으로서의 청자를 면밀히 고려하지 않는다면 설득이라는 현상은 일어나기 쉽지 않다. 여기에서는 이러한 관점에서 설득의 특성에 대한 명확한 인식을 바탕으로 메시지의 내용을 효과적으로 조직하는 방법을 살펴보도록 한다.

1) 설득 메시지 조직의 유형

설득 메시지 조직의 유형에 대한 구분은 다양한데 여기서는 대중 화법서인 *The Art of Public Speaking*의 저자로 유명한 Lucas(1995)에서 제시한 설득 메시지 조직 유형을 기준으로 알아보자. 그는 설득 화법의 유형을 설득의 목적에 따라 사실 규명, 가치 판단, 정책 제안으로 구분하고 각각의 목적에 적합한 형태의 메시지 조직 유형을 다음과 같이 제시하였다.

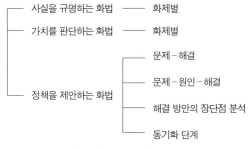

설득 메시지 조직 유형(Lucas, 1995)

사실을 규명하는 설득 화법은 주로 논쟁의 소지가 있는 사안에 대해 견해를 밝히는 경우에 사용된다. 이 경우 설명 메시지와 유사한 성격을 갖는다. 다만 설명은 특정한 견해를 지지하거나 옹호하기보다 객관적이고 공정한 내용을 제시해야 하지만, 설득은 하나의 견해를 지지해야 하며 반대 견해에 대해서는 논박해야 한다는 점에서 차이가 있다.

가치를 판단하는 화법은 옳은 것과 그른 것, 좋은 것과 나쁜 것, 도덕적인 것과 비도덕적인 것, 적절한 것과 부적절한 것 등에 대한 판단을 포함한다. 사실 규명이나 가치 판단을 위해서는 일반적으로 중요 내용을 나열하여 메시지를 짜는 화제별 조직이 사용된다.

정책을 제안하는 화법은 일반적으로 사실을 규명하는 화법이나 가치를 판단하는 화법을 포함하고, 이에 더하여 특정한 행동을 유발하는 것을 목적으로 한다. 정책을 제안하는 화법의 메시지 조직은 주로 문제–해결 조직을 변형한 형태인데, 문제와 해결 방안을 직접 제시하는 형태, 문제에 대한 원인을 규명하고 해결 방안을 제시하는 형태, 문제에 대한 다양한 해결 방안의 장단점을 비교·분석하여 가장 합리적인 방안을 선택하도록 하는 형태, 동기화 단계 등이 있다.

(1) 문제–해결 조직

문제–해결 조직(problem-solution pattern)은 설득 메시지 조직의 기본 유형으로 가장 흔하게 사용되는 방식이다. 문제점을 제시한 다음 그 문제에 대한 해결 방안을 논의하는 것이다. '문제'와 '해결'은 다른 설득 메시지 조직 유형의 근간이 된다.

① 문제: 문제의 내용과 심각성을 제기한다.
② 해결: 해결 방안과 실현 가능성을 설명한다.

사례 문제-해결 조직

목적: 식수 오염을 방지하기 위해 정부가 대책을 강구해야 함을 청중에게 설득한다.

1. (문제) 오염된 식수는 국가적으로 심각한 문제가 되었다.

   1) 식수 오염이 전국적으로 국민의 건강에 커다란 위협이 되고 있다.

   2) 식수 문제는 시간이 경과할수록 더욱 악화될 것이다.

2. (해결) 식수 오염 문제를 해결하기 위해서는 국민과 정부의 협조하에 즉각적인 대책
   마련이 시급하다.

   1) 국민들이 문제의 심각성을 인식해야 한다.

   2) 식수에 대한 엄격한 기준 설정과 관리 대책을 정부에 요구한다.

(임영환 외, 1996: 208)

(2) 문제-원인-해결 조직

문제-원인-해결 조직(problem-cause-solution pattern)은 문제-해결 조직을 확장한 것
으로서, 문제에 대한 원인을 규명하여 해결 방안이 그 원인들을 어떻게 제거하는지를 연결하
여 보여 주는 장점이 있다.

① 문제: 문제의 내용과 심각성을 제기한다.

② 원인: 문제가 생겨난 배경과 원인을 규명한다.

③ 해결: 문제의 원인과 연관시켜 해결책을 제시한다.

사례 문제-원인-해결 조직

목적: 산업화된 국가들이 협조하여 산성비를 억제하기 위한 대책을 마련해야 함을 청중
    에게 설득한다.

1. (문제) 산성비의 문제는 한 나라에 국한되는 것이 아니라 전 세계로 확산되고 있다.

   1) 최근의 연구에 의하면 산성비가 전국의 하천과 호수, 삼림, 도시 건물들에 큰 위협
      이 되고 있다.

2) 주변의 산업 국가에서도 산성비는 유사한 문제를 유발하고 있다.

2. (원인) 산성비의 피해가 확산되는 중요한 두 가지 이유가 있다.

1) 자동차와 공장에서 배출되는 과다한 공기 오염 물질이 그 원인이다.

2) 산업 국가 간에 산성비 억제를 위한 협조 체제의 결여이다.

3. (해결) 적절한 대책을 마련하여 산성비의 원인을 제거하도록 해야 한다.

1) 각 나라들은 자동차와 공장에서 배출되는 공기 오염 물질을 억제하기 위한 엄격한 조치를 취해야 한다.

2) 산업 국가들은 산성비를 억제하기 위한 긴밀한 협조 체제를 유지해야 한다.

(임영환 외, 1996: 209 - 210)

(3) 동기화 단계 조직

동기화 단계 조직(motivated sequence pattern)은 대표적인 설득 메시지 조직 유형으로서 1930년대 중반 Alan Monroe에 의해 주장되었다. 동기화 단계가 국내에 처음 소개된 것은 1958년 정태시가 『새 시대의 연설』에서 Monroe의 스피치 실연 개요를 다룬 것이다(전영우, 1996). 청자의 자연스러운 심리적 단계를 활용한 메시지 조직 형태로 구체적인 세부 단계는 다음과 같다.

① 주의 끌기(attention): 주제에 대한 청자의 주의를 환기한다.

② 요구(need): 특정 문제를 청자와 관련시켜 언급하여 청자의 요구를 자극한다.

③ 만족(satisfaction): 해결 방안을 제시하여 청중의 이해와 만족을 얻는다.

④ 시각화(visualization): 해결 방안이 청자에게 어떻게 도움이 되는지 묘사하여 청자의 욕망을 강화한다.

⑤ 행동(action): 구체적인 행동의 내용과 방법을 제시하며 특정 행동을 요구한다.

2) 동기화 단계 조직의 기원

지금까지 살펴본 여러 설득 메시지 조직 유형은 특정 목적에 따라 모두 유용하다. 여기에서 조금 더 구체적으로 살펴볼 것은 설득 메시지 조직의 대표격인 동기화 단계이다. 대부분의 화법 관련 논저에서 동기화 단계 조직을 대표적인 설득 메시지 조직 유형으로 제시하고 있다.[1] Ross(1974)는 동기화 단계에서 제시한 내용 흐름의 과정을 심리적 순서, 특히 학습 과정으로 보고 동기화 단계의 모체(母體)를 Aristoteles와 John Dewey에서 찾았다.

(1) 아리스토텔레스

심리적 순서에 의한 메시지 조직의 전통적인 유형은 아리스토텔레스가 제시한 '서론(proem) – 진술(statement) – 논증(argument) – 결론(epilogue)' 유형이다(Cooper, 1932). 이를 토대로 한 고전 수사학에서는 메시지 조직 형태를 '① 서론(exordium), ② 해설(narration), ③ 논증(proof), ④ 결론(peroration)'으로 구분한다.

첫째, '서론'의 목적은 청자로 하여금 호의를 갖게 하고 주목하게 하여, 정보의 수용 태도를 유발하는 데 있는데 서론에는 단도직입적인 것과 완곡한 것이 있다. 둘째, '해설' 부분에는 논제와 이 논제를 뒷받침하는 설명들이 포함된다. 셋째, '논증'은 수사학에서 가장 핵심적인 부분으로서 주어진 논제를 입증하거나 반박하는 것을 말한다. 이때 논증의 방법으로 귀납

---

1   설득 메시지 조직 유형으로 동기화 단계를 소개하고 있는 국내외 주요 논저들은 다음과 같다. 이응백·이주행 (1992); 임영환 외(1996); 임태섭(1997); 박경현(2001); Ross(1974); McCrosky(1978); Osborn &. Osborn(1994); Bettinghaus & Cody(1994); Lucas(1995); Kearney & Plax(1996); Hamilton(1996); Rodman & Adler(1997); Gronbeck 외(1995)

적 논증과 연역적 논증이 사용된다. 마지막, '결론'이란 앞에 이야기한 것을 요약·정리하는 것이다(차배근, 2002: 27).

이렇듯 고전 수사학은 서론에서 청중의 주의를 끌어 주목하게 하는 것, '해설'과 '논증'으로 본론의 내용을 구성하여 청중을 설득하는 장치가 동기화 단계에 영향을 주었다.

(2) 존 듀이

동기화 단계는 Dewey(1933)의 반성적 사고 5단계를 응용하여, 화자의 설득 목적에 반응하도록 청자를 동기화시키는 자연스럽고 정상적인 사고 과정으로 설계된 것이다. 반성적 사고를 설득 관점에 적용하여 청자가 자연스러운 사고 순서에 따라 화자의 주장을 수용하도록 한 Dewey의 5단계는 다음과 같다.

① 주의 끌기와 심각성 인식
② 문제 또는 요구 인식
③ 최선책을 찾기 위한 반대 의견과 대안 나열
④ 제안된 해결책의 상세한 설명과 시각화(visualizing)
⑤ 해결책의 채택이나 거부를 이끌어 내는 계획의 평가

3) 동기화 단계 조직의 세부 단계

(1) 주의 끌기

주의 끌기 단계에서는 청자의 호기심을 자극하고 긴장감을 유발하여 청자를 주제에 연관시킨다. 동기화 단계는 Osborn & Osborn(1994)이 '청자의 감정을 자극할 수 있는 기교 있는 언어의 역할이 강조되는 설계'라고 지칭한 것처럼 청자의 감정을 중시한다. 동기화 단계의 도입부는 문제 제기부터 시작하는 것이 아니라 청자의 주의 끌기에서 시작한다. 아무리 본론의 내용이 논리적일지라도 도입부에서 청자의 관심을 끌지 못하면 청자는 본론의 내용에 관심을 갖지 못하고 화자가 주장하는 결론을 수용하지 못할 가능성이 커지기 마련이다.

주의 끌기 단계에서 활용 가능한 방법에는 구체적인 예(실제, 가정), 유머를 담은 실례, 인용, 놀랄 만한 사실, 수사적 또는 실제적 질문, 특별한 사건에 대한 언급, 이야기, 우화, 속담, 격언, 시, 간단한 시범이나 시연 등이 있다(Hamilton, 1996: 388).

도입부에서 동기화 단계가 갖는 특징이 있다. 일반적인 설득 메시지 조직에서 서론의 기능에는 화자가 앞으로 말할 내용을 개관해 주는 것이 포함된다. 그러나 동기화 단계의 도입부에는 명시적인 설득 목적 진술과 내용 개관이 제외된다(Kearney & Plax, 1996: 324).

대신 호기심과 긴장감 유발이 중시된다. 본론과 결론이 어떻게 전개될지에 대해 청자에게 밝히지 않는 것이 특징인데, 그 이유는 화자의 설득 의도를 미리 밝히는 것으로 인해 유발될 수 있는 청자의 저항감을 최소화하고, 도입 이후의 내용 전개 과정에서 청자의 심리적 변화에 대한 주도권을 유지하기 위함이다. 설득의 특성상 청자가 화자의 설득 의도를 간파할 경우 심리적으로 저항감이 유발되고, 전개 내용이 미리 소개되면 도입부에서 획득한 청자의 호기심과 긴장감의 역할이 무용지물이 될 수 있으므로 동기화 단계에서는 전략적으로 도입부에 설득 목적 진술과 내용 개관을 하지 않는 것이다.

(2) 요구

요구 단계에서는 현재 문제를 규명하여 그 심각성을 상세히 부각하고 변화의 필요성을 명백히 진술한다. 요구 단계는 문제-해결 조직의 문제에 해당한다. 문제의 심각성을 입증하기 위해 통계, 연구 결과, 실례, 증언 등 주장을 뒷받침할 수 있는 증거 자료를 사용하는 것이 효과적이다. 특히 문제가 청자 또는 청자가 속한 공동체에 미치는 피해를 부각하여 청자의 심리적 요구에 초점을 맞추어 논의를 전개한다.

Kearney & Plax(1996)는 심리적 과정을 중시하는 동기화 단계에서 특히 요구 단계를 중시하여, 동기화 단계의 기본 원리로 청자의 요구(need) 파악과 그것에 대한 대응을 강조하였다. 그들은 효과적인 설득을 위해서 화자는 주장할 해결책보다 청자의 요구에 더욱 초점을 맞추어야 하고, 이를 파악하는 데 더 많은 시간을 사용해야 한다고 주장하였다. 또한 청자가 특정한 요구를 인식하지 못할 경우에는 화자는 요구를 만들어 인식시켜 주고 그것을 원하도록 해야 한다고 하였다. Hovland(1957)도 요구에 대한 인식이 매우 중요한데 기존의 설득 메시지가 종종 이 단계를 생략하고 바로 해결책을 제시하여 문제적이라고 지적하였다.

이러한 점이 바로, 청자의 외부에 존재하는 문제에 초점을 두는 다른 조직 유형과 청자의 내부에 존재하는 심리적 요구에 초점을 두는 동기화 단계의 차이점이다. 이렇듯 시작과 끝이 모두 청자의 심리에 강하게 결속되어 있는 것이 동기화 단계의 특징이다.

(3) 만족

만족 단계에서는 청자의 요구를 만족시킬 수 있는 구체적인 해결 방안을 제시하고 그 해결 방안의 실현 양상을 설명한다. 만족 단계는 문제-해결 조직의 해결에 해당한다. 이때 해결 방안의 실현 가능성과 예상되는 장애에 대한 극복 방법을 동시에 설명하는 것이 효과적이다.

동기화 단계에서 2단계 요구와 3단계 만족은 이성적 측면이 강하다. 이 부분에서는 청자의 정서에 호소하는 것보다 치밀하게 짜인 개별 논증의 집합으로 1단계 주의 끌기에서 확보한 청자의 관심을 그대로 이어받아 논리적으로 공략해야 한다.

동기화 단계에서는 화자가 제안한 해결책에 대해 청자가 반박할 만한 이의를 언급하기도 한다(Kearney & Plax, 1996: 324). 이것은 문제-해결 조직과 같이 문제에 대한 화자의 해결책을 화자가 언급하고자 하는 측면만 제시하는 것과는 다르게, 화자가 주장하는 해결책의 부정적 측면을 동시에 언급하는 것이다. 설득 이론가들이 설득 연구의 메시지 요인에서 주요 연구 대상으로 삼았던, 일면 메시지(one-sided message)와 양면 메시지(two-sided message)[2]와 관련 있는 부분이다. 동기화 단계에서는 청자가 화자의 주장하는 바를 들으면서 생길 수 있는 잠재적 반대를 방지하기 위해 부정적 측면을 동시에 제시하고 이를 논박하는 양면 메시지를 구사하기도 한다.

(4) 시각화

시각화 단계에서는 해결 방안으로 인한 이익을 구체적으로 제시하고 그에 대한 생동감 있는 이미지를 제공한다. 특히 이익의 개인적 적용을 구체화하여 화자가 주장하는 이익이 청자 개개인에 어떻게 형상화되는지를 구체적으로 설명하여 화자의 주장을 수용하고자 하는 욕망을 극대화한다.

일부 논저에는 네 번째 단계인 'visualization'을 '구체화', '예언', '효과' 등의 용어를 사

---

2   일면 메시지는 화자의 주장만을 담은 것이고, 양면 메시지는 화자의 주장과 함께 반대 의견도 동시에 담은 메시지이다.

용하였으나, 'visualization'은 단어의 고유 의미 그대로 청자의 마음에 생생한 그림을 그려 주는 것을 말한다. Monroe(1949)는 사람들이 무엇인가를 결정할 때, 미래의 모습에 대한 나열된 항목에서 하나를 선택하는 것이 아니라, 그 제안을 받아들일 경우, 자신의 마음속에 그려진 상(像)을 통해 결정한다는 데에 주목하고, 그림을 그려 묘사한다는 의미를 담고 있는 'visualization'이라는 용어를 사용한 것이다. 본래의 의미를 살려 시각화(視覺化)라는 용어를 사용하는 것이 타당하다.

Osborn & Osborn(1994)은 이 시각화를 '언어 그림(verbal picture)'이라고 지칭하였다. 청자의 마음속에 언어를 이용하여 그림을 그려 청자가 주장을 수용하는 의사결정을 하는 데 필요한 수단을 제공하는 것이 시각화의 주된 목적이다. 전영우(2002)에서도 '시각화'라는 표현을 사용하면서, 청자의 이해도를 높이고 강한 인상을 심어 주기 위해서는 메시지의 내용을 눈으로 보이는 것처럼 묘사해야 한다고 하였다.

시각화 단계에서도 양면 메시지의 사용이 가능하다. 화자가 주장하는 해결책의 수용 결과로서의 긍정적 측면만 제시하기도 하고, 반대로 화자가 주장한 해결책을 수용하지 않을 경우의 부정적 측면만 제시하여 주장의 수용을 요구하기도 한다. 또는 주장의 수용에 대한 긍정적 측면과 주장의 비수용에 대한 부정적 측면을 동시에 제공함으로써 극명한 대조 효과를 유발하여 청자에 대한 설득 효과를 극대화하기도 한다(Kearney & Plax, 1996: 324).

(5) 행동

행동 단계에서는 청자에게 요구되는 행동을 구체적이고 명확하게 제시한다. 고무적인 호소로 행동을 유발하여 전체 내용을 마무리하고 특히 화자가 주장하는 행동과 앞서 제기했던 문제의 해결을 연관 지어 청자에게 해당 행동이 어떤 식으로 문제를 해결하는지에 대해 알린다.

사례 동기화 단계 조직의 전략과 효과

주제: 오토바이를 탈 때 반드시 헬멧을 착용하여 신체를 보호하자

단계	전략	효과
【주의 끌기】 몇 달 전 제 친구는 퇴근 후 오토바이를 타고 집으로 돌아가다가 사고를 당했습니다.	실제 사건 제시하여 호기심 유발	청자의 감정 자극 목적 진술, 전체 내용 개관 안 함→설득 의도 노출로 인한 심리적 저항감 유발 최소화
그 친구는 **심한 뇌진탕**으로 어떻게 사고가 일어났는지도 기억하지 못할 정도로 부상을 입어 2개월 동안 병원에서 치료를 받았습니다.	긴장감 유발하여 감정 자극	
【요구】 매년 2,000여 명이 오토바이를 타다가 머리를 다쳐 심각한 정도의 **두뇌 손상**을 입고 고생합니다.	통계 정보 → 신념① 대체	문제의 심각성 상세히 부각
오토바이 사망 사고 원인의 80%가 **두뇌 손상**입니다.	통계 정보 → 신념② 대체	
콘크리트 지면에서는 30cm 이하의 높이에서도 **뇌진탕**을 일으킬 수 있습니다.	연구 결과 정보 → 신념③ 대체	
오토바이를 타는 사람은 사고로 인한 두뇌 충격을 반드시 방지해야 합니다.	①+②+③ → 태도 변화의 필요성 인식	문제를 청자 내면의 심리적 요구(안전)에 초점화→해결책 절감
【만족】 오토바이를 타는 사람은 헬멧을 착용하여 머리를 보호할 수 있습니다.	구체적 해결 방안 제시	
헬멧의 착용은 **두뇌 손상**의 위험을 90% 정도 줄여 줍니다.	1, 2단계의 두뇌 손상과 뇌진탕 위험 해결	
저는 헬멧을 쓰는 것이 보기에도 좋지 않고 거추장스럽다고 여겼습니다.	부정적 측면 언급	양면 메시지 제시→ 잠재적 반대 방지
친구의 사고 후 헬멧을 쓰는 것이 현명한 일이라고 생각하여 오토바이를 탈 때면 항상 헬멧을 착용합니다.		
【시각화】 만약 오토바이를 타는 모든 사람이 헬멧을 착용한다면 오토바이 사고로 인한 신체 피해를 75% 줄일 수 있습니다.	해결 방안 이점 구체화	
여러분은 오토바이가 주는 즐거움과 편리함을 안전하게 누릴 수 있게 됩니다.	미래 모습에 대한 이미지 제공	
여러분은 자신의 신체를 스스로 지킨다는 것에 대해 자부심도 느끼게 될 것입니다.	주장 수용에 대한 욕망 극대화	
【행동】 이 근처 세 곳의 스포츠 용품점에서 헬멧을 판매하고 있습니다.		
안전을 위해서 헬멧을 반드시 착용하시기 바랍니다.	구체적 행동 제시	
헬멧을 구입할 때는 안전 검증 표시 여부를 확인하시는 것이 좋습니다.		

일반적으로 설득의 목적은 청자의 태도 변화이고, 변화된 청자의 태도는 행동과 강한 상관성이 있어서, 시간 차이는 있지만 행동으로 이어질 것으로 보는 것이 태도와 행동에 대한 설득 이론가들의 견해이다. 심리적 변화까지를 목적으로 하는 다른 유형도 이런 측면에서는 설득에 성공한 것으로 간주할 수 있으나 구체적인 행동을 촉구하는 주제에 대해서는 취약점을 드러낸다. 다섯 단계 내에 신념, 태도의 변화와 더불어 행동의 유발까지 다루는 것은 동기화 단계의 여러 장점 중 하나이다.

    여러 설득 목적 중 동기화 단계 조직은 특히 어떤 행동을 촉구하는 등 정책의 변화를 주장하는 설득 메시지에 유용하다. 사회적 관심사에 대해 화자가 생각하는 대안을 주장하여 문제의 해결을 목적으로 하는 경우에 동기화 단계가 가장 효과적으로 사용될 수 있다(Monroe, 1962).

4) 동기화 단계 조직의 특성

(1) 청자의 심리를 중시

설득 메시지가 갖추어야 할 가장 중요한 요건은 청자 중심적이어야 한다는 것이다. 설득은 청자가 메시지를 심리적으로 처리하여 수용 여부를 결정하는 과정이다. Lucas(1995)도 설득은 심리적 과정으로서 공적인 말하기 유형에서 가장 복잡하고 힘든 분야라고 하였으며, 이 설득 화법의 성공 여부는 청자의 가치, 태도, 신념에 맞추어 메시지를 어떻게 잘 재단(tailor)하는가에 달려 있다고 하였다. 모든 메시지 조직 단계에서 고려해야 할 사항은 조직된 내용이 청자의 심리 체계 속에서 이성적으로 감성적으로 어떻게 처리될 것인가이다. 즉, 메시지 조직의 관건은 텍스트 자체의 완벽한 조직만을 강조하는 텍스트 중심 조직이 아니라 청자의 심리적 단계에 자연스럽게 흘러들어 갈 수 있는 형태로서의 인간 중심 조직이어야 한다.

메시지 조직의 과정에서 고려할 것은 화자가 임의로 준비한 메시지의 논리가 청자에게 그대로 받아들여지지 않을 수 있다는 것이다. 언어의 의미는 기호 자체에 있는 것이 아니라 그것을 듣는 청자에 의해 구성되는 것임을 유념해야 한다. 화자에 의해 준비된 메시지는 청자의 경험, 태도, 동기, 편견, 선입관 등의 필터 체계를 통과하게 되므로 청자의 반응을 예상하여 전략적으로 내용을 조직해야 한다(Brembeck & Howell, 1976).

청자의 심리적 요소를 강조하는 이러한 부분은 기존에 제시된, 보편적 메시지 조직 원리인 통일성과 응집성이 설득 상황에서는 더욱 청자에게 초점화되어 재개념화될 필요가 있음을 의미한다. 즉, 메시지 자체의 주제에 대한 통일성이라기보다는 '청자로 하여금 화자의 메시지를 수용하게 한다.'는 설득의 목적을 향해 전체 구조가 통일을 이루어야 한다. 또한 메시지의 단락과 단락이 긴밀하게 연결되어 응집성을 갖는다기보다는 각 단락들은 청자의 심리와 강력하게 결속되어 있어야 한다. 즉, 메시지 간의 연결보다 먼저 고려되어야 할 것은 그 메시지와 청자의 심리와의 결속이다. 동기화 단계는 이러한 측면이 잘 드러나는 것이 특징이다.

(2) 이성과 감성의 균형

설득의 본질을 고려할 때 이성적 논증과 더불어 감성적 호소의 중요성을 강조할 필요가 있다. 설득은 이성적인 측면과 감성적 측면 모두 고려되어야 한다. 일반적으로 감성적 호소의 중요성을 간과하고 이성적 논증에만 치중하는 경향이 있다. 박경현(2003)은 감성적 호소에 의한 설득을 부정적으로 보는 입장이 있음을 지적하고, 청자를 완전히 설득하기 위해서는 이성적 방법과 감성적 방법이 모두 동원되어야 한다고 주장하였다. 더불어 화자의 공신력을 바탕으로 하는 인성적 호소, 감성적 호소, 논증을 사용하는 이성적 호소는 별개의 것이 아니고 상호보완적으로 이용된다고 하여, Aristoteles가 주장한 에토스, 파토스, 로고스의 상호보완성을 강조하였다.

Hollingworth(1935)는 설득 상황에서 전체 메시지가 논리적임을 전제로 한다면, 감성적 호소가 이성적 호소보다 효과적이라고 하여 오히려 감성적 호소의 중요성을 강조하였다. 그는 사람은 감성적 기반에 의해 믿고, 판단하고, 행동하며, 그 후에 이성적 이유로 자신의 선택과 행동을 정당화한다고 설명하였다. 이러한 주장은 Festinger(1957)의 인지부조화 이론(cognitive dissonance theory)이 입증하였는데, 자신의 선택에 의해 유발된 감성적 갈등을 해소하기 위해 이성적 노력이 뒤따른다는 것을 밝혀냈다. 동기화 단계는 이성적 논증뿐 아니라 청자의 감성 자극에도 매우 적합한 유형이다.

5) 청자 입장에 따른 동기화 단계

청자의 초기 입장이 화자의 주장에 찬성하는 경우는 화자의 입장과 청자의 입장이 동일하기 때문에 논쟁이 야기될 수 있는 반론을 제시하지 않고 화자가 주장하는 측면만 제시하는 일면 메시지가 효과적이다(Lumsdaine & Janis, 1953).

반면에 청자의 입장이 반대이면, 1단계에서 서로 동의하고 있는 공감대를 확보하는 것부터 시작한다. 2단계에서는 반대를 극복하기 위한 노력을 시도한다. 일반적인 원칙에 대한 동의를 구하고 그 원칙을 특정 문제에 적용하고, 구체적인 근거로 반대 의견을 반박한다. 3단계에서는 화자가 주장하는 계획이 최고의 해결책임을 구체적인 계획과 증거를 이용하여 주장하고, 그 해결책을 앞서 동의한 일반 원칙에 연관시킨다. 4단계에서는 해결책의 결과를 보다 생생하게 제시한다. 5단계에서는 구체적인 행동 변화보다 태도의 변화에 초점을 맞춘다(Monroe & Ehninger, 1969).

화자가 제시하는 문제점은 동일하게 인식하나, 구체적인 해결책이 없고 특정한 입장이 정해지지 않은 청자에게는 3단계인 만족에 초점을 맞추는 것이 효과적이다(Osborn & Osborn, 1994: 380).

청자가 화자의 주장에 대해 무관심한 경우는 먼저 주의를 끌고 배경 설명을 한 후, 사안에 대한 화자의 태도나 신념을 제시하고, 주장에 대한 근거를 제시하는 순서로 논리를 전개하는 것이 좋다(Kearney & Plax, 1996).

☑ 화법 교육 방향

학생들에게 설득하는 말하기를 하라고 하면 고작 1분을 못 넘기고 무슨 말을 하여야 할지 모르는 경우가 다반사이다. 하고 싶은 말이 없어서라기보다 무슨 말로 시작하여 어떤 내용으로 설득하며 어떻게 마무리하는지에 대한 지식이 부족하기 때문에 이러한 현상이 발생한다. 이럴 때는 어려운 원리나 이론보다 학생들이 자신의 생각을 담아낼 일정한 사고의 틀

(프레임)을 알려 주면 문제가 쉽게 해결될 수 있다. 설득 화법 지도에서 이런 경우에 유용하게 활용할 수 있는 사고의 틀이 바로 동기화 단계 조직이다.

동기화 단계의 다섯 개 세부 단계에 따라 내용을 구성하는 연습을 한다면 어떤 주제이든 조리 있는 설득적 말하기를 할 수 있게 된다. 물론 상황, 목적, 주제, 대상에 따라 미시적인 차원의 변화는 있겠지만 동기화 단계라는 설득 메시지의 원형을 활용하면 자신의 생각을 조리 있게 말하는 데 도움을 받을 수 있다. 이어서 세부 단계를 유기적으로 잇는 장치에 대해 알아보고 7장에서는 청자에 따라 메시지 조직을 어떻게 하는지 청자 변인을 중심으로 청자 분석의 원리와 방법을 살펴보도록 할 것이다.

🔆 **화법 교사 메모** ···

동기화 단계를 이용한 메시지 조직 방법을 지도하였다면 화법 평가도 교육 내용과 일관되어야 합니다. 다음의 평가 척도를 사용하면 지도한 내용을 학생이 잘 반영하여 메시지를 조직하였는지 쉽게 진단할 수 있습니다. 평가표를 미리 나누어 주어 화법 실습에 대비하게 할 수도 있습니다.

동기화 단계를 이용한 설득 화법 평가 척도

〈내용〉

1. 주의 끌기

1 창의적인 도입	1	2	3	4	5
2 청중을 화법의 주제에 연결	1	2	3	4	5
3 호기심과 긴장감 유발	1	2	3	4	5

2. 요구

1 현재 문제의 심각성을 상세히 부각	1	2	3	4	5
2 변화의 필요성을 명백히 진술	1	2	3	4	5
3 근거 자료(통계, 예시)의 효과적 사용	1	2	3	4	5

3. 만족

1 구체적 해결 방안의 제시	1	2	3	4	5
2 해결 방안의 실현 양상 설명	1	2	3	4	5
3 실현 가능성과 장애 극복 방법 설명	1	2	3	4	5

4. 시각화

1 해결 방안의 이점을 구체적으로 제시	1	2	3	4	5
2 이점에 대한 생동감 있는 이미지 제공	1	2	3	4	5
3 이점의 개인적 적용에 대한 구체화	1	2	3	4	5

5. 행동

1 명확하고 구체적인 행동 요구	1	2	3	4	5
2 열렬하고 고무적인 호소로 행동 요구	1	2	3	4	5
3 행동과 문제 해결에 대한 연관성 설명	1	2	3	4	5

〈전달〉

1. 언어적 요소

1 어휘 선택	1	2	3	4	5
2 생동감 있는 언어 표현	1	2	3	4	5

2. 비언어적 요소

1 어조 / 성량 / 속도 / 억양	1	2	3	4	5
2 복장과 용모 / 동작과 표정 / 시선	1	2	3	4	5

3. 기타

1 효과적인 시간 안배	1	2	3	4	5

합계 (/100)

2. 내용 연결 표현

　　설득을 효과적으로 하기 위하여 동기화 단계 조직을 중심으로 설득 메시지의 단계별 조직 방법을 살펴보았다. 이와 더불어 개별 단계를 유기적으로 연결해 내용의 흐름을 매끄럽게 이을 필요가 있다. 이러한 유기적 연결은 메시지의 논리성을 높일 뿐 아니라 청자의 이해를 돕고 화자와 청자의 심리적 결속을 강화하는 데 기여한다.

　　화자와 청자가 시간과 공간을 공유하는 구어(口語) 의사소통은 전달 방식에 있어서 문어(文語) 의사소통과 차이가 있다. 독자가 텍스트를 한눈에 보면서 자신의 이해 능력을 감안하여 읽기 속도를 조절할 수 있는 문어 의사소통과는 달리, 구어 의사소통에서는 화자가 지속적으로 자신의 말에 대해 말을 하는 메타의사소통[3]을 함으로써 청자를 의사소통 상황에 참여시키려는 노력이 필요하다. 전체 지면에 글의 분량이 한눈에 드러나며, 들여쓰기를 통해 단락이 구분되고, 소제목 등이 내용의 길잡이 역할을 하는 등 독자의 이해를 돕는 문서의 시각 장치의 역할을 구어 의사소통에서는 화자가 말을 통해 제공해 주어야 할 필요가 있다. 여기에서는 이러한 기능을 감당하는 내용 연결 표현에 대해 살펴볼 것이다.

3　메타의사소통에 대한 대표적인 연구로는 신형욱(2003), 조국현(2003ㄱ, 2003ㄴ, 2005) 등이 있다.

1) 내용 연결 표현의 개념

논리적 메시지 조직의 효과를 극대화해 주는 것은 내용의 흐름을 안내하는 내용 연결 표현이다. 내용 연결 표현은 본질적으로 '의사소통에 대한 의사소통'을 의미하는 메타의사소통 행위에 속한다. 그러므로 내용 연결 표현이란 넓은 의미의 메타의사소통 행위 중 담화 구조를 논리적으로 드러내는 표현을 의미한다. 다음 사례와 같이 세부 단락의 내용을 자연스럽게 연결하며 앞의 내용을 정리하거나 뒤에 나올 내용을 안내하는 역할을 한다.

사례 내용 연결 표현

도입	서론

⇩

오늘 저는 얼마 전에 사회적으로 크게 화제가 됐던 ○○ 문제에 대해서 여러분과 논의해 보고자 합니다. 그럼 먼저 ○○ 문제가 어디서, 어떻게 불거져 왔는지 그 배경부터 논의해 보도록 하겠습니다.

⇩

사건 배경

⇩

우선적으로 사건의 배경에 대해서 살펴보았는데 해외에도 비슷한 사례가 있는지 알아보겠습니다.

⇩

해외 사례

⇩

이제 본격적으로 찬성과 반대의 기본 입장을 한번 알아보겠습니다.

⇩

찬반 의견

⇩

이렇게 해답이 보이지 않는 듯한 상황에서 우리는 과연 어떠한 입장을 취해야만 할까요?

⇩

주장

⇩

이제 제 이야기를 마무리할 때가 된 것 같습니다.

⇩

결론

(위 흐름에서 '도입'은 '서론'을, '전개'는 '사건 배경, 해외 사례, 찬반 의견, 주장'을, '결말'은 '결론'을 포함한다.)

2) 내용 연결 표현의 성격

내용 연결 표현에 대한 연구는 지금까지 다양한 관점으로 행해졌다. 담화 표지, 화용 표지, 텍스트 구조 표지, 연결사,[4] 연결어, 텍스트 응결 장치, 논의전환사 등을 다룬 연구들이 그러한 예이다.

담화 표지(discourse marker)는 다양한 연구 성과만큼이나 다양하게 정의되었다.[5] 이기갑(1995)에서는 '발화의 의미적 결속을 돕는 장치', 김영철(2004)에서는 '담화에 참여하는 상대방에게 화자의 발화 의도나 심리적인 태도를 효과적으로 전달하기 위하여 사용하는 언어 형식'으로 정의하였다. 담화 표지는 발화의 연결, 화자의 태도 표시, 담화 구조의 표시 기능을 담당하고 있다.

담화 표지와 더불어 메시지의 구조적 연결에 대한 연구로 대표적인 것이 텍스트 구조 표지(markers of text structure)이다. 김봉순(1996, 2002)에서는 텍스트 구조 표지를 '텍스트 구조의 구성 요소인 명제들이 관계를 맺어 텍스트 구조를 구성하는 데 관련된 제반 정보를 담은 언어 요소'라고 정의하고 있다.

앞서 설명한 바와 같이 내용 연결 표현은 광의의 담화 표지에 속한다. 또한 텍스트 언어학의 연구 대상이었던 텍스트 구조 표지와 선행 명제와 후행 명제의 논리적 관계를 드러낸다는 점에서 유사한 점이 있다. 그런데 기존 연구에서 의미상 가장 가까운 것은 논의전환사이다. Kearney & Plax(1996) 등의 화법 교재에서 다룬 'transition'을 임태섭(2003)에서 '논의전환사'라는 용어를 사용하여 소개하였다. 하지만 논의전환사의 경우는 '전환'이라는 용어로 인해 논리적 연결의 다양한 기능의 일부만을 드러내게 된다. 여기서는 메시지의 연결에 관여하는 제반 기능을 포괄할 수 있는 내용 연결 표현이라는 용어를 사용하였다.[6]

기존의 연구들은 메시지 연결의 초점을 주로 문장 내 연결이나 문장 간 연결에 두고 있다. 이러한 연구들의 대표적인 관심 대상은 연결어미와 접속부사이다. 이들은 주로 미시구조

4　'연결사'에 대해서는 황석자(2003)의 연구가, '화용론적 연결사'에 대해서는 조혜진(2001)의 연구가 있다.

5　담화 표지는 디딤말, 담화 개시어, 관심 획득 표지, 담화 불변화사, 불변화사, 간투사, 화용 표지, 군말, 입버릇, 머뭇거림, 덧말 등의 다양한 용어로 사용되었다(임규홍, 1996: 3).

6　임유종·이필영(2004)에서는 한국 초·중·고등학생의 발화에 나타난 연결 표현의 발달 단계를 연구하였는데, 여기서도 '연결 표현'이라는 용어를 사용하였다.

층위인 문장 차원의 연결에 사용되는 어휘 층위의 장치이다.[7]

　　모어 화자가 구어 의사소통을 익히는 데 우선순위를 고려한다면 거시구조 접속에서 관여하는 문장 층위의 내용 연결 표현이 더욱 중요하다. 그 이유는 우선 모어 화자의 언어 사용 양상에서 미시구조 접속의 오류가 그리 크지 않다는 것과, 구어 의사소통에서는 그러한 오류를 용인하는 정도가 문법적 완성성이 강조되는 문어 의사소통에 비해 높다는 데서 찾을 수 있다. 의사소통의 전체 효과를 고려한다면, 교육적 처치가 전혀 이루어지고 있지 않으면서, 구어 표현 행위에서 큰 기능을 발휘하는 담화 구조의 거시구조 연결을 더욱 강조할 필요가 있다.

3) 내용 연결 표현의 유형

　　효과적인 설득 메시지의 조직을 돕기 위해서는 의사소통의 기능을 바탕으로 내용 연결 표현을 분류해야 한다. 예를 들어 '청자에게 후행 내용을 강조한다.'에서 '강조'처럼 내용 연결 표현의 기능이 명시적으로 드러나는 형태로 분류하여 그 역할과 효과를 드러내는 것이 더욱 효과적이다. 설득 메시지 조직에 주로 이용되는 내용 연결 표현의 유형은 다음과 같다.

사례 **내용 연결 표현의 유형**

【앞의 내용을 정리하는 기능】

① 요약

- 지금까지 저는 중앙도서관 개방이 가지는 정당성과 거기서 얻을 수 있는 긍정적 효과에 대해서 말씀드렸습니다.

【뒤의 내용을 안내하는 기능】

② 도입

7　신지연(2001, 2005)과 같이 연결어미와 접속부사가 단락 간 거시구조 경계에서 미시구조와는 다르게 기능한다는 것을 밝힌 연구도 있다.

- 저는 오늘 여러분들과 노동 시장의 유연성에 대해서 이야기해 보고자 합니다.

③ 개관
- 오늘은 차별금지법이 무엇인지 그 효과와 부작용에 대해서 설명하도록 하겠습니다.

④ 전환
- 다음으로는 왜 조기유학을 떠나는지 그 이유에 대해서 알아보겠습니다.

⑤ 강조
- 제가 여러분들께 강조하고 싶은 것은 그 정책을 실행하기 위해서는 예산 지원이 선행되어야 한다는 것입니다.

⑥ 보충
- 여기에 몇 가지 더 보충하여 의복 정보 표시 의무화의 선결 요건을 말씀드리고자 합니다.

⑦ 부연
- 이해를 돕기 위해 비준안 동의가 농촌에 미치는 영향에 대해 자세히 설명드리겠습니다.

⑧ 예증
- 이러한 극지 개발 이익을 얻기 위한 선진국의 노력을 실제 사례를 중심으로 살펴보겠습니다.

⑨ 한정
- 인기 강좌라 듣지 못했을 경우도 있었을 것이고 폐강이 되어서 듣지 못했을 경우도 있었을 것입니다. 저는 후자에 대해서만 논의하겠습니다.

⑩ 분류
- 그러면 과연 어떤 문제들이 발생하고 있는가? 크게 세 가지 측면으로 말씀을 드리겠습니다.

4) 내용 연결 표현의 기능

(1) 담화 구조 묘사

내용 연결 표현은 문자 그대로 선행 내용과 후행 내용의 교량 역할을 담당한다. 유형 분류의 실례에서 살펴본 것처럼 실제 담화에서는 대부분 후행 내용에 대한 예고 기능으로 이루어진다. '요약' 기능이 선행 내용에 대해 언급한 것을 제외하고 나머지 모두는 기본적으로 후행 내용에 대한 안내의 역할을 한다. 이러한 예고의 기능은 마치 화자의 의식 속에 있는 전체 담화 구조를 청자에게 길을 안내하듯이 묘사해 주는 것과 같다. 다양한 기능을 통해 이러한 구조를 드러내는 방식이 마치 지도를 설명하는 것과 유사하다.

우선 내용 연결 표현은 청자로 하여금 지금 논의가 어디까지 진행되었으며 현재는 어디를 이야기하고 있는지 위치를 지정해 주는 역할을 한다. 그리고 '원인부터 이야기하겠다.', '후자에 주목하겠다.' 등 논의의 범위를 한정하는 표현을 통해 청자가 인지적으로 처리해야 할 영역을 한정한다. 또한 원인과 결과, 문제와 해결책 등 단락 간의 논리적 관계를 선명하게 하여 전체 논의에 대한 청자의 이해를 돕는 역할을 한다. 이러한 일련의 역할들은 구어 의사소통에는 없는 시각적 단서들을 청각 신호로 제공하여 청자의 이해를 수월하게 하는 데 기여한다.

(2) 메시지와 청자의 심리적 결속

기존 연구들은 주로 메시지의 문법적 형식성을 중시하고 있다. 대부분의 메시지 연결에 관련된 논의가 응집성을 중심으로, 메시지 내에서 문장과 문장, 단락과 단락 간의 결속을 강조하고 있다.

여기에서 관심을 둘 사항은, 형식적 측면의 응집성과 의사소통 효과의 관계이다. 응집성은 텍스트다움의 핵심이지만 의사소통 효과에 대한 필요충분조건은 아니다. 즉, 화자의 의사소통 목적을 달성하기 위해서는 담화의 형식적 결속만으로는 부족하다. 예를 들어 설득 메시지에서 단락 간의 결속이 형식적으로 완벽하더라도 설득적이지 않을 수 있고, 결속이 다소 느슨하더라도 설득적일 수 있다. 이것은 설득 의사소통 환경에서 화자에 의해 발화되는 메시지 외에 다양한 요인들이 영향을 주고받기 때문이다. 그중 설득 효과의 핵심은 바로 청자의 심리이다. 설득은 청자의 태도 변용을 의미하는데, 이 의사소통 목표를 달성하기 위해서는 메시지 자체의 내적 결속만으로는 부족하다. 이때 필요한 것이 바로 담화와 청자의 심리적 결속이다.

그러므로 내용 연결 표현은 문장 내나 문장 간의 미시구조 층위가 아닌 단락 간의 거시구조 층위의 연결에 대한 접근이 우선한다. 또한 내용 연결 표현은 담화 구성 요소의 형식적 결속과 더불어 담화와 청자의 심리적 결속에도 기여해야 화자가 의도하는 의사소통 효과를 달성할 수 있다.

이렇듯 내용 연결 표현은 내용의 논리적 연결에 기여하는 것과 더불어 구어 의사소통에 필수적인 청자와의 교감을 유지하는 기능을 한다. 구어 설득 상황에서는 청자와의 심리적 간극이 벌어진다면 화자가 의도했던 설득 효과를 기대하기 힘들다. 내용 연결 표현은 다양한 방식으로 청자의 심리를 화자가 전개해 가는 논의의 흐름 속으로 끌어들인다. 다음 예는 청자의 심리 상태를 직접적으로 언급하면서 심리적 유대감을 형성하는 시도이다.

그러면 여러분은 왜 반대의 입장을 취하고 있는 걸까요? 제가 여러분의 입장이 되어 그 이유를 하나씩 따져 보겠습니다.

다음은 의문이 생길 것 같은 청자의 심리 양상을 언급하면서 적극적인 교감을 시도하고 있다.

지금까지 의복 정보 표시 의무화의 필요성을 말씀드렸는데요. 여기서 어떤 분들은 의문이 생기실 수 있을 겁니다. 아니, 내가 살아가는 데 특별히 의복에 있어서 불편함을 느낀 적은 없는데, 뭐 예를 들어 '내 친구가 오늘 티셔츠 잘못 골라 입어서 병원에 실려 갔대.' 뭐, 이런 일은 들은 일 없죠, 그치요?

다음은 다소 낯선 주제를 다루면서, 개인적인 관련성을 강조하여 담화의 내용과 청자의 심리적 거리감을 좁히려는 시도를 하고 있다.

이런 얘기를 들으시면 우리와는 상관이 없는 이야기 정도로 생각되실지도 모르겠습니다. 하지만 이 사건이 노동 시장이 유연하지 못하다는 것에서 발생했다는 점에서 이 사건은 우리와 밀접한 연관이 있습니다. 그 이유를 세 가지로 구분하여 말씀드리겠습니다.

이러한 표현들은 내용의 연결과 전환이라는 기본적인 기능과 더불어 청자와의 심리적 간극을 지속적으로 좁혀 주는 기능을 한다.

(3) 쌍방향 대화 효과 유발

설득 메시지를 면밀히 살펴보면, 마치 순서 교대가 일어나는 대화 상황과 같은 장면을 포착할 수 있다. 두드러진 양상은 '질문하기'인데, 내용 연결 표현의 많은 부분에서 질문을 통한 상호작용이 이루어지고 있다. 특히 논의를 전환할 경우 그냥 '다음은 무엇 무엇에 대해 이야기하겠습니다.' 등의 표현과는 달리 자연스러운 질문을 통해 이야기를 전개한다.

> 그렇다면 이렇게 간접 흡연의 피해를 받는 사람은 얼마나 될까요?
> 장기적으로 살펴보았을 때 쌀 시장의 개방이 우리에게 주는 이점은 무엇일까요?
> 그렇다면 외국인 노동자 문제를 해결하기 위해서 어떠한 대응을 하는 것이 좋을까요?

이러한 대화식의 의문형 내용 연결 표현은 논의 전환이라는 고유의 기능을 충실히 수행하면서, '다음은 쌀 시장 개방의 이점에 대해 알아보겠습니다.'와 같은 평서형 연결 표현보다 청자를 의사소통 상황 속으로 끌어들이는 효과가 더욱 강하다. 의문형 내용 연결 표현은 직접적인 대답을 원하는 것이 아니라 청자가 화자의 논의에 대해 지속적으로 주목할 수 있도록 심리적 결속을 위한 전략적 측면에서 사용한다.

☑ 화법 교육 방향 ——

말하기의 과정을 계획하기 단계와 표현하기 단계로 구분한다면, 자료를 수집하고 말할 내용의 개요를 마련하는 계획하기 단계에서는 이러한 내용 연결 표현이 잘 드러나지 않는다. 내용 연결 표현은 발화 단계에서 화자의 적절한 판단에 의해서 임의적으로 행해지는 경우가 많아 그 중요성에 비해 화법 교육에서 그다지 주목받지 못하고 소홀하게 다루어져 왔다.

하지만 실제 발표 장면을 보면 능숙한 화자와 미숙한 화자를 결정짓는 중요한 요인이 바로 내용 연결 표현의 사용이다. 능숙한 화자는 마치 관광 안내원이 오늘의 관광 코스와 시간을 안내하듯이 자신이 이야기하고 있는 과정을 설명하며 청자를 인도하고 있음을 알 수 있다. 글쓰기와 달리 실시간으로 상대와 대면하여 말해야 하는 화법의 경우 무슨 말을 해야 하는지에 대한 내용 구성과 더불어 전체 내용의 흐름을 안내하며 청자의 이해를 돕는 이 내용 연결 표현을 효과적으로 수행하는 법을 지도하는 것은 매우 중요하다.

VII

청자 분석

6장 에서는 설득을 위한 메시지 조직의 방법에 대해 동기화 단계 이론을 중심으로 살펴보았다. 설득 메시지가 상대에게 받아들여지기 위해서는 상대의 심리를 고려한 일련의 흐름이 필요함을 알게 되었다. 이와 더불어 개별 단계를 매끄럽게 연결하는 관절 역할을 하는 내용 연결 표현에 대해서도 살펴보았다. 이러한 과정을 통해 설정한 설득 메시지를 상대를 고려하여 최적의 상태로 조정하는 데 필요한 이론을 살펴보고자 한다.

동기화 단계와 같이 메시지 조직의 기본적 원형은 우리에게 설득 목적에 적합한 사고의 틀을 제공함으로써 메시지를 수월하게 조직하는 데 도움이 된다. 이러한 일반적인 내용 구성은 보편적인 상황에 무난하게 적용이 가능하다. 하지만 실제 설득하는 말하기를 해야 하는 상황에서는 일반적인 메시지 구성을 실제 청자에게 맞추어 세밀하게 조정할 필요가 있다. 청자를 분석한 사항을 바탕으로 메시지를 재구성해야 설득 효과를 높일 수 있다. 여기에서는 청자 분석과 관련하여 정교화 가능성 이론을 중심으로 분석해야 할 핵심 변인과 분석 내용을 메시지에 적용하는 방법에 대해 알아보고자 한다.

1. 청자 분석의 원리

말 그대로 정보화 사회에서는 상대에게 전달할 정보를 찾아 나열하는 것은 너무도 쉬운 일이 되었다. 하지만 정보의 나열만으로는 상대를 설득하기 어렵다. 효과적인 설득을 위해서는 정보의 선별과 배열도 중요하지만 그 정보가 청자에게 수용되는 인지적·심리적 과정을 예측하여 이를 조정하는 능력이 필수적이다. 정교화 가능성 이론이란 청자가 설득 메시지를 처리하는 과정을 설명한 이론이다. 이 이론을 통하여 청자 분석에서 어떤 점을 고려해야 할지 자세히 알아보도록 하자.

1) 청자 분석의 중요성

청자 분석에서 유념해야 할 것은 청자를 분석하는 것만으로 끝나서는 안 된다는 것이다. 청자를 분석한 바를 내용 구성에 적용하고 표현과 전달 전략을 조정해야 한다. 청자의 연령 분포와 성별 현황에 대한 표면적인 정보를 파악하는 것이 아니라, 파악한 정보를 말하기에 적용하는 것이 최종 목표이기 때문이다.

정확한 청자 분석을 위해서는 인구통계학적인 분석과 인지적·심리적 특성에 대한 분석이 모두 필요하다. 이 중에서 연령이나 성별과 같은 인구통계학적인 분석보다 청중의 인지적·심

리적 특성에 대한 분석이 더욱 중요하다. 성별이나 연령[1] 등 인구통계학적인 정보는 표현 차원
에서 고려해야 하는 정도이지 실제로는 내용 전반에 커다란 영향을 미치지 않기 때문이다.

　　설득 메시지를 조직하는 데 관련된 청자 변인은 일일이 나열하기 어려울 정도로 많다.
일반적으로 메시지의 내용을 조직하기 전에 청자 분석의 항목으로 삼는 것은, 청자의 연령,
성별, 교육 수준, 출신 지역 등 인구통계학적 기본 정보와, 화자에 대한 태도, 주제에 대한 기
존 입장, 주제에 대한 개인적 관련성, 요구, 동기 등이다.

　　이런 항목들을 모두 분석하는 것도 중요하지만 효율성을 위해서는 청자를 고려한 전략
적인 메시지 조직에 가장 큰 영향을 미치는 핵심 변인을 우선 고려할 필요가 있다. 청자 분석
은 그 자체로서 교육의 의미가 있는 것이 아니라 분석 내용이 메시지 조직과 유기적으로 연
관되어야지만 진정한 의미를 갖게 된다.

　　청자에 따른 전략적 메시지 조직에서 가장 중요하게 고려해야 할 것은 주제에 대한 청자
의 기존 입장이다. 청자가 화자의 주장에 대해 찬성과 반대 중 어떤 입장을 갖고 있는지에 대
한 분석이 매우 중요하다. Kearney & Plax(1996: 321)에서도 주제에 대한 청자의 입장을 인
식하는 것이 효과적인 설득 전략 수립에 결정적이라고 하였는데, 청자의 기존 입장에 따라
메시지 조직의 도입부부터 커다란 영향을 받기 때문이다.

　　청자의 주제에 대한 입장과 더불어 고려해야 할 것은 청자가 설득 메시지를 처리할 수 있
느냐의 문제와 처리하고자 하는가의 문제이다. 즉, 설득 메시지에 대한 인지적 처리 능력과
메시지 처리에 대한 동기의 문제이다. 이 부분의 이론적 기반이 되는 것은 Petty & Caciop-
po(1986/1999)의 정교화 가능성 모형(elaboration likelihood model)이다. 이 이론에 의하면

1　일반적으로 연령대가 높은 사람인 경우 사려 깊은 표현을 선호하며, 논리적으로 구조화된 표현을 선호하는 경향
이 있다.

사람은 설득 메시지를 상이한 방법으로 처리하는데, 비판적 사고를 이용하여 정교한 방식으로 메시지를 처리하기도 하고, 때로는 간단하고 덜 비판적인 방식으로 처리하기도 한다.

2) 정교화 가능성 모형

정교화 가능성 모형은 사회심리학자 Richard Petty와 John Cacioppo가 1986년에 주창한 설득 이론이다. 의사소통 요소들이 어떤 상황에서 태도 변화에 상대적으로 큰 영향력을 갖는가를 설명해 주는 이론으로 설득 메시지 수용자의 정보 처리자로서의 능동적 역할을 강조하였다.

정교화 수준과 메시지 처리 경로

정교화(精巧化)란 '공들임, 복잡함, 정교, 면밀'이라는 뜻의 'elaboration'을 번역한 말이다. 직역하면 설득 메시지를 수용하는 사람이 메시지를 처리하는 데 면밀하게 고심하고 공을 들인다는 의미이다. 정교화는 낮은 수준에서 높은 수준까지 연속체로 존재하며 수신자는 이를 높은 수준에서 처리할지 낮은 수준에서 처리할지 결정하게 된다. 이 정교화 수준은 정교화 연속체(elaboration continuum)에서 높고 낮은 수준의 정보를 처리하려는 수신자의 동기와 능력에 의해 결정된다.

(1) 메시지 처리 경로

정교화 가능성 모형은 설득 메시지를 숙고하여 처리할 가능성을 모형으로 제시한 것이다. 정교화 가능성 이론에서 구분하고 있는 설득 메시지 처리 경로는 중심 경로(central route)와 주변 경로(peripheral route)이다(Petty & Cacioppo, 1986/1999).

■ 중심 경로
정교화 수준이 높은 경우에는 메시지를 공들여 해석하려는 동기가 높아지고 해석할 수 있는 능력도 높아진다. 설득 메시지를 중심 경로로 처리하면 메시지의 핵심 내용을 비판적 사고를 이용하여 정교한 방식으로 상당한 노력을 기울여 신중하게 평가한다. 능동적으로 정보를 처리하고 정보에 가중치를 두므로 청자의 태도 변화가 지속적이고 행동으로 이어질 가능성이 높다.

■ 주변 경로

정교화 수준이 낮은 경우에는 메시지를 해석하고자 하는 동기가 낮고 해석할 수 있는 능력이 낮다. 이런 경우 청자는 설득 메시지를 주변 경로로 처리한다. 이때는 화자의 주장에 대한 비판적 사고 없이 논증 자체보다는 직접 관련이 없는 주변적 단서의 영향을 받아 단순 추론으로 태도를 결정하는 경향이 있다. 주변적 단서의 예에는 첫인상이나 호감도와 같은 화자 관련 요소, 주장의 수와 같은 메시지 관련 요소, 기분이나 느낌 등과 같은 청자 관련 요소, 즐거운 배경 음악이나 청중의 야유 같은 상황적 요소가 있다. 이러한 주변 단서로 인한 태도의 변화는 일시적이며 실제 행동으로 이어질 가능성도 낮다.

메시지를 평가할 때에는 비판적이어야 하나 사실 사람들은 모든 메시지에 항상 주의를 기울이지는 않는다. 중심 경로와 주변 경로에는 어느 정도의 조합이 항상 예상된다. 대부분의 경우 이 두 경로 모두에 의해 영향을 받게 된다. 즉, 동기와 능력이 낮아 주변 경로로 정보를 처리할 때에도 강한 논증에 영향을 받을 수 있다. 그리고 중심 경로로 정보를 처리할 때에도 사소한 요인의 영향을 받을 수도 있다. 중간 정도의 정교화 조건에서는 중심 경로와 주변 경로가 혼합되기도 한다.

(2) 경로 선택의 변인

정교화 가능성 이론의 핵심은 설득 효과를 위해서는 청자가 설득 메시지를 중심 경로로 정교화해서 처리해야 한다는 것이다. 주변 경로에서 설득이 일어나지 않는 것은 아니지만 중심 경로에 비해 설득 효과가 적다. 중심 경로를 통해 이루어진 태도 변화는 주변 경로를 통한 태도 변화보다 오래 지속되며, 수용한 주장에 대해 역설득을 접할 경우 이에 대한 저항력이 증가되며 태도와 행동의 일관성이 향상된다.

이런 이론이 설득 메시지의 조직에 시사하는 바는 '설득 메시지의 내용이 청자의 중심 경로로 처리되도록 조직되어야 한다.'라는 것이다. 아무리 설득 메시지가 내용 차원에서 치밀한 논증으로 구성되어 있더라도 도입부에서 청자의 중심 경로로 처리되지 못하면 설득 효과를 달성하기 어렵다. 이때 결정적 변인으로 작용하는 것이 바로 능력과 동기이며 정교화

태도의 지속성에 대한 실험 결과

　　Petty 외(1986)에서는 태도의 지속성에 대한 실험을 하였다. 이들은 100여 명을 실험 대상으로 하여 설득의 효과를 10~14일 후에 재측정하였다. 실험 결과, 쟁점 관련 주장을 주의 깊게 고려하여 태도를 형성한 피험자들, 즉 중심 경로로 메시지를 처리한 집단은 주변적 단서를 통하여 태도를 형성한 집단, 즉 주변 경로로 메시지를 처리한 집단보다 태도 변용 측면에서 더 큰 지속성을 보였다.

　　또한 주장에 대한 반박 주장을 의미하는 역설득에 대한 저항력도 증가하였다. 이들은 그 원리를 다음과 같이 설명하고 있다. 중심 경로를 통해 숙고하여 받아들인 설득 메시지는 그에 대한 반박 주장에 의해 공격을 받을 때 기존에 받아들인 신념을 유지하는 데 필요한 능력과 동기를 제공하여 더 강하게 방어할 수 있는 저항력을 생성하기 때문이다.

가능성이란 능력과 동기의 함수 관계로 표시될 수 있다.

■ 능력

　　여기서 능력(ability)이란 인지적 차원의 메시지 처리 능력을 의미한다. 설득의 주제에 대해 관심과 흥미가 있지만 그것을 이해하고 분석할 수 없으면 중심 경로로 처리할 수 없다. 예를 들어 대학생을 대상으로 한 설득 메시지의 주제가 '건강을 위한 아침 식단'인 경우와 '환율 안정을 위한 외국환평형기금의 확대'인 경우에 후자는 전자에 비해 청자의 사전 지식 부족 등으로 이해도가 낮아 중심 경로로 처리될 가능성이 낮다. 능력 변인에는 시간적 압박, 주의 산만 등 인지적 자원의 가용성, 논증을 꼼꼼히 따지는 데 필요한 사전 지식, 일반적 교육 수준, 화제에 대한 교육과 경험 등이 포함된다.

■ 동기

　　동기(motivation)란 설득 메시지를 처리하고자 하는가에 대한 심리적 정도를 의미한다. 특히 주제에 대한 개인적 관련성이 높은 경우나 청자가 비판적 사고를 즐기는 인지적 성향을 지녔을 경우에 중심 경로로 설득 메시지를 처리하고자 하는 동기가 커진다. 예를 들면 대학생을 대상으로 한 설득 메시지의 주제가 '학교 재정 확보를 위한 등록금 인상'인 경우와 '학교 기반 시설 확충을 위한 지하 주차장 건설'인 경우, 청자가 지각하는 개인적 관련성의 정도에는 큰 차이가 있다. 이 경우 지하 주차장 건설 주제보다는 등록금 인상 주제를 중심 경로로 처리할 가능성이 높아지게 되는 것이다. 동기 변인에는 화제에 대한 개인적 관련성, 책임, 인지 욕구[2] 등이 포함된다.

정교화 가능성 모형을 도식으로 간략하게 나타내면 다음과 같다.

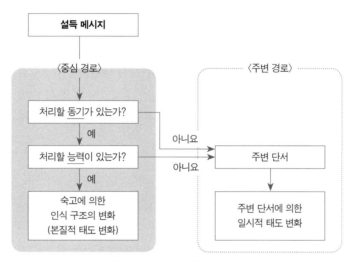

설득 메시지 처리의 중심 경로와 주변 경로

(3) 정교화 가능성 이론의 시사점

청자가 설득 메시지를 어떤 식으로 판단하고 처리하는가를 설명한 정교화 가능성 이론에서 화자 입장에서 고려할 사항을 정리하면 다음과 같다.

첫째, 화자는 주제 선택부터 메시지 조직까지 청자의 이해 능력을 고려하여 설득 메시지가 지속적으로 중심 경로로 흐를 수 있도록 해야 한다. 청자에게 생소하고 어려운 주제라면 쉬운 어휘를 선택하고, 문장의 길이를 간결하게 하는 등 청자의 이해를 도울 수 있도록 해야 한다. 특히 메시지 조직 차원에서는 어려운 개념을 상세하게 설명하는 부분을 추가하고, 어려운 내용을 쉬운 내용에 빗대어 비유로 설명하고, 논증의 수를 줄일 필요가 있다. 또한 반박

2 　인지 욕구(need for cognition)란 '인지적 노력을 즐겨 하는 개인의 내재적이며 통계적인 경향성'을 의미한다(Petty 외, 1982). 인지 욕구가 큰 사람은 생각하기 좋아하는 성향이며, 내용을 주의 깊게 비판적으로 검토하여 평가한다. 인지 욕구가 적은 사람은 메시지에 대한 숙고를 쉽게 포기하거나 메시지 외의 주변 단서로 메시지를 판단한다.

의견까지 대비하면서 논의하는 양면 메시지는 이해 능력이 부족한 청자에게는 어렵게 느껴질 수 있으므로 입장이 선명하게 제시된 일면 메시지를 사용하는 것이 좋다. 또한 청자가 메시지를 들은 후 어떤 태도를 지니며 어떤 행동을 해야 하는지 결론을 명시적으로 제시하는 것이 설득 효과가 크다.

둘째, 화자는 청자가 설득 메시지를 중심 경로로 처리하고자 하는 동기가 생기도록 해야 한다. 청자가 주장을 수용하는 도중에도 그 동기를 계속 유지하도록 해야 한다. 이를 위해서는 주제에 대한 개인적 관련성을 부각하는 것이 중요하다. 예를 들어 청자가 '나와는 관련 없는 얘기군.' 같은 생각을 하고 중심 경로 쪽의 물꼬를 막아 버린다면, 그 이후 진행되는 논의는 주변 경로로 흐를 가능성이 커지기 때문이다. 또한 청자의 흥미를 유발하기 위한 자료를 제시하고, 청자의 인지적 성향을 자극할 수 있는 노력이 필요하다. 특히 청자의 동기에 대한 고려는 설득 메시지의 도입부에 집중되어야 한다. 도입부에서 청자로 하여금 중심 경로로 처리하고자 하는 동기를 형성하는 것이 매우 중요하다.

☑ 화법 교육 방향 ─

정교화 가능성 이론은 청자가 설득 메시지를 처리하는 심리적 과정을 설명해 주는 이론이다. 화법 교육에서는 이론에 대한 이해에 그치는 것이 아니라 이를 메시지 조직 전략에 적용하는 데까지 나아가야 한다. 정교화 가능성 이론에서는 효과적이고 지속적인 설득이 이루어지기 위해 중심 경로에 의한 숙고를 통한 메시지의 처리를 중시하고 있다.

화법 교육에서는 형식적인 청자 분석에 그치는 것이 아니라 분석 내용이 언어적 메시지를 다듬고 매끄럽게 하는 데 소용되도록 하는 실제적인 전략을 교육 내용으로 제공할 필요가 있다. 분석의 대상도 학생 입장에서 예측이 어려운 노인 집단, 여성 또는 남성으로만 이루어진 집단, 유치원생처럼 성별, 세대 등 인구통계학적 요소에 초점을 둔 인위적 집단보다는 또래 학생들을 대상으로 하는 것이 바람직하다. 대신 성별이나 연령보다 기존 입장, 주제에 대한 관심의 정도, 배경 지식의 정도 등 인지적 또는 심리적 변인을 다양하게 설정하면 된다. 이에 대한 분석 내용을 자신의 메시지에 적용하는 훈련을 하는 것이 학생들의 판단력과 실제적인 적용력을 신장하는 데 도움이 된다.

2. 청자 분석과 메시지 조직

앞에서는 청자가 메시지를 처리하는 내적 과정을 살펴보고 청자 분석에 적용할 시사점을 알아보았다. 청자를 분석할 요소는 매우 많은데 분석의 우선순위를 정하여 핵심 요소를 선정할 필요가 있다. 설득의 목적에 주효한 핵심 요소를 선정해야 하는데, 그 요소에 따라 메시지 조직이 조정되므로 여기에서는 '요소' 대신 '변인'이라는 용어를 사용하여 설명하고자 한다.

1) 메시지 조직의 핵심 변인

설득 메시지를 효과적으로 조직하기 위해 가장 큰 영향을 미치는 청자와 관련된 핵심적인 변인으로 주제에 대한 청자의 기존 입장이 있다. 설득이라는 의사소통의 목적을 고려하면 다른 무엇보다 화자가 주장하는 바에 대해 청자가 어떤 입장을 가지고 있는지 파악하는 것이 가장 중요하다.

그다음은 정교화 가능성 이론에서 제시한 능력 차원의 변인으로 청자의 지적 수준과 사전 지식을 고려해야 한다. 이 둘은 일부 설득 연구에서 같은 개념으로 처리하기도 하였으나, 메시지를 처리할 수 있는 지적 수준을 가지고 있는 것과 주제에 대한 사전 지식을 많이 가지고 있는 것은 다른 것이기 때문에 구분하는 것이 타당하다. 지적 수준은 높지만 주제에 대한 사전 지식이 적을 수 있고, 관련된 사전 지식은 많지만 지적 수준이 낮을 수도 있기 때문이다.

그다음 동기 차원의 변인으로 가장 결정적인 것은 개인적 관련성이다. 설득 메시지를 숙고하여 처리하고자 하는 동기를 결정하는 가장 중요한 변인이 바로 주제에 대해서 청자가 지각하는 개인적 차원의 관련성 여부이기 때문이다.

물론 네 가지의 핵심 변인은 독립적으로 존재하는 것이 아니다. 하나의 변인이 작용할 때 다른 변인이 매개 변인으로 동시에 작용하기도 하고, 두 변인의 상호작용으로 새로운 조건을 형성하기도 한다. 특히 청자의 기존 입장은 그 자체로서 매우 영향력 있는 변인임과 동시에, 다른 변인들이 메시지 조직에 영향을 미칠 경우 특정 조건을 형성하는 중요한 매개 변인이 된다.

그렇다면 청자와 관련된 핵심 변인은 어떤 특성을 가지며, 그 특성들이 설득 메시지의 조직에 어떤 영향을 미치는지 확인할 필요가 있다. 이 부분은 설득 메시지를 조직할 때, 목적에 맞게 전체 틀을 구성한 후 청자 분석 결과를 토대로 메시지 조직 전략을 수립하기 위해 반드시 필요하다.

(1) 기존 입장: 주제에 대한 태도

설득 메시지를 조직할 때 고려해야 할 중요한 변인은 주제와 관련된 청자의 기존 입장이다. 화자가 주장하는 바에 대해 찬성의 입장인지 반대의 입장인지에 따라 메시지 조직은 크게 달라진다. Brehm(1966)에서는 심리적 저항 이론(psychological reactance theory)을 설명하면서 "모든 사람은 개인적 자유를 가지고 있는데 설득적 시도는 그것을 위협하며, 그런 자유를 다시 획득하기 위해 설득적 시도에 대해 강하게 저항하도록 동기 부여된다."라고 하였다. 다양한 정서적 소구와 이성적 논증으로 잘 조직된 설득 메시지라도 청자의 이런 성향을 무시하면 설득의 목적을 달성하기 어렵고 오히려 역효과를 초래하게 된다.

■ 일면 메시지와 양면 메시지의 선택

청자의 기존 입장이 화자의 주장에 찬성하는 경우는 화자와 청자의 입장이 동일하기 때문에 논쟁이 야기될 수 있는 반론을 제시하지 않고 화자가 주장하는 측면만 제시하는 일면 메시지가 효과적이다(Lumsdaine & Janis, 1953). 반면에 청자가 화자의 주장에 반대하는 경우라면 예상되는 반론까지 함께 언급하여 그에 대해서도 이미 충분히 검토하였음을 제시하는 양면 메시지를 사용하는 것이 설득에 효과적이다.

사례 청자의 기존 입장에 따른 일면 메시지와 양면 메시지의 선택

청자 기존 입장	메시지 내용	전략
케이블카 설치를 **찬성**하는 지역 주민에게	최근 관광객의 감소로 지역의 경제 여건이 좋지 않습니다. 케이블카를 설치하면 지역 경제도 활성화되고 공사로 인한 고용 창출 효과도 유발됩니다. 거동이 불편한 노약자나 장애인도 설악산의 아름다운 경치를 사시사철 구경할 수 있습니다. 그러므로 케이블카를 반드시 설치해야 합니다.	케이블카 설치로 인한 장점만 부각하는 **일면 메시지**를 사용한다.
케이블카 설치를 **반대**하는 환경 운동가에게	케이블카를 설치하면 관광 수입이 증대되어 지역 경제가 활성화됩니다. 또한 몸이 불편한 사람도 설악산의 아름다운 경치를 관람할 수 있습니다. ㉠ 케이블카 설치로 인한 환경 훼손을 우려하는 목소리도 있습니다. 하지만 케이블카 설치 공법이 발달하여 환경을 훼손하지 않고 공사가 가능합니다. 케이블카를 설치하면 탐방로 훼손도 줄어들어 오히려 환경 보전에 도움이 됩니다. 친환경적 케이블카의 설치와 운영은 지역 경제뿐 아니라 환경 보전에도 반드시 필요한 일입니다.	㉠과 같이 예상 반론을 함께 언급하는 **양면 메시지**를 사용하여 환경 문제도 충분히 검토하였음을 알린다.

■ 메시지의 성격 결정

반대 입장의 청자에게는 태도 변화의 기대 목표를 낮추고, 반대 입장에 대한 이해와 존중을 드러내어 초기에 공감대를 확보하는 것이 중요하다(Kearney & Plax, 1996). 다음 사례는 '청소년 성범죄자 신상 공개 반대'라는 주제의 설득 메시지의 일부인데 도입부부터 반대 입장을 표명한 경우이다.

㉠ 저는 오늘 청소년 성범죄자 신상 공개에 반대 의견을 개진하고자 이 자리에 나왔습니다. ㉡ 이런 저를 보고 혹자는 당신 가족이 그런 일을 당했다면 그런 소릴 할 수 있겠느냐 그렇게 물어볼 수 있습니다. 당연히 그런 일을 당한다면 사람은 감정적이 되기 쉽고 그렇기 때문에 저는 확실히 '나는 반대한다.' 이런 식으로 말은 못 하겠습니다. 하지만 제 이성만은 그렇게 반대하라고 말할

것입니다.

민감한 주제에 대해 ㉠과 같이 반대 입장을 직접적으로 노출할 경우 청자들은 자신의 입장을 더욱 견고히 하며, 앞으로 전개될 설득 메시지를 방어할 태세를 갖추게 되는 부작용을 야기할 수 있다. 더군다나 ㉡처럼 "혹자는 그런 소릴 할 수 있겠느냐?" 등과 같은 표현으로 불필요한 편 가르기를 하고 있다. 이런 경우는 공유하고 있는 신념을 확인하는 공감대부터 확보하고 입장 차이가 드러나는 민감한 부분은 객관적 근거와 함께 다음 단계에서 제시하는 것이 효과적이다.

(2) 지적 수준

청자의 지적 수준에 영향을 미치는 세부 요인에는 여러 가지가 있다. 교육 수준, 기억력, 인지 속도, 학습 동기 등 다양한 요인이 청자의 지적 수준을 결정한다. 이러한 여러 요인들 중 설득 메시지와 관련된 연구에서 주로 이용되었던 변인은 청자의 교육 수준이었다.

설득 연구의 시발점이 되었던 제2차 세계대전 당시 Hovland 외(1949)에서는 일면 메시지와 양면 메시지의 효과를 실험하였다. 메시지의 내용은 일본에 대한 미국의 전쟁을 주제로 한쪽 주장만을 담은 일면 메시지와, 긍정과 부정으로 구성된 양면 메시지로 그 효과를 측정하였다. 이 실험에서 청자와 관련된 매개 변인으로 활용된 것이 바로 청자의 교육 수준이었다. 실험 결과에 의하면, 교육 수준이 낮은 청자에게는 일면 메시지가 효과적이었고, 교육 수준이 높은 청자에게는 양면 메시지가 효과적이었다.

■ 일면 메시지와 양면 메시지의 선택

Petty & Cacciopo(1986/1999)에서도 동일한 주장을 하였는데, 지적이거나 교육 수준이 높은 청자는 제안된 주장에 대해 긍정과 부정의 두 가지 측면을 동시에 고려할 가능성이 높으며, 화자의 입장만을 주장하는 일면 메시지보다 반대 측의 입장도 고려한 양면 메시지를 더욱 신뢰하고 선호한다고 하였다. 또 일면 메시지를 제시한 화자보다 양면 메시지를 제시한 화자의 공신력을 더욱 높게 평가한다고 하였다. 지적 수준이 높은 청자에게는 양면 메시지로 내용을 조직하는 것이 더욱 설득적이다.

■ 양면 메시지의 제시 순서 결정

양면 메시지의 효과를 분석한 Jackson & Allen(1987)에 의하면, 양면 메시지는 화자가 자신의 입장을 먼저 제시하느냐, 나중에 제시하느냐에 따라 '화자의 입장 → 반대 입장', '반대 입장 → 화자의 입장', '화자의 입장과 반대 입장의 상호 교차'의 세 가지 유형으로 구분된다. 연구 결과에 의하면, 화자의 입장을 먼저 주장하고 반대 입장을 설명하는 방식이나 상호 교차 방식이, 반대 입장을 먼저 제시하고 나중에 화자의 입장을 주장하는 방식보다 더 효과적인 것으로 판명되었다.

다음 사례는 '사형 제도를 폐지해야 한다.'라는 주제로 양면 메시지를 사용하여 자신의 논리를 전개한 경우이다. 사형 제도 폐지의 입장을 먼저 주장한 후에, 예상 반론에 대해 다른 나라의 사례를 들어 반박하고 있다.

사례 **양면 메시지의 제시 순서**

메시지 내용	전략
사형 제도를 폐지해야 합니다. 첫째, 사형은 무고한 사람에게 집행될 경우 되돌릴 수 없는 결과를 초래할 수 있습니다. 둘째, 사형 제도는 헌법에 위배됩니다. 헌법 제10조에는 모든 국민이 인간으로서의 존엄과 가치를 가진다고 규정되어 있습니다. 셋째, 형벌의 목적이 범죄인의 교화로 옮겨지고 있는 현재의 추세에 사형 제도는 부합하지 않습니다. 사형 제도를 유지하는 것은 국가가 범죄인에 대한 교화 노력을 포기하는 것입니다.	화자의 입장 ⇩ 반대 입장 제시 후 반박
사형 제도의 존속을 주장하는 사람들은 흉악범에 대한 범죄 예방의 효과를 근거로 듭니다. 그러나 사형 제도를 폐지한 후에 범죄가 오히려 줄어들었다는 통계 결과가 있습니다. 그러므로 사형 제도 유지가 범죄 예방으로 이어진다고 보기는 어렵습니다.	

만약에 사형 제도 폐지의 반대 입장에서 가장 강력한 논리인 '범죄 예방 효과'를 먼저 설명하였다면 반대 입장을 가진 청자의 신념을 더욱 확고히 하여 설득에 어려움을 초래할 가능성이 있다. Jackson & Allen(1987)의 실험 결과가 입증하였듯이, 사형 제도 폐지에 대한 자신의 입장을 관련 사례와 헌법 조항을 제시하면서 주장한 후, 예상되는 반대 주장의 단점을 근거를 드는 순서로 반박한 것은 효과적인 양면 메시지 조직의 사례이다.

(3) 사전 지식

청자가 사전 지식이 많을 경우 화자의 설득 메시지에 흔들리지 않고 기존 입장을 고수하는 경향이 있다(Ross 외, 1975). 청자가 주제와 관련된 경험이 많아 사전 지식을 많이 가지고 있다면 청자가 고수하는 입장에 반대하는 내용을 화자가 말할 경우 이를 거부하는 경향이 더 커지게 된다. 반면에 화자가 청자의 기존 입장을 지지하는 말을 할 경우에는 찬성하는 경향이 더 커진다(Petty & Cacciopo, 1986/1999). 즉, 청자가 메시지를 처리할 때 청자의 기존 입장은 사전 지식의 매개 변인으로 기능하여 청자의 반응을 증폭하게 된다.

■ 일면 메시지와 양면 메시지의 선택

우선 화자가 자신이 옹호하는 주장만 말하는 일면 메시지를 사용하는 경우를 살펴보자. 이 경우 화자의 주장을 청자가 찬성한다면, 사전 지식이 많은 청자는 화자의 주장을 더욱 지지하여 수용하려고 한다(Cacciopo 외, 1982). 반면 청자가 반대 입장을 가질 경우, 사전 지식이 많은 청자는 거부 반응을 보이면서 화자의 주장을 강하게 반대하며 자신의 입장을 고수하게 된다(Wood, 1982). 그러므로 청자가 반대 입장이고 사전 지식이 많은 경우에는 일면 메시지를 사용하면 안 된다.

■ 배경 설명의 양과 제시 위치 결정

설득 메시지를 조직할 때 사전 지식 변인은 도입부의 배경 설명에 영향을 미친다. 청중이 화자가 주장하는 내용에 대해 충분한 사전 지식을 가지고 있을 경우 자세한 배경 설명은 불필요하다. 화자의 주장을 선명하게 제시하고 구체적인 행동 방안을 언급하면 된다. 하지만 청자의 사전 지식이 충분하지 않을 경우 도입부에 배경 설명에 대한 내용을 충분하게 할당하여 메시지를 조직하여야 한다. 다음은 쌀 협상과 관련된 주장을 하면서 사전 지식이 충분하지 못한 청자에게 도입부에서 배경 설명을 상세하게 한 사례이다.

도입부에서 배경 설명을 충실하게 한 메시지

메시지 내용	전략
안녕하십니까? 쌀 협상이 이제 조금밖에 안 남았습니다. 그 과정에서 우리가 준비한 것이 무엇인지 아직 미흡한 점이 많은 것 같습니다. 그래서 일각에서는 쌀 관세화가 오히려 유예를 통해 쌀을 수호하는 것보다 유리하다는 의견까지 나오고 있습니다.	
일단 쌀 협상에 대해서 설명을 좀 드리겠습니다. 쌀 협상의 시작은 1994년 우루과이라운드 때입니다. WTO는 예외 없는 관세화 원칙이라고 하여 모든 공산품에 대해 일단 관세를 붙여 자국의 물품을 보호하는 것을 없애자는 원칙을 세웠습니다. 그렇지만 농업 부분에서만 특별히 특별 조치를 이렇게 내려서 우리나라를 비롯한 몇 개국이 농업 부분에서 특별 조치를 받았습니다. 그래서 10년간 관세화 유예를 하는 대신에 그 의무 수입량을 정해서 나중에 관세화를 대비하기 위해서 의무 수입량을 조금씩 늘려 나가는 방향으로 그렇게 대우를 해 주었습니다.	주요 개념인 '쌀 협상'에 대해 배경 설명을 한다.

(4) 개인적 관련성

개인적 관련성이란 화자의 설득 주장에 대해 청자가 지각하는 관련의 정도를 말한다. 개인적 관련성은 청자가 자신의 삶에 중요한 결과를 초래할 가능성이 있는 주제를 대했을 경우 크게 느껴지게 된다(Apsler & Sears, 1968).[3]

다음 사례는 '노동 시장의 유연성을 제고해야 한다.'라는 연설인데 개인적 관련성을 강조한 도입이 잘 드러나 있다. 청자의 흥미나 동기가 약할 수 있는 주제인데, 개인적 사례를 소개하고 상황에 대한 청자의 감정이입을 시도하여 개인적 관련성을 높이기 위한 시도를 하고 있다.

---

3   개인적 관련성은 사회심리학 연구의 주요 변인으로서 자아 관여(ego-involvement), 쟁점 관여(issue involvement), 개인적 관여(personal involvement), 기득권(vested interest), 내재적 중요성 등 다양한 명칭으로 불려 왔다. 이 모두는 유사한 개념을 지칭하는 것이므로 여기서는 '개인적 관여'를 의미가 더 명확하게 드러내도록 수정한 Petty & Cacciopo(1986/1999)의 견해에 따라 '개인적 관련성'이라는 용어로 통일하여 사용하였다.

사례　개인적 관련성을 높이기 위한 내용

메시지 내용	전략
한 노동자의 이야기로 제 연설을 시작하려고 합니다. 작년 12월에 ○○ 중공업의 비정규직 노동자였던 김□□ 씨가 고용이 연장되지 않자 삶을 비관하여 자살한 사건이 있었습니다. ⑦ 이런 얘기를 들으시면 우리와는 상관이 없는 아주 극빈한 노동자의 이야기 정도로만 생각되실 겁니다. 하지만 이 사건이 노동 시장이 유연하지 못하여 발생했다는 점에서 이 사건은 우리와 밀접한 연관이 있습니다. ⓛ 어떻게 보면 저희는 조금 형태는 다르지만 김□□ 씨의 이야기를 겪으며 살아가고 있는 것 같습니다. 그래서 저는 오늘 여러분들과 노동 시장의 유연성에 대해서 이야기해 보고자 합니다.	⑦, ⓛ을 통해 연설 내용을 청중의 삶에 연관시킨다.
ⓒ 그런데 이렇게 얘기하면 너무 막연하실 수도 있을 것 같은데요, 저희의 경우에 맞추어 조금 상상하면서 들어 주시면 좋을 것 같습니다. 만약 여러분이 어느 회사에 취업을 하셨는데 그 회사가 빈번하게 신규 직원을 고용하고 또 해고가 자유롭다고 하면 여러분은 어떨 것 같으세요? (하략)	ⓒ 문제 상황에 대한 감정 이입을 유도하여 개인적 관련성을 강화한다.

Petty & Cacciopo(1979)에서는 동일한 주제에 대해 개인적 관련성이 높은 경우와 낮은 경우의 두 가지 상황을 설정하여 실험하였다. 그들은 이 실험을 통해 개인적 관련성이 높은 경우가 그렇지 않은 경우보다 주장에 대한 찬성과 반대의 정도 차이가 확대된다는 것을 입증하였다. 즉, 개인적 관련성이 낮을 경우는 찬성과 반대의 차이가 별로 나지 않아 뚜렷한 입장 차이를 보이지 않았으나, 개인적 관련성이 커지자 찬성과 반대에 대한 입장 차이가 극명하게 커지는 것으로 확인되었다.

주장에 대한 개인적 관련성이 커질수록 청자는 화자의 주장을 더욱 정교하게 처리하려고 동기화된다. 사안이 개인의 삶에 미치는 영향력이 크다고 느낄수록 화자의 주장에 대해 장단점을 평가하기 위한 청자의 인지적 노력은 증가하게 된다.

개인적 관련성 변인은 설득 메시지에 대한 청자의 기존 입장과 함께 고려되어야 한다. 개인적 관련성 변인도 독립적으로 작용한다기보다는 기존 입장이라는 매개 변인에 의해 상호 작용하면서 설득 과정에 영향을 미친다(Petty & Cacciopo, 1986/1999). 청자의 입장이 찬성일 경우에는 개인적 관련성을 더욱 높이기 위한 시도를 하고, 반대일 경우에는 개인화를 화자의 주장 쪽으로 전환해야 한다.

■ 주장의 개인화 방향 결정

이러한 개인적 관련성 변인의 특성을 고려하면 메시지를 조직할 때 다음과 같은 시사점을 얻을 수 있다. 메시지를 청자 개인과 연관시키려는 개인화 시도가 필요한데 이때 개인화를 화자가 주장하는 입장 쪽으로 하는 것이 효과적이다. 청자가 반대하는 내용의 주장을 할 때 화자가 시도하는 개인화가 반대로 향할 경우 자기중심성이 증폭되어 설득은 더욱 어렵게 된다. 이때 화자의 주장 쪽으로 개인화의 방향을 설정하여 청자의 개인적 관련성을 높이는 내용을 구성할 필요가 있다.

다음 자료는 님비 현상을 주제로 한 것이다. 청자는 분명히 '그래도 나와 관련되는 경우는 싫다.'라는 반대 입장을 가졌을 것이다. 이 경우 그 반대의 경우, 즉 나의 가족과 애인이 어려움을 당할 경우를 설정하여 개인화의 방향을 화자의 주장 쪽으로 전환하였다.

사례 화자의 주장과 청자의 개인화를 일치시킨 메시지

메시지 내용	전략
오늘 제가 말씀드릴 주제는 님비 현상 해결 방안입니다. 님비의 뜻을 모르시는 분은 설마 없으시겠죠? 예, 'not in my back yard', 즉 '우리 집 뒷마당에 혐오 시설이 들어오는 것은 절대 안 된다.' 이런 말입니다. 예, 제가 그린 그림인데요, 우리 집 뒤뜰에 혐오 시설이 들어온다고 생각해 보십시오. 얼마나 끔찍하겠습니까? 이런 면에서는 지역 이기주의를 양산해 내는 지역의 주민들의 마음을 이해할 수 있을 것 같기도 한데요.	① 일반적 진술로 지역 이기주의에 대해 어느 정도는 이해함을 밝힌다.
반대로 생각해 보십시오. 여러분 모두 사랑하는 가족 혹은 애인이 있을 것입니다. 소중하게 생각하는 사람이 많이 아파서 수용 시설에 들어가야 하는데, 특정 지역 주민의 반대로 수용 시설이 위치할 수 없고, 그리하여 여러분이 아끼는 사람이 치료를 받을 수 없다면 그때 여러분이 느낄 그 간절함, 한번 생각해 보셨나요? 이런 생각을 한 번이라도 해보신 분이라면, 지역 이기주의가 얼마나 현대인들의 이기적인 가치관을 잘 반영하고, 또 각자가 자신의 이익을 조금이라도 지키기 위해 노력하는 사이, 반대편에서는 얼마나 큰 손해를 보는지 잘 알 수 있습니다. (하략)	② 님비 현상으로 인한 피해자로 개인화의 방향을 전환한다.

이렇게 개인적 관련성을 높이기 위한 시도 없이 화자가 자신의 주장만을 일방적으로 제시하면, 청자는 지속적으로 '나와 관련된 경우는 싫다.'는 자신의 신념을 고수할 것이고, 청자의 개인적 관련성은 이런 반대 성향을 더욱 증폭하여 설득을 어렵게 만들었을 것이다. 사례에서는 청자로 하여금 화자의 주장 측면에서 생각하도록 유도하여서 역효과를 초래할 수 있는 개인적 관련성 변인을 유리하게 이용하였다.

이와 더불어 개인적 관련성이 너무 강한 경우에는 오히려 개인화를 덜 시키는 방향으로 전환할 수도 있다. 개인적 관련성이 너무 강할 경우 자기 보호적 관심에 머무르거나, 자아가 원하는 방향으로 메시지 처리가 편향되는 상황이 생길 수 있다. 즉, 제시된 주장에 대해 이성적으로 메시지를 처리하는 것이 아니라, 자기중심적으로만 처리할 소지가 있다. 그러므로 자

기중심성이 너무 강해 객관적으로 메시지를 처리하지 못하는 경우에는 개인적 관련성을 약화시킬 수 있도록, 주장을 개인에 초점화하기보다는 공공의 이익 등 다른 곳으로 환기할 필요가 있으며, 도입부에서 청자가 자신의 개인적 입장을 빨리 선택하지 못하도록 화자와 청자가 공동으로 기반하고 있는 주제부터 다루어 나가는 것이 효과적이다.

■ 결론 제시 방식 결정

개인적 관련성 변인은 결론을 어떤 식으로 처리하는가에 영향을 미친다. 일반적으로는 화자가 설득 메시지의 결론을 명시적으로 제시하는 것이 효과적이라는 연구 결과가 많다.[4] 하지만 암시적 결론의 설득 효과가 더 크다는 연구 결과들도 있다.[5] 이런 양상에 대해 O'Keefe(1990: 160)에서는 "결론의 명시적 제시는 메시지에 대한 오해를 줄여 효과적일 수 있고, 암시적 제시는 청자 자신이 결론을 내림으로써 효과적일 수 있기 때문이다."라고 설명하였다.

결론 제시 방식의 설득 효과에 대한 여러 연구에서 청자의 지능, 화자의 설득 의도, 개인적 관련성, 주제의 복잡성 등을 매개 변수로 고려하였다. 이 중 개인적 관련성에 대한 연구 결과에 의하면, 개인적 관련성이 낮을 경우에는 결론을 명확하게 제시하는 것이 효과적이지만, 개인적 관련성이 높은 경우에는 그 결론을 청자가 스스로 내리도록 하는 것이 효과적이다(Hovland 외, 1953: 104; 차배근, 2002: 246 재인용).

그러므로 개인적 관련성이 낮을 경우에는 주장의 결론을 명시적으로 제시하고, 개인적 관련성이 높은 예민한 사안의 경우에는 결론을 암시적으로 제시하여 청자 스스로 결론을 내리도록 해야 한다.

2) 핵심 변인의 종합적 적용

설득 메시지를 조직할 때는 청자를 막연히 생각하는 것보다 구체적으로 설정하는 것이 실제 연설의 내용을 구성할 때 용이하다. 다만, 네 가지 핵심 변인이 분리된 것이 아니라 유

---

4   대표적 연구로는 Cooper & Dinerman(1951); Hovland & Mandell(1952); Cope & Richardson(1972) 등이 있다.
5   Cohen(1964)의 연구가 대표적이다(차배근, 2002: 246 재인용).

기적으로 연결된 것임을 이해하고 이를 종합적으로 적용해야 한다.

다음은 '상세한 의복 정보 표시를 의무화하자.'라는 주장을 하기 위해, 청자 관련 핵심 변인을 분석하고 이에 따라 메시지 조직 전략을 수립한 사례이다.

사례 청자 분석을 통한 메시지 조직

	분석 내용	메시지 조직 전략
① 기존 입장	화자가 주장하는 내용이 청중인 소비자에게 무해하며 이득이 되는 내용이므로 **기존 입장**은 찬성일 것이다.	찬성하는 청중에게는 생생한 실례로 흥미를 강화하고 **개인적 관련성**을 높이는 것이 좋으므로, 실례를 들어 시각화하고 접근성을 높이며 이해를 돕는다.
② 지적 수준	의복 생활을 영위하는 일반 소비자를 대상으로 연설할 예정이므로 청자들의 **지적 수준**은 내용을 이해하기 충분할 것이다.	⑦ 찬성하는 청중에게는 논쟁이 야기될 수 있는 반론을 제시하지 않고 **일면 메시지**만 전달하는 것이 효과적이나, 청중의 **지적 수준**이 높은 것을 고려하여 화자의 주장에 수반될 수 있는 반론 및 의문점에 대해 언급 후 해결하는 방식으로 **양면 메시지**를 조직한다.
③ 사전 지식	일반 소비자는 의류 제품의 소재와 기능에 관한 화학적·생리학적 정보의 **사전 지식**이 많지 않을 것이다.	청자의 **사전 지식**이 많지 않으므로 반대는 약할 것으로 보인다. 따라서 주제에 대한 배경 설명의 비중을 높여 청자의 이해를 돕는다. 또한 주장하는 바를 뒷받침하는 논리적인 근거를 제시하여 화자가 의도하는 태도를 형성하도록 유도한다.
④ 개인적 관련성	일상적으로 의복을 착용하지 않는 현대인은 거의 없으므로 청자들의 **개인적 관련성**은 매우 높다.	청자의 **기존 입장**이 찬성이고 **개인적 관련성**이 높은 주제이므로 주장을 청중에게 그대로 연결시키는 방향으로 개인화를 시도한다. 결론을 암시적으로 처리하여 청자가 스스로 결정하였다는 마음을 갖도록 하여 설득 효과를 높인다.

청자의 기존 입장이 찬성일지라도 지적 수준이 높은 청중에게는 ⑦처럼 일면 메시지가 아니라 양면 메시지를 조직하는 것이 효과적이다. 이렇듯 각각의 변인들이 상호작용함을 이해하여 자신의 메시지에 최적의 조합을 찾기 위한 숙고가 필요하다.

　지금까지 화법 교육에서는 청자 분석의 요소를 성별, 연령, 지역 등 주로 인구통계학적 정보에 초점을 맞추었다. 이런 분석은 실제 메시지의 내용을 구성하는 데 별반 영향을 미치지 못하여 청자 분석의 필요성도 절감하지 못했을뿐더러 청자 분석을 하더라도 형식적인 절차에 그치고 말았다.

　이 장에서는 청자 분석의 실효성을 높이기 위해 정교화 가능성 이론을 바탕으로 청자가 설득 메시지를 처리하는 과정을 살핀 후 이에 맞추어 핵심 변인을 고려한 설득 메시지 조직에 대해 알아보았다. 이러한 절차에 대해 학생들은 다소 어렵거나 복잡하게 느낄 수 있을 것이다. 하지만 연설에 앞서 청자를 실제 분석하고 이에 대해 메시지를 조직하는 일련의 의사 결정 단계를 거치면 훨씬 정교하게 자신의 설득 메시지를 조직하는 능력을 갖추게 될 것이다. 학생들이 편하게 느끼는 생활 속의 간단한 주제부터 이러한 청자 분석의 과정을 거쳐 메시지를 조직하도록 지도하는 것이 바람직하다. 앞서 '의복 정보 표시'의 사례에 있는 청자 분석의 틀을 학생들에게 제시하는 것도 학생들이 실제 문제를 해결할 때 도움이 될 것이다.

VIII

화자의 공신력과 감성적 설득 전략

7장 에서는 청자 분석을 바탕으로 설득 메시지를 조직하는 구체적인 방법을 알아보았다. 8장부터는 구체적인 설득 전략을 살펴보도록 한다. Aristotels는 설득 전략을 에토스, 파토스, 로고스로 정리하였다. 8장에서는 에토스에 해당하는 인성적 설득 전략인 화자의 공신력과 파토스에 해당하는 감성적 설득 전략을 살펴본다. 이성적 설득 전략은 논증에 중점을 두어 추후 9장에서 자세하게 살펴보도록 한다.

1. 화자의 공신력

우리는 설득 메시지를 들을 때 내용이 논리적으로 타당한지와 감성적으로 호소하는지도 중시하지만 누가 이야기하고 있는가에 주목하게 된다. 주제에 대해 전문성이 결여되어 있거나 평소에 신뢰할 수 없는 행동을 많이 하여 인성에 문제가 있다고 판단할 경우 그 사람의 말이 아무리 논리적이고 감성적으로 호소력이 있더라도 그 주장을 따르려 하지 않는다. 여기에서는 말의 내용이 아니라 설득력에 영향을 미치는 화자의 속성에 중점을 두어 살펴보고자한다.

1) 화자의 공신력의 기원

화자의 공신력(source credibility)의 효시는 Aristoteles가 말한 에토스(ethos)이다. Aristoteles는 에토스를 "청자로 하여금 화자의 말을 믿게 하는 화자의 속성"으로 정의하고 이를 세 가지 차원에서 설명하였다. 첫째는 지능(intelligence)인데 화자가 사물을 정확히 판단할 수 있는 지능을 가지고 있는지에 해당한다. 둘째는 도덕적 성격으로 그 사람의 인격이나 사람됨됨이 등을 가리킨다. 셋째는 선의(善意, good will)로서 화자가 청자의 이익을 위하여 좋은 의도를 가지고 있느냐에 대한 것이다(차배근, 1989).

설득의 원천으로서 화자를 중시한 Aristoteles의 통찰에 대해 1930년대부터 실증적인 연구가 시작되었다. 연구자들은 동일한 메시지를 사회적 지위, 평판, 외모 등에 차이를 부여한 화자가 전달하도록 하여 설득의 효과를 실험하였다. 실험을 통하여 동일한 메시지이더라도 화자의 속성에 따라 설득 효과가 차이가 남을 밝혔는데 이 당시 연구자들은 이 개념을 '권력', '지위', '카리스마', '이미지' 등 통일되지 않은 용어로 불렀다. 1951년 Hovland & Weiss 가 화자의 공신력이라는 용어를 사용한 이후로는 Aristoteles의 에토스에 해당하는 개념을 '화자의 공신력'이라고 통일하여 부르게 되었다. 로고스는 이성적 설득 전략에 해당하고, 파토스는 감성적 설득 전략, 에토스는 인성적 설득 전략에 해당한다.

2) 화자의 공신력의 개념

O'Keefe(1990)는 화자의 공신력과 관련된 연구사를 정리하면서 화자의 공신력을 "화자의 신뢰와 관련된 메시지 수신자의 판단"으로 정의하였다. 이 정의를 통해 화자의 공신력은 '메시지 수신자의 판단'이라는 본질적인 성격이 있음을 알 수 있다. 차배근(1989: 400)에서는 이러한 성격을 포함하여 '화자의 공신력'에 대해 다음과 같이 구체적으로 정의하였다.

공신력이란
① 특정한 화제에 관계없이
② 커뮤니케이션 효과에 정적 또는 부적으로 영향을 미치는
③ 커뮤니케이터(화자)의 속성의 집합으로서
④ 이러한 속성은 커뮤니케이터(화자) 자신 속에 속하는 것이 아니라 어디까지나 수용자들의
　　지각과 판단에 의해 평가된다.

(1) 특정한 화제에 관계없이

화자의 공신력이라는 개념은 일반적으로 말하는 내용이 어떤 화제인지에는 영향을 받지 않는다. 사실 어떤 화제인지는 화자의 공신력에 영향을 미치기 마련이다. 예를 들어 아무리 박사학위가 있는 전문가라도 '한우의 등급'이라는 화제에 대해서는 정육점의 주인보

다 전문성이 높지 않기 마련이다. 하지만 화자의 공신력이란 특정한 화제와 관계없이 화자에 대한 공신력의 일반적인 수준을 의미한다. 상업 광고에서 상품에 대한 지식이 풍부하거나 경험이 많은 인물이 아니라 사람들에게 호감도가 높은 광고 모델을 쓰는 것도 그러한 이유에서이다.[1]

(2) 커뮤니케이션 효과에 정적 또는 부적으로 영향을 미치는

당연히 화자의 공신력은 의사소통 효과에 영향을 미친다. 앞에서 설명한 것처럼 누가 말하는가에 따라 사람들은 설득 메시지를 받아들일지 여부를 결정한다. 전문성이 높고 신뢰할 수 있는 사람이라고 판단한 경우에는 설득 메시지의 수용에 긍정적 영향을 미친다. 반대의 경우에는 설득 메시지의 수용에 부정적 영향을 미친다.

(3) 커뮤니케이터(화자)의 속성의 집합으로서

속성의 집합이라는 것은 화자의 공신력이 하나의 차원으로 구성된 것이 아니라 여러 차원으로 구성되었음을 의미한다. 이러한 다차원적인 속성을 밝히기 위해 연구자들은 실증적인 연구를 지속하였다. 1960년대 이후에는 요인 분석 등의 통계 기법을 이용하여 화자의 공신력의 다양한 요인을 분석하였고 2개에서 6개 정도의 요인을 규명하였다.

(4) 커뮤니케이터(화자) 자신 속에 속하는 것이 아니라 수용자들의 지각과 판단에 의해 평가

이 속성은 화자의 공신력의 개념을 정의할 때 매우 중요한 부분이다. 화자의 공신력이란 화자에 내재된 절대적 속성이 아니라 어디까지나 청자에 의해 지각된 정도를 가리킨다. 동일한 화자이더라도 청자 중 일부 집단은 화자의 공신력을 높게 지각할 수 있고, 그 사람에 대해 나쁜 평판을 들었거나 과거 인간관계에서 부정적인 측면을 경험한 다른 집단은 그 화자의 공신력을 낮게 지각할 수 있다. 화자의 공신력이 청자에 의해 지각되는 정도라는 점은 화자

---

1   화자가 자신의 분야가 아닌 다른 분야에서까지 전문성이 있는 것으로 인정받는 현상을 '후광 효과(halo effect)'라고 한다.

의 공신력을 높이는 방안을 고려할 때 매우 의미 있는 부분이다.

(5) 시간에 따라 변화한다

정의에는 언급되지 않았지만 화자의 공신력은 시간에 따라 변화하는 속성이 있다(Lucas, 1995). 연설의 과정에 따라서도 화자의 공신력이 변할 수 있다. 연설 전에 화자의 공신력은 높았는데 연설 중에 점점 낮아져서 연설 후에 매우 낮은 수준이 될 수 있다. 또한 장기적인 시기에 따라 변화가 있을 수 있다. 예를 들면 학자로서 화자의 공신력이 매우 높았던 사람이 정치계 입문 후 여러 일들을 겪고 감추어졌던 사항들이 폭로되면서 종국에는 화자의 공신력이 낮아지는 경우도 있다.

3) 화자의 공신력의 차원

앞서 1960년대 이후 화자의 공신력의 요인을 밝히기 위한 연구가 많았다고 했는데 여기에서는 여러 연구자가 공통적으로 밝혀낸 다섯 가지 요인에 대해 McCroskey & Jenson(1975)의 실증적 연구 결과를 바탕으로 설명하도록 하겠다. 요인 분석을 통해 밝혀낸 것이 화자의 공신력을 구성하는 차원이 되므로 다섯 가지 '차원'이라는 용어로 설명하도록 하겠다.

(1) 전문성

전문성(competence)[2]이란 Aristoteles의 에토스에 대한 설명에서 지능에 해당하는 것으로 화자가 화제에 대해 지식이나 경험을 충분히 갖추고 있느냐에 대한 것이다. 전문성은 화자의 지적 수준, 학력, 사회적 지위, 연령, 관련 경험 등에 의해 결정된다. 연령이 다를 경우에는 학력이나 사회적 지위가 중요한 요소가 된다. 반면에 동일 학년의 학생 집단의 경우에는 학력이나 사회적 지위에 차이가 없으므로 관련 지식의 양이나 화제와 관련된 경험의 유무가

2　'expertness'라고도 한다.

전문성을 결정하는 핵심적인 요인이 된다.

(2) 신뢰성

신뢰성(trustworthiness)[3]이란 한마디로 믿음직한 성품을 뜻한다. 그 사람의 평소 됨됨이와 같이 말하는 순간뿐 아니라 평소의 언행이나 평판 등이 중시된다. Aristoteles가 말한 도덕적 성격에 해당하는데 청자를 위해 말하는가를 따지는 선의의 성격도 포함하고 있다. 즉, 신뢰성은 화자의 설득 의도와 직결되어 있다. 설득 의도에 사심이 담겨 있지 않다고 여길 때 신뢰성이 높게 평가받게 된다. 신뢰성은 전문성과 함께 화자의 공신력을 구성하는 일차적 차원의 핵심적인 두 가지이다.

(3) 사회성

사회성(sociability)은 화자와 청자의 친근감과 관련이 있는 차원이다. 무뚝뚝하게 내용만 전달하는 화자보다 청자와 대화를 시도하고 이름을 불러 가며 친근감을 표시하는 화자에게 청자는 호감을 느끼기 마련이다. 이러한 친근감으로 인한 호감은 설득 메시지의 수용에 긍정적인 영향을 미친다.

(4) 침착성

침착성(composure)이란 위기 상황에서도 평정심을 잃지 않고 침착하게 대처하는 속성을 의미한다. 대중 연설은 누구나 두려움을 느끼는 심리적으로 꺼려지는 상황이다. 이러한 상황에서 침착하게 자신의 말을 조리 있게 풀어 나갈 때 청자는 침착성 차원의 화자의 공신력을 높게 평가하기 마련이다. 일반적인 대중 연설 상황뿐 아니라 돌발 상황에서의 위기 대처 능력도 침착성 차원의 화자의 공신력에 영향을 미친다.

3　'character'라고도 한다.

(5) 외향성

외향성(extroversion)이란 내성적 성격에 상대되는 성격 유형을 의미한다. 소극적이고 자신감 없는 말투보다 확신에 찬 어조나 역동적인 몸짓으로 화자의 신념과 열정을 표현할 수 있는데 이러한 것들이 외향성 차원의 화자의 공신력을 높이게 된다. 외향성 차원은 문화적으로 차이가 있다. 역동적인 몸짓과 격앙된 어조로 자신의 열정을 강렬하게 표현하는 외향성을 높게 평가하는 문화가 있고, 신중한 어조와 안정된 자세로 차분하게 말을 전달하는 성향을 높게 평가하는 문화가 있다.

사례 화자의 공신력

안녕하세요. ○○학교에 근무하는 박○○입니다. 혹시 저를 잘 모르시는 분을 위해 제 소개를 잠깐 하겠습니다.

(가) 저는 대학원에서 화법 교육을 전공하였습니다. 토론 교육을 주제로 박사학위 논문을 작성한 이후로도 계속 토론에 대해 공부하고 있습니다. 토론 교육과 관련하여 5년 동안 20회의 교사 연수를 하였고, 토론 교육의 원리와 실제라는 책을 작년에 집필하기도 했습니다.

토론 교육에 대한 저의 신념 때문에 오늘 여러분을 만나게 되었다고 생각합니다.

(나) 저의 일상에서 기쁜 순간은 토론을 지도할 때 평소 조용했던 학생들이 자기 생각을 자신감 있게 펼칠 때입니다. 토론으로 학생의 생각이 깊어지는 것을 느낄 때 너무 기쁩니다.

(다) 앞에서 웃고 계시는 김 선생님과 쉬는 시간에 잠깐 이야기를 나누었는데요. 저와 비슷한 경험을 나눠 주셔서 든든한 동지가 생긴 것 같아 감사했어요.

(청중 한 명이 갑자기 손을 들고 말한다.) "토론은 왜 찬반 이분법적 사고를 강요하고, 승패를 판정해서 아이들 기를 죽이나요? 교육적이지 않아요."

(라) (평정심을 유지하고 차분한 어조로) 네, 그렇게 생각하실 수도 있어요.

(마) (신념에 차서 열정적 어조로) 하지만 실제 토론을 지도해 보면 오히려 역지사지의 성숙한 관점이 생기고 충돌로 진리를 검증해 나가는 모습을 만나게 되어요. 그런 순간

박 교사는 동료 교사를 대상으로 강연을 하고 있다. 청중이 동료 교사이므로 화자의 공신력을 드러내기 쉽지 않지만 강연 도입부에서 화자의 공신력을 드러내는 요소를 적절히 사용하고 있다. (가)에서는 주제에 대한 학력과 경력을 소개하면서 전문성을 표현하였다. (나)에서는 토론에 대한 진심과 학생의 성장을 위한 선의를 나타내 신뢰성을 표현하였다. (다)에서는 청중과 친근감을 표시하며 사회성을 표현하였다. (라)에서는 돌발 상황에서 당황하지 않고 차분하게 대처하여 침착성을 표현하였다. (마)에서는 신념에 찬 어조로 외향성을 표현하였다. 이러한 요소로 인해 청중인 동료 교사들은 박 교사에 대한 공신력을 강연을 듣기 전과 후에 다르게 지각했을 것이다. 이렇듯 화자의 공신력을 드러내기 위한 인성적 설득 전략이 적절하게 사용될 때 설득 효과를 기대할 수 있다.

4) 화자의 공신력 신장 방안

(1) 타인의 소개

화자의 공신력을 높이는 데 가장 효과적인 방법은 사회자와 같이 연설이 이루어지는 자리에서 공인된 지위에 있는 사람이 화자를 소개하는 것이다. 화자 스스로 자신의 학력이나 경력을 소개할 경우 자신에 대한 칭찬은 최소화하고 비방을 최대화하라는 겸양의 격률을 위반하는 꼴이 되어 청자에게 부정적인 인상을 줄 수 있다. 사회자나 초청자가 화자의 학위, 지위, 경험, 수상 실적 등을 구체적으로 소개하게 함으로써 자연스럽게 화자의 공신력을 높이고 연설을 시작할 수 있다(Hamilton, 1996; Kearney & Plax, 1996)

(2) 철저한 준비

준비가 부족할 경우 전문성, 사회성, 침착성, 외향성 등 여러 차원에서 화자의 공신력이 낮게 평가될 가능성이 있다. 내용에 대한 자료 준비를 충실히 하고 필요한 경우 시각 자료도 전문적으로 준비해야 한다. 공식적인 자리라면 반드시 리허설을 하여 불필요한 표현 등을 최소화한다.

말의 유창성은 화자의 공신력 중 전문성에 영향을 크게 미친다. "음", "아" 등 군더더기 표현이 많고 불필요한 말을 반복하는 등 유창성이 결여될 때 청자는 화자의 전문성을 낮게 평가하므로 유의해야 한다(Hamilton, 1996).

경우에 따라서는 자신의 연설 준비 노력도 언급할 수 있다. 학력이나 사회적 지위에서 차이가 나지 않는 또래 학생 집단의 경우에는 신뢰할 수 있는 자료의 인용이 매우 중요하다. 이는 타인이 가지고 있는 화자의 공신력에 의존하는 것인데 저명한 연구자의 신뢰할 수 있는 자료를 확보하는 철저한 노력이 학력이나 지식 수준이 비슷한 집단을 대상으로 연설할 때 화자의 공신력을 높일 수 있는 방법이다.

(3) 공감대 형성

화자가 청자와 공감대를 형성하는 것은 화자의 공신력 중 신뢰성과 사회성 차원에 도움이 된다. 청자와 공유할 수 있는 경험을 언급한다든지 공감하는 내용에 대해 구체적으로 설명하여 청자와 공감대를 형성할 필요가 있다.

(4) 언어적 표현

언어적 표현은 간결하고 명료하게 하는 것이 좋다. 장황한 표현은 오히려 논리적이지 않게 느껴질 수 있고, 주제와 동떨어진 예화의 사용은 청자의 주의를 분산할 수 있다. 이와 더불어 개념을 정확하게 정의하고 전문 용어를 적절하게 사용해야 한다. 전문 용어의 사용은 화자의 공신력 중 전문성 차원에 직결되는 것이다. 청자의 이해 수준을 고려하여 적절하게 전문 용어를 사용할 때 청자는 화자의 공신력을 높게 평가하게 된다(Kearney & Plax, 1996).

(5) 비언어적 전달

비언어적 의사소통은 화자의 공신력의 제반 차원에 영향을 미친다. 눈맞춤은 신뢰성이나 사회성과 관련이 있고, 안정된 자세는 신뢰성과 침착성에 관련이 있다. 장소에 걸맞은 복장과 외모는 전문성과 관련이 있고 화자와 청자의 적절한 거리는 사회성과 외향성 등에 관련이 있다. 화자의 공신력이란 결국 청자에 의해 지각되고 판단되는 정도이므로 화자는 자신의 외모부터 눈맞춤, 손짓, 표정, 몸동작, 복장 등 여러 비언어적 메시지에 대해 면밀하게 고려하여야 한다.

(6) 무지에 대한 인정

일반적으로 청자로부터 예상치 못한 어려운 질문을 받을 경우 화자는 몹시 당황하게 된다. 이때 그 상황을 모면하고 싶은 마음에 엉뚱한 답변이나 근거 없이 지어낸 답변을 하는 경우가 있다. 진실이 아닌 부정확한 답변은 화자의 공신력 중 전문성과 신뢰성에 부정적인 영향을 미친다. 그러므로 모르는 내용에 대한 질문에 대해서는 준비가 안 되어 있음을 솔직하게 말하고 추후에 준비하여 알려 줄 것을 약속하거나 다른 청자 중 이에 대해 아는 사람이 있는지를 물어 도움을 요청하는 방법을 사용하는 것이 바람직하다(Kearney & Plax, 1996).

☑ 화법 교육 방향 ──

수사학, 설득 이론, 의사소통학 등에서 주목하고 있는 화자의 공신력은 설득의 본질에 해당하는 매우 중요한 개념이다. 화법 교육에서는 주로 설득 메시지의 선정, 조직, 전달에 중점을 두기 마련인데, 학생들로 하여금 화자의 공신력의 특성을 명확하게 이해하여 이를 높이기 위한 노력을 기울이도록 해야 한다.

화자의 공신력을 지도할 때는 별도로 시간을 마련하기보다 연설을 준비하고 수행하고 평가하는 일련의 과정 중에 이 개념을 적용하는 것이 효과적이다. 화자 입장에서 연설을 준비하고 수행하면서 자신의 공신력을 높이기 위해 기울여야 할 노력을 생각해 보도록 해야 한다. 연설 후에는 동료들이 화자의 공신력 차원에서 어떤 문제가 있었는지 동료 피드백을 하는 것도 수신자에 의한 지각이라는 본질적 속성을 고려할 때 매우 효과적인 지도 방법이 될 것이다. 이를 바탕으로 자기 평가 등의 방법으로 연설을 마친 학생이 화자의 공신력 차원에서 자신을 성찰해 보고 개선할 점을 도출하게 하는 방법을 적용하는 것이 좋다.

2. 감성적 설득 전략

설득은 이성적 논증만으로는 불충분하다. 사람은 본질적으로 이성적 측면으로만 이루어진 것이 아니라 감성에 의해 영향을 받는 존재이다. 아무리 타당한 논리를 제시하더라도 감성적인 면에서 거리낌을 느낀다면 설득의 목적인 태도 변화를 기대할 수 없다. 연설을 듣고 난 후에는 이성적인 측면에서 고개가 끄덕여져야 하는 것은 물론이거니와 가슴에서도 뜨거운 열정이 느껴져야 한다. 여기에서는 이러한 감성적 차원에 대한 호소 방법으로서의 설득 전략을 살펴보고자 한다.

1) 감성적 소구의 개념

감성적 소구(emotional appeal)란 동기적 소구(motivational appeal)라고도 불리는데 청자의 기쁨, 슬픔, 행복, 두려움 등 특정 감정을 유발하는 것을 목적으로 하는 설득 방법이다(Lucas, 1995). 감성적 소구란 Aristoteles가 말한 에토스, 파토스, 로고스 중 파토스에 해당한다.

광고, 정치 연설, 설교 등 수많은 설득 메시지에서 이러한 감성적 소구를 사용하여 우리의 감정에 영향을 미치고 있다. 이러한 설득 메시지는 근심, 죄책감, 연민, 안정감 등의 감정을 유발하여 청자로 하여금 충성심, 자애, 헌신, 봉사, 애국심과 같은 감정을 자아내서 화자의 의도가 담긴 메시지의 내용을 따르도록 한다(김영석, 2006).

다음은 감성적 소구를 활용하는 대표적인 주제들의 예이다(Lucas, 1995).

• 공포심: 심각한 질병, 자연재해, 폭력, 안전하지 않은 항공 규약, 개인적 거부감, 경제적 어려움
• 동정심: 지체 장애, 구타당한 사람, 방치된 동물, 실직자, 굶주린 아동
• 분노심: 정치적 테러 행위, 비도덕적 정치인, 학생 세입자를 착취한 집주인, 위험한 상품을 판매한 상인
• 자부심: 국가, 가족, 학교, 민족적 유산, 개인적 성취
• 수치심: 불행한 사람을 돕지 않는 것, 타인의 권리를 고려하지 않는 것

2) 감성적 소구의 중요성

설득은 본질적으로 이성과 감성의 양면을 가지고 있다. 청자는 화자의 주장을 이성적으로 타당하게 받아들일지라도 감성적으로 수용할 수 없을 수 있고, 감성적으로는 호감이 가지만 이성적인 면에서 받아들일 수 없을 수도 있다. 효과적인 설득을 위해서는 청자의 내적 처리 과정인 이성과 감성 모두를 고려해야만 한다.

감성적 호소의 중요성에 대해 박경현(1993: 35)에서는 아래와 같이 주장하였는데, 설득에서 감성적 호소를 등한시한 문제점을 지적하고 이성적 수단과 감성적 수단의 균형을 강조하였다.

정서적 호소에 의한 설득에 대하여 부정적으로 보는 사람들도 없지 않다. 그런 사람들은 청자가 설득자를 생각 없이 느낌으로만 판단할 우려가 있기 때문이라는 것이다. 그럴 수도 있다. 그러나 정서적 호소의 오용을 염려하여 그것의 필요성을 모두 무시해서는 안 된다. 청자는 생각만 하는 것이 아니라 느끼기도 한다. 그러므로 그들을 완전히 설득시키기 위해서는 이성적 방법과 정서적 방법이 다 동원되어야 한다.

설득 메시지에서 이성과 감성을 고려할 경우 이것들이 독립적인 것이라고 생각하기 쉬우나 이러한 설득의 수단들은 별개의 것이 아니라 상호보완적으로 작용한다. 즉, 논리적으로 설득한다 하더라도 거기에는 공감성이 있어야 하고, 정서적으로 설득하는 경우에도 합당한 논리와 증거가 있어야 한다(박경현, 1993).

이창덕 외(2006)에서도 청중을 설득하려면 논제가 '참'이거나 '옳다'는 것 등을 논리적으로 입증해야 하지만, 청중이 반드시 그것을 받아들이는 것은 아니라고 지적하고 있다. 왜냐하면 인간은 반드시 이성적 또는 논리적 존재는 아니기 때문이다. 사람의 마음을 움직이는 데는 멋진 문장이나 논리적인 표현보다 더 중요한 것들이 있기 때문이라고 주장하면서, 그 예로 다음의 Robert F. Kennedy가 흥분한 청중 앞에서 한 연설을 제시하였다. 케네디는 흑인 청중이 지닌 감정과 동일한 감정, 즉 자기 가족이 백인에 의해 암살을 당하는 '억울한 감정'과 '백인에 대한 분노'를 끌어들여 그들의 정서에 호소하였고, 폭동은 일어나지 않았다.

흑인 여러분, 이런 억울한 사태에 대해 백인에 대한 분노가 들끓기 시작하고 있습니다. 저는 여러분에게 이 한마디만은 꼭 말씀드릴 수 있습니다. 나도 여러분과 똑같은 감정을 느끼고 있다는 것입니다. 제 가족도 암살을 당했습니다. 암살범은 백인이었습니다.

백미숙(2002: 269 - 274)에서는 아래와 같이, 독일 통일 전 당시 독일 외무부 장관이었던 Hans-Dietrich Genscher가 동독의 도시인 할레(Halle)의 마르크트(Markt) 교회에서 행한 연설의 도입부를 분석하였는데, 담화의 각 부분이 청자의 감정과 어떻게 긴밀하게 연결되어 있는지 잘 드러난다.

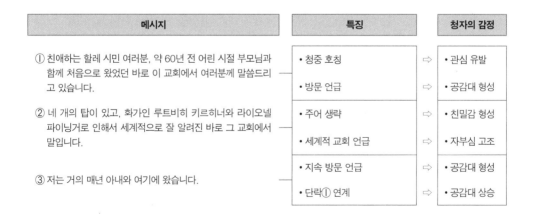

④ 저는 기독교인으로서 기독교인에게, 할레 시민으로서 할레 시민에게 그리고 독일인으로서 독일인에게 말하는 것입니다.	• 점층법	⇨	• 긴장감 유발
	• 공통점 강조	⇨	• 공감대 형성
⑤ 이 도시는 저를 만들었고, 저에게 많은 영향을 주었습니다.	• 할레와 자신의 연관성 강조	⇨	• 친밀감 형성
⑥ 1989년 독일 의회에서 새로운 핵 단거리 미사일 결정에 반대하는 이유를 다음과 같이 설명했습니다. 그것은 우리 조국의 다른 편까지 이를 수 있는 핵 단거리 시스템이기 때문입니다. 따라서 그런 일을 결정할 때에는 다음 사항을 잊지 말아야 할 것입니다. 이 말은 순전히 개인적인 책임감에서 말씀드리는 것으로, 연방 정부 각료들이 독일 민족의 안녕을 위해서 노력하겠다는 서약을 합니다. 그런데 이 서약에 따른 책임감이 독일을 가로지르는 경계선에서 끝나지 않는다는 것입니다.	• 자신의 경험 강조	⇨	• 신뢰감 형성
	• '우리 조국의 다른 편' 언급	⇨	• 유대감 강화
	• 자신의 선한 의도 표명	⇨	• 호감 형성
⑦ 여기에 근거한 국가적 책임감에서 제 고향, 내가 태어난 도시 그리고 동독에 살고 있는 사람들이 제외되지 않습니다. 이러한 책임감에는 그 사람들이 포함되어 있습니다.	• 화자의 책임감에 고향, 출생지 포함	⇨	• 친밀감 강화
⑧ 이러한 책임감이 저의 정치 활동에 영향을 주었고 앞으로도 그러할 것입니다.	• 의지 피력	⇨	• 호감 강화
⑨ 저는 오늘 여러분들과의 대화에서 여러분들의 생각을 듣고 또한 서독에 사는 우리에게 거는 여러분들의 기대의 목소리도 듣기 위해서 여기에 왔습니다.	• 듣기 위한 방문 언급	⇨	• 대화 참여감 형성
⑩ 여러분들이 보여 준 품위와 사려 깊음 그리고 책임감을 가지고 평화롭게 자유와 민주주의, 자유선거와 권리, 정의를 옹호한 점에 대해 여러분께 감사드리기 위해서 왔습니다.	• 할레 시민 칭찬 • 고마움 언급	⇨	• 호감 강화

3) 감성적 소구의 유형

설득을 위해서는 감성적 소구를 사용하여 청자에게 영향을 미쳐야 한다. 감성적 소구의 유형은 매우 다양한데 대표적인 것으로는 공포 소구, 유머 소구, 성적 소구, 온정(따스함) 소구, 동정심과 죄의식 소구, 환심 소구 등이 있다. 여기에서는 가장 대표적인 감성적 소구로서 공포 소구, 유머 소구, 성적 소구, 온정 소구에 대해 알아보겠다.

(1) 공포 소구

공포 소구란 청자의 마음에 두려움이라는 감정을 일으켜 그 두려움을 피하기 위해 화자의 주장을 받아들이게 하는 방법이다. 예를 들어 청중에게 질병의 심각성을 부각하여 건강에 대해 연설하거나 기후 위기로 인한 결과를 강조하여 환경에 대해 연설할 경우 공포 소구를 사용한다. 광고에서는 음주 운전, 금연 등 사람들이 두려워하는 상황을 설정하여 설득 메시지를 전한다.

다음 광고는 음주 운전 사고로 생명을 잃은 상황을 찍은 필름을 거꾸로 돌리고 '필름은 되돌릴 수 있지만 생명은 되돌릴 수 없습니다.'라는 광고 문구를 사용하였다. 죽음에 대한 두려움을 유발하여 '음주 운전을 하지 말아야겠다.'라는 내적 동기를 유발하였다.

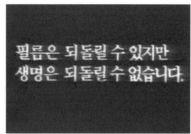

(사진 출처: 공익광고협의회)

이러한 공포 소구는 대상에 따라 달리 적용된다. 예를 들어 금연 공익 광고의 경우에 두려움을 유발하는 자극적인 이미지를 사용할 때도 일반적으로는 극도로 상한 폐의 사진을 보여 주지만, 젊은 여성층에게는 피부의 손상이나 치아의 변색을, 임산부에게는 아기에게 미치는 악영향을 다룬 이미지를 보여 준다.

(사진 출처: 공익광고협의회 / 보건복지부)

공포 소구로 설득 메시지를 구성할 때는 다음과 같이 단계적으로 세부 내용을 포함하는 것이 효과적이다(Hamilton, 1996).

내용	예
1) 변화가 일어나지 않을 경우 발생하는 심각한 결과를 제시한다.	규칙적인 운동을 하지 않았을 때 일어나는 심각한 결과(비만, 심장병, 암, 무기력 등)를 제시한다.
2) 그러한 심각한 결과가 일어날 가능성을 언급한다.	규칙적인 운동을 하지 않았을 때 심각한 결과가 일어날 수 있는 가능성을 설명한다.
3) 심각한 결과를 모면하거나 최소화하는 성공적인 방안을 제시한다.	심각한 결과를 피할 수 있는 간단하고 비용이 들지 않는 운동 방법을 소개한다.

공포 소구에 대한 연구자들의 관심은 주로 공포의 정도에 집중되었는데 Janis & Feshbach(1953)의 연구가 대표적이다. 어느 정도의 공포가 설득 효과를 극대화하는가에 대한 실험 연구가 실시되었는데 대상과 메시지에 따라 실험 결과에 편차가 있었다. 공포의 정도에 대해서는 일반적으로 역U자형 모형으로 설명하고 있다. 공포의 정도가 너무 약하여 실제적인 두려움을 유발하지 못하면 설득의 효과를 기대하기 어렵고, 공포의 정도가 너무 강하면 사람들은 메시지 자체를 받아들이기를 거부하여 역시 설득의 효과를 기대할 수 없다. 그러므로 공포의 정도는 실제 두려움을 유발할 수 있는 적정 수준이 설득에 효과적이다(Hamilton, 1996).

(2) 유머 소구

유머 소구는 청자에게 즐거운 감정을 느끼게 하여 긍정적인 반응을 유발한다. 유머 소구로는 재담, 풍자, 반어 등 다양한 의사소통 기법이 사용되는데 일반적으로 화자에 대한 호감을 형성하는 데 기여한다.

연구 결과에 의하면 유머 소구로 인한 호감은 화자의 공신력 중 사회성에는 긍정적인 영향을 미치나 전문성에는 그리 큰 도움이 되지 않는 것으로 밝혀졌다. 특히 실패 경험담 등 자기 비하적인 유머 소구는 전문성 면에서 좋지 않은 영향을 미칠 소지가 있으므로 유의해야 한다(O'Keefe, 1990; 김영석, 2008).

유머 소구를 적절하게 사용하지 못하여 청자에게 원하는 반응을 유발하지 못할 경우 역효과가 있을 수 있으므로 유의해야 한다. 너무 오래되어 식상한 유머를 사용한다든지, 다른 사람을 비하하여 웃음을 유발하는 저급한 유머를 사용한다든지, 적절한 시기를 맞추지 못하여 웃음을 제대로 유발하지 못하는 경우에는 오히려 부정적인 결과를 초래할 수 있다.

또한 유머 소구는 이야기의 목적과 화제와 관련이 있어야 한다(Kearney & Plax, 1996).

이야기의 흐름 속에 녹아들지 않으면 청자의 주의를 분산시켜 의도했던 설득 효과를 거둘 수 없다. 이런 부작용을 일으키는 유머 소구는 정교화 가능성 이론으로 설명하면 주변 단서로서 기능하여 청자가 설득 메시지를 주변 경로로 처리하게 하므로 바람직하지 않다.

(3) 성적 소구

성적 소구는 인간 내면의 성적 욕구를 자극하여 감정을 유발한다. 성적 소구가 사용된 광고의 경우 '당신이 상품 X를 사용하면 당신은 더욱 매력적으로 보일 것이다.' 또는 '당신이 상품 X를 사용한다면 다른 사람들이 당신에게 매료될 것이다.'라는 메시지를 내포하고 있다. 성적 소구를 사용하는 광고는 인과관계를 명시적으로 제시하기보다는 주로 암시적으로 전달한다(김영석, 2008).

성적 소구를 사용할 때는 주의할 점이 많다. 지나치게 선정적이거나 성을 상품화하는 경우는 역효과를 낼 수 있으므로 유의해야 한다. 또한 청자로 하여금 메시지 자체에 주목하지 못하게 하는 주의 분산 효과가 있으므로 이러한 점도 함께 고려해야 한다.

(4) 온정 소구

온정 소구는 '따스함 소구'[4]라고도 하는데 주로 가족, 연인, 친구 관계 등을 설정하여 따뜻한 감정을 유발한다. 사람들은 서정적인 면을 선호하는 경향이 있으므로 마음속의 온정이

(사진 출처: 삼성전자 / 캐논카메라 광고 중)

---

4   김영석(2008)에서는 'warmth appeal'을 '따스함 소구'라고 하였다.

라는 감정을 자극하여 화자가 의도한 설득 메시지를 전달하게 된다.

　광고의 경우 이 따스한 느낌은 얼마간 시간이 지나면 사라지므로 심각하거나 유머가 포함된 장면과 함께 사용될 때 효과적이다. 이를 대조 효과라고 하는데 따스한 광고가 연이어 나오는 것보다 다른 광고를 본 후 따스한 느낌의 광고를 보면 그 효과가 더욱 커지게 된다(김영석, 2008).

4) 감성적 소구의 사용 전략

(1) 감성적 소구와 이성적 소구의 균형

　감성적 소구가 합리적인 범위를 벗어나게 되면 오류에 빠질 가능성이 크다. 감성적 소구는 상식적이거나 합리적인 범위 내에서 이루어져야 한다. 사실 어떤 메시지를 이성과 감성으로 엄밀하게 구분하는 것은 어려운 일이다. 왜냐하면 아무리 건조한 논증이라도 인간 내면의 특정 감정을 유발하기 마련이며, 아무리 감성적인 이야기라도 기본적인 논증 구조를 갖추고 있기 때문이다. 감성적 소구를 사용할 때도 이성적 측면에 유의하여 오류의 범위에 속하지 않도록 유의해야 한다.

　이성적 소구와 감성적 소구는 메시지 조직의 측면에서 기능적 안배가 필요하다. 고전 수사학에서도 아리스토텔레스는 모든 설득 연설의 경우, 서론, 문제의 진술 및 논증, 결론의 세 부분으로 구성되어 있는데, 문제의 진술 및 논증 부분에서는 이성적 소구를, 서론과 결론에서는 감성적 소구를 사용해야 함을 강조하였다.

이성적 소구와 정서적 소구(Aristotle, 1984)

(2) 청자의 요구에 주목하여 설득 메시지 개인화

설득 메시지가 아무리 논리적이더라도 자신과 전혀 상관없다고 느끼면 청자의 태도 변화를 기대할 수 없다. 논리적 주장과 근거들은 청자에게 철저히 개인화되어 개인적 관련성이 높게 받아들여져야 한다. 화제를 개인의 감정에 연결하는 이러한 개인화의 차원에서 감성적 소구는 중요한 역할을 한다.

앞서 다룬 동기화 단계의 요구 단계가 이러한 기능을 잘 드러내고 있다. 요구 단계에서 청자의 내면적 요구(또는 욕구)에 집중해야 한다. 면밀한 청자 분석을 통해 청자의 요구를 정확히 분석하고 설득 메시지의 흐름을 청자의 요구에 맞추어 설계해야 한다(Hamilton, 1996; Gregory, 1990). 앞서 동기화 단계의 예로 제시하였던 '오토바이를 탈 때는 헬멧을 반드시 착용하자.'라는 설득 메시지는 '안전' 욕구에 따라 메시지를 조직한 경우였다.

인간의 요구(욕구)를 생리적 욕구, 안전 욕구, 사회적 욕구, 존중 욕구, 자아실현 욕구 다섯 단계로 구분한 Maslow의 욕구 5단계를 적용하여 각 단계별로 어떤 감정을 촉발할 수 있는지 분석해야 한다. 예를 들어 '자전거 동호회에 가입하자.'라고 설득할 때도, 자전거 타기로 육체 활동의 만족감을 느끼게 하려면 생리적 욕구를, 동호회의 친목 활동으로 동료애를 느끼게 하려면 사회적 욕구를, 자전거 대회에 출전하여 우승하겠다는 도전 욕구를 느끼게 하려면 자아실현 욕구를 자극하기 위한 감성적 소구를 다르게 사용해야 한다.

욕구 유형에 따른 감성적 소구의 예(Hamilton, 1996: 375)

욕구 유형	감성적 소구의 예	
생리적 욕구	• 육체적 안락(의식주, 공기, 물) • 충분한 휴식과 잠	• 육체적 만족과 활동 • 성적 매력
안전 욕구	• 처벌과 갈등의 공포 • 경제적, 직업적 위협	• 죽음의 공포
사회적 욕구	• 사랑을 주고받음 • 데이트, 결혼, 가족의 유대	• 우정과 동료애 • 충성심이나 공감
존중 욕구	• 자부심 • 지위, 명예, 평판 • 권력과 통제 욕구	• 타인의 존중 • 성취감
자아실현 욕구	• 잠재력의 개발 • 창조성 발현 욕구 • 도전 욕구	• 자신의 결정에 대한 책임 • 의미 있는 목표 성취

(3) 감성적인 어휘나 표현의 사용

이성적 소구를 사용할 때는 정확한 개념을 사용해야 하지만 감성적 소구를 사용할 때면 가능하면 청자의 마음에 특정 감정을 유발할 수 있는 다분히 감성적 느낌이 강한 어휘를 전략적으로 선택할 필요가 있다(Lucas, 1995).

[사례] 마틴 루서 킹 목사의 연설 "나에게는 꿈이 있습니다."

100여 년 전, 오늘 우리가 서 있는 상징적 그림자의 주인공인 위대한 미국인은 노예 해방 선언에 서명했습니다. 이 중대한 법령은 ㉠ 사람을 쇠잔하게 하는 불공평의 불꽃 속에 지친 수백만의 흑인 노예들에게 ㉡ 커다란 희망의 신호 등불로 다가왔습니다. 그것은 ㉢ 속박의 오랜 밤을 몰아낼 즐거운 새벽으로 다가왔습니다. 하지만 100년이 지나서도, 흑인들은 여전히 자유롭지 못합니다. 100년이 지났어도, 흑인의 삶은 여전히 ㉣ 격리의 족쇄와 차별의 사슬로 인해 몹시 부자유스럽습니다. 100년이 지났어도, 흑인은 ㉤ 물질의 번영이라는 광대한 대양의 한가운데 있는 어느 한 고립된 빈곤의 섬에서 살아가고 있습니다.

국가가 위기의 순간을 간과하고, 흑인 차별 문제를 과소평가하는 것은 치명적일 것입니다. ㉥ 흑인의 합법적인 불만이라는 더위에 가득 찬 여름은 ㉦ 자유와 평등이라는 상쾌한 가을이 오기까지는 사라지지 않을 것입니다. 1963년은 끝이 아니라 시작입니다. 혈통을 저버리고 지금 만족해하는 흑인들은 국가가 정상으로 될 경우 그들의 무례한 행동에 대하여 깨우치기를 바랍니다. 흑인이 시민권을 받기 전까지는 미국에서 우리의 휴식이나 평안함은 있을 수 없습니다. ㉧ 혁명의 회오리바람은 정의가 구현될 때까지 국가의 기초를 흔들 것입니다. (하략)

인종 차별 폐지에 대한 다분히 정책적인 주제의 연설이었지만 통계 수치나 구체적인 실제 사례 등은 쓰이지 않았다. ㉠~㉧은 감성에 자극하는 언어 표현을 사용한 부분이다. 이러한 감각적인 언어 표현은 수많은 청자들에게 인종 차별의 현실에 대한 유감과 이것이 해결되었을 때의 희망의 감정을 고스란히 전달하여 짧은 메시지였지만 인류의 역사를 바꾼 영향력 있는 명연설이 되었던 것이다.

(4) 진정성을 담은 전달

감성적 소구를 사용할 때 진정성이 담겨 있지 않다면 속임수로 받아들여질 가능성이 있다. 마틴 루서 킹의 연설을 언어적 측면에서 분석해 보면, '나에게는 꿈이 있습니다.'라는 주제 어구의 반복, 격앙된 어조, 신념에 찬 눈빛과 표정 등 여러 면에서 효과적인 표현과 전달 방식이 쓰였음을 알 수 있다. 하지만 이러한 것들이 전달 전략 측면에서 연출된 것이 아니라 마틴 루서 킹 목사의 내면의 진심으로 인해 자연스럽게 표출된 것이라는 것을 알 수 있다. 특정한 표정이나 연출된 표정이 아니라 화자 개인이 먼저 느낀 감정을 진정성을 담아 전달할 때 청자도 그 감정을 공유하게 된다.

(5) 윤리적 문제에 유의

감성적 소구는 긍정적인 감정과 관련하여 설득 효과를 유발하기도 하지만 증오심, 폭력 충동, 이기심, 시기심 등 사회적으로 악영향을 끼칠 수 있는 감정을 유발하는 데도 활용될 수 있다(Kearney & Plax, 1996). 감성적 소구는 양날의 검처럼 바르게 쓰일 경우는 마틴 루서 킹 목사나 마더 테레사 수녀처럼 인류에게 긍정적인 영향을 끼치지만 역사 속의 독재자처럼 부정적인 영향을 초래할 수도 있다. 그러므로 감성적 소구를 사용할 때는 반드시 윤리적 측면을 점검해야 한다.

☑ 화법 교육 방향 ──

감성적 설득 전략은 내용의 논리성을 중시해 온 화법 교육에서는 다소 등한시하여 다루었던 부분이다. 주로 듣기, 말하기, 읽기, 쓰기 등 이해와 표현 전반에서 논증에 의한 설득에 치중하였었다. 하지만 좁은 의미의 '언어'를 넘어 인간의 의사소통이라는 시각으로 설득 현상을 볼 때 앞서 다룬 '화자의 공신력'과 '감성적 설득 전략'은 매우 본질적인 부분이다.

화법 교육 현장에서는 이러한 설득적 의사소통의 본질에 입각하여 교육 내용을 마련할 필요가 있다. 우선은 이 장에서 다룬 중요한 개념에 대한 이해를 바탕으로 그 중요성에 대해 인식할 필요가 있다. 이와 더불어 설득적 의사소통 상황에서 이를 실제적으로 적용해 보려는 시도가 중요하다.

IX

논증: 이성적 설득 전략

8장 에서는 설득에 필요한 핵심 요소로서 에토스에 해당하는 화자의 공신력과 파토스에 해당하는 감성적 설득 전략에 대해 알아보았다. 여기에서는 나머지 하나인 로고스에 해당하는 이성적 설득 전략을 논증 이론을 중심으로 살펴보고자 한다.

이치에 맞게 설득하기 위해서는 이유와 근거를 들어 주장하는 논증이 필수적이다. 대화와 같은 일대일의 상황은 물론이거니와 연설이나 토론과 같은 공적인 의사소통 상황에서 설득력을 높이기 위해서는 논증 능력이 뒷받침되어야 한다. 화자의 공신력이나 감성적 호소 전략도 중요하지만 주장이 합리적인 이유와 타당한 근거로 뒷받침되지 않는다면 화자의 주장을 청자가 수용하기 어렵다. 그러므로 효과적인 설득을 위해서는 기본적인 논증 방법과 논증할 때 유의할 점을 관련 오류와 함께 익힐 필요가 있다. 여기에서는 논증의 원리, 논증의 구성 요소, 논증의 방법, 오류 등을 살펴보고자 한다.

1. 논증의 원리

논증에 대해서는 수많은 연구자가 오래전부터 관심을 갖고 다양한 분야에서 연구를 해 왔다. 연구의 역사도 오래되었고 연구자들의 접근도 다양하여 논증에 대한 이론을 일목요연 하게 정리하는 것은 쉽지 않은 일이다. 여기에서는 실제 의사소통 상황에서 유용하게 사용할 수 있는 내용에 초점을 두어 살펴보고자 한다.

1) 논증의 개념

논증(論證)이란 '주장이 정당함을 이유와 근거를 들어 입증하는 방식'을 의미한다. 이런 논증을 하는 목적은 이유와 근거에 바탕을 두고 내려진 자신의 주장이 참이라는 사실을 상 대가 수용하도록 하는 데 있다. 이유와 근거로 뒷받침되지 않은 주장을 단언(assertion)이라 고 하는데 이런 단언만으로는 사람들을 설득하기 쉽지 않다. 효과적인 설득을 위해서는 주장 에 동의해야 하는 이유를 분명하게 밝히고, 여러 객관적 정보, 권위 있는 전문가 등의 견해를 근거로 삼아 자신이 주장하는 바를 뒷받침하는 논증의 과정이 필수적이다.

2) 논증의 조건

좋은 논증을 하기 위해서는 다음과 같은 조건을 고려해야 한다. 첫째, 주장이 명확해야 한다. 주장 자체가 불분명하거나 이치에 맞지 않으면 논증이 성립하지 않는다.

둘째, 주장, 이유, 근거가 연관되어야 한다. 주장이 분명하더라도 이를 뒷받침하는 이유와 근거의 관련성이 부족하면 적절한 논증이 성립하지 않는다. 이유와 근거는 그 자체로서 신뢰할 수 있어야 하지만 무엇보다 뒷받침하려는 주장과 직접적으로 연관이 있어야 한다.

셋째, 근거가 참임을 신뢰할 수 있도록 충분하고 객관적이어야 한다. 근거는 지지하는 주장과 이유를 뒷받침할 수 있도록 충분해야 한다. 또한 객관적으로 확인이 가능한 것이어야 주장을 견고하게 뒷받침할 수 있다.

넷째, 논증에 대한 예상 반론이 충분히 고려되어야 한다. 주장이 분명하고 이유와 근거가 충분하며 이들의 관계가 연관이 있더라도 반론에 쉽게 무너지는 것은 논증의 형식은 갖추었지만 다른 사람을 설득하는 본연의 기능을 간과한 것이다. 해당 논증에 대한 예상 반론을 충분히 고려하고 이에 대한 반박을 포함하여 그 자체로서 견고한 기반을 갖추어야 한다.

> 🔆 **화법 교사 메모** ┄┄
>
> 위에서 설명한 논증의 조건을 통해 논증의 기본적인 원리를 알 수 있습니다. 견고하여 설득력 있는 논증이란 위의 조건들이 모두 충족된 것이며, 그렇지 않은 논증이란 여러 조건들이 결여되어 부실한 것입니다. 그러므로 학생들에게 논증을 지도할 때 위의 조건들은 그 자체로 중요한 교육 내용이 됩니다. 또한 학생들의 논증을 평가할 때도 필수적인 기준이 됩니다.

3) 논증의 요소

논증을 구성하는 요소는 주장, 이유, 근거, 예상 반론, 반박이다. 이 중 주장, 이유, 근거가 핵심 요소이고 예상 반론을 고려하여 이에 대한 반박을 포함하면 더욱 견고한 논증이 된다. 하나의 주장에 대해 논증의 요소를 갖추어서 진술하면 다음과 같은 형식이 된다.

주장: ~입니다. / ~해야 합니다.

이유: 왜냐하면 ~이기 때문입니다.

근거: 통계에 의하면 ~입니다. / 전문가의 증언에 의하면 ~입니다.

예상 반론: 물론 ~한 면이 있습니다.

반박: 하지만 그것은 ~합니다.

(1) 주장

주장이란 '상대가 수용하기를 바라는 단정적인 진술'을 의미한다. 주장은 이유로 뒷받침
되는 진술이다. 아무도 이의를 제기하지 않는 자명한 사실은 가치 있는 주장이 아니므로, 주
장에는 논쟁의 여지가 있어야 한다(Williams & Colomb, 2007/2008). 짧은 담화의 경우에는
주장이 하나일 수도 있고, 긴 담화는 주요 주장과 이와 관련된 하위 주장을 포함할 수도 있
다. 이때 하위 주장은 이유가 된다.

(2) 이유

이유는 주장을 뒷받침하기 위해 내적으로 생각해 낸 모든 진술이다. 이유는 "왜냐하면
~이기 때문입니다."의 형태와 같이 "왜?"라는 질문에 대한 답변으로서, 근거에 기초한 주장
을 성립하게 하는 주관적인 요인이다. 주장을 뒷받침하는 하위 주장과 그 하위 주장을 뒷받
침하는 다른 하위 주장도 모두 이유가 된다(Williams & Colomb, 2007/2008).

(3) 근거

근거(根據)란 '이유를 뒷받침하기 위해 제시하는 객관적인 정보나 자료'를 의미한다. 설
득력 있는 논증이 되기 위해서는 어떤 사실에 기초해 이유를 내세우는지 명확한 근거로 타
당하게 이유를 뒷받침해야 한다. 근거는 대표성이 있어야 하며 정보의 출처가 명확하고 정보
생성 방법과 과정을 신뢰할 수 있어야 한다. 근거는 상대방의 저항이 강할수록 양적으로도
충분해야 하고 구체적이어야 한다.

(가)

[주장] 과도한 당 섭취로 의료비 부담이 증가하였습니다.

[이유] [   ]

[근거] 국민건강보험공단의 연구 결과 지난 8년간 비만 관련 사회적 비용은 2.2배 증가했으며, 전체 진료비 중 고혈압, 당뇨 등 만성 질환 진료비가 35%를 차지합니다.

(나)

[주장] 당뇨병은 당을 많이 섭취한다고 발병하는 것이 아닙니다.

[이유] 왜냐하면 당뇨병은 탄수화물 대사를 조절하는 인슐린 부족으로 생기는 병이기 때문입니다.

[근거] [   ]

위의 사례에서 (가)는 이유가 누락된 경우이다. 주장을 근거로 뒷받침하고 있지만 주장과 근거를 잇는 논리적 연결고리가 없다. (나)는 주장에 대한 이유만 제시하고 이를 뒷받침하는 근거가 누락된 경우이다.

근거는 내적으로 도출된 이유와 달리 어떤 사실에 기초하여 이유를 내세우는가에 대해 외부에서 가져와서 보고한 것이다(Williams & Colomb, 2007/2008). 근거는 해당 사실이나 증거 자체가 아니라 그에 대한 보고이다. 보고의 형식이나 내용에서 주관성이 개입될 여지가 있으므로 근거를 판단할 때 이 점에 유의해야 한다. 예를 들어 법정에서 유죄라는 주장을 입증하기 위해 수집한 실제 증거와 이에 대한 진술에는 차이가 있다. 증거를 보고하는 진술에는 화자의 해석과 판단이 섞여 있다. 근거에는 사실이나 사건, 증언, 통계 수치나 실험 결과 등이 사용되는데 사용 시 유의점과 함께 알아보자.

■ 사실이나 사건

실제로 존재한 사실이나 실제로 발생한 사건 등 객관적으로 인정받는 정보를 의미한다. 이때 사실을 주관적인 해석이 담긴 의견과 혼동해서는 안 된다. 또한 사실을 판단하는 기준이 분명해야 한다. 예를 들어 "식량이 고갈되었다."라는 사실을 근거로 보고한다면, 이것이 현재 식량 보유의 사실을 제시하는 것인지, 그에 대한 의견인지 구분해야 한다. 특히 '고갈'이라는 단어를 선택한 것에 대해 이를 판단하는 기준을 분명하게 확인해야 한다. 식량 고갈이 식량 보유량이 전혀 없는 것을 의미하는지 어느 정도 범주를 '고갈'이라고 볼 수 있는지 명확하게 제시해야 한다(Gronbeck 외, 1995).

■ 증언

증언이란 다른 사람의 말을 인용하는 것을 의미한다. 증언에는 저명한 학자 등 해당 분야에 전문성과 권위가 있는 전문가의 증언도 있고, 사건을 실제로 경험한 당사자의 증언도 있으며, 여론과 같은 일반인의 증언도 있다.

전문가의 증언을 근거로 사용할 때는 인터뷰 영상처럼 전문가가 직접 말한 것인지, 전문가의 말을 인용한 2차 자료인지 구분해야 한다. 또한 전문가가 해당 분야의 전문가인지 확인해야 한다. 해당 분야의 전문가가 아닌 유명인의 증언을 인용할 경우 다음과 같이 권위에 호소하는 오류(appeal to authority)를 범하게 된다.

백두산의 화산 폭발은 동북아 지역에 엄청난 피해를 가져올 것이다. 세계적인 언어학자 김○○ 박사는 백두산의 화산이 폭발할 경우 환경 오염뿐 아니라 경제적 손실도 천문학적이 될 것이라고 말했다.

전문가가 아닌 일반인의 경험은 개인적인 것이라고 치부하여 근거로 사용하는 데 부적합하다고 여기는 경우가 있다. 법정에서도 사건을 직접 목격한 증인의 증언이 효력을 갖듯이 사건을 실제로 경험한 당사자의 증언은 근거로 제시될 수 있다. 물론 개인 경험에 대해 어렴풋한 기억에 의존한 진술은 실체적 진실을 보여 주지 못하여 근거로 사용하기 어려운 경우도 있다. 경험에 대한 진술은 화자의 기억 속에서 왜곡되어 일관성이 결여될 수도 있다. 개인의 경험을 진술할 때는 변형하기 어려운 사진이나 영상, 수치 정보 등을 함께 제시할 때 설득력이 높아진다.

경우에 따라서는 객관적인 통계 수치보다 개인적인 경험에 대한 증언의 설득력이 높을 수 있다. 일반적으로 개인적 관련성이 높은 사안에 대해 피상적인 통계 수치보다 신뢰할 만한 사람의 경험에 대한 증언을 잘 받아들이기도 한다. 예를 들어 아토피 피부염이 있는 아기를 둔 엄마에게 이 약을 사용한 70%의 환자가 효과를 보았다는 신문 기사보다 우리 아이가 이 약을 사용하고 아토피가 말끔하게 사라졌다는 친구의 말이 더욱 설득력 있게 받아들여지는 경우이다.

개인적 경험을 근거로 한 논증의 설득력이 통계 수치를 근거로 한 논증보다 더 높은 경향성은 실험 결과에 의해서도 입증된 바 있다(Hamilton, 1996).

[주장] 작업장을 오렌지색으로 칠해야 한다.

[이유] 오렌지색이 기분을 밝게 하여 업무 집중력이 향상되기 때문이다.

[근거(개인적 경험에 대한 증언)] 나는 두 번이나 작업 공간을 오렌지색으로 칠한 회사에 근무했었는데 두 번 모두 생산성이 20%가량 향상되었다.

개인적 경험을 근거로 사용할 때 이를 청중의 경험과도 결부시키면 더욱 효과적이다. 이를테면, 자신뿐만 아니라 청중도 경험한 적이나 들은 적이 있을 것이라고 생각하는 예라면 "여러분도 경험해 보셨겠지만" 또는 "여러분도 보도를 통해 익히 알고 계시겠지만"이라는 식으로 청중을 끌어들이면 설득력이 높아진다(임태섭, 1997).

■ 통계 수치

통계 수치란 현상, 대상, 의견을 양적 자료로 나타낸 것이다. 통계 수치를 근거로 사용할 때는 최신의 것이 바람직하다. 통계 수치를 사용할 때는 다음과 같은 점에 유의해야 한다. 평균은 중요한 통계 정보이지만 현실을 감출 수 있다는 점에 유의해야 한다. 이를 평균의 신화(myth of the mean)라고 한다(Osborn & Osborn, 1994).

- 강의 평균 수심은 1m이다.
- 대구의 7월 평균 온도는 25도이다.
- A직장의 평균 임금은 500만 원이다.

위의 사례에서 첫 번째의 경우 강의 가장 깊은 곳의 수심에 대한 정보가 없어 평균 수심이 1m라고 해서 수영하는 데 안전하다고 판단할 수는 없다. 두 번째의 경우 대구의 밤 기온, 한낮 기온, 습도 정보 등이 생략되어 '대구의 7월 기온이 쾌적하다.'라는 주장의 근거가 될 수 없다. 세 번째의 경우에도 평균 임금이 500만 원이라고 해서 '대부분의 직원이 500만 원을 받는다.'라고 단정할 수 없다. 사장이나 임원만 고액 연봉을 받는다면 평균 임금은 높게 제시되지만 다른 근로자들은 500만 원에 못 미치는 낮은 임금을 받기 때문이다. 이런 경우는 평균값이 전체 현상을 대표하지 못하는 것이다. 그러므로 통계는 대표성을 지녀야 한다.

또한 퍼센트 정보가 제시될 경우에도 유의해야 한다. 퍼센트의 원래 기준이 다른데 그대로 적용하는 경우가 있는데 이를 비교할 수 없는 퍼센트(incomparable percentages)라고 한다(Osborn & Osborn, 1994).

미국의 연평균 GNP 성장은 6%에 그쳤고, 러시아는 14%나 되었다. 러시아가 곧 미국을 추월할 것이다.

위 예시의 경우 기준점이 제시되지 않았다. 미국과 러시아의 GNP 수준이 제시되지 않은 상태에서 퍼센트만 제시한 후 러시아가 곧 추월할 것이라고 판단하면 오류가 생길 수 있다. 미국의 GNP가 러시아보다 현저하게 높을 경우 미국의 6%가 러시아의 14%보다 클 수 있기 때문이다.

(4) 예상 반론

예상 반론은 논증에 대해 상대방이 제기할 수 있는 반론이다. 주장, 이유, 근거의 핵심 요소로 논증을 구성하고 상대방이 제기할 반론을 예상하고 이에 대해 반박을 하면 더욱 견고한 논증이 된다. 예상 반론은 "물론 충분히 ~라고 생각할 수 있습니다."라는 형식으로 제시된다.

(5) 반박

반박은 예상 반론에 대한 대응이다. 상대방이 제기한 의문이나 대안에 대해 알고 있으며, 그것이 해당 논증과 직접적으로 연관되지 않거나 부작용이 크다고 반박한다. 반박은 "하지만 그 내용은 이 문제와 무관하여 논점을 벗어난 것입니다.", "하지만 그러한 관점은 다른 측면은 설명하지 못하여 문제가 여전히 남게 됩니다."와 같은 형식으로 제시된다. 이러한 반박을 할 때는 반론을 제기한 사람을 대상으로 하지 않고 반론에 해당하는 상대의 논증을 대상으로 해야 한다.

4) Toulmin의 논증 모형

Toulmin[1]은 1958년에 『논증(논변)의 사용』이라는 책을 발간하고 실제적 논증(substantial argument)으로 알려진 실용적 논증(practical argument)을 추구하였다. 툴민은 다음과 같은 기본 모형으로 논증을 설명하고 있다. '해리는 영국 국민이다.'라는 주장에 대해 '해리는 버뮤다에서 태어났다.'라는 근거로 입증하고 있다.

1999년에 발간된 *The Uses of Argument* 15판의 표지이다.

Toulmin은 실선으로 되어 있는 '주장', '근거', '보장'은 기본 요소로 반드시 필요하고, 점선으로 되어 있는 '보강', '한정어', '반박'은 부가 요소로 반드시 필요하지는 않으나 논증을 강화하기 위해 사용한다고 하였다. Toulmin의 논증 모형은 주장에서 출발하여 이유와 근거가 이를 뒷받침하는 일반적인 논증 모형과 다소 차이가 있다. 그림에서와 같이 근거가 출발점이고 주장은 도착점으로 결론이 된다. 이 둘을 논리적으로 연결하는 것을 보장이라고 칭한다. Toulmin의 논증 요소를 구체적으로 살펴보면 다음과 같다.

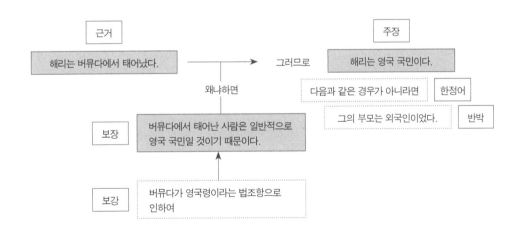

첫째, 주장(claim)은 청중이 믿어 주기를 바라고 내세우는 단정적인 결론이다.

---

1   Stephen Edelston Toulmin(1922~2009). 영국의 철학자이다.

둘째, 근거(data)란 논증이 기초하고 있는 자료나 정보로서 목표인 주장에 이르는 수단이다.

셋째, 보장(warrant)은 근거에서 주장으로 이동하는 연결고리로서 근거가 어떻게 주장에 도달하는가를 논리적으로 설명해 준다. Toulmin이 제시한 사례에 의하면 '해리는 버뮤다에서 태어났다.'라는 근거에서 출발하여 '그러므로 해리는 영국 국민이다.'라는 주장에 이르고 있다. 이 둘을 '버뮤다에서 태어난 사람은 일반적으로 영국 국민이다.'라는 보장이 논리적으로 연결하고 있다. Toulmin은 강력한 논증을 위해서는 근거의 보강에 주력하기보다는 근거에서 주장의 연결고리를 얼마나 힘 있게 끌고 가느냐가 중요하다고 하면서 근거에 의한 주장이 논증의 기본 조건이지만 보장에 의해 논증이 더욱 정당화된다고 보았다.

넷째, 보강(backing)이란 보장에 포함된 가정을 확인해 주기 위한 추가적인 증빙 자료를 의미한다. 보장을 참으로 만드는 일반적인 원리, 원칙, 법칙, 규칙, 제도, 법률 등이 해당된다. 앞의 사례에서 버뮤다가 영국의 해외 영토라는 법 조항을 들어 보장을 보강하고 있다. 보강은 보장에서 사용한 논리를 청중이 이해하도록 돕는 역할을 한다. 보강이 제시되지 않거나 불충분하면 청중은 논증에 의문을 갖거나 논증을 불확실한 것으로 여긴다.

다섯째, 반박(rebuttal)이란 현재 제시된 주장에 대한 예외 또는 주장에 정당하게 적용되는 한계를 의미한다. 예를 들면 '해리는 영국 국민이다.'라는 주장은 '그의 부모가 외국인이다.'라는 반박 조건이 없다면 타당한 논증이 된다. 반박을 사용하여 논증이 정당화할 수 없는 범위를 한계 지어 범위 내에서만 정당화됨을 주장하여 논증의 진실성이 강화된다. 반박은 주장이 일반적인 경우에는 타당하지만 예외 상황에서는 그렇지 않을 수도 있다는 것을 밝혀 두는 장치이다. 스스로 상대의 입장에서 반박이 가능한 사항을 미리 제시하여 상대가 지적할 가능성을 낮추는 역할을 한다. 이는 앞서 설명한 예상 반론과 맥이 닿아 있다. 이 반박은 한정어와 논리적으로 연결되어 있다.

여섯째, 한정어(qualifier)란 주장에 대한 확실성이나 강도의 정도를 표현하는 말이다. 화자는 "엑스포를 부산에서 개최해야 합니다."라고 진술할 수도 있지만 "엑스포를 부산에서 개최하면 좋을 것 같습니다"라고 할 수도 있다. 이처럼 한정어는 진술의 강도를 조절하여 상대방의 반론을 회피하는 기능을 한다. 기능은 한정어를 사용하여 진술 강도를 낮춰 대응한 예이다.

설탕세를 부과하면 국민의 비만이 아마도 감소할 것입니다. (감소하지 않을 수도 있다.)

가당 식품이 성인병을 유발하는 대부분의 원인입니다. (다른 원인도 일부 존재할 수 있다.)

이 학습법이 기억력을 향상할 것이라고 90% 정도의 확신을 가지고 말씀드립니다. (10% 정도
는 해당하지 않을 수도 있다.)

Toulmin의 논증 모형은 이미 증명된 명제로 새로운 명제를 뒷받침하는 것이 특징이다. Toulmin의 논증 모형은 서로 다른 유형의 논증을 분석할 수 있는 표준틀을 제공하여 논증 연구에 기여하였다. 또한 상대가 가설적 형태로 제시한 보장에 대해 입증 자료를 추가하도록 정당화를 요구할 수 있어서 논증에 대한 반박에 유용한 틀을 제공하였다(강태완 외, 2001: 102).

반면에 Toulmin의 논증 모형은 단점도 있다. 우선 보장에 대한 구분이 쉽지 않다는 점이 비판을 받고 있다. 보장을 명시적으로 제시하지 않은 경우 근거와 구분하기 쉽지 않아 논증을 분석하는 데 어려움이 있다. 두 번째 단점은 텍스트가 아닌 문장 단위에만 적용하고 있다는 점이다. 앞의 사례와 같이 두세 개의 문장 단위에는 적용하기 쉽지만 이보다 여러 문단으로 구성된 텍스트를 분석하기는 어렵다. Toulmin의 논증 모형으로 신문 사설이나 정치 담화와 같은 텍스트를 분석하는 것은 무리가 있다(Brinker, 1985/2004: 105; 이병주 외 2005: 133 재인용).

☑ 화법 교육 방향 ──

논증의 개념과 요소에 대해서 학생들은 낯설어 하고 어렵게 여길 가능성이 크다. 중요한 것은 논증 이론을 지식으로 익히는 것보다 학생들이 내용을 생성하고 조직하는 논증 활동을 통해 의사소통 능력을 향상시키는 것이다. 학습 초기에는 논증의 핵심 요소인 주장, 이유, 근거와 이들의 연결 관계를 중심으로 한 문단 정도의 논증을 만들어 보는 것이 학생들의 심리적 부담을 줄일 수 있다. 이후 토론과 같이 자신의 입장에 반대하는 상대가 분명하게 존재하거나 더욱 설득력 있는 논증이 필요할 때 예상 반론을 고려하여 반박하는 요소를 추가하여 지도하도록 한다. 툴민의 논증 모형은 논증을 생성하는 데 사용하기보다 필요한 경우 논증을 비교하거나 분석하는 틀로 적용하면 된다.

2. 논증의 방법과 오류

앞서 논증의 개념, 조건, 구성 요소를 살펴보았다. 여기에서는 논증의 방법과 오류를 살펴볼 것이다. 논증 방식에 대한 구분은 다양한데 여기에서는 가장 대표적으로 사용되는 연역, 귀납, 인과, 유추에 의한 논증 방식을 중점으로 다루었다. 오류의 세부 유형은 헤아리기 어려울 정도로 많은데 여기에서는 네 가지 논증 방식과 관련된 오류를 각각의 논증 방식과 함께 묶어 제시하였다. 이와 더불어 연설이나 토론과 같이 학생들이 실제 접하는 의사소통 상황에서 주로 발견되는 기타 오류들도 소개하였다.

논증의 방법은 주장, 이유, 근거의 성격에 따라 달라지는데 일반적으로 연역에 의한 논증, 귀납에 의한 논증, 인과에 의한 논증, 유추에 의한 논증 등으로 구분된다.

1) 연역 논증

(1) 연역 논증의 방법

연역에 의한 논증은 일반 원칙을 바탕으로 특정 사례에 대한 구체적인 주장을 한다. Aristoteles의 삼단 논법이 전형적인 연역 논증이다.

한국 대학교는 우수한 학생들만 갈 수 있다.

준수는 한국 대학교에 들어갔다.

준수는 우수한 학생이었을 것이다.

연역 논증의 가장 대표적인 사례는 미국 역사에서 여성은 투표권이 없었던 1873년에 수행된 Susan B. Anthony의 "미국 시민이 투표를 하는 것이 범죄인가?(Is It A Crime for U. S. Citizens to vote?)"라는 연설이다. 이 연설로 여성의 투표권에 대한 인식이 전환되었다. 연설의 주요 내용은 다음과 같다.

미국 헌법은 미국 시민의 투표권을 보장한다. (일반 원칙)

여성은 미국 시민이다. (소전제)

그러므로 미국 헌법은 여성의 투표권을 보장한다. (주장)

Susan B. Anthony

이렇듯 연역 논증은 반대하는 청중에 대해 공동의 기반을 확립할 때 매우 유용하다(Osborn & Osborn, 1994).

(2) 연역 논증 관련 오류

연역에 의한 논증을 할 때는 다음과 같은 점에 유의해야 한다.

■ 일반 원칙은 입증된 사실인가?

일반 원칙이 통념인지 객관적인 증거로 입증된 사실인지 확인해야 한다. 다음은 그러한 통념의 예이다.

- 남성은 여성보다 운전을 더 잘한다.
- 어린 나이에 결혼한 사람들이 더 잘 이혼한다.
- 사립학교는 공립학교보다 우수한 교육을 제공한다.

일반 원칙도 다음의 예와 같이 충분한 근거가 제시되었는지 확인해야 한다.

사례 연역 논증의 사례(Lucas, 1995)

구분	연역 논증	입증을 위한 자료
일반 원칙	과도한 소금의 사용은 건강에 해롭다.	㉠ 연구 팀은 과도한 소금의 사용이 고혈압 등 건강에 해롭다는 것을 입증하였다.
소전제	가공식품, 냉동식품은 과도한 양의 소금을 함유하고 있다.	㉡ 하루 권장 소금 섭취량은 230mg이다. 햄버거 하나의 소금 함유량은 1,510mg, 토마토 수프 통조림은 1,050mg, 냉동 칠면조 한 마리는 2,567mg이다.
주장	그러므로 가공식품과 냉동식품의 과도한 사용은 건강에 해롭다.	

이 논증이 설득적이기 위해서는 우선 일반 원칙을 입증해야 한다. 일반 원칙을 입증하기 위해 ㉠처럼 의학 연구 결과를 제시하고 있다. 그다음은 소전제도 입증할 필요가 있는데 ㉡처럼 구체적인 자료를 제시하여 입증을 시도하고 있다. 이렇듯 일반 원칙이라고 하여 그냥 제시하는 것보다 구체적인 자료를 제시하여 사실임을 입증할 때 설득력 있는 논증이 된다.

■ 일반 원칙을 이 사례에 적용할 수 있는가?

이 경우는 특히 속담이나 명언을 일반 원칙으로 이용하여 주장하는 경우에 나타난다. 예를 들어 '비슷한 깃털의 새들끼리 모인다.'라는 속담으로 논증할 경우 이 속담이 지금 논의하고 있는 인간 사회의 현상에 직접적으로 적용할 수 있는지 확인해야 한다.

■ 예외를 고려하지 않고 무조건 원칙을 고수하지는 않는가?

모든 원칙에는 그 원칙이 적용될 수 있는 범위가 있고 특수한 상황에 따른 예외가 있을 수 있다. 이러한 것들을 고려하지 않고 무조건 원칙을 고수하는지 따져 보아야 한다. 일반 원칙을 적용할 수 없는 예외적인 상황인 우연적인 경우에까지 적용할 때 오류가 생기게 된다. 이를 우연의 오류 또는 원칙 혼동의 오류라고 하는데 다음과 같은 사례가 이에 해당한다.

- 거짓말을 하는 것은 옳지 않은 행동입니다. 그러므로 환자의 치료가 목적이더라도 의사의 거짓말은 죄악입니다.
- 우리나라는 표현의 자유를 법으로 보장하고 있습니다. 그러므로 군인이나 공무원도 어떤 상황

에서도 자신의 정치적 견해를 표현할 수 있습니다.

2) 귀납 논증

(1) 귀납 논증의 방법

귀납에 의한 논증이란 구체적인 사례들로부터 일반적인 사실을 결론으로 이끌어 내는 방식이다. 귀납 논증의 경우는 아무리 많은 사례를 제시하더라도 예외가 있을 수 있으므로 연역 논증과는 달리 주장을 완벽하게 증명하기 힘들 수 있다. 다음의 예시에서도 작문 과제가 쉽다는 주장에 논리적인 추론을 통해 도달할 수 있지만 모든 사례를 제시할 수 없기 때문에 주장에 해당하지 않는 예외가 존재할 수 있다.

> 사실 1: 지난 학기 작문 과제는 쉬웠다.
> 사실 2: 친구 영준이도 작문 과제가 쉬웠다고 한다.
> 사실 3: 우리 형의 작문 과제도 쉬웠었다.
> 주장: 작문 과제는 쉽다.

(2) 귀납 논증 관련 오류

귀납에 의한 논증을 할 때는 다음과 같은 점에 유의해야 한다.

■ 주장과 근거가 연관되어 있는가?

> 작년에 150건 이상의 절도 사건이 이 도시에서 발생하였다. 작년에 40건 이상의 폭행 사건이 이 도시에서 발생하였다. 이 도시는 여행객에게 위험하다.

앞의 논증의 경우 그 도시에서 발생한 사건이 면식범에 의해 발생된 것으로 주로 도시 내부 사람들에게만 해당하는 사건이라면 도시에서 발생한 범죄와 여행객의 안전은 연관성이 떨어진다. 그러므로 그 도시가 여행객에게 위험하다는 결론을 내리는 것은 무리이다.

■ 불충분하거나 대표성이 결여된 사례로 주장을 이끌어 내지 않는가?

일부 제한된 사례에서 공통점을 추출하여 일반적인 주장을 이끌어 내는지 확인해야 한다. 표본 수가 충분하지 않은 상태에서 모집단의 성격을 규정하거나 대표성이 부족한 표본에서 수집한 정보로 일반적인 판단을 할 때 이러한 오류가 발생한다. 이런 현상을 성급한 일반화의 오류(hasty generalization)라고 한다.

> ⊙ 도심 한 학교의 학생 대상 설문 조사에서 60%가 학교 폭력을 경험하였다고 응답하였다. 지
> 난달 우리 도시에서 두 건의 학교 폭력 사건이 발생하였다. 우리 학교에 CCTV를 설치해야
> 한다.
> ⓛ 수도권에 거주하는 성인 5,000명을 대상으로 설문 조사한 결과 대다수가 표준어의 필요성에
> 대해 긍정적인 답변을 하였다. 그러므로 국가 차원에서 표준어를 관리하고 의무적으로 교육
> 해야 한다.

⊙은 표본 수가 충분하지 않은 상태에서 이루어진 조사로 주장을 이끌어 낸 사례이다. 한 학교의 설문 조사 내용과 두 건의 폭력 사건을 바탕으로 주장을 하고 있다. ⓛ은 대표성이 부족한 표본으로 조사하여 주장을 이끌어 낸 사례이다. 표준어 교육의 필요성에 대해 주장하면서 표준어를 사용하는 수도권 주민만을 표본으로 선정하였다.

3) 인과 논증

(1) 인과 논증의 방법

두 대상이 있을 때 그중 하나가 다른 하나의 원인이 되면 이 둘 사이에 인과관계가 있다고 한다. 인과에 의한 논증이란 어떤 사실이 다른 사실과 원인과 결과의 관계에 있다는 것을 밝힘으로써 주장의 타당성을 증명하는 논증 방식이다. 주장을 하면서 원인을 근거로 제시하여 원인이 근거, 결과가 주장의 역할을 한다. 인과에 의한 논증을 할 때는 과학적 근거가 있

는 확실한 인과관계를 기반으로 해야 한다.

> ㉠ 지난 2년 동안 A도시의 경찰 인력이 축소되었다. 그로 인해 A도시의 범죄 발생률이 20%나
> 증가하였다.
> ㉡ TV나 컴퓨터 게임으로 인해 폭력에 대한 노출이 30% 증가하였다. 이로 인해 청소년 폭력 범
> 죄의 발생이 급증하고 있다.

㉠의 경우 경찰 인력의 감소를 원인으로 보고 이를 근거로 하여 한 도시의 범죄 발생률이 증가하였다는 주장을 하고 있다. ㉡의 경우 폭력 장면에 대한 노출의 증가를 원인으로 보고 이를 근거로 청소년 폭력 범죄가 급증하였다는 주장을 하고 있다.

(2) 인과 논증 관련 오류

인과에 의한 논증을 할 때는 다음과 같은 점에 유의해야 한다.

■ 원인과 결과를 명확히 구분할 수 있는가?

'임금이 올라서 물가가 올랐다.'라고 할 때, 과연 '고임금이 고물가의 원인인지' 아니면 '고물가가 고임금의 원인인지' 확인해야 한다.

■ 원인은 결과를 유발할 만큼 충분히 강력한가?

'영수가 기타를 치며 강당에서 노래를 했기 때문에 전교 회장에 당선되었다.'라는 주장을 할 때 기타를 치는 행위 외에 더욱 중요하고 강력한 원인이 있는지 확인해야 한다.

■ 사건의 원인은 하나뿐인가?

사건을 유발하는 다른 원인이 존재함에도 불구하고 하나의 독립적인 원인에만 주목하고 있지 않은지, 다른 원인은 없는지 확인해야 한다. '과도한 가당 식품을 섭취해서 당뇨병이 발생했다.'라는 주장을 할 때, 유전이나 인슐린 분비 장애 등 다른 여러 원인이 있을 수 있음을 고려해야 한다.

■ 두 사건이 동시에 또는 순차적으로 발생하였다고 하여 인과관계가 있다고 판단한 것은 아닌가?

사건 A가 사건 B에 앞서 발생하였으므로 사건 A는 사건 B의 원인이라고 판단하는 경우에 해당한다. 이때 우연과 원인을 혼동하여 원인을 오판하였으므로 오류가 된다. 이를 거짓 원인의 오류(fallacy of false cause) 또는 오비이락의 오류라고 하는데 예를 들면 다음과 같다.

- 이번 성취도 평가에서 우리나라 학생의 수학 점수가 큰 폭으로 떨어진 것은 우리나라 게임 업체의 매출이 급신장했기 때문이다.
- 사람들은 이전보다 탄산음료를 많이 마신다. 탄산음료가 확산된 이후로 암 발병률이 증가하였다. 그러므로 탄산음료는 암을 유발한다.

4) 유추 논증

(1) 유추 논증의 방법

유추에 의한 논증이란 두 사건이나 사물의 유사한 속성을 토대로 논증을 하는 방식이다. 어떤 두 사건이나 사물은 비슷한 속성을 가지기 때문에 하나의 대상에서 발견되는 현상이 다른 대상에서도 발견될 것이라는 이유나 근거를 바탕으로 주장하는 것이다.

사람들은 자신이 운전하는 자동차를 주기적으로 점검한다. 사람의 신체는 자동차와 같이 정기적인 점검을 받지 않으면 문제가 생길 수 있다. 따라서 사람들은 자기 신체에 대한 정기 검진을 반드시 받아야 한다.

유추 논증은 정책 논제 토론에 활용하기 좋은데 다음의 예와 같이 찬성과 반대 양측 모두 사용이 가능하다.

양측의 토론자가 사용한 유추 논증

토론 논제: (미국) 총기 사용을 규제해야 한다(Lucas, 1995).

찬성 측	반대 측
영국은 총기를 엄격하게 규제하여 살인 범죄율이 낮다. 일본은 거의 총이 없는 나라로 영국보다 범죄율이 낮다.	영국의 범죄 방지 정책은 총기에 국한된 것이 아니다. 스위스의 경우 국방 제도로 인해 60만 정의 총기가 있으나 미국의 범죄율에 비해 15%밖에 안 된다. 문화적 요소가 총기 사용 규제보다 중요한 이유이다.

이러한 사실적 유추와 더불어 비유적 유추(figurative analogy)를 사용하기도 한다. 비유적 유추란 '대통령은 국가라는 배의 선장이다.'라는 주장에서 국가 경영을 항해에 비유하듯이 본질적으로 상이한 것을 비교하는 것이다. 일반적인 의사소통에서는 비유적 유추가 효과적일 수 있지만 법정 토론과 같이 사실성을 전제로 하는 상황에서는 비유적 유추에 의한 논증은 사용할 수 없다.

(2) 유추 논증 관련 오류

유추에 의한 논증을 할 때는 다음과 같은 점에 유의해야 한다.

■ 차이점보다 유사점이 많은가?

A도시와 B도시의 면적과 인구 규모가 비슷하므로 B도시에도 A도시와 같은 종합경기장을 건설해야 한다.

위와 같은 논증의 경우 면적과 인구 규모라는 유사점 외에 다른 차이점은 충분히 검토되었는지 확인해야 한다. 예를 들면 대규모 스포츠 행사를 유치하기 위한 도로망, 숙박 시설 등 제반 여건은 충분한지, B도시의 사람들이 원하는 기반 시설 중 종합경기장보다 높은 우선순위를 차지하는 것은 없는지, 종합경기장을 유지할 만큼 B도시의 재정 상황이 A도시의 재정 수준에 미치는지 등을 충분히 검토해야 한다.

■ 유사점은 본질적인 것인가?

대상 간의 유사점은 논증에서 주장을 하는데 본질적인 것이어야 한다. 다음 사례는 '교복 색깔'이라는 본질적이지 않은 유사성으로 두 학교 학생의 품성을 잘못 추론한 경우이다.

A학교와 B학교의 교복 색깔이 비슷하다. A학교 학생과 B학교 학생의 품성은 비슷할 것이다.

5) 기타 오류 유형

(1) 무지의 오류

무지의 오류(appeal to ignorance)란 어떤 주장이 거짓이라고 입증되지 않았음을 이유나 근거로 하여 참이라고 추론하거나 어떤 주장이 참이라고 입증되지 않았음을 이유와 근거로 하여 거짓이라고 추론하는 것이다.

- UFO가 없다는 주장이 과학적으로 입증되지 않았으므로 UFO는 존재한다.
- UFO가 있다는 주장이 과학적으로 입증되지 않았으므로 UFO는 존재하지 않는다.

토론의 경우에는 입증 책임의 개념과 관련이 있다. 즉, 문제를 제기하는 측에서 필요한 이유와 근거를 들어 주장을 입증해야 하는 책임이 있는데, 단순히 상대 측 주장이 입증되지 않았으므로 자신의 주장이 입증되었다고 우기는 경우에 바로 이러한 무지의 오류를 범하게 된다.

예 의료 사고의 입증 책임

갑: 이번 의료 사고에서 의사가 실수를 하였다는 증거가 없다. 그러므로 의사의 잘못이 아니다.

을: 이번 의료 사고에서 의사가 실수하지 않았다는 증거가 없다. 그러므로 의사의 잘못이다.

(2) 논점 일탈의 오류

논점 일탈의 오류란 다루고 있는 핵심을 논증하지 않고 논점과 관련 없는 문제를 다루는 것이다. 어떤 결론에 대한 논증이 실제로는 다른 결론을 향하고 있을 때 발생한다. 즉, 주장을 뒷받침하는 이유나 근거들이 실제로는 다른 주장을 뒷받침할 때 오류가 발생한다.

> 갑: 최근 학교 폭력 문제가 아주 심각합니다. 이 문제를 해결하려면 어떻게 해야 할까요?
>
> 을: 학교 폭력 문제가 매우 심각하여 피해 학생이 자살에까지 이르는 경우도 있습니다. 피해 학생의 경우 어려움에 처했을 때 주변에서 심리적인 도움을 줄 사람이 반드시 필요합니다. 자살을 막기 위해서는 교사가 주기적인 상담을 할 필요가 있습니다. 일선 학교에 전문 상담 교사를 배치하는 것도 자살 예방에 효과적인 방법이 될 것입니다.

위의 사례에서는 '학교 폭력 문제의 해결 방안'이라는 질문에 대해 을은 '자살 예방을 위한 상담 교사 배치'를 답변으로 제시하고 있다. 토론에서는 토론자가 자각하지 못하고 엉뚱한 곳으로 논의가 빠지는 경우도 있고, 불리한 상황에서 의도적으로 논점을 회피하는 전략으로 사용하기도 한다.

(3) 순환 논증의 오류

순환 논증의 오류란 주장을 뒷받침하는 이유나 근거를 그 주장을 다른 말로 바꾼 것으로 제시하는 것이다. 즉, 어떤 주장에 대해 이유나 근거를 묻는데 주장을 재진술하여 다시 뒷받침한 것이다.

> 모든 사람에게 표현의 자유를 무제한 허용하는 것은 국가 전체에 유익합니다. 왜냐하면 개인이 자신의 감정을 거침없이 표현하며 만족을 누리는 것은 공동체의 이익을 증진하기 때문입니다.

주장과 이유가 사실은 동일한 의미이므로 동어반복적인 논증이다. 단순히 순환하면서 똑같은 말을 두 번 하는 것이다.

> 애플 스마트폰이 세계 표준을 장악했다. 왜냐하면 가장 많이 팔렸기 때문이다. 왜 가장 많이 팔

렸느냐 하면 기술 면에서 세계 표준을 주도했기 때문이다.

이 경우는 의심스러운 주장에 대해 입증되지 않은 주장을 재진술하여 뒷받침했으므로 근거가 불충분하여 오류가 된다.

(4) 흑백 사고의 오류

흑백 사고의 오류란 중간 개념을 인정하지 않고 두 가지 극단적인 경우만 가능하다고 판단하는 경우에 발생하는 오류이다.

- 민주주의자가 아니면 공산주의자이다.
- 진보가 아니면 보수이다.
- 이번 PISA 연구 결과 유럽 학생들의 읽기 점수는 우수 집단에 미치지 못하였다. 그러므로 유럽 학생들은 열등 집단이다.

(5) 복합 질문의 오류

복합 질문의 오류란 두 개의 질문이 포함된 하나의 문장으로 긍정이나 부정의 답변을 요구할 때 발생하는 오류이다.

회사에서 횡령한 자금을 모두 도박으로 탕진한 것이 사실입니까?
질문 1: 당신은 회사 자금을 횡령하였습니까?
질문 2: 돈을 도박으로 탕진하였습니까?

두 질문에 '예'나 '아니요'라는 하나의 답을 할 경우에 사실과 다른 잘못된 추론을 하게 되면 오류가 생긴다. '아니요'라고 답했을 경우 이를 하나의 질문에만 적용하여 '도박으로 탕진하지는 않았지만 회사 자금을 횡령하였다.' 또는 '회사 자금은 아니지만 도박으로 돈을 탕진하였다.'라는 추론을 하게 되면 오류이다.

지금까지 연역, 귀납, 인과, 유추 논증과 이와 관련된 오류, 기타 오류 유형을 살펴보았다. 대표적인 논증 방식과 관련 오류를 묶어 제시한 것은 관련 오류를 점검하는 질문을 이해하는 것이 제시된 네 가지 논증 방식을 이해하는 데 도움이 되기 때문이다. 학생들에게 다소 어렵게 느껴질 수 있는 논증이라는 주제에 대해 지식의 나열 위주로 수업을 진행하기보다는 신문, TV 토론 방송, 광고, 연설 등 실생활에서 접하는 논증을 이해하고 오류를 파악하는 접근을 하는 것이 바람직하다. 특히 오류는 형식적인 측면에서 어려운 내용 위주로 제시하기보다는 학생들이 실제 수행하는 연설이나 토론 등에서 주로 발생하는 오류에 우선순위를 두어 지도하는 것이 좋다.

X

토론

9장 에서는 논증 관련 이론을 살펴보았다. 논증 방식과 논리적 오류를 구체적으로 살펴 논증적 의사소통에 대해 알게 되었다. 여기에서는 논증 이론을 실제 적용하는 데 유용한 토론에 대해 살펴보고자 한다.

토론은 논제에 대해 찬반으로 나누어 논리로 승부를 가리는 차원을 넘어서 공동체가 직면한 문제와 해결 방안을 꼼꼼하게 검토하는 데 본질적인 의미가 있다. 토론의 유형과 절차에 대한 지식을 익히거나 타당한 이유나 근거를 들어 주장하는 등 미시적인 차원을 넘어 공동체의 문제를 해결하는 방안에 대해 찬성과 반대의 입장에서 책임을 다하여 주장하고, 질문하고, 반박하는 과정을 충실하게 거쳐야 한다. 이 장에서는 토론의 원리와 방법을 알아보도록 한다.

1. 토론의 본질

토론은 방법과 절차가 정형화된 의사소통 유형이므로 이에 대한 이해가 필수적이다. 그런데 이러한 방법과 절차를 지배하는 토론의 본질적인 특성을 먼저 이해하는 것이 중요하다. 여기서는 교육 토론(academic debate)을 중심으로 토론의 성격, 목적, 논제, 규칙을 살펴보고 다양한 교육 토론 유형의 특징을 알아보도록 하겠다.

1) 토론의 성격

토론은 논제에 대하여 찬성 측과 반대 측이 근거를 들어 자신의 주장이 옳음을 내세우고, 상대방의 주장이나 근거가 부당하다는 것을 명백하게 하는 의사소통의 한 형태이다. 토론을 뜻하는 'debate'의 어원은 라틴어의 'debattuere'에서 유래된 것이다. '나누다, 제거하다'를 뜻하는 'de'와 '겨루다, 전쟁, 시합, 싸움'을 뜻하는 'battuere'의 합성어이다. 그리하여 'debate'의 원뜻은 '나누어 겨루다'라는 의미를 지닌다(이정옥, 2008: 24). 그러므로 토론에는 '겨룸'이라는 속성이 있다. 여기서 겨룸은 자기주장만 내세우고, 상대방을 격렬하게 비판하여 제압하는 것만을 의미하지 않는다. 엄격한 규칙 아래 상대의 주장을 경청하고, 자기의 입장을 설득적으로 주장하여 어느 쪽이 논리적 우위에 있는지를 겨룬다는 것이다.

토의와 토론의 차이점은 토의는 결론을 도출하기 위해서 진행되고, 토론은 이미 결론을 도출하여 주장하는 찬성 측과 이를 반대하는 반대 측 중 어느 것이 옳은가를 밝히기 위해서 진행된다는 데 있다. 토의가 문제의 해결을 위해 의견의 일치를 얻으려고 서로 협동하여 이야기하는 형식이라면, 토론은 쟁점에 대하여 찬성과 반대로 갈려서 대립을 전면에 드러내는 점이 다르다.

토론의 다른 중요한 특성은 판정을 한다는 것이다. 토론에서 대립하는 양측은 어느 편이 옳은가를 가리기 위해서 제삼자의 판정을 구하게 된다. 대립하는 양측이 어떤 논제의 찬성 측과 그 논제를 부정하는 반대 측으로 나뉘어, 권위와 전문성을 갖춘 공평한 심판 앞에서, 일정한 규칙에 따라 서로의 입장을 옹호하기 위한 논쟁을 벌이고, 심판이 정해진 규칙에 따라 승자와 패자를 가리게 되면, 대립하는 양측은 토론이라는 방법으로 문제를 해결하게 되는 것이다.

토론은 이러한 본질적 속성에 따라 겨룸에 필요한 힘의 경쟁이고 이 힘은 철저하게, 내용적으로는 논리의 틀 안에서, 방법적으로는 규칙의 틀 안에서 행해져야 한다. 이러한 속성은 특정한 의사소통의 방식을 요구하게 되는데 이러한 의사소통의 방식이 토론에서 요구하는 기본적 형식에 부합하고, 문제 해결이라는 토론의 목적 달성에 효과적으로 기여할 때 성공적인 토론 수행과 바람직한 토론 문화라고 말할 수 있을 것이다.

2) 토론의 목적

토론은 민주주의 사회에서 의견 대립을 해결하기 위해 반드시 필요한 의사소통의 형태이다. 대화나 토의를 통해서 합의를 이루지 못하고 양편의 주장이 대립할 때, 문제를 해결하고 합리적인 의사결정을 하는 데 토론은 매우 중요한 역할을 한다.

토론의 목적을 찬성 측과 반대 측의 승패를 결정지어 상대를 제압하는 것으로 오해해서는 안 된다. 토론의 궁극적인 목적은 공동체가 처한 현재의 문제와 이를 극복할 해결 방안을 찬성과 반대로 나뉘어 면밀히 검토하는 것이다. 이렇듯 찬성과 반대로 나뉘어 서로의 역할을 다하여 문제 사안을 꼼꼼하게 따지는 상호작용이야말로 공동체가 처한 문제의 해법을 찾기 위한 필수적인 과정이다.

이와 더불어 토론의 과정에서 대립하는 쟁점에 대하여 상대의 주장과 근거를 이해하게 되어 상호 이해의 폭을 넓히고 공감대의 기반을 확보하는 것도 토론의 목적이다. 논제에서 다루는 사안이 중대할수록 토론의 쟁점도 다각화되고 대립의 정도도 커지기 마련이다. 한편에게 일방적인 승리를 부여하는 측면보다는, 토론을 통해 대립하는 쟁점의 수를 줄이고 대립의 심각한 정도를 완화하여 공감대를 확대하고 서로를 이해하고 존중하게 되는 것도 토론의 중요한 목적이다.

3) 토론의 논제

(1) 논제의 성격

토론에서 논제(論題)란 '문제의 해결에 관한 어떤 제안이나 주장'을 말한다. 토론의 논제는 찬성 측과 반대 측의 입장이 명확히 구분되어야 한다. '설탕세 부과 바람직한가?'와 같이 함께 논의해 보자는 식의 표현이 아니라, '설탕세를 부과해야 한다.'와 같이 결정의 방향이 분명하고 정확하게 표현되어야 한다. 토론의 논제는 '……한가?'와 같은 개방형 질문이 아니라, '……해야 한다'(정책) 또는 '……이다'(사실)의 진술문 형식으로 표현되어 긍정과 부정의 입장을 명확히 구분할 수 있어야 한다. 그리고 진술문은 단 하나의 쟁점만 포함해야 한다.

(2) 논제의 유형

토론의 논제는 일반적으로 정책(policy)에 대한 것, 가치(value)에 대한 것, 사실(fact)에 대한 것으로 구분한다.[1]

■ 사실 논제

사실 논제는 어떤 사안이 참이냐 거짓이냐를 다루는 명제이다. 몇 가지 정보로 간단하게

---

1   토론 대회의 경우는 이를 더 엄밀하게 구분하는데 우선 논제를 크게 '정책(policy) 논제'와 '비정책(non-policy) 논제'로 구분한다. '비정책 논제'는 다시 '사실 논제', '가치 논제', '유사 정책(quasi-policy) 논제'로 구분된다. 일반적으로 가치 논제는 비정책 논제와 동일한 개념으로 사용된다(Scott, 1998). 토론 대회에서는 주로 가치 논제와 정책 논제를 다룬다.

참과 거짓을 판단하기는 어렵다. 다양한 출처에서 객관적인 정보에 대한 심도 있는 분석이 필요하다. 그러므로 사실 논제도 정보 전달 스피치가 아니라 설득 스피치의 주제로 다루어져 토론에 사용되는 것이다(Rodman & Adler, 1997).

- LA 폭동은 20년 전의 자유 프로그램 정책의 실패에서 기인하였다.

■ 가치 논제

가치 논제란 무엇이 옳고 그른지에 대한 가치 판단을 다루는 명제이다. 신념, 사람, 사물, 행위에 내재된 가치에 대한 평가를 다룬다. 주로 '좋다/나쁘다, 바람직하다/바람직하지 않다, 옳다/그르다, 도덕적이다/비도덕적이다, 정당하다/정당하지 않다'와 같은 내용을 다룬다.

- 동물 실험은 부도덕한 행위이다.
- ○○TV 프로그램은 비윤리적이다.

이러한 가치 판단은 주관적이거나 개인의 선호에 따라서는 안 되며 사실을 바탕으로 해야 한다. 예를 들면 동물 실험이 부도덕한지에 대한 가치 판단을 하기 위해서는 실험 중 겪는 동물의 고통과 동물 실험의 필요성 등에 대한 사실 논제를 우선적으로 다루어 사실에 입각한 가치 판단을 해야 한다.

■ 정책 논제

정책 논제란 문제에 대한 해결 방안을 다루는 명제이다. '무엇을 어떻게 해야 옳은가?' 하는 행위와 실천의 당위성에 대한 주장을 다룬다. 즉, 제안된 해결 방안이 문제 해결의 최선책임을 주장하게 된다.

- 동물 실험을 중단해야 한다.
- 학생회에 부정행위를 한 학생을 징계할 수 있는 권한을 부여해야 한다.

교육 토론에서는 주로 정책에 관한 것이 많이 사용된다. 정책 논제의 경우 구체적인 사안에 대해 문제점과 실제적인 해결 방안을 중심으로 쟁점이 진행되는데 자료를 충분히 조사하게 하여 교육적 효과도 있고 자연스럽게 가치 문제를 포함하여 다루는 장점도 있어 토론

지도에 효과적이다. 경우에 따라서는 가치나 사실에 대한 논제도 사용되는데, 관점이나 시각을 중시하는 철학적 문제는 가치에 관한 논제를, 증거를 통한 논리적인 사실 입증을 중시할 경우는 사실에 관한 논제를 사용할 수 있다.

가치 논제를 주로 다루는 전형적인 토론 방식은 링컨 더글러스 토론이다. 나머지 다른 유형의 토론은 철학적이고 윤리적인 내용보다는 주로 사회적 사안을 다루는 정책 논제를 선호한다. 그중에서도 특히 CEDA 토론은 주로 정책 논제를 다룬다.[2]

💡 **화법 교사 메모** ···

비판적 사고력 차원에서 논제의 성격을 따져 보면 토론 유형에 따라 추구하는 사고력이 상이함을 알 수 있습니다. 일반적으로 가치 논제에서는 심도 있는 철학적 사고 능력을 주된 목표로 삼습니다. 정책 논제에서는 해당 정책과 연관된 가치 문제도 검토하지만 거기서 머무르는 것이 아니라 구체적인 방안을 제시하고 이에 대한 실현 가능성과 예상 효과까지 따지는 문제 해결적 사고 능력을 목표로 합니다. 즉, 정책 논제를 다루면서 당연히 가치 문제를 다루게 되지만 궁극적인 지향점은 다릅니다. 가치 논제에서는 구체적인 해결 방안의 실현 가능성과 그에 따른 이익과 비용을 산출하여 입증할 책임이 없습니다. 선호하는 가치에 대한 당위성을 입증하기 위한 논리적 사고력이 중요합니다. 반면에 정책 논제의 경우에는 문제의 심각성, 해결 방안의 실현 가능성, 이익과 비용 등을 구체적으로 입증하기 위한 증거 자료의 수집과 통합을 위한 문제 해결적 사고력이 더욱 중시됩니다. 토론 지도 교사나 토론 대회 운영자는 지향하는 방향에 따라 가치 논제 중심의 링컨 더글러스 토론인지 정책 논제 중심의 CEDA 토론인지를 결정하면 됩니다.

---

(3) 논제의 진술

정책 토론의 경우 토론 논제는 현재 상태를 바꾸는 쪽으로 정의되어야 한다. 토론에서 찬성 측은 현재 상태에 대한 변화를 주장하게 된다. 사실 논제나 가치 논제와 달리 정책 논제에는 '해야 한다(should) + 행위(동사)'의 형태로 당위적 행위가 명시되어야 한다.

만약 다음과 같이 논제를 설정하면 현재 상태에 중대한 문제가 존재하며 이로 인한 피해가 심각하여 새로운 방안이 필요함을 필수 쟁점을 갖추어 입증해야 하는 찬성 측 본연의 임무와 배치된다.

---

2   원래 CEDA 토론의 논제는 정책 논제로 국한되지 않고 다양한 논제를 다루었다(Sheffield, 1992). 하지만 1995년에 CEDA협회가 가치 논제를 중단함에 따라 NEDA(National Educational Debate Association)에서만 가치 논제를 사용하게 되었다.

- 청소년의 연예계 진출을 허용해야 한다.
- 동물 실험을 지속해야 한다.

이는 현재 상태의 유지를 옹호해야 하는 반대 측이 오히려 변화를 주장하게 되는 구조가 됨으로 인해 정책 토론에서 양측의 역할, 논의의 전개 순서 등 토론의 내용과 형식에서 심각한 혼선을 초래하게 된다.

(4) 논제의 표현

논제에 찬성 측과 반대 측 어느 한편에 유리하게 작용할 수 있는 감정적 표현이 담기면 안 된다. 정서적인 가치 판단을 최소화하는 중립적인 단어로 논제를 구성해야 한다. 감정이 담긴 표현은 토론 시작 전에 심판이나 청중에게 부정적인 인상을 줄 가능성이 있다. '백해무익한 흡연, 담뱃값 인상해야 한다.', '반인륜적 사형 제도는 폐지해야 한다.'에서 '백해무익한', '반인륜적'이라는 표현이 이에 해당한다. 주관적인 가치 판단을 드러내어 현재 상태의 유지를 주장하는 반대 측으로 하여금 '비윤리적이고 피해를 초래하는 부정적인 것'을 옹호하도록 하여 불리하게 작용된다.

이와 더불어 토론의 논제에는 목적을 배제한 표현을 사용해야 한다. 찬성 측의 주장에 힘을 실어 줄 수 있는 '탈선 예방을 위해서 학생의 피시방 출입을 단속해야 한다.'와 같이 특정한 목적을 드러내는 표현을 사용하면 안 된다. 이 경우 '…을 위하여'라는 표현을 사용하여 탈선 예방이라는 누구나 인정하는 보편적인 가치를 목적으로 드러내면 반대 측에서는 이를 부정할 수 있는 명분이 크게 약화되어 불리한 입장에 처하게 된다.

(5) 논제의 용어

토론에서는 논제에 제시된 용어의 개념이 쟁점의 성격을 결정하고 논의의 범위를 한정하는 데 매우 중요한 역할을 한다. 토론에서 찬성 측은 논제에서 언급된 주요 용어에 대한 정의를 입론 과정에서 밝혀야 한다. 예를 들어 '정부는 불법 외국인 노동자 추방해야 한다.'라는 논제의 경우, '정부', '불법', '외국인'이라는 주요 개념에 대한 정의가 중요하다. 이때 '외국인'의 범위에 '재중 교포'도 포함하느냐에 대한 논란이 있을 수 있으며 '노동자'라 하면 원어민 영어 강사들을 포함하느냐가 대립적 쟁점이 될 수 있다. '추방'은 강제 추방을 의미하는지

권고 추방을 의미하는지 명확히 제시해야 한다.

가치 문제가 많이 내포된 정책 논제에서는 용어와 개념에 관한 정의가 해결 방안이나 실효성보다 더 중요한 경우가 많다(이상철·백미숙·정현숙, 2006). 용어에 대한 정의는 사전적 정의, 사례에 의한 정의, 권위와 인용을 통한 정의, 조작적 정의 등의 방법을 이용하는데 찬성 측에서는 자신에게 유리한 방향으로 첫 번째 입론에서 용어를 정의해야 한다.

반대 측은 찬성 측의 정의를 점검하여 필요하다고 판단되면 대체 정의를 내려서 논의를 자신에게 유리한 방향으로 유도해야 한다. 예를 들어, '남교사 할당제 도입해야 한다.'라는 논제에 대해서는 찬성 측에서는 '양성 평등 임용제'라는 용어를 사용하여 새로운 대안의 균형성을 강조할 것이다. 반대 측에서는 '남교사 할당제'라는 용어를 그대로 사용하여 새로운 대안이 한 쪽으로 편향되어 있음을 강조할 수 있다. 동일한 개념을 가리키더라도 용어가 주는 어감을 점검하여 찬성 측의 주장에 반대하는 것이 효과적인 전략이다. 이와 비슷한 예로 다음과 같은 것들이 있다.

임신중절	낙태
기여입학제	기부금입학제
수도 이전	행정 수도 이전
스크린 쿼터제	한국 영화 상영 의무제
원전수거물관리센터	방사성폐기물매립장(방폐장)

(6) 논제의 공개

논제 공개 시점과 변경 주기도 토론의 유형마다 상이하다. 의회식 토론을 제외한 다른 토론은 논제가 사전에 공개되기 때문에 충분한 자료 조사와 증거 제시가 중시된다. 반면에 의회식 토론의 경우 대회 직전에 논제가 공개되므로 사전에 준비하거나 지도를 받을 수 없다. 참여자는 순발력 있게 즉석연설을 해야 하는데 사실적 증거보다 청중을 설득할 수 있는 논리적 추론 능력이 중요하며 무엇보다 대중 연설 능력이 승리의 관건이 된다. 순발력 있는 대중 연설 능력을 교육적 목표로 삼는다면 의회식 토론이 가장 적합하다.

토론 논제의 변경 주기도 토론 유형마다 다르다. CEDA 토론의 경우 1년에 한 번, 링컨 더글러스 토론은 두 달에 한 번, 퍼블릭 포럼 토론은 한 달에 한 번씩 논제가 변경된다. 의회식 토론은 매회(round) 논제가 변경된다. 논제의 변경 주기와 관련하여 각각의 토론 유형 모두 장단점이 있다. Kuper(2000)에서는 CEDA 토론과 의회식 토론의 참여 동기에 대한 학생 대상 설문을 실시하였는데, CEDA 토론을 택하는 이유는 연구 과정을 선호하기 때문이고, 의회식 토론을 택하는 이유는 논제가 지속적으로 변경되어 다양한 사안을 다룰 수 있기 때문이라고 답하였다. 토론 교육의 목표를 치밀한 자료 조사에 중점을 둘지 다양한 사회적 사안에 대해 배경지식을 활용한 추론 능력과 의사소통 능력에 중점을 둘지에 따라 적합한 유형을 선택해야 한다.

4) 토론의 규칙

토론은 앞서 살펴본 유형에 따라 그 절차와 방법이 약간 상이하지만, 여러 유형의 토론에 공통적으로 적용되는 방법은 다음과 같다. 우선 토론을 구성하기 위해서는 사회자, 토론자, 심판, 청중의 구성원이 필요하다. 사회자는 토론의 논제와 토론 배경에 대해 설명하고, 토론의 절차와 규칙에 대해 간략히 소개한다. 그다음 심사위원장이 심사 항목과 배점 등 심사 기준에 대해 설명한다.

토론의 참여자와 논제에 대한 소개와 토론의 절차 설명이 끝나면 본격적으로 토론을 시작하게 된다. 토론에서는 주어진 순서와 시간을 분명히 지켜야 하므로, 사회자 또는 시간 측정을 돕는 사람이 시간을 엄격하게 통제한다. 일반적인 경우 발언 마감 30초나 1분 전에 종을 치거나 남은 시간이 적힌 표지판을 토론자에게 보여 주어 시간을 알린다. 정해진 시간이 경과했을 때 토론자는 발언을 중단해야 하며, 토론자가 발언 시간을 넘겨 계속 진행을 할 경우 사회자는 이를 제재해야 한다. 물론 지나친 시간 초과는 감점의 대상이 된다.

토론자는 입론, 반대 신문, 반박 등 단계별 특성에 맞게 발언해야 한다. 입론에서는 자신의 주장을 제시하고, 반대 신문에서는 상대의 논리적 오류를 지적하고, 반박에서는 입론에서 다룬 쟁점 중 자신에게 유리한 쟁점을 선택하여 상대보다 자신의 논리가 우위에 있음을 입증해야 한다. 발언은 찬성 측부터 하며 마지막 발언도 찬성 측이 한다. 이것은 처음 발언에서 쟁점을 드러내고 주장을 하는 것이 불리한 면이 있기 때문에 마지막 발언의 기회를 찬성 측에게 주어 균형을 이루는 것이다.

토론의 유형에 따라 토론 과정에 준비 시간(preparation time)[3]을 사용하는 경우도 있다. 준비 시간은 토론자가 사회자에게 요청하여 사회자의 승인을 얻어 이루어지며, 스포츠의 작전 시간처럼 같은 편끼리 토론 전략을 상의하게 된다. 상대가 준비 시간을 요청하면 이쪽 편에서도 상의하면 된다. 각 팀은 주어진 전체 준비 시간을 토론 단계에서 효율적으로 나누어 사용해야 한다.

토론을 마치면 심판들이 심사 기준에 의해 결과를 평가하게 된다. 평가 후 점수를 합산하여 찬성 측과 반대 측 중 승자를 결정하고 토론을 마무리하게 된다. 경우에 따라서는 토론 배심원에 의한 투표로 승패를 결정하기도 한다.

토론은 규칙이라는 속성 때문에 게임이나 스포츠에 비유되기도 한다. 토론에는 명확한 규칙이 있고 이러한 규칙의 준수 여부는 토론의 승패를 판정하는 데 중요한 기준이 된다. 상대에 대한 인격적 비난 금지 등 태도 차원의 규칙도 있지만 토론에서 중시되는 것은 시간과 순서에 대한 엄수, 사회자의 진행과 심판의 판정에 승복하는 것 등 절차상의 규칙이다. 토론에는 순서와 시간에 대한 명백한 합의가 존재한다. 주어진 시간에 입론을 하고 또 상대의 주장을 잘 듣고 논리의 오류를 지적하여 질문 및 반론을 하고 자신의 주장을 펼치는 이러한 일련의 절차는 토론에 질서를 부여하고 객관성과 공정성을 확보하는 데 필수적이다.

> 💡 **화법 교사 메모**
>
> 간혹 토론이 찬반을 이분법적으로 구분하고 승패를 가르는 특성이 있다고 하여 비교육적이라고 판단하며 상호 조화를 강조해야 한다는 의견도 있습니다. 하지만 토론의 본질적 의미는 공동체의 문제와 해결 방안을 면밀히 검토하는 데 있으므로 치열하게 서로의 논증의 우위를 겨루는 것이 참여자의 책임을 다하는 것입니다. 공동체의 문제 해결이라는 공통된 의식을 가지고 상대를 존중하면서 맡은 바 책임을 다하는 방향으로 토론이 유도될 때 토론의 본질적 성격에 부합하는 토론 교육이 이루어질 것입니다.
>
> 이러한 토론 교육을 통해 학생들은 근거를 들어 논리적으로 말하는 능력과 상대의 의견을 비판적으로 듣는 능력을 기를 수 있으며, 규칙과 예의를 지키며 말하는 태도를 기를 수 있습니다. 나아가서는 사회생활을 하면서 겪게 되는 의견 대립을 합리적이고 이성적인 방법으로 해결할 수 있는 능력을 배양하여 민주 사회의 일원으로 성장하게 됩니다. 토론을 통해 참여자들은 상대적으로 안전한 교실 공간에서 토론이라는 민주적 의사소통 행위의 실습을 시도하게 되고, 이를 통해 의견 차이를 드러내고 문제를 협력적으로 해결하는 민주 시민성을 기를 수 있습니다.

---

3 '숙의 시간'이라고도 한다.

5) 토론의 유형

토론 유형은 실제 학교 현장이나 토론 대회에서 가장 많이 행해지고 있는 다섯 가지 교육 토론의 유형을 중심으로 살펴보겠다. 일반적으로 CEDA 토론[4], 칼 포퍼식 토론, 의회식 토론, 링컨 더글러스 토론, 퍼블릭 포럼 토론의 절차와 방법적 특징은 다음과 같다.

(1) CEDA 토론

CEDA 토론은 반대 신문식 토론 또는 정책 토론이라고 한다. 현재 상태의 정책적 변화를 주장하는 찬성 측과 이를 반대하는 반대 측이 2 : 2로 입론, 반대 신문, 반박의 발언을 개인별 1회씩 하게 된다.[5] 반박(rebuttal)은 상대 의견에 대해 반론을 펼치는 좁은 의미가 아니라 최종 발언을 의미한다.

CEDA 토론의 절차[6]

찬성 측		반대 측	
토론자 1	토론자 2	토론자 1	토론자 2
① 입론 8			② 반대 신문 3
④ 반대 신문 3		③ 입론 8	
	⑤ 입론 8	⑥ 반대 신문 3	
	⑧ 반대 신문 3		⑦ 입론 8
⑩ 반박 5		⑨ 반박 5	
	⑫ 반박 5		⑪ 반박 5

정책 토론에서는 사회 제도나 정책의 변화를 주장하는 데 필요한 철저한 자료 조사와 증

4 　미국의 경우 토론 대회에서 사용하는 공식 명칭은 'policy debate'이다.

5 　입론 시간은 일반적으로 고등학생은 8분, 대학생은 9분이다. 시간은 학습자의 수준이나 수업 여건에 따라 조정이 가능하다. 초등학교에서는 3분, 중학교에서는 5분 정도의 입론 시간을 적용할 수 있다.

6 　동그라미 번호는 토론 순서를, 단계명 뒤의 숫자는 토론 시간을 의미한다. 예들 들어 '① 입론 8'은 토론자 1이 첫 번째로 입론을 8분간 한다는 것이다.

거가 필요하다. 반대 신문식 토론이라는 명칭이 의미하듯 상대 주장의 논점을 명확히 하고 상대 오류나 뒷받침되지 않은 주장을 드러내는 기능을 하는 반대 신문이 활성화되어 있는 것이 특징이다. 기존의 토론 방식이 자신의 이야기만 하는 것에 대한 반성으로 상대 논의에 대한 경청과 검증을 중시하게 되었다.

(2) 칼 포퍼식 토론

칼 포퍼식 토론(Karl Popper Debate)은 칼 포퍼의 비판적 합리주의(Critical Rationalism)에 기반하여 계속적인 실수의 교정을 통해 배우게 된다는 전제를 가지고 있다. 학습자에게 비판적 사고력, 자기표현 능력, 다른 의견에 대한 관용적 포용 등의 자세를 길러 주기 위한 목적으로 1994년에 협회가 설립되어 토론이 시행되고 있다.

CEDA 토론과는 달리 찬성과 반대 측의 부담이 균등한 논제가 선정된다. CEDA 토론의 경우 반대 측이 상대방의 논리적 부당성만 입증해도 승리하는 반면 칼 포퍼식 토론에서는 양측 모두 주장의 논리적 정당성을 입증해야 하므로 양측에게 입증 책임이 균등하게 적용되는 것이 특징이다. 양측 모두 상대방의 입론을 적극적으로 반박하지 않으면 상대방의 주장을 인정하는 것으로 간주되므로 상대 주장에 대한 반박이 다른 토론 유형에 비해 상대적으로 중시된다.

칼 포퍼식 토론의 절차

찬성 측			반대 측		
토론자 1	토론자 2	토론자 3	토론자 1	토론자 2	토론자 3
① 입론 6					② 반대 신문 3
		④ 반대 신문 3	③ 입론 6		
	⑤ 반박 5		⑥ 반대 신문 3		
⑧ 반대 신문 3				⑦ 반박 5	
		⑨ 반박 5			⑩ 반박 5

세 명이 한 팀이 되어 각 팀이 입론 1회 6분, 반대 신문 2회(3분×2회=6분), 반박 2회(5분×2회=10분)를 한다. 정책 토론이 1회의 반박을 하는 것과는 달리 입론보다 반박 횟수가 더 많은 것이 특징이다. 발언 순서에도 차이가 있는데 찬성 측이 먼저 반박을 하는 마지막 반박

의 순서가 다른 토론 형식과 다르다. 입증 책임이 찬성 측에게만 부과되지 않고 양측에 균등하게 부과되기 때문에 특별히 찬성 측에게 유리하게 발언 순서를 정하지 않아도 되기 때문이다. 다른 토론과는 달리 반박 시간에도 반대 신문이 허용되며, 마지막 반박을 제외하고는 발언 때마다 반대 신문을 하는 것도 특징이다.

세 명이 한 팀이므로 서로 간의 협력과 팀워크가 중시된다. 특히 입론이 1회이기 때문에 세 명이 함께 입론을 철저히 구성해야 한다. 1, 3번 토론자의 발언 기회가 두 번씩인 것에 비해 2번 토론자의 발언 기회는 1회이다.[7] 칼 포퍼식 토론의 경우 많은 것을 주장하기보다 상대방 주장에 대한 철저한 검증과 효과적인 반박이 중요하다.

(3) 의회식 토론

근대 의회 토론은 14세기 영국의 하원에서 시작된 공식적인 의회 토론에 뿌리를 두고 있다. 영국 정치에서 의회의 영향력이 커지면서 토론의 영향력이 커졌고 이는 미국 대륙에도 전해졌다. 의회식 토론은 세계적으로 가장 널리 알려져 있고 빠르게 확산되고 있는 토론 유형이다. 영국식 8인 방식이나 '세계식 토론(world style)'이라고 불리는 토론 유형도 있지만 널리 사용되는 4인 방식의 미국 방식이며 이를 통칭하여 의회식 토론(Parliamentary Debate)이라고 한다.

의회를 배경으로 하므로 가치 논제보다 정책 논제를 주로 다룬다. 논제는 대회 직전에 제시되는데 심사위원이 논제가 적힌 심사 용지를 받고 토론장에 도착한 토론 팀에게 알려주면 15분의 준비 시간이 시작된다. 다른 토론 대회와 달리 매회 논제가 변경된다. 즉석 토론이 일반적이어서 미리 작성한 발언 내용을 읽을 수 없고 교사의 지도를 받을 수 없으며 대부분의 경우 인용된 증거의 사용이 금지된다.

의회식 토론의 절차

찬성 측(정부 팀)		반대 측(야당 팀)	
토론자 1(수상)	토론자 2(여당 의원)	토론자 1(야당 당수)	토론자 2(야당 의원)
① 입론 7		② 입론 8	

---

7 한상철(2006)에서는 2번 토론자의 경우 발언 횟수가 적은 것이 역할 비중이 작다고 보기 어렵다고 하였다. 2번 토론자는 토론 중 상대 발언을 분석하고 대응 방안을 마련하는 리더의 역할을 맡는 것이 효과적일 수 있다고 하였다.

	③ 입론 8		④ 입론 8
⑥ 반박 5		⑤ 반박 4	

1명(수상과 야당 당수)은 두 번 발언, 나머지 1명(여당 의원과 야당 의원)은 한 번만 발언하는 것이 특징이다. 의회식 토론의 고유한 특징 중의 하나는 발언권 요청이다.[8] 의회에서 국회의장이나 위원장으로부터 발언권을 부여받듯이 상대의 입론 중에 15초 동안 짧은 질문이나 진술을 한다.

사례　발언권 요청(Meany & Shuster, 2003/2008: 37).

토론자 1 : 그렇기 때문에 우리는 패스트푸드 프랜차이즈를 학교에 도입하여 학생들에게
　　　　　점심을 제공하도록 해야 합니다.
토론자 2 : (자리에서 일어나며) 그 점에 대해 의견 있습니다.(On that point!)
토론자 1 : 요청을 받아들입니다.
토론자 2 : 그렇지만 패스트푸드 점심은 영양분이 많지 않기 때문에 학생들 건강에 좋지
　　　　　않습니다.

상대가 "그 점에 대해 의견 있습니다.(On that point!)"를 외치며 발언권 요청을 해도 이를 수락할지 여부는 현재 입론을 하고 있는 토론자가 결정한다. 반박 연설 때에는 발언권 요청이 허용되지 않으며 발언권 요청과 이에 대한 질의응답 시간은 전체 발언 시간에서 제하게 된다. 이 발언권 요청은 입론 연설의 중간 5분 동안만 허용된다. 입론 연설의 첫 1분과 마지막 1분 동안에는 허용되지 않는데 이 2분을 보호 시간(protected time)이라고 한다. 보호 시간에 발언권을 요청하면 규칙 위반이다(Meany & Shuster, 2003/2008).

(4) 링컨 더글러스 토론

링컨 더글러스 토론(Lincoln-Douglas Debate)은 일반적으로 LD 토론이라고 부르는데

8　한상철(2006: 197)에서는 '보충 질의(point of information)'라고 하였다.

미국 고등학교에서는 1970년대부터 시작되었다. 1858년의 대통령 선거를 위한 중간 선거(일리노이주 상원의원 선거)에서 민주당의 Stephen Douglas와 공화당의 Abraham Lincoln이 봄부터 가을까지 일리노이주 일곱 도시에서 7회에 걸쳐 벌인 토론[9]에서 유래했다.

논제는 두 달에 한 번씩 변경되며 주로 가치 논제를 다룬다. 링컨 더글러스 토론에서 추구하는 가치 논제는 구체적이고 복잡한 것이 아니라 '자유가 평등보다 더 가치 있다.' 또는 '사형 제도는 도덕적으로 정당화될 수 있다.'와 같이 일반적이고 보편적인 주제를 다룬다. 가치에 대한 딜레마성 논제로서 대안에 대한 찬성과 반대가 아니라 하나의 선호하는 대안을 선택하는 방식이며, '~이 ~보다 우선한다.', '~이 ~보다 낫다.', '~이 ~보다 바람직하다.', '~은 정당하다.'의 형태로 논제가 제시된다(한상철, 2006). 링컨 더글러스 토론에서 추구하는 핵심적인 가치는 '자유, 안전, 정의, 개인주의, 공동체, 지식, 미(美), 민주주의, 생명의 존엄, 생활의 질, 프라이버시, 자아실현' 등이다(Edwards, 2008). 가치 논제를 다루므로 용어에 대한 정의가 매우 중요하다(Phillips, Hicks & Springer, 2006). 링컨 더글러스 토론의 절차는 다음과 같다.

링컨 더글러스 토론의 절차

찬성 측(토론자 1)	반대 측(토론자 2)
① 입론 6	② 반대 신문 3
④ 반대 신문 3	③ 입론 7
⑤ 반박 4	⑥ 반박 5
⑦ 반박 3	

팀을 구성하는 것이 아니라 일대일로 토론하는 것이 특징이다.[10] 이로 인해 설득에 대한 책임은 온전히 개인에게 부과된다. 자신이 옹호하는 가치가 다른 가치보다 우월함을 증명해야 한다. 반대 신문의 비중이 상대적으로 높으며 반대 측 반박이 1회 적은 것이 특징이다.

---

9   노예 제도를 인정할 것인지 문제는 각 지방 정부에 일임하는 것이 옳다고 주장한 Douglas의 '주민투표론'에 대하여 Lincoln은 노예 제도를 폐지해야 한다며 반대했다. Lincoln은 미국 독립선언서의 "모든 인간은 동등하다."라는 규정에 흑인도 포함되므로 노예 제도는 폐지되어야 한다고 주장하였으며, Douglas는 "독립선언서에서 언급한 인간은 백인을 가리킨다."라며 흑인의 배제를 주장하였다. Lincoln은 이때의 연방 상원의원 선거에서는 졌지만 모든 토론 결과를 편집하여 책으로 발간하였다. 실제 토론 내용을 광범위하게 다룬 책의 인기로 인해 Lincoln은 1860년 공화당 대통령 후보에 지명되게 되었다.

10   ②, ④, ⑥번 순서 뒤에 준비 시간이 있으며, 한쪽에서 사용하는 준비 시간의 총합은 3분이다.

(5) 퍼블릭 포럼 토론

퍼블릭 포럼 토론(Public Forum Debate)은 가장 최근에 생긴 토론 형식으로 2002년에 미국에서 첫 전국 대회가 개최되어 고등학교를 중심으로 빠르게 확산되고 있다.[11] 2003년 11월 NFL(National Forensic League)에서 CEDA 토론, 링컨 더글러스 토론과 함께 미국 고등학교 토론의 대표 종목으로 선정하고 토론 명칭을 '퍼블릭 포럼 토론'으로 확정하였다(Edwards, 2008).

NFL에서 매달 논제를 변경하며 대회 시작 며칠이나 몇 주 전에 발표한다. '미국은 테러와의 전쟁에서 지고 있다.'와 같은 사실 논제나 '카지노의 도박을 합법화하는 것은 바람직하지 않다.'와 같은 가치 논제도 다루지만 대부분은 사회적으로 논란이 되는 정책 논제를 다룬다.

토론 참여자는 양측의 주장에 대한 준비를 하고 동전 던지기를 통해 찬성과 반대의 입장과 발언 순서를 정하게 된다. 예를 들면 동전 던지기에서 이긴 팀이 찬성/반대의 입장을 정했다면 진 팀은 발언 순서를 정한다. 그러므로 다른 토론 유형과 달리 반대 측이 먼저 발언할 수도 있다. 토론의 절차는 다음과 같다.[12]

퍼블릭 포럼 토론(Public Forum Debate)의 절차

찬성/반대 측		반대/찬성 측	
토론자 1	토론자 2	토론자 1	토론자 2
① 입론 4		② 입론 4	
③ 반대 신문 3(crossfire)(1번 토론자끼리)			
	④ 반박 4		⑤ 반박 4
		⑥ 반대 신문 3(2번 토론자끼리)	
⑦ 요약 2(summary)		⑧ 요약 2(summary)	
		⑨ 전원 반대 신문 3(grand crossfire)	
	⑩ 최종 핵심 2(final focus)		⑪ 최종 핵심 2(final focus)

---

11   원래 명칭은 '논쟁(Controversy)'이었다가 '테드 터너 디베이트(Ted Turner Debate)'로 바뀌었다. 토론 형식이 CNN 뉴스 프로그램인 '크로스파이어(Crossfire)'와 비슷하여 프로그램 진행자인 Ted Turner의 이름을 붙였던 것이다.
12   NFL이 2009년 10월 개정한 최근 토론 형식이다. 토론 중 2분의 준비 시간이 포함된다.(http://debate.uvm.edu/dcpdf/PFNFL.pdf)

반대 신문을 'crossfire'라고 부르는데 다른 토론의 경우 질문자와 응답자의 역할이 정해져 있는 데 비해, 여기서는 두 토론자 모두에게 발언권이 있어서 상호 질의가 가능한 것이 특징이다. '요약' 단계에서는 새로운 쟁점을 제시하면 안 되며 자기 측에 유리한 핵심 쟁점만 정리하고 불리한 쟁점은 방어한다. '전원 반대 신문(grand crossfire)'에서는 네 명 모두 질의 응답의 발언권을 갖는다. '최종 핵심'에서는 양측 모두 핵심 쟁점에 집중한다. 자기 팀이 토론에서 승리해야 할 이유를 설득력 있게 최종 발언한다.

전문 용어를 사용하지 않고 일상적인 용어를 사용하여 일반인을 설득할 수 있는 자료 조사 능력, 근거 확보 능력, 설득적 의사소통 능력이 중요하다. 토론 단계가 다양하여 학생의 지적 호기심 자극에 용이하고 초중고 학생 모두에게 적용이 가능하다.

☑ 화법 교육 방향 ──

최근 토론에 대한 관심의 고조로 다양한 토론식 수업 모형이 제시되고 있다. 특히 학습자 참여형 수업의 일환으로 다양한 토론식 수업 방식이 소개되고 있다. 교육 목적에 맞게 토론 모형을 선택해서 사용하면 되는데, 민주 시민 양성의 가치를 지향하여 교육용으로 개발된 교육 토론을 적용하는 것은 장점이 크다. 여기에서 소개한 각각의 교육 토론 유형은 모두 나름의 철학적 관점을 토대로 한 것이며 실제 수많은 대회를 통해 시행착오를 거쳐 다듬어진 것이다.

다만 교사는 토론을 시행하는 목적이나 학습자의 수준에 적합한지를 판단하여 적절한 토론 유형을 선택하는 안목이 있어야 한다. 토론을 선택하기 위해서는 각 토론 유형마다 다양한 변수들이 있으므로 이를 고려해서 합리적으로 판단해야 한다.

2. 토론의 방법

토론에 대한 기본적인 이해를 바탕으로 실제로 토론을 수행할 수 있는 구체적인 방법을 알아야 한다. 토론의 내용을 구성하기 위해서는 이에 대한 원리 역시 이해할 필요가 있다. 여기에서는 '입증 책임', '필수 쟁점'과 같은 토론의 원리를 바탕으로 입론을 구성하는 방법을 살펴보고자 한다. 이와 더불어 교육 토론의 중요한 특징 중 하나인 '반대 신문'에 대해서도 알아볼 것이다.

1) 입증 책임

(1) 입증 책임의 개념

입증 책임(立證責任)은 주장이 수용되도록 증명해야 하는 책임을 의미한다. 라틴어 '*onus probandi*'에서 유래된 표현으로 '입증의 부담', '증명의 부담', '거증의 부담' 등으로도 불린다. 입증 책임은 "주장하는 자는 증명해야 한다."라는 토론의 우선 원칙을 기반으로 한다. 입증 책임은 원래는 법률 용어인데 소송에서 자기에게 유리한 사실을 주장하기 위하여 법원을 설득할 만한 증거를 제출하는 책임을 뜻한다.[13] 형사 소송에서는 검사가, 민사 소송에서는 원고가 책임을 진다. 토론에서는 찬성 측이 현재 상태에 대한 변화를 주장하므로, 찬성 측에게 입증 책임이 있다.

일반적으로 정책 토론의 경우 논제는 현재 상태의 변화에 대한 주장을 담아 진술된다. 이러한 변화에 대한 주장을 맡게 되는 찬성 측에게 입증 책임이 있다. 이때 변화에 대한 단순한 주장만으로는 불충분하며 현재 상태의 문제점, 해결 방안, 이익/비용 등을 적절한 근거를 들어 입증해야 한다.

입증 책임의 원리에 따르면 정책 토론의 경우 찬성 측과 반대 측은 주장에 대한 입장만 반대인 것이 아니라 토론에서 감당해야 할 역할이 다르며 그에 대한 부담의 크기도 균등하지 않다. 찬성 측은 현재 상태의 변화를 설득해야 하는 역할을 감당하며 반대 측은 이를 반박하여 변화가 필요하지 않음을 설득하는 역할을 감당한다. 즉, 반대 측은 찬성 측이 입증을 해내지 못하면 이에 대한 반대를 입증할 필요조차 없게 되는 것이다. 또한 찬성 측은 현재 상태의 문제점과 더불어 해결 방안과 이익까지 모든 쟁점에 대해 입증해야 하는 반면에 반대 측은 여러 쟁점 중 한 가지만 반박하는 데 성공해도 현재 상태의 변화 시도를 무산시킬 수 있으므로 승리하게 된다. '입증 책임'은 토론 기능의 기반이 되는 기초 원리로서 찬성 측과 반대 측의 역할, 논의의 내용과 범위, 논의의 순서 등 토론의 내용과 형식을 결정한다.

(2) 입증 책임의 균형성

입증 책임이 어느 쪽에 많이 부과되느냐에 따라 입론이 중시되기도 하고 반박이 중시되기도 한다. 가치 논제 중심의 링컨 더글러스 토론에서는 두 가치가 동등하게 여겨지므로 입증 책임 원칙이 적용되지 않는다(Phillips, Hicks & Springer, 2006). CEDA 토론의 경우 현 상태의 변화에 대한 해결 방안의 주장에 대한 입증 책임이 온전히 찬성 측에 있다. 찬성 측은 첫 번째 입론에서 선결 요건(*prima facie*)[14] 원칙에 의거하여 필수 쟁점을 다룬 완벽한 주장을 해야 한다. 이때 찬성 측에게는 사안의 문제를 살펴 실현 가능한 해결책을 제시하는 문제 해결적 사고력이 필요하다.

---

13 최근 입증 책임과 관련된 사회적 이슈로는 '차량 급발진 사고의 입증 책임은 자동차 업체와 운전자 중 누구에게 있는가?', '의료 사고의 입증 책임은 의사와 환자 중 누구에게 있는가?' 등이 있다.
14 찬성 측 첫 번째 입론에서 반대 측의 반박이 없으면 사실로 받아들여지도록 모든 필수 쟁점을 다룬 완전한 연설을 해야 한다는 요건이다.

반면에 양측 모두에게 입증 책임이 균등하게 적용되는 칼 포퍼식 토론에서는 양측 모두 상대 주장에 대한 반론의 부담을 지고 있다. 상대방의 입론을 적극적으로 반박하지 않으면 상대방의 주장을 인정하는 것으로 간주한다. 토론 형식도 입론은 1회, 반박은 2회씩 하게 되어 있어 상대방 주장에 대한 철저한 검증을 중시하는 반박의 비중이 크므로 양측 모두의 비판적 사고력을 기르는 데 적합하다.

(3) 입증 책임의 기능

입증 책임은 공동체가 직면한 문제에 대한 해결 방안을 면밀하게 검토하는 데 필수적이다. 공동체에 문제가 발생하였을 때 적절한 시기에 해결 방안을 마련하지 않으면 그로 인한 피해가 커지게 된다. 이때 공동체는 문제를 해결하기 위한 방안으로 정책적 변화를 시도해야 한다. 이러한 정책적 변화를 위해 새롭게 마련한 해결 방안이 현재의 문제를 충분히 해결할 수 있는지, 새로운 해결 방안으로 인해 예상하지 못한 비용이나 부작용이 발생하는지 등을 꼼꼼하게 검토해야 한다. 찬성과 반대 양측이 이러한 모든 측면을 꼼꼼하게 검토하기 위해서는 찬성 측이 문제와 해결 방안, 그로 인한 이익에 대해 설득력 있게 논증해야 입증 책임을 다하게 되는 것이다. 반대 측은 찬성 측의 주장에 대해 문제 제기가 정당한지, 해결 방안이 실현 가능한지, 새로운 해결 방안이 부작용을 초래하지 않는지 등을 검토하여 반박한다.

예를 들면 현재 서머타임제를 실시하지 않아 여러 문제가 발생하기 때문에 서머타임제를 시행해야 한다는 논제라면, 찬성 측이 현재 상태에 문제가 있으므로 서머타임제를 도입해야 하며 이로 인한 이익이 크다는 점을 모두 입증할 책임을 맡게 된다. 반대 측은 찬성 측의 주장을 쟁점에 따라 면밀히 검토하는 역할을 맡게 된다. 주장만 하고 이에 대해 입증을 하지 않는 경우가 있는데 이는 무책임한 것이다. 올바른 설득을 위해서는 자신이 주장한 바에 대해 입증 책임을 지닌 태도로 논증해야 한다.

2) 필수 쟁점

효과적인 토론을 하기 위해서는 논제에 따라 쟁점을 분석하여 논증해야 한다. 정책 토론의 경우 입증 책임이 있는 찬성 측은 첫 번째 입론에서 제도나 정책의 변화를 주장하며 반드시 언급해야 할 쟁점이 있는데 이를 필수 쟁점(stock issue)이라고 한다. 찬성 측의 첫 번째 입론에서 찬성과 반대 측 양쪽이 공유해야 할 쟁점들이 언급되지 않는다면, 반대 측이 이에 대해 질문하고 반박할 수 있는 기회를 제한하게 되어 중요한 사안들이 충분히 검토되지 않는 문제가 발생할 수 있기 때문이다.

여기서는 화법 교육적 관점에서 내용 전개의 논리적 흐름을 잘 드러내면서도 학습자들에게 어렵지 않은 용어를 사용하여 문제, 해결 방안, 이익/비용을 정책 토론의 필수 쟁점으로 제시하고자 한다.[15]

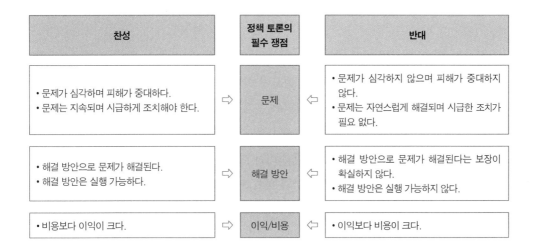

(1) 문제 쟁점

문제 쟁점에서는 우선 현재 문제가 명백히 존재하며 이 문제는 매우 중대한 것임을 입증해야 한다. 이때 문제와 관련된 주요 용어나 개념을 정의하고 논의의 범위를 한정해야 한다. 찬성 측과 반대 측이 생각하는 의미가 다를 경우 소모적인 논쟁이 될 수 있다. 또한 이 문제

---

15 정책 토론의 필수 쟁점에 대한 선행 연구에 의하면 필수 쟁점을 가리키는 용어나 필수 쟁점의 수에서 약간의 차이가 있다. Phillips, Hicks & Springer(2006: 76-77)에서는 '문제가 현재 상태에 존재하는가?'라는 질문을 다룬 ① 해악(harm), '문제의 원인이 현재 상태에 내재하는가?'라는 질문을 다룬 ② 내재성(inherency), '해결 방안이 현재 상태의 문제를 해결할 수 있는가?'라는 질문을 다룬 ③ 해결 가능성(solvency)을 필수 쟁점이라고 하고 논제 관련성(topicality)을 선택 쟁점이라고 하였다. 정책 토론의 방법을 다룬 Emory National Debate Institute(허경호 역, 2005)에서는 ① 중대성/해악(significance/harm), ② 고유성(inherency), ③ 방안(plan), ④ 해결 능력(solvency)을, 이두원(2005: 66)에서는 ① 사안의 중대성(significance), ② 지속성·내재성(inherency), ③ 해결 방안(plan), ④ 해결 가능성(solvency)을 들고 있다.

로 인한 피해가 매우 심각하다는 것을 입증해야 한다. 이때는 통계 자료나 피해자 증언 등 구체적인 근거를 들어 논증하는 것이 효과적이다. 다음으로 이 문제는 현재 상태로 두면 자연적으로 해결되는 것이 아니라 지속됨을 입증해야 한다. 이때 제도와 법률과 같은 구조적 원인과 사람들의 의식과 같은 태도적 원인 등 문제의 원인[16]이 어디에 있는지를 파악하여 정책적 변화의 필요성을 설명한다. 즉, 현재의 문제에 대해 시급한 조치가 이루어지지 않으면 공동체가 처한 문제가 심각하게 악화될 것임을 강조한다.

(2) 해결 방안 쟁점

문제를 제기하였다면 이에 대한 해결 방안을 명확하게 제시하여야 한다. 찬성 측의 해결 방안은 제기한 문제를 분명히 해결할 수 있으며 실현 가능하다는 것을 입증하여야 한다. 실현 가능성 차원에서는 인력과 예산 등 자원의 문제, 법률 등 제도적 문제, 구성원의 합의 등 사회적 인식 등이 다뤄져야 한다. 아무리 좋은 해결 방안이라도 필요한 자원이 부족하거나 제도적 문제가 해결되지 않거나 사회적 공감대가 형성되어 있지 않으면 실현되기 어렵기 때문이다. 이와 더불어 이 방안이 다른 방안과 비교하여 현재 문제에 대한 최선의 대안이라는 것과 문제를 확실히 해결할 수 있음을 주장해야 한다.

(3) 이익/비용 쟁점

문제를 제기하고 이에 대한 해결 방안을 제시하였다면, 그로 인한 이익과 비용에 대해 언급해야 한다. 찬성 측에서는 비용이나 부작용이 있을 수 있지만 해결 방안이 실행되면 현재 상태의 문제점이 개선되어 이익이 더 크다는 점을 입증해야 한다. 반대 측에서는 해결 방안으로 인해 문제가 어느 정도 개선되어 이익을 가져올 수도 있지만 그로 인한 비용이나 부작용이 더 크다는 점을 주장하게 된다.[17]

---

16 '문제의 원인'은 토론 이론에서 말하는 '내재성(inherency)'에 해당한다.
17 찬성 측은 첫 번째 입론에서 '비용' 쟁점을 구체적으로 언급하면 반론의 여지를 제공하므로, 반대 측이 문제를 제기하면 역으로 공격하는 전략이 유용하다.

3) 입론 모형

필수 쟁점을 바탕으로 한 정책 논제의 대표적인 입론 모형은 필요-방안 모형(need-plan model)과 비교우위 모형(comparative advantage model)이다(Phillips, Hicks & Springer, 2006: 103-111; Edwards, 2008: 93-97).

(1) 필요-방안 모형

필요-방안 모형의 골자는 '현재 상태의 문제가 심각하여 변화의 필요성이 있다. 방안은 문제를 해결할 것이다.'이다. 이 두 문장의 핵심어인 필요와 방안이 입론 구조의 근간이 되므로 필요-방안 모형이라고 부른다.

〈필요-방안 모형의 개요(찬성 측)〉

I. 문제
   1. 현재 상태의 문제가 중대하며 (양적/질적) 피해가 심각하다.

II. 원인
   1. 문제에는 피해를 유발하는 (구조적/태도적) 원인이 있다.
   2. 피해가 지속되므로 현재 상태에 대한 변화의 조치가 필요하다.

III. 해결 방안
   1. 문제를 해결할 방안은 A이다.
   2. 방안 A는 실행 가능하다.
   3. 방안 A는 문제로 인한 피해를 해결할 수 있다.

IV. 이익/비용
   1. 방안 A가 유발하는 비용보다 문제 해결로 얻는 이익이 더 크다.

---

(2) 비교우위 모형

초기 교육 토론에서 사용하던 논제는 법률, 제도, 정책 등이 부재한 상태에서 새로운 정책 도입을 주장하는 것이었지만, 대부분의 정부 정책이 수립된 이후에는 기존 정책을 보완하는 방향으로 논제의 성격이 변경되었다. 또한 사회 구조가 복잡해져 문제의 원인이 하나가 아니라 매우 복잡하게 얽혀 원인을 효과적으로 입증하기 곤란해졌다. 이러한 사회 환경의 변화로 인한 논제의 성격 변화는 찬성 측의 역할과 전략에 대한 변경을 초래하였다. 찬성 측은 정책 도입을 위해 변화의 필요성을 역설하기보다는 기존 정책에 대한 새로운 정책의 비교우위를 주장하게 되었다.

이렇게 하여 등장한 모형이 비교우위 모형이다. 필요-방안 모형이 문제로 인한 피해와 문제의 원인을 강조한 것에 비하여 비교우위 모형에서는 상대적인 이익을 강조한다. 즉, 기존 정책보다 새로운 정책이 현재 상태의 문제를 더 잘 해결할 수 있음을 증명한다. 그러므로 비교우위 모형의 내용 구조는 이익의 순차적 배열이 된다. 이때 이익은 하나일 수도 있고 여러 개일 수도 있다. 비교우위 모형의 경우 비교우위를 나타내는 이익별로 구분하여 필요-방안 모형의 II(원인), III(해결 방안), IV(이익/비용)를 통합하여 하위 논증 1, 2, 3으로 제시한다.

〈비교우위 모형의 개요(찬성 측)〉

I. 방안
   1. 문제를 해결할 방안은 C이다.

II. 이익 1
   1. 현재 상태의 방안 B의 문제로 (양적/질적) 피해가 심각하다.
   2. 문제에는 (구조적/태도적) 원인이 내재되어 피해가 지속된다.
   3. 방안 C는 실행 가능하며 기존 방안 B보다 문제를 잘 해결한다.

III. 이익 2
   II와 동일한 구조

IV. 이익 3
   II와 동일한 구조

---

(3) 논제 분석에 따른 입론 모형 선택

토론의 입론 모형은 정책 논제의 성격에 따라 선택해야 한다. 논제의 성격에 따른 입론 모형의 선택은 절대적인 것이라기보다는 토론에서 청중이나 심판에게 설득력 있는 주장을 효과적으로 하기 위한 전략적인 선택이다. 정책 논제는 변화 행위의 성격에 따라 다음과 같이 분류할 수 있다.

정책 논제 분석 틀(박재현, 2014: 110)

비교 정책	유형	정책 논제의 성격
없음	도입형	기존 정책 부재 → 신규 정책 A를 도입 (설탕세를 부과해야 한다.)
	폐지형	기존 정책 B 존재 → 기존 정책 폐지 (사형 제도를 폐지해야 한다.)
있음	조정형	기존 정책 B 존재 → 정책 B'로 조정 (장애인 의무 고용률을 높여야 한다.)
	대체형	기존 정책 B 존재 → 정책 C로 대체 (동물 실험을 컴퓨터 시뮬레이션으로 대체해야 한다.)

논제 분석 결과 비교할 정책이 없는 도입형과 폐지형은 정책 간 이익의 우위를 비교하기 곤란하므로 필요-방안 모형의 논리 구조가 더욱 적합하다. 논제를 분석한 결과 직접적으로 비교할 정책이 있는 조정형과 대체형이라면 현재 상태의 정책과 조정하거나 대체할 정책의 상대적인 이익을 비교하는 비교우위 모형을 적용하여 내용을 조직하는 것이 적절하다.

4) 반대 신문

반대 신문[18]은 입론의 논증을 평가하기 위해, 상대 측 토론자가 입론을 마친 토론자에게 직접 질의하는 과정이다. 상대방 입론의 논증에 대해 타당성과 적절성을 판단하여 논리적 오류를 부각하는 반대 신문은 토론의 핵심 단계이다. 자신이 준비한 입장을 일목요연하게 주고받는 전통적 토론 유형에 비해 실시간으로 상대의 의견을 비판적으로 듣고 여기서 허점을 발견하여 역공의 발판으로 삼는 반대 신문은 토론을 훨씬 역동적이고 흥미롭게 만드는 기능을 한다.

반대 신문의 존재 여부나 발언 방식 역시 토론 유형에 따라 다르다. 초기 반대 신문이 없는 전통적 토론에서는 서로 자신의 주장만 하고 토론이 종료되어 이러한 단점을 극복하기 위해 반대 신문이라는 장치를 마련하기 시작했다. 반대 신문은 1926년 Stanley Gray에 의해

---

18 반대 신문(cross examination)은 '상호 질의, 교차 질문, 교차 조사, 확인 질문' 등으로 다양하게 불리나 여기서는 '반대 신문'이라고 하였다. 반대 신문이라는 말은 원래의 법률 용어를 그대로 따른 말인데 학생들에게 다소 어렵고 생경할 수 있지만 학계의 일관된 용어 사용, 본래의 의미 고수 등의 장점이 있다.

소개된 오레곤 형식의 토론에서 사용된 상호 질의(cross-questioning)로 처음 도입되었다. 그 후 10년 뒤 몬태나 주립 대학교(Montana State University)의 Darrell Parker는 법적 용어인 반대 신문을 사용하여 이와 유사한 형식을 고안하여 교육 토론에 도입하였다. '신문'이라는 용어가 의미하듯이 '반대 신문'은 단순히 궁금해서 물어보는 '질문'이라기보다는 질문의 형식으로 조사하는 '신문'이 본질이다.

CEDA 토론, 칼 포퍼식 토론, 링컨 더글러스 토론, 퍼블릭 포럼 토론은 모두 반대 신문이 있어 비판적 듣기 능력과 효과적인 질문 능력을 향상하는 데 도움이 된다. 퍼블릭 포럼 토론의 경우 반대 신문의 발언권이 양측 모두에게 있으며 마지막 전원 반대 신문에서 참여자 전원이 서로 질의응답을 하여 역동적인 상호작용을 지향하는 특징이 있다. 반면에 의회식 토론에서는 발언 순서와 대상이 명시적으로 정해진 반대 신문이 없다. 대신 발언권 요청이 있어 상대의 입론 중에 15초 이내의 간단한 질문이나 진술을 하게 된다.[19]

(1) 반대 신문 내용

토론의 반대 신문에서 사용하는 질문은 내용을 몰라서 다시 확인하기 위한 것이 아니다. 상대 주장의 논리적 오류를 지적하고 상대로 하여금 이를 인정하게 하여 토론 판정에서 우위를 점하기 위한 것이다. 그러므로 질문할 때에는 단순히 내용을 확인하는 데서 그치는 것이 아니라 상대의 논리적 오류를 명확하게 지적할 수 있어야 한다. 이때 상대의 주장, 이유, 근거에 대한 피상적인 느낌으로 단순하게 공격하는 것이 아니라, 상대 주장의 전제, 권위, 사실, 인용 등의 허점을 명확히 짚어서 질문해야 한다. 더 나아가 상대가 이를 인정하도록 한다면 더욱 효과적이다. 반대 신문의 내용은 다음과 같다.

■ 내용 확인

개념을 파악하거나 특정 진술을 했는지에 대한 여부를 명확하게 하거나 추가적인 보충 설명을 요구한다. 오류를 지적하기 위해 상대의 주장을 분명하게 확인할 필요가 있기 때문에 이런 사전 작업이 선행될 필요가 있다. 이러한 질문을 확인 질문이라고 한다.

---

19 이선영(2010)에서는 의회식 토론의 경우 토론이 잘 진행되면 상대적으로 역동적인 상호작용을 이끌어 낼 수 있는 장점이 있지만 발언 횟수의 불균등이 발생할 소지가 있다며 장단점을 언급하였다.

■ 오류 지적

내용 확인이 분명해졌다면 거기에서 그치는 것이 아니라 상대 주장의 오류를 지적하는 질문을 하거나 반박을 하는 단계까지 나아가야 한다. 이때 상대 주장의 오류를 지적할 수도 있고 논증의 신뢰성, 타당성, 공정성 등을 지적할 수도 있다. 또한 상대 토론자 간에 언급한 내용의 불일치나 내용 전후의 모순 등을 지적할 수도 있다. 이러한 질문을 검증 질문이라고 한다.

상대의 논증에서 신뢰성, 타당성, 공정성을 기준으로 오류를 지적한다. 첫째, 신뢰성이란 주로 자료나 정보의 출처가 믿을 만한지에 대한 것이다. 상대 발언에서 사용한 근거의 출처가 분명하지 않거나 정확하지 않은 정보가 담겨 있다면 주장하는 바를 신뢰하기 어렵다. 둘째, 타당성이란 내용이 이치에 맞는지에 대한 것이다. 주로 논증이 합리적인가를 점검한다. 주장과 이유의 관계나 이유와 근거의 관계가 논리적으로 연결되어 있는지를 점검한다. 셋째, 공정성이란 내용이 공평하고 정의로운가 하는 것이다. 사실이나 가치에 대한 판단이 편향되어 있거나, 특정한 주장을 옹호하기 위해 근거를 과장, 누락, 왜곡하지 않는지 점검한다.

■ 인정 요구

상대의 오류가 명백하게 드러났다면 오류에 대한 인정을 요구한다. 상대가 오류를 인정할 경우 상대의 주장이 효력을 상실하며 전체 판정에서 우위를 점하게 된다.

토론에서 사용하는 반대 신문의 예는 다음과 같다.

- 입론에 적용된 전제는 '여성이 남성보다 운전을 못한다.'인데 이것이 과학적으로 입증된 것입니까?
- 인구 규모와 교통 두 가지 면에서 유사하다고 하여 우리 시에도 종합운동장 건설이 필요하다고 하셨는데, 그 두 가지 유사점이 운동장 건설의 필요성을 증명하는 본질적인 것인가요?
- 쌀 보유량 1,000톤 미만을 식량 고갈이라고 하셨는데, 고갈이라는 사실을 판단하는 기준이 명확하다고 볼 수 있을까요?
- 단순히 산술 평균으로 평균 임금이 200만 원이라고 하셨는데, 그 정보를 한국의 고용 현실을 드러내는 대푯값으로 사용할 수 있을까요?

(2) 반대 신문 질문 전략

반대 신문은 시간이 짧기 때문에 질문의 흐름을 전략적으로 구성해야 한다. 질문의 수와 순서는 우선순위를 고려하여 안배해야 한다. 가장 심각한 오류로서 자신의 입장을 유리하게 하는 데 도움이 되는 것을 우선적으로 질문해야 질의응답 과정에서 시간을 초과하여, 핵심적인 질문을 못하게 되는 경우를 피할 수 있다.

개별 질문을 독립적으로 제시하기보다 확인 질문과 검증 질문의 연쇄 구조로 반대 신문을 한다. 확인 질문은 상대의 발언 여부를 확인하거나 필수 쟁점이나 논증 요소의 부재를 확인할 때 사용하는 질문이다. 예를 들면 "방금 B를 근거로 A라는 주장을 하셨는데 맞습니까?" 또는 "C주장에 대해서는 구체적인 근거를 제시하지 못하셨는데 맞습니까?"라는 질문이다. 이 확인 질문에 대한 대답은 당연히 "예/아니요" 형식이 된다. 검증 질문은 앞 단계의 상대 발언에서 오류를 검증하는 질문이다. 검증 질문은 반대 신문의 본질로서 상대의 오류를 확인하여 인정을 받아 냄으로써 진리를 검증하는 기능을 한다.

이 확인 질문과 검증 질문은 '확인 질문1 – 확인 질문2 – 검증 질문', '확인 질문1 – 검증 질문1 – 확인 질문2 – 검증 질문2'와 같이 일련의 조합이 가능하다. 토론자는 확인 질문과 검증 질문의 기본 구조로 질문함으로써 반대 신문의 기능에 충실한 검증 역할을 효과적으로 수행할 수 있다(박재현, 2017: 177-179).

반대 신문의 내용을 구성할 때 주의할 점은 논제와 무관한 새로운 논증을 펼치면 안 된다는 것이다. 새로운 주장을 하는 것은 다음 입론 단계에서 해야 한다. 반대 신문의 질문은 상대의 입론에 드러난 논리적 오류를 부각하는 데 집중해야 한다. 특히 논리적 오류 중 허약하다고 판단되는 부분을 공략해야 한다. 강한 부분을 공략할 경우 오히려 상대의 입장을 견고하게 해 줄 수 있다. 그리고 가능하면 상대의 대답을 예견할 수 있는 계산된 질문을 하는 것이 좋다. 상대의 질문을 예상하지 못하고 즉흥적인 질문을 할 경우 상대의 예상치 못한 답변에 역공을 당할 수 있는 위험성이 있기 때문이다.

반대 신문의 질문은 간결하고 이해하기 쉬워야 한다. 상대 토론자가 질문을 이해하지 못해 엉뚱한 대답을 하거나, 질문을 다시 설명해 줄 것을 요청할 경우 시간을 낭비하게 된다. 더불어 심사자나 청중이 질문을 이해하지 못할 경우 상대의 논리적 오류를 부각하겠다는 목적을 달성할 수 없다.

질문은 개방형이 아니라 폐쇄형으로 하는 것이 효과적이다. "…에 대해 어떻게 생각하느냐?"는 식의 개방형 질문은 상대방이 시간을 끌거나 자신의 입론을 강화하는 쪽으로 자유롭게 논의를 전개할 수 있어서 피하는 것이 좋다. 즉, 자신의 질문 시간이 오히려 상대에게 추가적인 설명을 할 수 있는 기회로 악용될 소지가 있기 때문에 구체적이고 제한적인 질문을 사용해야 한다.

반대 신문 질문에 대해 상대가 답변 시간을 오래 끌 경우 단호하게 중단할 필요가 있다. 반대 신문은 상대의 논리적 오류를 짚어 발판으로 삼아, 다음 입론이나 반박에서 유리한 위치를 확보하기 위한 것임을 분명히 인식해야 한다. "네, 됐습니다.", "지금은 제 질문 시간입니다.", "다음 질문 하겠습니다." 등 예의 바르지만 단호하게 상대의 답변을 중단해야 한다. 상대에 따라서는 반대 신문 단계에서 질문에 대한 답변을 길게 하여 전략적으로 시간을 끌거나 자신의 입론을 보강하는 부연 설명을 하는 경우가 있다. 반대 신문의 질문자는 답변자가 그 시간을 역이용하지 못하도록 반대 신문 시간을 주도해야 한다.

(3) 반대 신문 답변 전략

반대 신문에서 상대의 질문에 대한 효과적인 답변도 심사의 대상이 된다. 입론 후 상대가 지적한 논리적 오류에 대해 얼마나 효과적으로 방어했는지는 자신의 주장을 강화하고 상대의 공격을 무력화하는 데 중요한 역할을 한다.

반대 신문의 질문에 대해 답변할 경우 상대의 질문 의도를 잘 파악해야 한다. 쟁점에 대해 질문자가 준비한 함정을 잘 파악하여 대답하여야 한다. 오류를 바로 시인하거나, 핑계를 대는 것은 피해야 한다. 혹시 상대의 질문에 대해 답변할 수 없는 경우는 솔직하게 "모르겠습니다." 또는 "그 부분에 대해서는 조금 더 고려해야 합니다." 등으로 간략히 언급하고 다음 질문을 받는 것이 좋다. 근거 없는 즉흥적인 답변을 할 경우 오히려 자가당착에 빠질 위험이 있다. 마찬가지로 질문자가 자료나 근거에 대해 구체적인 정보를 요청할 경우, 준비가 안되었다면 솔직하게 "다음 기회에 제시하겠습니다."라고 간략히 답변하는 것이 좋다.

답변 과정에서 전략적으로 반대 신문에 할당된 시간을 끄는 경우가 있는데 이런 것은 피하는 것이 좋다. 상대의 질문에 대한 의도적인 회피나 지연은 감점 요인이 된다. 답변이 길어져 심사자에게 오해의 소지를 줄 경우에는 "다음 발언 기회에 구체적으로 말씀드리겠다."라고 하여 답변을 간략히 마무리한다.

답변 과정에서 질문자에게 오히려 역질문을 하는 경우가 있다. 질문자가 이 역질문에 제대로 답변을 하지 못해 반대 신문을 오히려 역공의 기회로 삼을 수도 있지만, 질문자가 "지금은 제가 질문하는 시간입니다."라고 답변 요구를 일축하거나, 다시 역공의 기회로 삼을 수 있기 때문에 조심해야 한다.

(4) 반대 신문 태도

상대의 논리적 오류에 대한 질문은 단순히 꼬투리를 잡고 반대를 위한 반대가 아님을 명심해야 한다. 특히 존중과 배려의 마음가짐이 중요하다. 이런 질문을 할 때에는 상대방을 공격하는 인신공격의 오류를 범하지 않도록 유의해야 하며 반드시 상대가 주장한 내용을 질문의 대상으로 삼아야 한다. 이러한 검증 과정이 불일치와 반대를 조장하기 위한 것이 아니라, 공동체가 처한 문제를 해결하기 위해 면밀한 검토가 필요하기 때문이라는 것도 인식해야 한다.

반대 신문에서 질문을 통해 상대를 공격하되 예의를 지켜야 한다. 앞서 살펴본 것과 같이 토론에는 규칙이 있다. 날카로운 공격도 좋지만 토론에 필요한 태도를 견지할 필요가 있다. 지나치게 감정적으로 흥분하거나, 상대의 입론을 비아냥거리는 것은 바람직하지 않다. 특히 질문에 인신공격성 발언을 하는 것을 삼간다.

반대 신문에서 답변을 할 때는 심리적 여유를 유지하고 감정을 조절해야 한다. 흥분하거나 당황해하는 모습은 오히려 상대를 유리하게 한다. 상대의 합리적 질문에는 오히려 의연하게 인정하는 태도를 보이는 것이 무작정 감정적 대응을 하는 것보다는 도움이 될 수 있다. 경우에 따라서는 질문자가 감정이 담긴 질문을 하여 흥분한 모습을 보이면 반대로 안정된 어조로 사실에 근거하여 명확한 답변을 하여 질문자의 감정 상태를 부각할 수도 있다.

☑ 화법 교육 방향 ──

토론은 비판적 사고력, 의사소통 능력, 민주 시민성을 길러 주는 데 도움이 될 뿐 아니라 팀워크나 리더십 등을 기르는 데도 도움이 된다. 또한 화법 교육에서 주로 다루었던 여러 담화 유형의 기본 기능을 익히는 데 다방면으로 활용할 수 있다. 예를 들면 비판적 듣기 능력, 합리적으로 대화와 타협을 통해 문제를 해결하는 능력, 대중 연설 능력, 실시간으로 질의응답을 하는 면접 능력, 정보를 효과적으로 전달하는 발표 능력 등을 기를 수 있다.

제한된 수업 공간과 시간에서 토론은 학생들의 화법 능력을 신장할 수 있는 엄청난 잠재력을 가지고 있다. 여기에서 소개한 토론의 본질에 입각하여 실제 토론을 수행해 보는 경험을 갖도록 하며, 토론 대회에도 적극적으로 참여하게 하는 노력이 필요하다.

XI

토의와 협상

11장에서는 공동체가 직면한 문제를 합리적으로 해결하는 의사소통 방법에 대해 알아보고자 한다. 토의의 핵심은 대안의 선택이다. 가장 최적의 대안을 선택하기 위해서는 공동의 숙고 과정을 거쳐야 한다. 집단 의사결정의 기능적 관점 이론을 바탕으로 공동의 숙고 과정을 알아보도록 한다. 합리적인 대안을 선택하기 위해서는 토의의 과정뿐 아니라 실제적인 의사소통 방법도 중요하다. 의견을 구성하고 공유하고 검증하는 협력적 소통 방법도 함께 다루었다.

협상은 일상의 소통과 다소 거리가 있는 것처럼 여겨지나 협상 이론에서 다루는 문제에 대한 접근 방식을 이해하면 갈등 상황을 지혜롭게 해결할 수 있다. 공동체의 문제를 해결할 대안을 함께 선택하는 토의와 달리, 상호 이해관계가 상충할 때 서로에게 이익이 되는 호혜적인 사고방식을 협상 전략을 통해 알아보고자 한다.

1. 토의

협력적 의사소통의 핵심인 토의에 대해 개념과 유형, 참여자와 사회자의 역할, 절차, 소통 방법에 대해 살펴본다. 이와 더불어 집단 내부의 결속이 과도하게 강하여 건전한 비판이 사라질 때 발생하는 집단사고 현상의 원인과 예방책을 알아본다. 마지막으로 일상에서 자주 사용하는 회의의 중요 원칙을 알아본다.

1) 토의의 개념과 유형

토의는 문제의 대안(對案)을 선택하는 공동의 숙고 과정이다.[1] 토의에서 가장 핵심적인 행위는 여러 대안 중에서 최적의 대안을 선택하는 것이다. 이 선택은 개인이 혼자 하는 것이 아니라 여러 명이 함께하므로 공동의 숙고 과정을 거친다. 토의의 정의는 다음과 같다.

집단의 구성원들이 어떤 공통된 문제에 대하여 협력적 사고를 통하여 최선의 해결책을 도출하

---

1   토의에서 대안(對案)이란 '갑자기 닥친 일이라 대안이 쉽게 떠오르지 않는다.'와 같이 '어떤 일에 대처할 방안'이라는 뜻이다. '그 방안의 대안이 무엇이지?'와 같이 '어떤 안(案)을 대신하는 안'이라는 뜻의 대안(代案)과 구별해야 한다.

기 위해 서로 협의하는 담화(한국화법학회 화법용어해설위원회, 2014: 179)

토의 참여자는 토의의 목표와 책임을 공유한다. 토의를 통해서 공동체의 문제에 대한 대안을 마련하는 목표도 공유하고, 대안의 결정에 대한 책임도 공유한다.

토의는 일상에서 다양한 유형으로 시행된다. 실제로는 상황과 목적에 따라 토의 유형이 조금씩 변형되거나 다른 방식과 결합되어 다양하게 시행된다. 여기에서는 대표적인 토의 유형의 기본 속성과 참여자의 역할에 주목해서 살펴보겠다.

(1) 심포지엄

심포지엄(symposium)은 주로 학술대회에서 사용하는 방식이다. 권위 있는 전문가들이 모여서 하나의 주제를 여러 측면으로 나누어 다각도로 논의하는 것이 특징이다.

예를 들어 현재 사회에 만연한 혐오 문제에 대한 심포지엄을 하면, 네 명의 전문가가 각각 성별, 세대, 지역, 인종에 따른 혐오 문제와 해결 방안을 발표하는 방식이다.

해당 전문가는 정해진 순서에 따라 한 명씩 발표한다. 청중은 주로 발표 내용을 경청하고 전문가가 발표를 마친 후 궁금한 점에 대해 질의한다. 사회자는 발표 내용을 요약하고 의의를 설명한 후 청중의 참여를 유도하여 질의응답을 진행한다. 이때 네 명이 발표했다면 모든 발표자의 내용을 편중되지 않게 요약하고 특정인의 발표를 누락하거나 부각하지 않도록 유의한다. 이렇듯 심포지엄은 새로운 정보를 이해하는 학문적인 목적에 적합하다. 그러므로 참여자 간에 적극적으로 의견을 교환하여 대안을 조정하기보다는 자신의 전문적인 식견을 잘 정리해서 발표하여 의견을 공유하는 데 집중한다.

(2) 패널 토의

패널 토의(panel discussion)는 주제에 대해 입장이 다른 경우 해당 입장의 대표자들이 모여서 의견을 교환하여 대안을 모색하는 토의 방식이다. 해당 입장의 대표자는 그 분야의

전문가일 수도 있고 유관 단체의 장일 수도 있다. 패널 토의는 심포지엄과는 달리 참여자 간에 서로 의견을 적극적으로 교환하고 검증하는 공방이 이루어지는 것이 특징이다.

예를 들어 차별금지법 제정에 대해 패널 토의를 하면 차별금지법을 제정해야 한다는 입장을 대변하는 참여자와 반대 입장을 대변하는 참여자가 법 제정의 필요성과 예상되는 부작용에 대해 토의한다.

그러므로 사회자는 대안이 효과적으로 마련되도록 전체 논의의 맥을 잘 파악하여 흐름을 조절해야 한다. 사회자는 발표 내용을 요약하고 논점이 일탈되지 않도록 조정하고 참여자의 발언 시간을 공평하게 배분해야 한다. 청중은 주로 토의 내용을 듣고 토의가 어느 정도 이루어진 후에 의견을 개진하거나 참여 패널을 지목하여 질문한다.

(3) 포럼

포럼(forum)은 원래 공공의 문제를 논의하는 장소를 의미하는 말인데, 공공의 문제에 대해 공개적으로 논의하는 토의 방식으로 불리게 되었다. 포럼에서는 주로 소수의 전문가가 간단하게 발표하고 청중과 함께 대안을 논의한다. 심포지엄과 패널 토의의 청중은 주로 전문가나 대표자의 논의 후반에 의견을 개진하거나 질문하지만 포럼에 참여한 청중은 초반부터 적극적으로 의견을 개진하면서 함께 대안을 논의한다.

예를 들어 차별금지법 제정에 대한 포럼을 연다면 입법을 담당하는 전문가들이 법 초안을 간단하게 발표하고, 유관 단체의 참여자들이 청중으로 참여해 의견을 개진하면서 법 초안을 조정하게 된다. 이렇듯 포럼은 어떤 제도나 정책을 계획하거나 시행할 때 의견을 수렴하고 조정하는 목적에 유용하다.

포럼에 참여한 전문가는 내용을 모두가 쉽게 공유할 수 있도록 간결하고 분명하게 발표해야 한다. 사회자는 전체 참여자의 의견이 대안을 마련하는 방향으로 잘 수렴되도록 토의를 진행해야 한다. 특히 주제에 따라 이해관계가 상충하여 입장 차가 있는 경우가 많으므로 토의 참여자 간에 불필요한 갈등이 생기지 않도록 의견을 조정하는 역할도 해야 한다.

(4) 원탁 토의

원탁 토의는 지위나 연령에 관계없이 참여자 모두 대등한 관계에서 특별한 순서 없이 공동체의 문제를 자유롭게 논의하는 토의 방식이다. 원탁 토의라고 해서 반드시 원형 탁자가 필요한 것은 아니지만, 수평적인 의사소통 구도를 상징적으로 드러내어 원탁 토의라고 부른다.

원탁 토의는 일반적으로 사회자를 특별히 지명하지 않는데, 필요에 따라 자연스럽게 한 명이 진행자 역할을 맡아 논의를 진행할 수 있다. 수평적인 관계에서 자연스럽게 토의하므로 의사결정이 쉽고 빠르다. 반면에 토의 절차가 자유롭고 참여자의 역할 구분이 모호하여 의견이 효과적으로 수렴되지 않을 수도 있다.

2) 토의 참여자의 역할과 태도

토의는 여러 사람이 공동으로 논의하므로 토의 과정에 따라 자신의 역할을 감당하고 적절한 태도로 규칙을 준수해야 한다. 토의 사회자와 참여자의 역할과 태도는 다음과 같다.

(1) 사회자

사회자는 토의의 목표를 명확하게 이해하여 토의 주제를 분명하게 설명하고 토의의 흐름을 조절한다. 토의 참여자가 토의 규칙을 준수하는지 점검하고 규칙을 어겼을 때는 적절하게 제재한다. 예를 들어 토의 참여자가 상대에게 감정적으로 대응하여 인신공격을 하거나, 말 차례를 지키지 않고 상대가 의견을 제시하는 중간에 끼어들어 자기주장만 할 때는 적절하게 개입하여 갈등을 조정하고 질서를 바로잡아야 한다.

사회자는 전체 논의가 목표를 향하도록 조정할 뿐 아니라 참여를 유도하여 여러 의견이 적극적으로 개진되고 조율되도록 한다. 참여자에게 발언 기회를 공평하게 배분하여 소수의 인원이 발언 시간을 독차지하거나, 일부 참여자가 소외되지 않도록 해야 한다. 토의 과정에서 의견이 수렴되도록 발언 내용을 정리해서 적절하게 매듭을 짓고 논의가 건설적인 방향으로 흐르도록 균형을 잡아야 한다.

(2) 참여자

토의 참여자는 합의된 토의 규칙을 준수하면서 토의 과정에 적극적으로 참여해야 한다. 발언권을 얻어야 하는 토의의 경우 사회자에게 발언권을 얻어 발언한다. 발언권이 필요 없는 토의에서는 대화 순서를 지켜 차례대로 발언한다. 자신이 발언할 때는 가능하면 간결하고 명료하게 말한다. 제한된 시간에 여러 사람이 참여하므로 장황하게 말하는 것은 바람직하지 않다.

토의 참여자는 다른 사람의 의견을 존중하는 마음으로 경청하고 자기와 견해가 다르더라도 불필요하게 대립하거나 내용과 무관한 인신공격을 해서는 안 된다. 토의는 공동체의 문제를 해결하는 것이 목적이므로 개인이나 자기가 속한 집단만을 위해서 편협한 자세로 발언하지 않도록 한다. 자기 의견에 오류나 한계가 있을 수 있음을 인식하고 개방적인 태도를 견지해야 한다.

토의 과정에서는 적극적으로 의견을 개진하고 질문이나 반박을 하지만, 대안이 결정되면 이를 존중하고 따르는 태도도 필요하다. 토의 과정에 적극적으로 참여하는 것은 좋지만 의견이 수렴되고 문제가 해결되는 데 도움이 되는 방향으로 발언하도록 자기의 발언 내용을 항상 점검해야 한다. 자신의 유능함을 자랑하기 위해서나 단순한 호기심을 충족시키기 위해 전체 논의의 흐름을 방해하는 발언을 하지 않도록 유의한다.

3) 토의의 설차

토의는 공동의 숙고 과정이므로 일정한 절차를 정해 그에 따라서 진행해야 한다. 여러 명이 문제의 대안을 선택하는 의사결정의 절차에 대한 대표적인 연구로는 집단 의사결정의 기능적 관점(Gouran & Hirokawa, 1983)이 있다. 연구자들은 집단이 의사결정을 할 때 '문제 분석 – 목표 설정 – 대안 탐색 – 장단점 평가'라는 핵심적인 네 가지 기능이 있다고 보았다.

가장 먼저 해당 공동체가 처한 문제가 무엇인지 분석한다. 그다음에는 그 문제를 해결하기 위해 집단이 논의해야 할 목표를 설정한다. 목표가 명확하지 않으면 논의가 왕성하게 진행되었다고 해도 문제 해결과는 무관한 다른 이야기로 채워질 수 있다. 문제를 해결할 여러 대안을 탐색하고 각각의 대안의 장단점을 평가하고 최선의 대안을 선택한다.

이 네 가지 기능은 Dewey(1910)의 문제 해결을 위한 반성적 사고 과정을 그대로 반영한 것이다.

> 문제 해결을 위한 반성적 사고 과정(Dewey, 1910)
> 1. 어려움 표현
> 2. 문제 정의
> 3. 문제 분석
> 4. 대안 제안
> 5. 목표와 평가 기준을 바탕으로 대안 비교/검증
> 6. 최적의 대안 시행

여기서 어려움(difficulty)이란 현재 상태의 문제로 인한 곤란함을 의미한다. 그 어려움의 원인인 문제를 정의하고 분석하고, 이를 해결할 대안을 제안하고 평가 기준에 따라 대안을 비교하고 검증한다. 마지막에 최적의 대안을 결정하여 시행한다. 이렇듯 집단 의사결정의 핵심 기능은 새로운 것이라기보다 문제 해결을 위한 반성적 사고 과정의 흐름을 따른 것이다.

Gouran & Hirokawa(1983)에서 논의한 네 가지 집단 의사결정의 기능 및 과정을 구체적으로 살피면 다음과 같다. 이들은 양질의 의사결정을 위해서는 네 가지 기능이 조화를 이루어야 하며 어느 하나의 기능이 본질적으로 다른 기능보다 중심적이지 않음을 강조하였다.

(1) 문제 분석

문제 분석은 집단 의사결정의 기능적 관점의 방향을 지시하는 절차로서, 현재 상황에서 개선이나 변화가 필요한 것이 무엇인지 직시하고 분석하는 과정이다. 현재 상황의 문제에 대한 잘못된 인식은 대안의 최종 선택을 잘못 이끌 수 있으므로 정확한 문제 분석은 매우 중요하다. 집단 구성원은 현재 상황에서 문제로 인한 피해와 그 원인의 다양한 측면을 여러 관점에서 복합적으로 이해해야 후속하는 절차에서 효과적인 대안을 검토하고 선택할 수 있다.

예를 들어 학교 내부에서 집단 간에 갈등이 발생했는데, 집단 내부 인터넷 커뮤니티에서 상호 간에 혐오 표현을 사용하며 비방하여 대립이 격화되는 상황을 상정해 보자. 해당 사건은 규정에 따라 처리하면 되는 문제이지만 집단 구성원들의 혐오 표현 사용으로 내부 집단의 심리적 갈등이 고조된다면 이 문제를 해결하기 위해 현재의 문제 현상과 더불어 이 문제를 야기하는 원인을 정확하게 진단하는 문제 분석 절차가 필요하다.

(2) 목표 설정

목표 설정 절차에서 집단 구성원은 분석한 문제 현상과 원인을 바탕으로 공동의 의사소통으로 달성할 목표를 설정한다. 이 경우에는 '학교 내부의 혐오 표현이 확산되어 집단 갈등을 유발하는 것을 막기 위한 대안은 무엇인가?'에 대한 의사결정 목표를 설정할 수 있다.

목표를 설정하는 단계에서 대안을 판단할 평가 기준도 함께 고려한다. 대부분의 대안은 실효성, 실현 가능성, 예상 부작용 등의 보편적인 평가 기준에 의해 판단된다. 이와 더불어 문제 사안에 따라 규정과 제도, 가용 예산, 인력과 자원 등의 내용을 판단하는 구체적인 평가 기준도 고려할 수 있다.

예를 들어 강원도 A지역에 문화 관광 단지를 조성하는 방안에 대해 토의한다면, 스포츠, 여행, 문화 예술 차원의 여러 대안에 대해 저촉되는 법규는 없는지, 예산과 자원은 어느 정도 가용한지를 고려해야 하므로 대안의 내용과 관련하여 실효성이나 실현 가능성의 평가 기준을 더욱 구체적으로 세분해서 마련해야 한다. 예를 들어 실효성은 예상 관광객의 수와 관광 수입 규모를 세부 평가 기준으로 설정하고, 실현 가능성은 가용 예산, 인력, 자원으로 구분하여 세부 평가 기준을 설정해야 한다.

(3) 대안 탐색

대안 탐색 절차에서는 문제를 해결할 여러 대안을 도출한다. 이때 실현 가능한 여러 대안을 마련하는 것이 양질의 의사결정에 도움이 된다. 일상에서 토의가 이루어지는 양상을 보면, 한 참여자가 하나의 대안을 제시하면 이에 대해 다른 의견을 가진 사람이 곧바로 해당 대안의 단점을 지적한다. 다른 참여자가 두 번째 대안을 제시하면 그 대안도 다른 구성원에 의해 곧바로 장단점이 평가되고 사장된다. 이렇게 모든 대안이 도출되자마자 곧바로 사라지면 최종 단계에서 선택할 대안이 남지 않게 된다. 그러므로 대안 탐색 절차에서는 브레인스토밍 방식과 같이 우선 대안을 여러 개 도출하는 것을 목표로 삼아야 한다. 대안에 대한 장단점을 평가하고 최종 선택하는 것은 그 이후 단계에서 하면 된다.

교내 혐오 표현으로 인한 집단 갈등의 대안을 도출한 사례는 다음과 같다.

> 대안 1: 혐오 표현의 문제가 심리적 차원에 원인이 있다고 판단하여 혐오 감정을 줄이기 위한 공감 교육 프로그램을 시행한다.
>
> 대안 2: 혐오 표현의 폐해를 알리고 해당 표현 자체를 삼가는 분위기를 조성하기 위해 캠페인을 시행한다.
>
> 대안 3: 문제가 심각하다고 판단하여 혐오 표현을 사용하는 사람을 교칙에 의거하여 직접 처벌한다.

(4) 장단점 평가

장단점 평가 절차에서는 앞서 마련한 평가 기준을 바탕으로 도출된 대안의 장단점을 함께 평가한다. 공동의 숙고를 통해 도출한 세 가지의 대안을 횡축으로 배열하고 평가 기준을 종축으로 배열하면 다음과 같이 대안의 장단점을 평가하는 표가 완성된다.

대안의 장단점 평가표

대안 \ 평가 기준	실효성	실현 가능성	부작용
1안: 공감 교육 프로그램 시행			
2안: 혐오 표현 줄이기 캠페인 시행			
3안: 혐오 표현 사용자 처벌			

이 표는 집단 구성원이 공동으로 대안의 장단점을 효과적으로 평가하는 데 도움을 줄 수 있다. 1안으로 제시된 공감 교육 프로그램이 현재 교내 혐오 표현 문제를 해결하는 데 어떤 실효성이 있는지, 교육 프로그램을 개발해서 시행하는 것은 가능한지, 예상되는 부작용이나 비용은 없는지를 함께 검토해 볼 수 있다.

이때 토의에 참여한 집단 구성원이 가지고 있는 정보와 경험이 다르므로 모든 정보를 함께 공유하고 검증하면 집단 의사소통의 효과를 기대할 수 있다. 즉, 공동체의 문제를 해결하기 위해 집단지성을 발휘할 수 있다. 다음은 대안의 장단점을 평가하는 가상의 대화 사례이다.

> 현준: 공감 교육 프로그램을 시행하는 게 근본적인 해결책입니다. 이미 개발된 프로그램이 있으니 1학년 교양 수업과 연계해서 2주 정도의 프로그램을 시행하면 실현 가능성 면에서 문제가 없어요.
>
> 윤서: 지금 문제가 심각하니 학칙에 의해 인터넷 커뮤니티에 심한 혐오 표현을 사용한 사람을 찾아 처벌하는 것이 실효성 면에서 효과적일 것 같아요.
>
> 유미: 혐오 표현 줄이기 캠페인을 시행하는 것이 더욱 실제적인 효과를 기대할 수 있는 대안이라고 생각해요. 공감 교육 프로그램은 혐오 감정을 줄이는 데 도움은 되겠지만, 기존 교양 수업의 진도를 갑자기 대체해야 해서 실현 가능성 차원에서 문제가 있어요. 학칙으로 처벌하는 것은 일시적인 처방은 되겠지만 집단 간에 심리적 갈등의 골이 깊어지는 현재 상태를 근본적으로 해결하기는 어려워요. 처벌을 받은 사람은 더욱 나쁜 감정을 갖게 되어 갈등이 심화하는 부작용이 있을 수 있고요.

현준과 윤서는 자신이 제시한 대안의 장점만 실현 가능성과 실효성 면에서 주장하고 있다. 유미는 다른 사람의 대안에 대해 장단점을 복합적으로 평가하고 있다. 자기가 제시한 대안의 장점만 강조하기보다 다른 대안에 대해서도 평가 기준을 다각도로 적용하여 논의하는 것이 최적의 대안을 함께 결정하는 데 도움이 된다. 이렇듯 세 가지 대안의 장단점을 공동의 숙고 과정을 통해 모두 평가하였다면 최적의 대안을 선택하고 구체적인 시행 방안을 논의하면 된다.

4) 토의의 소통 방법

공동의 숙고 과정에 해당하는 토의의 절차를 살펴보았다면, 공동의 숙고가 언어적 상호작용에 의해 이루어지는 구체적인 의사소통 방법을 이해해야 한다. 토의 참여자로서 토의 절차마다 요구되는 공동의 숙고 행위에 기여하기 위해서 어떤 대화 방법을 사용해야 하는지 살펴보도록 한다.

사람들이 함께 사고할 때의 대화 양상은 세 가지로 유형화된다. 논쟁 대화, 누적 대화, 탐구 대화인데 가장 바람직한 것은 탐구 대화 유형이다(Mercer, 1995).

첫째, 논쟁 대화(disputational talk)는 의견을 제시하여 정보를 수집하거나 건설적인 비판이 거의 이루어지지 않고 지속적으로 의견 충돌이 발생하는 대화 양상이다. 자신이 옳다고 여기고 자기주장을 앞세우고 상대는 경청하지 않고 계속 반박한다. 주장과 반박의 짧은 대화 교대가 반복되며 의견이 수렴되거나 조정되지 않는다. 의견 충돌이 계속되면 집단 구성원의 심리적 결속감도 약해질 수 있다.

둘째, 누적 대화(cumulative talk)는 상대 의견에 대해 무비판적으로 일관되게 반응하는 대화 양상이다. 상대 의견을 검증하거나 집단의 의사소통 목적에 맞게 의견을 수렴하려는 노력 없이 정보가 계속 누적되므로 가시적인 갈등은 나타나지 않더라도 집단이 공동의 사고 과정으로 문제를 해결하기 어렵다.

셋째, 탐구 대화(exploratory talk)는 집단의 문제 해결을 위한 건설적인 방향으로 의견을 적극적으로 제시하고, 이 의견을 비판적으로 검증하는 대화 양상이다. 합리적인 대안을 제시하여 함께 검토하고 공동의 숙고가 원활하게 이루어진다.

집단에서 함께 사고하는 대화 양상 세 가지를 협력의 기준으로 평가하면, 논쟁 대화는 충돌이 주를 이루고 협력은 잘 이루어지지 않는다. 누적 대화는 정보를 양적으로 쌓아 올리는 데 협력하지만 문제 해결을 위한 진정한 협력으로 보기 어렵다. 탐구 대화는 문제 해결의 목적에 맞게 참여자 간 상호 협력이 다른 대화 유형에 비해 잘 이루어진다.

이런 맥락에서 소집단이 합리적으로 문제를 해결하기 위해서는 협력적 의사소통이 필요하다. 이를 위해서는 의견을 구성하고 공유하고 검증하는 의사소통 행위가 필요하다. 박재현 외(2019)에서 논의한 협력적 의사소통 행위를 사례와 함께 제시하면 다음과 같다.

(1) 의견 구성하기

의견 구성하기는 협력적 의사소통의 목적을 달성하기 위해 자신의 의견을 생성하여 제시하고 타인의 의견을 연계하고 통합하여 공동의 의견을 구성하는 의사소통 행위이다. 개인적 사고 행위라면 의견 생성이라고 할 수 있지만 공동의 상호작용으로 개인이 제시한 의견을 연계하고 통합하므로 조금 더 의미를 크게 보아 의견을 구성한다고 하였다. 의견을 제시하고 연계하고 통합하는 과정을 자세히 살펴보자.

■ 의견 제시

집단이 처한 문제를 해결하기 위해 목표를 설정했다면, 이에 필요한 대안과 관련된 의견을 생성하여 제시한다. 제시된 의견은 공동의 상호작용을 통해 검증되어 최종적인 선택은 마지막 단계에서 이루어지므로 자기의 의견을 적극적으로 개진한다.

현준: 학교 내 혐오 표현의 문제를 해결하기 위해서는 신입생을 대상으로 '사회적 공감 교육 프로그램'을 시행하는 방안을 고려해 보았으면 합니다.

■ 의견 연계

상대가 제시한 의견에 나의 의견을 덧붙여 연계한다. 집단의 구성원은 각자 다른 정보와 경험을 지니고 있으므로 아이디어를 연결하면 더욱 좋은 대안을 마련하는 데 도움이 된다.

채연: 신입생을 대상으로 사회적 공감 교육 프로그램을 시행한다면 1학년 교양 필수 과목인 '사고와 표현'의 후반부에 2주를 편성하여 토론하고 글쓰기를 하는 방안이 효과적일 것 같아요.

서윤: 현재 교내 비교과 프로그램을 공모 중인데, 사회적 공감 신장을 위한 비교과 프로그램을 하나 개발해서 신입생을 대상으로 시행해도 좋을 것 같아요.

혐오 표현 문제를 해결하기 위해 현준이 제시한 사회적 공감 교육 프로그램 시행이라는 대안에 대해 채연은 교양 필수 과목에 포함하여 다루는 방안을 연계하고, 서윤은 비교과 프로그램으로 개발하는 방안을 연계하여 대안을 구체적으로 구성하는 협력적 의사소통이 이루어지고 있다.

■ 의견 통합

하나의 의견이 생성되어 제시되고 다른 의견들이 연계될 때 지금까지 논의된 의견을 통합하는 것도 의견을 구성하는 과정에 필요하다. 논의된 정보와 관점을 조망하여 대안에 대한 하나의 그림을 완성하고 문제 해결을 위해 논의의 방향을 확인하기 위해서는 나열된 의견들을 통합해야 한다.

다현: 지금까지 나온 아이디어를 종합하면 혐오 표현 문제를 해결하기 위해 신입생을 대상으로

교양 과목과 비교과 프로그램을 활용하여 사회적 공감 교육을 시행하자는 의견이군요. 교양 과목에 2주의 교육 내용을 편성하는 방안과 비교과 프로그램을 계획하기 위해서는 구체적인 시행 방안에 대한 논의가 필요하겠어요.

(2) 의견 공유하기

의견 공유하기란 앞서 제시된 의견에 대해 집단 구성원이 공통의 이해에 충분하게 도달하도록 하기 위한 의사소통 행위이다.

■ 상대 이해 확인

의견을 공유하기 위해서 자기가 제시한 의견을 상대가 충분히 이해하였는지 확인하는 것이다. 자기는 충분히 설명하였다고 생각하지만 다른 구성원들은 각자의 관점으로 내용을 다르게 이해했을 수 있으므로 이를 확인하는 과정이 필요하다.

> 유미: 저는 공감 교육 프로그램을 여러 강사가 진행하는 교양 프로그램에 일괄 도입하는 방안이 실현 가능성 차원에서 문제가 있고, 학칙에 의한 처벌은 오히려 혐오 감정을 부추기는 부작용이 클 수 있으므로, 혐오 표현 줄이기 캠페인을 시행하는 게 좋겠다는 말씀을 드렸는데 이 부분에 대해 모두 이해하셨나요?

■ 자기 이해 점검

다른 구성원은 상대의 의견에 대해 자신이 제대로 이해했는지 점검하는 질문을 할 수 있다. 상대의 의견이 잘 이해되지 않거나 하나의 그림을 공유하기 위해 확인이 필요한 부분이 있다면 다음과 같이 자기가 이해한 바가 적절한지 확인을 요청한다. 내용이 상세하지 않다면 보충 설명을 요청하는 질문을 한다.

> 윤서: 공감 교육 프로그램은 실현 가능성 면에서 문제가 있고, 학칙에 의한 처벌은 혐오 감정을 부추겨 부작용 면에서 문제가 크다고 이해했는데, 그렇게 생각하면 될까요? 처벌 방안이 어떻게 혐오 감정을 부추긴다는 것인지 조금 더 구체적으로 인과관계를 설명해 주실 수 있으신가요?

윤서는 자신이 이해한 바를 말하고 그것이 맞는지 확인을 요청하고 보충 설명을 요구하였다. 그러면 유미는 이해한 바가 맞다고 확인하고, 처벌이 혐오 감정을 유발하는 과정을 구체적인 자료나 사례를 들어 보충하는 설명을 하면서 서로의 의견을 공유하게 된다.

이러한 과정이 없으면 한자리에 모여서 논의하더라도 각자가 생각하는 그림이 조금씩 다를 수 있다. 초기에 조금씩 다른 그림은 논의가 전개될수록 차이가 커져 나중에는 전혀 다른 이야기가 되어 합의점을 찾기 어려워진다. 논의가 진행되는 중간에 지속적으로 의견을 공유하기 위해 상대의 이해를 확인하고 자기 이해를 점검하는 질문과 응답의 의사소통 행위를 해야 한다.

(3) 의견 검증하기

의견 검증하기는 의견의 타당성을 검토하고 정당화하기 위한 의사소통 행위이다. 앞서 논쟁 대화와 누적 대화의 단점을 언급하였다. 충돌만 하고 합의하는 방향으로 나아가지 못하는 논쟁 대화도 문제이고, 충돌 없이 정보만 누적해 가서 대안을 도출하지 못하는 누적 대화도 문제이다. 상대의 의견에 정당하게 도전하고 충돌로써 합리적인 방안을 검증하는 협력적 의사소통 행위가 이루어져야 한다.

■ 검증 질문
검증 질문은 상대의 의견이 합리적인지, 이유나 근거가 타당한지, 오류나 허점은 없는지 검증하는 질문이다.

> 현준: 학칙에 의한 처벌 방안이 실효성이 있다고 말씀하셨는데, 타당한 이유나 실효성을 입증할 구체적인 근거가 있습니까?

■ 응대
응대는 상대 질문에 대해 타당한 이유나 근거를 들어 답변하는 것이다.

> 윤서: 일단 처벌 규정을 만들어서 시행하면, 학생들에게 혐오 표현이 비윤리적 표현이라는 인식을 심어 주는 효과를 기대할 수 있습니다. 인근 학교에서도 처벌 규정으로 학생 인터넷 커뮤니티의 혐오 표현이 20% 감소한 사례도 있습니다.

■ 논박

논박은 상대 의견 중 타당하지 않은 내용을 반박하는 것이다.

> 현준: 처벌 규정을 제정하면 일시적인 감소 효과가 있을 수 있다는 점은 이해합니다. 하지만, 집단 간의 반목이 더욱 심해져 혐오 감정이 커져서 이익보다 부작용이 더욱 크다고 생각합니다. 무조건 규정을 만든다고 근본적인 문제가 해결된다는 보장은 없습니다.

■ 자기 의견 수정

의견을 검증하는 과정에서 자기 의견을 끝까지 고집하기보다 상대 의견이 정당하면 자기 의견이나 관점을 수정해야 한다.

> 윤서: 말씀을 들어 보니 제가 처벌로 인한 집단 간의 반목이라는 부작용은 생각하지 못한 것 같아요. 제가 제시한 처벌 방안은 일단 유보하는 것이 좋을 것 같네요. 부작용을 줄일 수 있는 아이디어가 충분히 나온 다음에 제도화하는 방안을 더 고민해 볼게요.

의견을 검증하는 것의 일차적 목표는 시비를 가리는 것일 수 있지만, 근본 목표는 집단 구성원의 의견을 조율하는 것이다. 자신과 상대 모두 서로의 질문과 반박을 통해 문제점을 인정하고 자기 의견을 수정해야 한다. 실제 토의가 이루어지는 과정에서 자기 의견을 수정하거나 철회하는 모습이 잘 나타나지 않는다. 자신과 자신이 제시한 의견을 동일시하여 체면이 손상되었다거나 자존심에 상처를 입었다고 생각하기도 한다. 집단이 처한 문제를 해결하기 위한 협력적 의사소통 과정에서는 자기 자신과 자신의 의견을 동일시하지 않고 자신의 의견을 충분히 수정하는 열린 태도가 필요하다.

5) 토의 문제 상황 대처 방법

토의가 원활하게 진행된다면 의견을 구성하고 공유하고 검증하는 과정만으로도 충분하지만 여러 명이 함께 상호작용하는 가운데 예상치 않은 문제 상황이 발생하기도 한다. 집단 구성원들은 문제를 바라보는 관점의 차이도 있고 다른 사람과 상호작용하는 의사소통 방식도 다르기 마련이다. 협력적 의사소통이 이루어지기 위해 문제 상황에서 효과적으로 대처하는 의사소통 방법도 알아야 한다. 박재현 외(2019)에서는 소집단의 협력적 의사소통에서 문제 상황을 대립, 답보, 일탈로 구분하였는데, 해당 상황에 필요한 의사소통 행위를 구체적으로 살펴보자.

(1) 대립 상황 대처하기

대립 상황은 구성원 간의 의견이 대립하여 갈등이 고조된 상황이다. 구성원 간의 의견 대립은 자칫하면 감정의 대립으로 번질 수 있어 구성원의 관계를 해치는 부작용이 우려되는 상황이다. 이런 경우 의견의 불일치 지점보다는 일치 지점을 강조하여 논의를 시작하고 불일치 지점에 대해서는 상대의 관점을 받아들여 대립 구도를 해소하는 의사소통 행위가 필요하다.

■ 일치/불일치 지점 확인

의견 대립 상황에서 우선 의견의 일치 지점과 불일치 지점을 확인해야 한다. 구성원들의 의견이 완전히 일치하지 않으므로 이미 공감대가 형성된 의견의 교집합 부분과 차이가 있는 지점을 확인해야 한다. 의견이 일치하는 교집합 부분은 그림에서 음영으로 처리된 부분이다. 이 부분에 대해서는 이미 합의가 이루어졌으므로 추가적인 논의가 불필요하다.

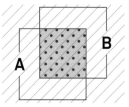

생각의 교집합 부분

> 채연: 공감 교육 프로그램을 시행하는 것에 대해서는 같은 의견인데, 이를 교양 수업에서 포함하여 다룰지, 별도의 비교과 프로그램을 시행할지에 대해서는 생각이 다르네요. 공감 교육 프로그램을 시행하자는 것은 합의가 되었으니, 의견 차이가 있는 시행 방안을 중심으로 논의하면 되겠어요.

■ 일치 지점 동의 표현

의견의 일치 지점과 불일치 지점을 확인하였다면 일치 지점에 대한 동의 표현을 한다. 이때 상대 의견을 요약하거나 재진술하여 일치가 맞는지 확인하면 같은 이야기를 반복하지 않게 되어 시간을 절약할 수 있고 공감대가 형성되었다는 심리적 차원에서도 앞으로 논의를 원활하게 전개하는 데 도움이 된다.

> 서윤: 혐오 표현 문제를 공감 교육 프로그램으로 해결하되, 최소 2주 정도의 교육이 필요하다는 말씀이지요? 교육으로 해결하자는 접근 방식과 교육 기간에 동의합니다.

■ 상대 관점 수용

의견 대립 상황에서는 상대의 관점을 수용하는 말도 필요하다. 의견이 불일치하는 쟁점에 대해 상대의 입장에서 역지사지의 태도로 관점을 수용하면 의견 대립이 감정 대립으로 번지는 것을 막을 수 있다.

> 서윤: 혐오 표현 문제를 시급히 해결해야 한다는 입장에서는 공감 교육 프로그램을 교양 필수 과목에 일괄 편성하여, 동일한 교육 내용을 신입생 전원에게 공통적으로 교육하는 게 효과적이라고 생각하실 수도 있을 것 같습니다.

서윤은 채연이 제시한 교양 수업 편성이 실현 가능성 면에서 문제가 있어 별도의 비교과 프로그램을 시행하자는 입장이지만, 일단은 채연이 문제를 바라보는 중대성을 이해하고 상대의 관점을 수용하여 그렇게 생각할 수도 있다고 말하였다. 구체적인 시행 방안에 대한 의견 차이는 추후 논의를 통해서 좁혀 가되, 일단은 상대의 문제 해결 의지에 공감하는 모습을 보여 불필요한 의견 대립을 피하고 있다.

(2) 답보 상황 대처하기

답보 상황은 집단 의사결정의 단계에 따라 논의가 순조롭게 진행되지 못하고 정체되어 있는 상황이다. 마땅한 돌파구를 찾지 못해 앞서 논의한 내용을 반복하면서 공전하거나 이미 논의가 일단락된 부분을 재론하며 역행하기도 한다. 또한 참여자의 침묵이 오래 지속되어 생산적인 논의가 멈춘 소강 상황도 있다.

■ 논의 전개 촉구

논의가 공전하거나 역행하는 상황에서는 논의 전개를 촉구하는 의사소통 행위가 필요하다. 특히 공동의 의사결정 절차에 대한 이해가 부족하여 합의된 논의를 되풀이하는 경우에는 합의된 부분을 언급하고 앞으로 논의할 방향을 분명하게 가리켜 논의 전개를 촉구한다.

> 채연: 지금 계속 같은 이야기가 반복되고 있으니 다음 논의를 이어 갔으면 합니다. 2주 정도의 공감 교육 프로그램을 시행하자는 것은 이미 합의가 되었으니, 이제 의견 차이가 있는 시행 방안에 대해 논의하면 어떨까요?

■ 새로운 관점 제시

오랜 침묵이 이어지는 소강 상황에서는 지금까지 논의된 관점과 다른 관점으로 논의의 돌파구를 찾을 필요가 있다. 제한된 관점에 갇혀 있지 않은지 점검하고 조금 다른 각도에서 접근 방법을 모색하는 발화로 소강 상황을 극복하고 논의의 물꼬를 터서 대화를 촉발해야 한다.

> 윤서: 지금 교양 수업과 비교과 프로그램 위주로 교육을 학교가 일방적으로 제공하는 방식에 갇혀서 논의가 멈춘 것 같아요. 오히려 학생회가 주축이 되어 학생들이 자발적으로 만들어 가는 학습자 참여의 관점에서 생각해 보면 어떨까요?

(3) 일탈 상황 대처하기

일탈 상황은 논의가 주제에서 벗어나는 논점 일탈과 구성원이 논의에 집중하지 않는 경우이다.

■ 논의 복귀 유도

논의 내용이 주제에서 벗어나는 논점 일탈 상황에서는 논의가 주제로 복귀하도록 유도해야 한다. 여러 사람이 각자의 시각에서 논의하다 보면 간혹 주제에서 벗어나는 말을 하여 전체 논의가 문제를 해결하는 방향에서 벗어나게 하는 경우가 있다. 이런 경우에는 특히 사회자의 역할을 맡은 사람이 논점 일탈을 확인하고 바로잡아야 한다.

> 윤서: 교내 인터넷 커뮤니티에 혐오 표현 문제가 정말 심각한 것 같아요. 실태를 정확하게 파악하기 위해 설문 조사를 하면 어떨까요?
> 현준: 실태 파악은 현재 논의하는 사안과 직접적인 관련성이 부족해요. 문제의 심각성에 대해서

는 어느 정도 합의된 상태로 지금 해결 방안을 모색하고 있으니, 우선 여기에 초점을 맞춰 이야기하면 어떨까요?

■ 참여 요구

구성원이 비협조적이거나 논의에 참여하지 않을 경우에는 직접적으로 참여를 요구한다.

> 윤서: (계속 휴대 전화 문자 메시지를 확인하고 답을 하고 있다.)
> 현준: 지금 세 가지 대안의 장단점을 함께 평가하는 단계입니다. 그다음 바로 대안을 선택하는 중요한 의사결정을 해야 하니, 모두 논의에 집중해 주시면 좋겠어요.

6) 집단사고의 증상과 예방

집단이 의사결정할 때 의견이 대립하거나 논의가 순환하거나 논점을 일탈하는 것은 일시적인 상황이다. 이때는 사회자나 다른 참여자가 토의의 문제 상황에 따라 적절한 대처를 하면 된다. 지금부터는 집단의 내부 결속이 강하여 문제가 있다는 인식도 없이 잘못된 의사결정을 하게 되는 집단사고에 대해 알아보자.

Janis(1972; 1982)는 집단사고(groupthink)를 다음과 같이 정의하고, 엔지니어의 의견을 무시한 우주왕복선 챌린저호 폭발 사고와 선제공격을 전혀 예측하지 못한 진주만 침공을 집단사고의 대표적인 사례로 제시하였다.

> 집단사고: 만장일치를 위해 노력하는 구성원들이 대안적 행동 방침을 현실적으로 평가하려는 동기를 무시할 때 사람들이 응집력 있는 집단 내에 깊이 관여할 때 참여하는 사고 방식

집단사고의 개념에서 집단 의사결정에 대한 중요한 통찰을 얻을 수 있다. 집단사고는 집단 구성원이 협력하여 쌓은 지적 능력의 결과로 얻어진 지성인 집단 지성과는 완전히 다른 말이다. 집단사고는 리더가 제시한 의견에 반대가 허용되지 않고 이를 검증하지 않는다. 집단 구성원은 강한 동질감을 갖고 자신들이 틀릴 수도 있다는 생각을 하지 않는다. 의견에 대

한 내부의 비판이나 외부의 검토를 수용하지 않는 경우에 집단사고가 발생하며 비합리적인 의사결정에 이르게 된다. Janis(1982)에서 제시한 집단사고 이론을 집단사고의 선행 조건, 증상, 비합리적 의사결정, 예방책을 중심으로 살펴보자.

(1) 집단사고의 선행 조건

집단사고는 집단 응집력, 집단의 구조적 결함, 상황 요인이라는 선행 조건이 원인으로 작동할 때 발생한다.

첫째, 집단사고는 집단의 응집력이 강할 때 발생한다. 집단 구성원이 친인척이나 같은 학교의 선후배 등 동질적으로 이루어져 내부 결속이 강한 경우에 집단사고가 일어난다. 어느 집단 집행부의 전공이 동일하여 자신들끼리는 유대가 강하지만, 인지적 다양성이 결여되어 다른 쪽의 사정은 잘 모르는 경우에도 집단사고가 일어난다. 집단의 리더는 주로 서열에 의해 결정되며, 리더를 중심으로 강한 결속력을 지닌 집단에서는 관계성을 중시하고 비판이나 충돌을 바람직하게 여기지 않는다.

둘째, 집단이 외부와 고립되어 있거나 폐쇄적인 집단의 구조적 결함으로 집단사고가 발생한다. 외부 구성원과 교류가 활발하지 않아 내부 의견이 다각도로 검토되지 못하고, 중요한 의사결정이 폐쇄적인 집단 내부에서 일부 구성원에 의해 이루어진다.

셋째, 집단이 중요한 의사결정을 하는 데 시간의 압박을 받아 정보를 체계적으로 처리하지 못하고 불안감만 급하게 해소하려는 상황에서 집단사고가 발생한다. 의사결정 과정에서 불확실성에 대한 인내가 부족하여 의사결정 단계에 따라 집단 구성원의 숙고가 이루어지지 못하고 대안에 대한 충분한 검토 없이 급하게 결정하면서 집단사고가 발생한다.

(2) 집단사고의 증상

위와 같은 원인으로 집단사고가 촉발되면 집단에 대한 과대평가, 폐쇄적 사고, 통일성에 대한 압력과 같은 집단사고의 증상이 발현된다.

첫째, 우리 집단은 틀릴 수 없다는 무오류의 환상에 빠져 집단을 과대평가하는 증상이 나타난다. 우리 집단이 결정한 바가 최선이라는 생각과 더불어 도덕적으로도 결함이 없다는 의식이 강하게 작용한다.

둘째, 폐쇄적 사고는 일단 내린 결정을 무조건적으로 합리화하며, 외집단을 획일적으로 부정하는 고정관념에서 나타난다. 외집단을 악으로 규정하고 폄하하면 내집단은 선의 지위를 갖고 내부 결속이 강해지지만 사고의 좁은 테두리에 갇힌다.

셋째, 의문이나 문제를 제기하지 않고 침묵을 유지하는 자기 검열이 사라지면서 통일성을 지향하는 압력이 강해진다. 만장일치를 중시하고 반대자가 나타나면 집단 의견에 동조하도록 강요한다. 이러한 증상이 심해지면, 반대자를 미리 차단하고 동조를 강요하는 정신 경비원(mind guard)이 나타나기도 한다.

(3) 집단사고로 인한 불완전한 의사결정

집단사고의 증상이 발현되면 그로 인해 집단은 불완전한 의사결정을 하게 된다. 집단사고로 인한 비합리적 결정의 양상은 다음과 같다.

첫째, 집단이 처한 문제를 해결할 의사결정의 목표를 제대로 설정하지 못하고, 다양한 대안을 충분하게 검토하지 못한다.

둘째, 집단이 이미 내린 결정을 합리화하는 데 필요한 정보만 취사선택하는 확증편향에 사로잡힌다. 여러 대안의 장단점을 검토하는 데 필요한 다양한 정보를 수합하여 검토하지 못한다.

셋째, 채택하지 않은 대안을 재평가하지 못한다. 여러 대안을 도출하고 장단점을 평가하여 최종적으로 선택하는 것이 아니라 대안 A를 이미 선택했으므로 채택되지 않은 대안 B를 다시 논의하지 못한다.

넷째, 우리 집단은 실패하지 않을 것이라는 강한 확신에 사로잡혀 있으므로 위험 상황에 대한 우발 계획을 마련하지 못한다. 우주왕복선 챌린저호의 경우에도 엔지니어들은 폭발의 위험성을 계속 경고했지만, 정치인과 NASA의 수뇌부는 실패에 대한 검토를 간과하여 대형 폭발 사고가 발생하였다. 진주만에서도 미군은 돌발 상황을 예측하는 데 실패하고 침공에 대처하지 못해 대규모의 피해를 입었다.

(4) 집단사고의 예방

집단사고의 원인과 증상을 확인하였다면 집단사고를 피할 예방책을 마련해야 한다. 첫째, 집단 응집력으로 인한 문제를 해결하기 위해 집단 구성원은 비판적 평가자의 역할을 수행해야 한다. 의견을 자유롭게 개진하고 이를 검증하기 위한 문제 제기가 활발하게 이루어지도록 개방적인 분위기를 조성해야 한다. 리더는 토의가 시작되자마자 자신이 선호하는 생각을 언급하지 말아야 한다. 내부 결속이 강한 집단에서 리더가 먼저 자신의 생각을 꺼내면 이에 대해 반대하는 논의가 이루어지기 어렵기 때문이다. 다양한 구성원의 의견을 다각도로 검토하고 공동의 숙고가 충분히 이루어진 후 최종 단계에서 최적의 대안을 선택하면 된다. 경우에 따라서는 이런 비판적 분위기를 촉진하기 위해 구성원 중에 악마의 대변인(devil's advo-cate) 역할을 맡긴다. 이 역할을 맡은 사람은 이의를 제기하고 예상되는 부작용을 검토하는 역할을 수행한다.

둘째, 집단이 고립되고 폐쇄적인 구조적 결함을 해결하기 위해 하나의 큰 집단을 하위 집단으로 구분하여 각 집단의 리더가 세부 논의를 진행하도록 한다. 한 명의 리더가 이끄는 하나의 집단에서는 다양한 의견이 자유롭게 개진되기 어려우므로, 사안을 부분으로 구분하여 세부 논의가 다각도로 심도 있게 논의되도록 구조적인 장치를 마련한다. 집단의 폐쇄성을 해결하기 위해 외부 전문가로 하여금 집단이 마련한 대안에 대해 검토하고 비판하는 역할을 맡긴다.

셋째, 상황 요인을 해결하기 위해 시간의 압박에 쫓기기보다, 집단 의사결정의 단계를 준수하여 체계적으로 정보를 수집하고 다양한 대안을 복합적으로 검토한다. 채택되지 않은 대안도 상황에 따라 적용할 우발 계획으로 준비한다.

집단사고는 우리나라와 같이 수직적인 의사소통 문화가 강하고 개인보다 집단을 중시하는 사회에서 자주 일어난다. 전통적으로 충돌보다 조화를 중시하여 반대 의견을 제시하는 것을 꺼리고 장기적인 인간관계를 고려하는 의사소통 문화에서 집단사고 현상이 발생하기 쉽다. 학교나 직장과 같은 공동체의 의사결정 과정에서 항상 우리 집단에 집단사고의 원인이 존재하지 않는지, 집단사고의 증상이 나타나지 않는지 점검하고 이를 예방하여 합리적인 의사결정이 이루어지도록 하여 집단 의사소통 문화를 바람직한 방향으로 개선해야 한다.

7) 회의의 원칙

국회부터 일상까지 여러 집단에서 구성원이 모여서 의제를 협의하여 선정하고 참석자들의 동의를 얻어 의제를 채택하는 회의를 한다. 이때 의제를 상정하고 채택하는 일련의 과정에는 사회적으로 통용되는 원칙이 있다. 여러 가지 회의의 원칙이 있으나 여기에서는 필수적으로 알아야 할 것을 간단하게 살펴보겠다.

(1) 정족수 원칙

정족수(quorum, 定足數) 원칙이란 집단을 대표할 만한 충분한 인원이 모여서 의사를 결정하도록 하는 원칙이다. 집단의 일부 소수가 중대한 일을 임의로 처리하지 못하도록 적정 인원수를 회칙에 명시한다.

정족수는 의사 정족수와 의결 정족수가 있다. 의사 정족수(議事定足數)란 의사 진행에 필요한 출석 인원수를 의미한다. 예를 들어 국회법에는 재적 의원 1/5 이상으로 규정되어 있다. 의결 정족수(議決定足數)란 의사결정하는 데 필요한 구성원의 찬성표 수를 의미한다. 일반적으로 재적 인원 과반수 출석과 출석 인원 과반수 찬성인 경우가 많으며 사안에 따라 달리하기도 한다. 이때 과반수(過半數)는 반수를 초과한다는 뜻이므로 찬성 5표, 반대 5표로 가부동수일 경우에는 부결된다.

(2) 다수결 원칙

다수결(多數決) 원칙은 회의에서 많은 사람의 의견을 전체 의사로 간주해서 집단 의사를 결정하는 원칙이다. 여기에는 두 가지 전제가 있다. 첫째는 다수의 판단에 따르는 것이 합리적이라는 전제이다. 둘째는 각 개인의 의견은 평등하다는 것이다. 집단 내에서 지위가 높고 권력이 세다고 두 표를 행사할 수 없으며 모두가 한 표를 행사하며, 다수의 의견으로 결정하는 것이 합리적이라는 의미이다.

물론 다수의 결정이 항상 옳은 것은 아니며 다수의 횡포로 인해 소수 의견이 배제되는 제한점이 있다. 다수 의견이라는 명분으로 비합리적인 방안을 독단적으로 처리할 수도 있다. 이러한 제한점을 인식하고 이를 극복하기 위해서는 소수의 의견이 충분히 개진되도록 충분한 토론을 보장하여 비판할 권리를 보장해야 한다. 다수결의 원리에 따라 결정된 방안을 시행할 때 소수 의견을 참고할 필요도 있다.

다수결 방식은 세 가지로 구분한다. 단순 다수결(單純多數決, simple majority)은 다수에 대한 특정 비율 없이 무조건 다수의 결정에 따르는 방식이다. 절대 다수결(絶對多數決, absolute majority)은 표결할 권리를 가진 전체 인원의 과반수를 기준으로 다수의 결정에 따르는 방식이다. 일반적으로 과반수를 기준으로 다수결에 따른다고 할 때 절대 다수결에 해당한다.

이와 달리 중대한 사안을 결정하기 위해 결의 요건을 높이는 경우도 있다. 가중 다수결(加重 多數決, qualified majority)[2]은 구성원의 2/3 또는 3/4과 같은 특정 다수의 결정에 따르는 집단 의사결정 방식이다. 토의 종결 제안과 같이 참여자의 권리를 제한하는 경우에도 과반이 아니라 2/3의 찬성을 얻어야 한다. 예를 들어 국회의 경우 헌법 제정, 국회의원 제명, 대통령 탄핵 소추 등의 중대 사안일 경우 절대 다수결이 아닌 2/3 찬성의 가중 다수결 방식을 적용한다(이종수, 2009).

(3) 일의제 원칙

일의제(一議題) 원칙은 한 의제가 상정되면 다른 의제를 상정할 수 없다는 원칙이다. 한 번에 하나의 의제만 다루며 다른 의제가 나오면 의장은 발언을 중단시킨다. 또한 의제에 대해 개인적 논평을 하는 경우에도 의장이 의제의 채택에 논의가 집중되도록 발언을 제재한다.

> 사회자: 공감 교육 프로그램을 시행하자는 의제에 대해 논의하겠습니다.
> 윤서: 공감 교육 프로그램을 마치면 혐오 표현 캠페인을 추가로 시행하면 어떨까요?
> 사회자: 지금 의제는 공감 교육 프로그램의 시행 여부입니다. 다른 의제는 현재 의제의 채택을 의결한 후 필요하면 추후에 논의하겠습니다.
> 채연: 공감 교육 프로그램 시행 시 제가 만든 캐릭터를 홍보용으로 사용하면 좋겠어요.
> 사회자: 그런 개인적 논평은 일단 자제해 주시고 프로그램의 시행 여부에 집중해서 논의해 주시면 감사하겠습니다.

(4) 일사부재의 원칙

일사부재의(一事不再議) 원칙은 한 번 부결된 안건은 회기 중에 다시 제출할 수 없다는 원칙이다. 안건 처리 과정에서 특별한 문제가 없는 결정을 재론하면 해당 과정을 경시하게 된다. 일부 소수가 의사결정을 방해할 목적으로 이미 부결된 안건의 재론을 계속 요구할 경우 원활한 회의 운영이 방해된다.

---

2   유럽 연합 각료 이사회의 경우 회원국의 인구나 영향력 등을 감안하여 회원국마다 투표수를 다르게 할당하는 방식으로 가중 다수결 방식을 사용하기도 한다.

지금까지 논의한 회의 원칙에 따라 회의의 일반적인 단계를 살펴보면 다음과 같다.

도입 단계	개회 선언	의장: 개회 선언	
	경과 보고	서기: 인원(의사 정족수) 확인 후 의장에게 보고, 전 회의록 낭독, 임원 보고(회계 등)	
정보 교환 단계	원동의/ 재청	의장: 〔의안 제출 요구〕 의안 심의에 들어가겠습니다. 의안을 제출해 주십시오. 박현준: 〔원동의〕 혐오 표현 예방을 위해 사회적 공감 교육 프로그램 시행을 동의합니다. 의장: 동의에 대한 재청이 있습니까? 김윤서: 〔재청〕 재청합니다. 의장: 김윤서 회원의 재청으로 의안이 성립되었습니다.	원동의(原動議): 제일 처음 나온 동의 재청(再請): 회의할 때 다른 사람의 동의에 찬성하여 자기도 그와 같이 청함을 이르는 말. 재청 시에는 발언권 불필요.
정보 교환 단계	의안 설명/ 질의	의장: 사회적 공감 교육 프로그램 시행 의안을 상정하겠습니다. 제안자인 박현준 회원은 프로그램에 대해 설명해 주세요. 박현준(제안자): 프로그램 설명 장채연: 질의 → 제안자 보충 설명 (질의응답 반복) (의장 질의 종결 여부 물어서 회원 찬성하면 토의 시작)	
의사 표시 단계	토의 개시/ 종결	의장: 토의 순서입니다. 교육 프로그램 시행 안건에 대해 다른 의견이 있으신 분은 손을 들어 주십시오. (토의 진행) 이서윤: 교육 프로그램 시행보다 혐오 표현 줄이기 캠페인이 어떨까요? 의장: 현재 안건은 공감 교육 프로그램 시행 여부입니다. (의장 토의 종결 여부 물어서 회원 찬성하면 표결 시작)	(일의제 원칙 위반)의장이 제지하고 상정된 안건에 대해 토의 진행
결론 단계	표결/ 의안 가결	의장: 그럼, 이제부터 이 의안을 거수로 표결하겠습니다. 과반수 찬성으로 가결을 정하겠습니다. 의장: 전체 23명 중 찬성 12명, 반대 9명, 기권 2명으로 안건은 가결되었습니다.	표결 방법 확인 (절대 다수결 방식)
정리 단계	폐회 선언	의장: 회의 결과 설명, 폐회 선언	

☑ 화법 교육 방향 ─

　토의 교육의 핵심은 공동의 사고 과정에 따라 협력적으로 소통하는 역량을 신장하는 것이다. 공동체가 처한 문제를 면밀히 분석하여 실현 가능한 여러 대안을 도출하고 적합한 평가 기준을 적용하여 각 대안의 장단점을 함께 논의하는 의사소통 행위를 학습하도록 한다. 특히 우리의 담화 관습은 직급이 높은 사람이나 연장자의 의견을 존중하여 반박하는 것을 바람직하지 않게 여기는 경향이 있다. 공동체의 문제를 개인의 문제와 별개로 여겨 의견을 적극적으로 개진하지 않고, 속으로는 바람직하지 않다고 판단하더라도 이를 겉으로 표현하여 갈등을 유발하는 것을 원하지 않는다. 공동의 숙고 과정에 따라 개인이 기여해야 하는 역할에 충실하게 협력적으로 소통할 때 그러한 소통 문화나 개인의 성향에 의한 영향을 줄일 수 있을 것이다. 토의를 교육할 때는 서로를 존중하는 마음가짐으로 공동체의 문제를 해결하기 위해 협력적으로 소통하는 방법과 태도를 기르는 데 역점을 둔다.

2. 협상

대부분의 일상의 갈등 상황에서는 마음을 열어놓고 대화하거나 함께 토의하면 해결 방안을 찾을 수 있다. 하지만 양자의 이해관계가 충돌하여 한 치의 양보도 기대하기 어려울 경우 한 쪽의 이익은 다른 쪽의 손해가 되기 마련이다. 호혜적으로 문제를 해결하는 소통 방법을 학습하지 못하면, 이익과 손해의 제로섬 게임이 거듭되면서 갈등이 커지기 마련이다. 여기에서는 이해관계가 상충하는 문제에 접근하는 사고와 소통 방식으로서의 협상 전략에 중점을 두어 살펴보고자 한다.

1) 협상의 개념

협력적으로 의사결정하는 의사소통 행위 중 양측의 이해관계가 걸려 있어 대안을 조정하여 합의하는 협상이 있다. 앞서 다룬 토의와는 달리 양측의 이익과 손해가 걸려 있는 경우에 해당한다. 협상은 "이익과 관련된 갈등을 인식한 둘 이상의 주체들이 이를 해결할 의사를 가지고 모여서 합의에 이르기 위해 대안들을 조정하고 구성하는 공동 의사결정 과정"이다 (정민주, 2008: 31).

이를 조금 풀어서 협상을 구성하는 요소를 따져 보면 일단 둘 이상의 주체가 참여하는 대인 의사소통이다. 그리고 두 참여자 사이에는 이익과 연관된 갈등이 존재한다. 양측이 갈등을 해결하기 위해서는 대안을 서로 조정하여 상호 만족할 만한 합의안을 함께 결정해야 한다.

협상은 가치가 한정되어 있는지 이를 조율하여 새로운 가치를 창출할 수 있는지에 따라 분배적 협상과 통합적 협상으로 구분된다(Bazerman & Neale, 1992/2007, Aaron, 2007/2008).

첫째, 분배적 협상(distributive negotiation)은 고정된 이익을 분배하기 위해 하나의 쟁점으로 경쟁하는 경우이다. 예를 들어 중고차를 매매할 때 가격이라는 단일 의제로 제한하여 흥정하면, 판매자의 이익은 구매자의 손해가 되며 구매자의 이익은 판매자의 손해가 되는 제로섬(zero-sum) 관계에 해당한다. 양측이 교환할 항목이 제한되어 창의성을 발휘하기 어렵고, 파이가 고정되어 협상의 범위를 확대할 수도 없다.

둘째, 통합적 협상(integrative negotiation)은 가치가 한정되어 있다는 시각에서 벗어나 가치를 통합하여 새로운 합의안을 모색하는 협상이다. 복수의 의제를 대상으로 하고, 개별 의제에 대한 양측의 가치 평가도 다르다. 자신과 상대의 이익이 최대한 커지도록 덜 중요한 것을 포기하고, 포기한 것에 대해 보상하며 윈윈(Win-Win) 전략을 추구한다. 창의적인 관점에서 교환을 통해 가치를 통합하거나 협상 범위를 확대하여 파이를 키우는 방법으로 분배적 협상보다 더 나은 결과를 도출할 수 있다.

이러한 구분은 어떤 협상은 분배적 협상이고 어떤 협상은 통합적 협상이라는 이분법적 관점이 아니다. 동일한 상황에서도 협상을 바라보는 관점에 따라 가치를 분배할 수도 있고 가치를 통합할 수도 있다는 것이다. 중고차를 매매할 경우에도 가격 외에 품질 보증 품목이나 보증 기간을 함께 협상의 의제로 삼아 통합적 협상으로 진행할 수도 있다. 이런 경우 서로 가치를 통합하여 호혜성을 추구하기 위해 협력적 의사소통이 필요하다. 여기에서는 제로섬 게임의 승자가 되기 위한 전술적 차원의 분배적 협상보다 창의적인 관점으로 호혜성을 추구하는 통합적 협상과 관련된 의사소통 행위를 중심으로 살펴보고자 한다.

2) 협상의 원리

(1) 호혜성

협상은 성과만 중시하는 투쟁적 전략과 달리 상호 이익을 추구함과 동시에 서로의 관계도 고려하는 호혜적 전략을 사용해야 한다(정민주, 2008; 서영진, 2010). 호혜성(互惠性)이란 말 그대로 서로 혜택을 누리게 되도록 문제를 해결하려는 성질을 의미한다. 나의 이익만 최대화하여 상대에게 손해를 끼치는 자기중심성에서 벗어나 통합적 협상의 관점에서 서로가 만족하는 합의안을 마련하는 것이다.

양측은 양보와 설득으로 실현 가능한 합의안을 만들어 내는 것이 협상의 기본 목적이다. 그러므로 호혜성의 원리에 입각해서 협력적으로 상호작용하려면 자기 입장에서 내세우는 요구를 넘어 내재된 서로의 동기를 충족하는 방식으로 의사소통해야 한다.

(2) 상호 의존성

협상에서 양측은 협상을 통해 이루고자 하는 목표가 서로 맞물려 있으므로 목표를 달성하기 위해 서로에게 의지해야 하므로 목표 차원에서 상호 의존적이다(Lewicki 외, 2006/2008). 양측은 가치를 통합하기 위해 서로 가지고 있는 정보를 공유해야 하므로 정보 차원에서도 상호 의존적이다. 덜 주고 더 얻으려는 분배적 협상의 관점에서 정보를 충분하게 공유하지 못하면 서로에게 혜택이 되는 최선의 대안을 창안해 내지 못한다. 그런 맥락에서 협상의 결과를 공유하게 되므로 양측은 결과 차원에서도 상호 의존적이다. 이런 차원에서 협상 참여자는 협력적 경쟁자라기보다 경쟁적 협력자이다(정민주, 2008: 44).

상호 의존성을 고려하면 협상할 때 역지사지의 관점으로 의사소통해야 한다. 협상을 강력한 주장으로 상대를 제압하여 항복을 받아 내는 행위로 보기보다는 관점을 바꾸어 상대의 입장에서 생각해 보는 노력이 필요하다. 날카로운 설득으로 상대의 태도를 변화시키기보다 상대를 이해하기 위해 나의 관점을 먼저 변화시키는 자세도 필요하다.

내가 가지고 있는 정보와 자원을 최대한 숨겨 나의 이익을 최대로 만들려는 비즈니스 협상에서는 차가운 이성으로 제압하는 승부사의 논쟁이 중요하다고 여길 수 있다. 하지만 호혜의 정신에 입각해 상호 의존적 관계를 제대로 인식한다면 공감과 인정으로 상호 신뢰하는 대화를 하는 것이 바람직하다. 협상 초기에 이러한 호혜성과 상호 의존성의 정신을 강조하기 위한 대화 사례는 다음과 같다.

안녕하세요? 지난번에 협상 의제와 관련된 자료를 꼼꼼하게 챙겨 보내 주셔서 감사합니다. 업무 처리가 정확한 분과 함께 협력하게 되어서 기쁘게 생각합니다. 앞으로 서로 입장이 달라 갈등이 있을 수 있지만, 서로 신뢰하는 마음으로 대화하면 서로에게 이익이 되는 최선의 대안을 찾을 수 있다고 믿습니다.

얼핏 보면 상투적인 인사말 같지만, 상대를 인정하고 존중하는 말로 초기 경색된 분위기를 풀고, 호혜적인 결과를 함께 만들어가기를 바란다는 의지를 전달하는 것은 상대를 적이 아니라 '우리'라는 관점에서 바라보고 협상을 성공적으로 이끄는 관건이다.

3) 협상의 절차

협상이 원활하게 수행되기 위해서는 일련의 절차를 따라야 한다. Spangle & Isenhart(2003: 71)는 사전 협상을 포함하여 시작, 정보 공유, 문제 해결, 합의로 구분하였고, 정민주(2022)는 협상 교육을 위한 협상 담화 절차를 시작(입장 및 요구 사항 표명, 협상 가능 범위 공표), 조정(정보 탐색 질문, 상대 답변 점검, 대안 제시/정당화, 대안 수용 위한 조건 제시), 해결(합의안, 확정, 합의문 작성)로 구분하였다. 여기에서는 이러한 논의를 이어받아 본격적인 협상을 시작하기 전의 준비 절차로 사전 협상 단계를 설정하고, 시작, 조정, 해결의 협상 절차에 따라 세부적인 내용을 살펴보겠다.

(1) 사전 협상 단계

사전 협상(prenegotiation) 단계에서는 협상 내용과 관련된 정보를 분석하고 협상 범위를 예측한다.

■ 협상 내용 분석

첫째, 양측의 입장, 요구, 동기와 같은 협상 내용을 분석한다. 양측이 처한 입장에서 구체적으로 원하는 바가 요구라면, 동기는 그에 내재된 근원적 이해(real interest)이다. 근원적 이해로서의 동기는 요구처럼 가시적으로 드러나지 않는다(Fisher 외, 1991/2003).

> 학생회 측: 중요한 시험을 앞두고 쾌적한 학습 공간에서 공부하여 합격하고 싶은 동기를 가지고 학생 전체의 이익을 대변하는 입장에서 자습실 이전과 노후 조명과 책상 교체를 요구한다.
>
> 학교 측: 합격 인원 증가를 위해 많은 학생이 자습실을 이용하면서도 제한된 자원을 효율적으로 사용하고자 하는 동기를 가지고 학교의 목표 달성과 자원 관리를 책임지는 입장에서 현재 자습실의 이용률 제고와 자발적 청소를 요구한다.

둘째, 협상 의제를 확인한다. 어떤 것을 협상 의제로 삼을지, 협상 의제에서 누락된 것은 없는지 상세하게 확인한다. 협상 의제를 하나만 다루는 것을 단일 의제 협상이라고 하며 둘 이상의 의제를 묶어서 처리하는 것을 다중 의제 협상이라고 한다.

의제가 복수라면 서로 주고받을 것이 있으므로 갈등이 해결될 가능성이 높지만, 의제가 하나라면 문제를 해결할 가능성이 줄어든다. 즉, 자습실 공간 이전이라는 단일 의제만 놓고 협상할 경우 이를 원하는 학생회 측과 이전 비용이 부족한 학교 측은 마땅한 합의안을 찾기 어려워 협상이 결렬되기 십상이다. 가용한 여러 다중 의제를 복합적으로 처리하면 협상할 자원이 늘어나게 된다. 그러므로 협상 시작 전에 상대방이 제시할 의제도 적극적으로 찾아 전체 의제를 상정하는 것이 효과적이다(Thomas, 2005/2007: 173).

- 단일 의제: 공간 이전
- 다중 의제: 공간 이전, 노후 책상 교체, 조명 교체, 도난 방지 등

협상 의제를 확인했다면 각각의 우선순위를 결정한다. 절대 양보할 수 없는 의제와 중요도가 조금 덜하여 양보가 가능한 의제를 분류한다. 협상 의제를 찾아 나열하고 중요도를 평가하는 과정을 협상 자원 평가라고 한다(이창덕 외, 2017: 304).

셋째, 본격적인 협상을 시작하기 전에 협상 의제와 관련된 자료도 준비한다. 주로 자기 입장을 정당화하거나 상대 입장을 반박하는 데 필요한 객관적인 자료를 준비한다.

학생회 측 준비 자료: 인근 학교의 자습실 확보 현황

학교 측 준비 자료: 최근 3개월 자습실 이용률 현황, 공간 이전 예상 비용

■ 협상 범위 예측

사전 협상 단계의 두 번째 세부 절차는 협상 범위를 예측하는 것이다. 첫째, 합의 가능 영역을 예측한다.[3] 합의 가능 영역(ZOPA; zone of possible agreement)은 양측의 선호 지점부터 양보 불가 지점이 중첩되는 부분이다(Fisher 외, 1991/2003). 그림에서 A측 입장의 선호 지점과 양보 불가 지점 사이와 B측 입장의 선호 지점과 양보 불가 지점 사이의 음영으로 표시된 영역에 해당한다.

선호 지점은 양측이 추구하는 최고의 목표이고, 양보 불가 지점은 협상을 통해 얻는 이익이 현재 상태보다 적어 더 이상 양보할 수 없는 지점이다. 이러한 목표치를 계획할 때는 모호하게 어림잡기보다는 측정 가능한 명확한 수치로 나타내는 것이 효과적이다(Lewicki 외, 2006/2008: 78).

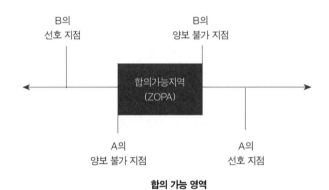

합의 가능 영역

둘째, 복안(배트나)을 예측하여 마련한다. 복안(腹案, BATNA; Best Alternative To a Negotiated Agreement)은 '합의안에 대한 최선의 대안'이라는 뜻으로, 협상이 결렬되었을 때 선택할 수 있는 대안 중 가장 유리한 대안을 의미한다(Fisher 외, 1991/2003). 합의가 결렬되었을 때 다른 협상 상대와 교섭하거나, 제삼자에게 중재를 요청하거나, 다른 자원을 확보하여 새로운 방안을 시행하는 등 여러 대안을 가지고 있다면 현재 상대와 더욱 유연하게 협상할 수 있다. 협상 결렬 시 찾을 수 있는 대안이 적은 쪽은 많은 쪽에 비해 상대적으로 불리한 입장

---

3   교섭 영역(bargaining range)이라고도 한다.

에서 협상하게 된다. 그러므로 협상이 결렬되었을 때 수행 가능한 대안의 목록을 나열하고 최선의 대안인 복안(배트나)을 예측해 두어야 한다.

복안(배트나) 예측

순서	협상 결렬 시 대안	
1		최선
2		
3		

예를 들어 학교 측은 가용 예산을 일반 교실에 사물함을 설치하는 데 투입하여 수업이 없는 시간에 자유롭게 이용하도록 하는 대안을 복안(배트나)으로 가지고 있다. 현재 자습실은 선정된 인원만 제한적으로 사용하는데 학습 공간을 확대하는 데 예산을 사용하여 성과를 극대화하겠다는 방침이다. 학생회 측은 전용 자습실 공간의 개선을 위한 협상이 결렬되면, 협상 대상을 현재의 사범대학에서 학교 본부로 바꿔 공무원 시험 등 국가고시를 준비하는 전체 학생을 위한 학습 공간 설치를 요구하는 대안을 복안(배트나)으로 가지고 있다.

우리 측의 복안뿐 아니라 상대의 복안도 예측해야 한다. 협상 결렬 시 선택할 수 있는 최선의 대안을 예측한 상태에서 협상하면 불필요한 피해를 입는 합의안을 채택하지 않을 수 있는 안전망이 된다. 또한 현재의 상대와 협상하는 것 외에 선택할 수 있는 대안이 추가로 있다는 것을 서로 알게 되면 현재 협상을 전략적으로 운용하는 지렛대로 활용할 수 있다. 이런 맥락에서 유리한 복안이 있을 경우 상대에게 간접적으로 알리는 방식을 선택하기도 한다.

(2) 시작 단계

협상을 본격적으로 개시하는 시작 단계에서는 양측이 현재 이해관계가 충돌하는 상황에서 자신의 협상 내용과 협상 범위를 제시한다.

■ 협상 내용 제시

양측은 협상 의제를 논의하고 입장과 요구를 제시한다. 상대방이 입장을 제시하는 동안에는 일종의 공적 연설을 하는 것과 같이 발언 중에 끼어들지 않고 발언권을 충분히 보장하는 규칙을 정해 준수한다(Spangle & Isenhart, 2003; 정민주, 2022).

학생회 측: [입장] 쾌적한 학습 공간이 필요한 전체 학생의 이익을 대변하는 입장에서 말씀드립니다. [요구] 현재 지하에 있는 자습실은 볕이 잘 들지 않고 어둡고 좌석도 부족하여 공부하는 데 불편합니다. 자습실을 채광이 좋은 5층 공간으로 이전해 주시고, 낡은 책상도 교체해 주셨으면 좋겠습니다. 공부하던 책을 분실한 사건이 있는데 보안 장비도 설치해 주시고 자습실 청결을 유지해 주셨으면 좋겠습니다.

학교 측: [입장] 많은 학생이 좋은 성과를 거두도록 학습을 지원하되 제한된 자원을 효율적으로 관리해야 합니다. [요구] 5층 공간은 미래형 교실을 설치할 예정이고 장소 이전 예산이 확보되지 않아 자습실 이전은 어렵습니다. 자습실 이용 신청만 하여 자리만 확보하고 실제 사용하지 않는 학생이 많다는 불만이 접수되었습니다. 자습실 이용률을 높이면 좋겠습니다. 자습실 청결과 보안 유지가 필요하다는 점에는 동감합니다.

■ 협상 범위 제시

양측은 협상 범위를 제시한다. 이때 양측의 요구는 합의 가능 영역(ZOPA)을 벗어나서는 안 된다. 학생회 측이 요구한 자습실 이전은 해당 공간이 사전에 미래형 교실이라는 다른 용도로 확정되어 있고 이전 예산이 부족하므로 합의 가능 영역을 벗어났다. 자습실 전체를 이전하는 것 말고 현재 자습실 위치에서 시설과 장비 개선을 협상 범위로 삼아야 한다.

양측은 입장 차이가 없는 교집합 영역을 확인한다. 앞서 양측의 요구를 확인한 결과 자습실 청결 유지와 도난 방지에 대해서는 이미 공감대가 확보되었으므로 불필요한 논쟁 없이 추후 구체적인 시행 방안만 합의하면 된다.

(3) 조정 단계

조정 단계에서는 합의 가능 영역(ZOPA) 내에서 서로 만족할 만한 대안을 검토하기 위해 질의응답으로 정보를 공유하고 입장 차이를 줄여 대안을 조정하는 단계이다

■ 정보 공유

양측은 자신이 생각하는 대안을 제시하면서 정보 공유를 시작한다. 시작 단계에서 양측의 입장과 요구를 확인했으므로, 호혜성의 원리를 바탕으로 상호 이익을 크게 하는 대안을 도출하기 위해 정보를 요청하고 공유한다. 서로 현재 문제를 해결할 대안을 제시한다. 이때

단순히 대안을 제시하기보다 그 대안이 서로에게 어떤 이익을 제공하는지 설득력 있게 정당화해야 한다(정민주, 2008; 2022).

정보 공유 단계에서 중요한 것이 질의응답이다. 협상 진행 상황이나 상대의 요구를 파악하는 질문이 활성화되어야 한다. 여러 의제 중 어떤 것이 상대에게 우선순위가 높은 것인지, 양보가 가능한 것은 어떤 것인지 등을 서로 묻고 답하면서 대안을 조율한다.

> 학교 측: 현재 자습실의 청결 문제, 보안 문제, 조명 문제 중 무엇을 우선적으로 해결해야 한다고 생각하나요?
>
> 학생회 측: 청결 문제는 사실 저희가 깨끗하게 사용하도록 노력하면 되고 보안 문제도 스스로 주의를 하면 되는 면이 있습니다. 그런데 자습실 전체가 어두워 조명 문제는 시급히 해결되었으면 좋겠어요. 채광이 좋은 5층으로 이전하면 제일 좋은데, 그게 어려우면 조명이라도 교체하면 좋겠어요.

이러한 질의응답 과정을 통해 서로 정보를 공유하면서 상대가 최우선으로 생각하는 바를 파악하고 양보와 타협으로 대안을 조율한다. 현재로서는 청결이나 보안 문제보다 조명 문제가 가장 중요한 사안이라는 정보를 양측이 공유하였다.

협상에서 질문할 때는 유용한 질문과 그렇지 않은 질문을 가려서 해야 한다. 단순히 '예/아니요'로 답하는 질문보다 "이번 협상에서 그러한 요구를 주장하는 이유는 무엇입니까?"와 같이 구체적인 질문을 사용한다. 또한 "우리 제안을 어떻게 생각하십니까?"와 같이 상대의 의향을 자연스럽게 묻는 것도 도움이 된다. 구체적인 정보가 필요할 때는 정확하게 해당 정보를 질문한다. 반면에 "이것밖에 수용할 수 없다는 것입니까?"라며 상대를 특정 입장으로 몰아붙이거나, "우리가 그 요구를 받아들일 수 없다는 것 아시지요?"라며 타협하지 않으려고 하거나, "우리 요구를 수용할 겁니까? 아니면 그만둘 겁니까?"라고 과도하게 강요하는 질문은 바람직하지 않다(Lewicki 외, 2006/2008: 318-319).

■ 대안 조정

질의응답을 통한 정보 공유가 어느 정도 이루어지면 본격적으로 양보와 타협으로 대안을 조정한다. 우리 측에서 양보 가능한 바를 제시하거나 상대의 대안을 수용할 조건을 제시하면서 의견 차이를 좁혀 가도록 대안을 절충한다.

학교 측: 만약 자습실을 이전하지 않고 현재 자습실을 계속 사용한다면, 조명 교체 예산은 충분하게 확보할 수 있습니다.

학생회 측: 조명 문제가 해결된다면 청소는 학생들이 자율적으로 순번을 정해서 해결할 수 있습니다. 그렇게 되면 청소 비용을 줄일 수 있을 겁니다.

대안 조정 단계에서 양측의 입장이 좁혀지지 않을 때는 객관적 기준을 근거로 주장한다. 객관적이고 공정한 기준으로는 법규, 관례, 전문가 판단 등 협상 참여자의 의지와 무관한 원칙이나 지표를 사용한다(Fisher 외, 1991/2003; 서영진, 2010). 현재 협상을 예로 들면, 인근 학교의 자습실 확보 면적, 학습 효율을 높이는 조도 조사 결과, 1년 청소 용역 예상 비용 등을 객관적 기준으로 활용하면서 대안을 절충해 갈 수 있다.

(4) 해결 단계

해결 단계는 절충한 대안으로 합의안을 구성하고 합의를 이행하기 위해서 합의안을 확정하는 단계이다.

■ 합의안 구성

합의안 구성 단계에서는 협상 의제에 대한 여러 대안을 나열하고 양측이 함께 해결 가능성을 평가하면서 세부 사항을 조율한다. 이 과정에서도 여러 대안 중 상호 이익을 극대화하는 호혜성의 태도를 견지한다. 다중 의제일 경우에는 양측이 우선순위 차이를 활용하여 맞교환을 하거나 여러 의제를 결합하여 묶음으로 처리한다. 이때 자신이 양보할 수 있는 것을 양보하고 상대가 양보한 것에 대해 보상하면서 단순한 맞교환을 넘어 창의적인 합의안을 구성한다.

학교 측: 청소 예산이 절감된다면 아낀 비용으로 자습실 앞에 보안 카메라와 정수기를 설치할 수 있습니다. 자율 청소가 합의된다면 보안 장치와 편의 장치 마련이 가능합니다.

학생회 측: 네, 자율 청소는 약속드릴 수 있습니다. 조명 문제가 해결되고 보안과 편의 장치까지 함께 마련된다면 학생들이 자습실 이용하는 여건이 크게 개선될 겁니다.

양측은 청소 예산 절감에 합의하면서, 조명, 보안, 편의 의제를 결합하여 묶음으로 해결하였다. 특히 정수기는 협상 초기에 논의되지 않던 사항이었으나, 학생회 측의 양보로 가용 예산 확보가 확정되자 학교 측에서 학생의 편의를 위해 추가적으로 보상을 제시하면서 합의 안을 구성하였다.

합의서

(　　　)와 (　　　)는 다음 내용에 합의하고, 합의 사항을 충실히 이행할 것을 약 속합니다.

합의 사항

1. _____
2. _____
3. _____

20○○년 ○○월 ○○일

(　　　)대표 성명:_____ (인)　(　　　)대표 성명:_____ (인)

■ 합의안 확정

양측의 합의안이 구성되면 이를 확정하는데 구두에 의한 방식은 추후 서로 다르게 이해 했다고 주장할 수 있으므로 문서로 작성한다. 합의서에는 합의 이행 방법과 시기, 불이행 시 후속 조치, 합의 수정이 필요할 경우 수정 조건과 방법을 적고 양측이 서명한다.

4) 협상의 전략

협상은 이해관계가 상충할 때 이를 해결하기 위한 의사소통 방법이다. 협력적으로 문제 를 해결하면 되는 일반적인 토의와는 달리 이해관계가 걸려 있으므로 협상 참여자들은 매우 민감할 수밖에 없다. 협상이 목표를 달성하지 못하고 결렬되었을 때는 서로의 관계에도 악영 향을 미칠 가능성도 크다. 그러므로 관계까지 고려하여 문제를 해결하기 위해서는 적절한 협 상 전략을 사용해야 한다.

여기에서는 자원이 한정되어 있다고 여기고 나의 이익만 극대화하겠다는 분배적 협상에 필요한 협상 기법은 다루지 않는다. 앞서 살핀 호혜성과 상의의존성의 원리를 바탕으로 서로의 이익을 크게 하기 위해 창의적인 합의안을 만드는 데 필요한 협상 전략을 다음 네 가지를 중심으로 알아보겠다.

- 자원 확대 전략: 전체 파이를 확대할 추가 자원을 탐색한다.
- 동기 접목 전략: 근원적 이해를 만족하는 방법을 모색한다.
- 의제 결합 전략: 여러 의제를 결합하여 패키지를 구성한다.
- 상호 양보 전략: 우선순위를 고려하여 양보하고 보상한다.

(1) 자원 확대 전략

자원 확대 전략은 대안이 부족한 문제를 해결하기 위해 양측이 동원할 수 있는 가용 자원을 확대하는 전략이다. 호혜적 협상을 하는 데 유용하며 전체 자원을 확대하므로 파이 키우기 전략이라고 부른다(Fisher 외, 1991/2003). 양측이 제시한 의제를 단순히 물리적으로 결합하거나 맞교환하는 방식보다 더 큰 협상 효과를 창출하므로 창의적 사고가 필요하다. 자원을 확대하기 위해 파이를 키우기 위해서는 '양측의 요구를 충족할 대안을 어떻게 늘릴 수 있는가?', '나와 상대가 가지고 있는 추가적인 자원은 무엇인가?'와 같은 질문을 해야 한다 (Lewicki 외, 2006/2008; 서영진, 2010).

> 학생회 측: 현재 자습실 공간만으로 국한하지 말고 학습 공간으로 가용한 곳을 더 넓게 확장해서 생각해 보면 어떨까요?
>
> 학교 측: 우리 건물 옆 신축 건물 2층에 100석 규모의 열람실이 있어요. 30석 정도는 국가고시를 대비하는 전용 공간으로 우리 단과대학에서 사용하는 것으로 학교 본부와 협조가 가능할 것 같아요.
>
> 학생회 측: 신축 건물이라 시설도 쾌적하고 시력 보호용 조명 기구가 설치된 학습 공간이 상시로 확보된다면 학생들 만족도가 높아질 것 같아요.

양측은 건물 내에 협소한 자습실 공간의 이전이나 개선 방안을 넘어 협조가 가능한 다른 건물의 가용 공간을 찾아냈다. 이렇듯 눈앞의 파이를 어떻게 분배할 것인가만 생각하지 말고 자원을 창의적으로 창출하는 사고를 하면 호혜적인 협상 결과를 만들 수 있다.

(2) 동기 접목 전략

동기 접목 전략은 가시적으로 드러낸 요구 사항에 내재된 근원적 이해의 교집합을 찾아 접목하는 것이다. 서로의 마음속에 관심 사항을 접목하는 방향으로 소통하면 호혜적 협상을 할 수 있다(Lewicki 외, 2006/2008).

[학생회 측]
- 요구 사항: 자습실 5층 이전, 노후 조명과 책상 교체
- 동기: 중요한 시험을 앞두고 쾌적한 학습 공간에서 공부하여 합격하고 싶다.

[학교 측]
- 요구 사항: 현재 자습실 이용률 제고, 자발적인 청소
- 동기: 제한된 자원을 효율적으로 사용하되 합격 인원을 늘려 목표를 달성하고 싶다.

학생회 측은 자습실 5층 이전과 노후 책상과 조명의 교체를 가시적으로 요구하고 있다. 이러한 요구를 하는 동기는 높은 층으로 이전하여 좋은 전망을 원하는 것이 아니라 어두컴컴한 공간에서 벗어나 학습에 적합한 채광이 되는 공간을 원하기 때문이다. 학교 측의 동기는 단순히 비용을 절감하는 것이 아니라 주어진 자원을 효율적으로 활용하되 학생들의 학습을 지원하여 합격생 수를 늘리는 목표를 달성하는 것이다. 양측은 요구 사항에 명시적으로 드러내지 않았지만 마음속으로 원하는 동기는 학습 성과 제고이므로 상호 중첩된 부분이 존재한다. 이런 근원적 이해를 만족시키는 방향으로 동기를 접목하면 호혜적인 합의안을 마련하는 데 도움이 된다.

동기를 접목하기 위해서는 나와 상대가 원하는 것이 무엇이며, 그것을 왜 원하는지를 잘 따져 보기 위해 다음과 같은 질문을 해야 하며, 특히 "우리가 ～하려는 이유는 무엇입니다."와 같은 표현에 유의해서 들어야 한다(Lewicki 외, 2006/2008; 서영진, 2010: 222). 앞서 협상의 조정 단계에서 정보를 공유할 때 이러한 질의응답이 필수적이다.

- 나와 상대가 원하는 것은 무엇인가?
- 나와 상대는 그것을 왜 원하는가?
- 나와 상대의 동기 중 공통점과 차이점은 무엇인가?

협상 과정에서 상대의 동기가 실현되지 않을 경우를 가정하여 발생할 수 있는 비용이나 불이익을 언급할 수도 있다. 즉, 나와 상대가 서로의 동기를 접목하면 이익을 극대화할 수 있지만, 일방적인 주장만 할 경우 불이익이 발생할 수 있으므로 이를 방지하는 방향으로 유도할 수 있다.

> 학생회 측: 건물에 자습실을 설치한 이유는 학생들의 학습 성과를 높여 학교의 위상을 제고하려고 한 것이 아니었나요?
> 학교 측: 물론입니다. 학생들의 학습이 최우선 가치입니다.
> 학생회 측: 학생들의 편의보다 비용 절감만 강조하는 것으로 인식된다면 학생들의 학교 만족도가 떨어질 겁니다.

(3) 상호 양보 전략

상호 양보 전략은 요구 사항의 우선과 차선을 고려해서 양보하고, 상대가 양보한 것에 대해 보상하는 맞교환 전략이다. 협상 과정에서 무조건 이익과 손해로 보는 이분법적인 프레임인 손익 틀에서 벗어나 서로의 이익을 크게 하기 위한 노력이 필요하다(박준홍, 2015). 양측이 가지고 있는 것에 대한 가치는 상대적으로 다르다. 나에게는 중요하지만 상대에게는 덜 중요할 수 있고, 그 반대일 수도 있다. 상대적 가치를 고려하여 맞교환을 하는 합의안을 만들면 양측의 전체 만족도는 커진다. 협상에서는 이러한 현상을 교환을 통한 가치 창조라고 부른다(Aaron, 2007/2008: 37). 이유를 제시하여 자신의 주장을 정당화하는 일방적인 설득과 달리 협상에서는 양보를 제시한다. 즉, 협상이란 논쟁으로 주장의 우열을 가려 상대를 설득하는 것이 아니라, 양보를 통해 서로 합의하도록 마음을 움직이고 대안을 조율하는 과정이다(Thomas, 2005/2007).

우선 양측은 우선과 차선을 고려해서 나에게는 차선이지만 상대에게 가치 있는 부분을 찾아 양보하면서 맞교환을 시도해야 한다

> 학생회 측: 예산 확보가 어렵고 공간 활용 계획이 이미 수립되어 자습실 이전이 어렵다는 점 이해했습니다. 저희는 자습실 조명 문제가 가장 시급합니다. 그다음은 노후한 책상을 교체했으면 합니다. 자습실 이용률은 사용 현황을 공유하여 높이도록 하겠습니다.
> 학교 측: 예산 확보가 어려운 자습실 이전 문제를 양보해 주어 고맙습니다. 조명 기구와 책상 구

입 예산은 마련할 수 있습니다.

상대가 어떤 요구를 했을 때는 "네, 좋습니다."라고 단번에 수락하기보다 내가 제시한 양보에 대해 구체적인 대가를 요구함으로써 균형을 맞추어야 한다. 이때 "네, X에 동의합니다. 만일 제가 Y를 얻을 수 있다면요."라고 보상을 요구하거나, "네, X에 동의합니다. 그렇다면 제가 Z를 해 드릴 수는 없습니다."라고 앞서 양보한 것에 대한 철회를 요구할 수 있다. 즉, 상대의 요구를 무조건 거부하기보다 오히려 기회로 여기고 나의 양보에 대한 보상을 구체적으로 요구하면서 맞교환을 시도한다(Thomas, 2005/2007: 52-55).

그다음에는 상대가 양보한 것에 대해서 내가 가지고 있는 것 중에 보상할 수 있는 부분을 제시하면서 서로 만족할 만한 대안을 탐색한다.

> 학생회 측: 예산을 마련해 조명 기구와 책상을 교체해 주신다니 감사합니다. 그렇다면 자습실 청소는 순번을 정해 자율적으로 하겠습니다.
> 학교 측: 절감된 청소 예산으로 자습실 옆 빈 공간에 정수기를 설치해도 좋을 것 같군요. 또 간단한 식사가 가능하도록 작은 테이블도 설치할 수 있겠어요.

학교 측은 학생회에서 중시하는 조명과 책상을 교체하기로 양보하고, 학생회 측은 이에 대한 보상으로 자율적으로 청소하겠다는 양보를 하였다. 학생회 측의 양보로 비용이 절감되자 학교 측은 정수기와 테이블 설치로 보상하는 방안을 제시하였다. 이렇듯 나와 상대가 가지고 있는 것의 우선과 차선은 무엇인지, 나에게는 차선이지만 상대에게 우선하는 가치가 있으므로 양보할 것은 무엇인지, 상대가 양보한 것에 대해 내가 보상할 것은 무엇인지를 지속적으로 고려하면서 상호 이익을 크게 하기 위해 노력해야 한다.

(4) 의제 결합 전략

의제 결합 전략은 여러 의제를 묶음으로 결합하여 협상 가능성을 높이고 상호 이익을 크게 하는 전략이다. 단일 의제 협상의 경우 협상 범위가 제한적이라 호혜적인 대안을 구성하기 어려우며 그 의제에서 합의가 안 되면 협상이 결렬된다. 양측의 의제에 대한 선호도와 중요도를 고려하여 다중 의제로 결합하면 대안을 역동적으로 재구성할 수 있다(정민주, 2020).

어떤 의제를 결합할 수 있을지는 사전 협상 단계에서부터 예측해야 한다. 시작 단계나 조정 단계에서 서로 질의응답을 통해 여러 의제가 도출되면 이를 어떻게 결합할지를 계속 고민해야 한다. 개별 의제마다 협상 과정 중에 합의해 나가기보다 열어 놓고 협상을 진행하다가 마지막 해결 단계에서 최종 협상 묶음을 일괄적으로 결합하는 것이 효과적이다(Thomas, 2005/2007: 111). 개별 의제를 미리 합의하면 나중에 의제를 묶음으로 결합할 때 유연성이 떨어지게 된다. 대략적인 합의 가능 범위를 논의하면서 협상을 진행하고 해결 단계에서 개별 의제를 결합하여 탄력적인 합의안을 만든다.

> 학생회 측: 학습 성과를 높이기 위해 저희는 자율적으로 자습실을 청소하고, 사용 일지를 활용하여 이용률을 높이고, 도난 방지를 위해서도 노력하겠습니다.
> 학교 측: 네, 좋습니다. 그렇다면 조명과 노후 책상을 교체하고, 자습실 옆 공간에 정수기와 간이 테이블을 설치하도록 하겠습니다.

이렇듯 여러 의제를 결합하여 묶음으로 주고받으면 호혜적 협상이 될 가능성이 커진다. 쾌적한 자습실에서 공부하고자 하는 학생들은 밝은 조명과 새 책상에서 공부할 수 있으며, 정수기와 테이블이 설치되어 편하게 음료를 마시고 식사도 할 수 있게 되었다. 학교 측은 자습실을 이전하지 않고 공간을 활용할 수 있으며, 절감된 청소 비용으로 학생들이 원하는 바를 해결하고, 자습실 이용률 제고도 기대할 수 있게 되었다. 양측이 자습실 이전이라는 단일 의제만 고집했을 때는 이러한 호혜적 합의안을 마련하지 못하고 갈등이 지속되었을 것이다.

☑ 화법 교육 방향 ──

비즈니스 영역에서 주로 이루어진 협상 연구는 호혜성의 원리보다 나의 이익을 크게 하는 협상 전략을 다룬 경우가 많다. 물론 실제 비즈니스 현장에서는 그러한 접근도 필요하지만 궁극적으로는 호혜적인 접근의 사고방식을 기를 필요가 있다. 여기에서는 그러한 관점에서 도움이 될 협상 전략을 소개하였다. 이해관계가 충돌하는 갈등 상황에서 일방적으로 양보하거나 갈등을 회피하거나 강하게 대립하여 관계를 훼손하기보다 다양한 상황을 바탕으로 네 가지의 전략을 반복적으로 적용하는 훈련을 통해 서로 만족할 대안을 찾아 합의에 이르는 데 학습의 주안점을 둔다.

XII

면담과 발표(프레젠테이션)

면담과 발표는 다소 이질적인 담화 유형이다. 면담은 소규모 의사소통 구도에서 질의응답을 주고받으며, 발표는 공적인 상황에서 일대다의 의사소통 구도에서 다분히 일방적인 전달이 이루어지는 외형적인 차이가 두드러진다. 하지만 면담이 면담자와 피면담자의 대화로 그치는 것이 아니라 대중에게 공개되는 목적으로 행해진다는 점에서, 발표를 준비하면서 인터넷에서 찾은 문서 외에 전문가나 관련자의 증언을 면담한 내용이 자료의 생생함을 더할 수 있다는 점에서 연결고리가 있다.

이러한 맥락에서 면담의 개념과 구체적인 방법을 다루었다. 특히 기존의 면담이 정보 수집에 국한되었다면 여기에서는 인물의 내면을 탐구하는 방법을 소개하였다. 발표는 최근 중시되는 복합양식 상호작용 차원에 중점을 두어 알아보고자 한다.

1. 면담

면담의 절차와 준비 방법도 중요하지만 면담의 핵심은 면담 질문이다. 여기에서는 면담 질문 방법 중 내면 탐구 질문 5단계를 예시와 함께 소개하였다. 이와 더불어 선발이나 평가를 목적으로 사용하는 면접에 대해서는 효과적인 답변 방법을 다루었다. 인공지능의 발달에 따라 다양한 지표를 평가하는 AI 면접도 소개하였다.

1) 면담의 본질

(1) 면담의 개념

면담은 주로 정보를 수집하기 위한 목적으로 질의응답의 형식으로 진행하는 담화 유형이다. 면담은 사적인 친밀감을 형성하기 위한 대화와 달리 공적인 관계에서 이루어지며, 면담 내용을 정리하여 공개하므로 공적인 양상이 강한 담화이다. 면담 참여자는 면담자와 피면담자이다. 여기에서는 맡은 역할을 강조하여, 주로 질문하는 역할을 맡은 면담자를 질문자로 답변하는 역할을 맡은 피면담자를 응답자라고 칭한다.

경우에 따라 전화, 이메일, 화상 회의를 통해 면담을 하기도 한다. 이러한 통신 매체를 이용한 면담은 시공간에 제약받지 않는 편리함이 있지만, 표정이나 눈빛에서 나타나는 미세한 감정 교류를 느끼기 어렵고, 즉석에서 이루어지는 질의응답으로 심도 있는 내면을 탐색하는 데는 한계가 있다. 면담(面談)의 기본 전제는 '서로 만나서 이야기함'이라는 용어의 뜻대로 얼굴을 마주 보고 하는 대면 의사소통을 의미한다.

면담과 면접은 영어로는 모두 인터뷰라고 한다. 면담은 주로 말하기나 글쓰기를 위한 정보를 수집하는 목적, 교사나 심리 전문가의 상담을 위한 목적, 평가나 선발을 위한 목적으로 이루어진다. 이 중 평가나 선발을 위한 목적으로 이루어지는 면담을 면접으로 구분하여 부른다.

면담과 면접은 질의응답의 방식으로 상호작용이 이루어진다는 점에서 공통된 부분이 많다. 여기에서는 주로 정보를 얻기 위한 면담의 원리와 방법을 면접과 중첩되는 부분을 포함하여 살펴보도록 하겠다. 면접에 대해서는 주로 질문자의 의도를 파악하여 답변하는 방법과 AI 면접에 대해 살펴보겠다.

(2) 면담의 특성

면담은 서로 순서를 교대하며 말하는 대화와 비슷해 보이지만 목적성, 공개성, 상호성, 관계성이라는 고유의 특성을 갖는다.

■ 목적성: 경험의 의미 탐색

면담은 친교를 위한 목적으로 행해지는 대화와 달리 응답자에게 개인의 생각, 감정, 경험 등의 정보를 직접 얻으려는 특정한 목적이 있다. 여기서 정보를 얻는다는 의미는 인터넷 등을 통해 얻을 수 있는 단순한 지식이 아니라 응답자 개인의 삶의 맥락에서 생생한 경험이 만들어 낸 의미를 탐색하는 것이다(Seidman, 2006/2009: 31).

■ 공개성: 이중 의사소통 구도

면담으로 정보를 얻는 최종 목표는 개인적인 호기심을 채우거나 사적인 친밀감을 형성하기 위해 대화하는 것이 아니라 정보를 재구성하여 제삼의 청자나 독자에게 공개하는 것이다. 질문자와 응답자의 일차적 의사소통 구도는 면 대 면의 대화로 이루어지고, 면담 내용을 가공하여 제삼의 청자나 독자를 대상으로 공개하는 이차적 의사소통 구도는 글, 말, 음성, 영상 등 다양한 복합양식으로 이루어진다. 이때 구두 발표, 기사 작성, 보고서 발간, 방송 송출 등의 공개 양식의 재현 방식은 면담의 문제의식과 연결하여 기대 효과를 고려하여 결정한다

(이호연 외, 2021).

첫째, 면담 기사나 보고서로 작성하는 형태이다. 일차적 의사소통이 면담 기사와 같은 글로 재현될 때는 편집 의도에 따라 면담 내용이 가공된다. 특히 독자가 궁금해하여 흥미를 느끼는 내용을 중심으로 재구성된다. 내용의 재구성을 위한 편집 과정에서 질문자의 질문이 축약되거나 생략되어 상호작용으로 이루어지는 구어성이 감소되는 경우가 있다(조국현, 2016: 303).

둘째, 청자나 독자에게 구두로 발표하는 경우이다. 이 경우 말로만 전달하기보다 주요 면담 내용을 문자로 나타내어 슬라이드에 담아 소개하거나, 면담 장면을 담은 음성이나 영상 매체 자료를 포함하여 직접 들려 주거나 보여 주면서 면담의 주요 내용을 발표한다.

셋째, 면담 장면을 방송이나 라디오처럼 음성이나 영상 매체로 송출하기도 한다. 면담 장면을 실시간으로 그대로 내보내는 방송 인터뷰 생방송도 있고, 시간에 맞추어 편집한 녹화 방송도 있다. 개인적으로도 직접 영상을 촬영하고 편집하여 인터넷 매체를 통해 공개할 수도 있다.

생방송 인터뷰에서는 실시간으로 질문자와 응답자의 일대일 의사소통 구도와 이를 지켜 보는 시청자의 의사소통 구도가 이중으로 형성된다. 그러므로 질문자나 응답자 모두 시청자를 의식하면서 질의응답한다. 특히 정치인 면담의 경우 응답자는 자신의 긍정적 이미지를 제고하기 위한 발언이나 책임을 회피하기 위한 발언을 하게 된다(이숙의, 2022).

■ 상호성: 의미 생성을 위한 공동의 상호작용

면담은 자유로운 참여가 이루어지는 대화와 달리 질문과 응답의 형식으로 이루어진다. 그리고 면담 의사소통 구도에는 질문자와 응답자의 역할이 암묵적으로 고정되어 있다. 그러므로 면담에서 생성되는 의미는 질문자의 질문과 응답자의 응답이 하나의 의미 덩어리로 공동으로 구성된다. 의미가 공동으로 구성되는 이 과정에서 서로의 반응은 면담의 내용과 방식에 즉각적으로 영향을 미치는 역동적인 상호작용 양상을 보인다(임칠성, 2008).

면담의 의미가 서로 영향을 주고받으며 공동으로 생성된다는 점에서 면담 내용을 해석할 때도 상호성을 염두에 두어야 한다. 즉, 질문자의 발화를 간과해서는 안 된다(Rapley, 2001). 답변 내용을 독립적으로 해석하기보다는 질문자의 발화가 어떤 표현과 말투로 이루어졌는지 확인해야 한다. 특히 서로 영향을 주고받는 과정에서 생성되는 눈빛, 표정, 몸짓 등의 비언어적인 정보도 의미를 해석하는 과정에서 중요하게 확인해야 한다.

■ 관계성: 공적인 친밀감

면담할 때는 진정한 대화 파트너로서 나와 너라는 인격적 관계로 접근해야 한다(공병혜, 2011). 질문자는 응답자를 마치 동전을 넣으면 물건이 나오는 자동판매기로 여겨서는 안 된다. 응답자는 질문에 답변만 척척 하는 정보 획득 대상이 아니다. 질문자는 응답자를 나와 같은 의식, 감정, 의지, 욕구가 있는 인격적 존재로 인식해야 한다.

면담은 사적인 친밀감 형성만으로 나아가서는 안 되며 적절한 거리를 유지하기 위해 형식성을 항상 염두에 두고 제자리로 돌아와야 한다. 면담 초기에 친밀감을 형성하는 것을 라포르(rapport)를 만든다고 한다. 이 과정에서 친밀감이 커지면 감정적으로 밀착되어 관계가 모호해지면서 면담 진행 단계에서 방해되기도 하고, 면담 후에 불편해질 수도 있다. '나와 너'의 관계에서 완전한 우리의 관계로 나아가서는 안 된다. 그렇게 되면 면담이 아니라 친구 간의 사적인 대화가 된다.

응답자가 독립적으로 반응하도록 충분한 거리를 유지해야 한다. 면담은 응답자의 사적인 영역을 침범하여 노출하는 것이 아니라 공적인 영역에 대한 개인적인 반응을 묻는 것이다. 그러므로 면담에서는 사적 친밀감이 아니라 공적 친밀감을 형성한다. 공적인 관계에서 필요한 만큼의 유대감을 형성하는 게 바람직하다. 이를 위해서는 사적인 친밀감을 높이려는 노력보다 적절한 거리를 유지하기 위해 면담의 형식성을 인식해야 한다(Seidman, 2006/2009; 이호연 외, 2021). 예를 들어 질문자와 응답자의 호칭에 대해서도 신경을 써야 한다. 초기에 친밀감을 형성하기 위해 '형, 언니'라고 부르거나 조금 친해졌다고 이름을 쉽게 부르면 면담 참여자 간에 필요한 적절한 거리가 깨져 면담의 목적을 달성하기 어려우므로 유의해야 한다.

2) 면담의 절차

면담은 응답자를 만나는 면담 전의 준비 단계, 응답자와 대면하여 질의응답하는 면담 진행 단계, 면담 후에 내용을 정리하여 기사를 쓰거나 발표하는 결과 정리 단계로 구분된다.

(1) 준비 단계

■ 면담의 목적, 대상, 주제 설정

우선 무엇을 하기 위한 면담인지 목적을 정하고, 이에 맞는 면담 대상자와 면담을 통해 얻고자 하는 정보의 주제를 설정한다. 면담 대상자는 추후에 구체적으로 섭외하면 되므로 이 단계에서는 어떤 분야로 할지 대략적으로 정한다. 가능하면 대면 면담이 좋지만 필요에 따라 온라인상에서의 면담도 가능하므로 일단 가장 적합한 대상을 결정한다. 진로 탐색을 위한 면담의 목적, 대상, 주제 설정의 예는 다음과 같다.

> 면담 목적: 조별로 관심 있는 진로를 면담을 통해 탐색한 후 발표하여, 미래의 직업에 대한 정보를 교환한다.
> 면담 대상: 교직 분야 종사자
> 면담 주제: 학생을 가르치는 삶 속의 일상 경험, 가르치는 일의 의미와 보람, 교직 진로를 위해 필요한 준비

■ 면담 대상자 섭외

면담 대상을 정했다면 직접 면담할 사람을 섭외해야 한다. 가장 쉬운 방법은 주변 지인 중에서 면담 대상자를 섭외하는 방법이다. 이때 질문자와 응답자가 너무 친할 경우 질의응답할 때 민망해하거나, 서로 너무 잘 알아서 간단한 일화가 수다로 번질 수도 있으므로 유의해야 한다. 여러 명의 면담 대상자를 섭외할 경우에는 아는 사람의 지인으로 확대하는 스노볼 표집(snowball sampling) 방식을 사용할 수 있다(이호연 외, 2021). 면담 섭외 단계에서 면담의 목적, 대략적인 질문 내용, 면담 대상 선정 이유를 분명하게 밝혀서 면담에 필요한 협력적인 유대 관계를 형성해야 한다(박준홍, 2009).

■ 사전 조사

면담 준비 단계에서 반드시 필요한 것은 면담 대상과 주제에 대한 사전 조사이다. 면담 대상을 직접 만나기 전에 관련 출판물이나 자료 등을 검색하여 정보를 수집한다. 사전 조사를 하게 되면 간단한 검색을 통해 얻을 수 있는 정보를 미리 확인하여 실제 면담 진행 시간을 절약할 수 있다. 또한 사전 조사에서 얻은 정보로 질문을 구체화해서 생생한 경험과 심도 있는 내면의 이야기를 끌어낼 수 있다.

■ 질문 준비

사전에 면담의 질문을 준비할 때는 면담의 상황과 목적에 따라 구조화, 비구조화, 반구조화의 면담 형식을 고려한다.

첫째, 구조화 면담은 질문을 사전에 모두 준비하여 고정한 상태로 진행하는 면담이다. 차례대로 정해진 질문을 하면 되므로 정보를 쉽고 빠르게 얻을 수 있다. 전문적인 정보를 얻기 위한 면담에서는 사전에 질문 목록을 응답자와 공유하여 답변할 내용을 준비할 시간을 확보할 수도 있다. 또한 질문을 준비한 사람과 질문자가 같지 않아도 되므로, 훈련이 덜 된 면담자도 어렵지 않게 질문자 역할을 할 수 있다. 반면에 질문이 고정되어 있으므로 융통성 있게 보충 질문을 하여 심층적인 의미를 얻기 어렵다. 여러 사람에 대해 면담할 경우 질문을 일관되게 하는 장점도 있지만, 응답자 개인에 따라 질문을 변형하거나 추가하여 정보를 얻기 어렵다. 또한 질문을 사전에 준비하기 위한 시간과 비용이 소요된다.

둘째, 비구조화 면담은 특별한 질문의 내용과 순서를 정하지 않고 진행하는 면담이다. 질문자와 응답자가 자연스럽게 상호작용하므로 심도 있는 의미를 파악할 수 있다. 하지만 순간적인 상호작용에 대화의 흐름을 맡다 보면 면담이 주제를 벗어날 수 있다. 또한 질문이 구조화되어 있지 않아 제한된 시간 내에 질문을 적절하게 안배하지 못할 경우 얻고자 하는 정보를 못 얻을 수 있다.

셋째, 이러한 장단점을 절충하여 대략의 질문을 정한 후 융통성 있는 상호작용을 허용하는 반구조화 면담을 시행하기도 한다. 자연스러운 면담을 위해서는 계획 단계에서 중요한 질문과 우선순위를 정하고, 면담을 진행하면서 대화의 흐름에 맞추어 질문을 유연하게 재구성하는 게 바람직하다.

면담 대상자를 정하고 질문을 준비하는 일련의 과정을 사례로 제시하면 다음과 같다.

면담 준비 과정	단계별 활동	내용
자신이 일하고 싶은 분야를 탐색하고 면담 대상자 정하기	일하고 싶은 분야나 직업 탐색하기	• 미래 교통 전문가
	면담 대상자 정하고 사전 조사하기	• 교통공학과 교수 • 교통공학 관련 인터넷 검색
	면담 대상자에게 면담을 요청하고 약속 정하기	• 일시: 20__년 10월 12일 14:00 • 장소: 한국대학교 교수 연구실

진로 탐색 목적에 맞게 면담 질문을 마련하기	진로와 관련하여 알고 싶은 내용을 적어 보기	• 미래 교통 환경의 변화 • 미래 교통수단의 발달
	작성한 내용을 질문으로 만들기	• 미래의 교통 환경은 어떻게 변화할까요? • 미래의 교통수단은 어떤 방식으로 발달할까요?
	면담의 목적에 부합하는지 질문 내용 점검하기(상위인지 활동)	• 미래 교통수단 기사의 인력 운영 방안 (교통공학보다는 경영학의 인사 전문가에게 할 질문이므로 삭제한다.)

■ 장비 준비

면담에 필요한 녹음기, 카메라, 기록용 노트 등을 준비한다. 면담 과정을 녹음하거나 촬영할 경우 응답자의 동의를 구해야 한다.

■ 시간과 장소 결정

면담에서 시간과 장소를 결정하는 것은 매우 중요하다. 면담이 자유롭고 풍성하게 이루어지기 위해서는 응답자가 마음 편하게 자기 이야기를 할 수 있는 시간과 장소가 필요하다. 면담은 시간, 장소, 맥락에 대한 의존도가 강하다. 공식적인 면담의 경우 반드시 사전에 면담 약속을 하고 상대를 배려하여 시간과 장소를 결정한다. 사전 약속 없이 공식적인 면담을 하면 응답자의 일상생활에 불편을 초래할 수 있으며 충분한 시간을 확보하지 못해 필요한 정보를 얻을 수 없는 경우가 있다.

면담 장소는 응답자가 심리적으로 위축되지 않는 편안한 곳으로 정한다. 조용한 장소를 찾기 위해 응답자에게 낯선 장소를 마련할 수도 있는데, 응답자에게 친숙한 장소는 심리적인 편안함을 느끼게 하는 장점이 있다. 특히 응답자가 친숙한 장소에 있는 물건이나 사진 등은 면담에서 대화의 물꼬를 트는 데 자연스럽게 이용할 수 있다(이호연 외, 2021). 테이블 간격이 좁고 사람이 많아 시끄러운 카페나 식당은 내면의 이야기를 꺼내는 면담에 방해가 된다. 응답자에게 찾아오는 사람이 많거나 전화가 계속 걸려 오는 사무실에서 업무 시간에 면담을 하는 것도 면담 진행에 방해를 받으므로 바람직하지 않다.

면담 목적에 따라 필요한 정보를 얻기 위한 충분한 시간은 다르다. 연구와 같이 심도 있는 정보를 수집하기 위한 심층 면담을 위해서는 90분 정도의 시간이 필요하다. 이 정도의 시간은 너무 길지 않으면서도 응답자가 자신의 말이 진지하게 받아들여지고 있다고 느끼기 충분하다(Seidman, 2006/2009: 52).

인물의 깊은 내면을 탐구하기 위해서는 일회성 면담보다는 2시간 정도의 시간으로 2회로 나누어 면담하는 것이 효과적이다. 1차 면담과 2차 면담 사이의 시간, 공간, 관계의 변화가 다른 대화의 물꼬를 튼다. 1차 면담에서는 응답자가 하고 싶은 말에 초점을 둔다. 응답자의 진술을 확인하고 정보의 틈새를 채우기 위해 2차 면담의 질문을 준비한다. 2차 면담에서는 질문자가 듣고 싶은 말 위주로 초점을 맞추면 면담 내용이 세밀하고 풍요롭게 채워진다. 2회의 연속 면담의 경우에는 다음과 같이 시작하는 질문을 하면 효과적이다(이호연 외, 2021: 146)

[1차 면담 시작 시]

- 만남을 수락하시고 어떤 생각이 드셨나요?
- 면담 자리에 오시면서 어떤 마음이 드셨나요?

[2차 면담 시작 시]

- 1차 면담 후 어떤 마음이 드셨나요?

(2) 진행 단계

■ 유대감 형성

응답자는 개인적 차원의 자기 노출을 해야 하므로 조심스럽고 부담감을 느끼게 된다. 응답자와 대면하여 가벼운 질문이나 스몰토크(small talk)를 하여 유대감을 형성한다. 면담 목적을 설명하고, 추후에 발생할 수 있는 여러 문제에 대비하기 위해 필요한 경우 면담에 대한 사전 동의를 받아야 한다(이호연 외, 2021).

- 이 면담은 조사 자료로 수집되어 (공개 발표 / 보고서 발간 / 세미나 발표 등)에 사용됩니다. (□ 동의 / □ 비동의)
- 이 면담은 (기사, 보고서, 음성, 영상) 방식으로 공개될 예정입니다. (□ 동의 / □ 비동의)
- 이 면담은 (녹음, 영상 촬영)이 진행됩니다. (□ 동의 / □ 비동의)
- 본인이나 지인의 실명이 기재되는 것에 동의합니다. (□ 동의 / □ 비동의 가명 처리)
- 면담 내용이 정리된 후에 확인이 필요합니까? (□ 필요 / □ 불필요)

20○○년 ○○월 ○○일

성명　　　　　(서명)

■ 질의응답

면담 준비 단계에서 마련한 질문을 중심으로 질의응답을 이어 간다. 응답자의 입장, 반응 등에 따라 면담 질문의 내용, 순서, 진행 방법 등을 조정하며 질문한다. 예를 들어 준비한 질문에 응답자가 예민하게 반응하거나 답변을 꺼릴 경우 질문의 수위와 순서를 조정한다. 사전에 준비한 면담 외에 추가적으로 확인할 사항을 질문한다.

■ 기록, 녹음, 촬영

면담하면서 기록하면 이야기의 흐름을 따라가기 쉽고 필요한 보충 질문을 놓치지 않는 데 효과적이다. 반면에 응답자는 자신의 말이 눈앞에서 기록된다는 점에서 부담감을 느낄 수 있다. 질문자는 기록하는 데 집중하면 대화의 맥이 끊어지고 응답자와의 교감이 줄어들 수 있으므로 유의해야 한다.

녹음하거나 영상을 촬영하면 추후 영상을 여러 번 재생하면서 놓쳤던 부분을 찾기 쉽고, 기록이 용이한 장점이 있다. 면담 당시의 목소리와 표정까지 고스란히 담겨 있으므로 자료로서 보존하고 분석하는 데 장점이 크다. 하지만 카메라로 촬영하면 응답자가 심리적인 부담감을 느껴 답변 내용이 위축되는 단점도 있다. 특히 민감한 사항에 대해 답변할 때 얼굴이나 목소리가 담겨 있는 영상 자료가 녹화되어 보존된다는 점에 대해 상당한 부담감을 느끼므로 반드시 동의를 구해야 한다.

면담을 기록할 때는 이러한 준언어적, 비언어적 표현도 함께 담는다(이호연 외, 2021: 167-168).

> 휴지, 말을 머뭇거림: "아, (3) 그거는 (2) 이렇게 말씀드릴 수 있을 거 같아요."(숫자는 휴지 시간(초))
> 지문(표정과 동작): (크게 웃으며) 아니에요. (창 쪽을 바라보며) 글쎄요. 그때 그랬네요.
> 쉼표: 끊어진 말
> ---: 길게 늘인 말
> ……: 말끝 흐리기

■ 마무리

면담을 마친 후에는 감사를 표시하고 약해진 유대감을 회복해야 한다. 응답자는 개인적인 생각을 털어놓은 것이 어떻게 사용될지 우려할 수 있다. 정보를 얻는 목적을 달성하였다고 바로 면담을 마무리하기보다 응답자의 걱정을 덜어 주도록 유대감을 회복해야 한다(박준홍, 2009: 20). 면담에서 수집한 정보의 사용 방식에 대해 다시 설명하고, 응답자가 원할 경우 가공된 자료에 대한 확인을 약속한다.

(3) 결과 정리 단계

■ 점검과 정리

면담을 마친 후 면담 계획이나 목적에 따라 면담이 원만하게 진행되었는지를 점검한다. 면담을 마친 후 수집한 자료를 정리한다. 녹음하거나 녹화한 내용을 면담의 목적을 고려하여 정리하고 질문의 의도와 답변자의 의도를 고려하여 면담 내용을 정리한다.

■ 공개

면담 자료를 정리하였다면, 문서로 작성하거나 매체 자료를 만들어 발표하거나, 영상으로 제작하여 공개한다. 응답자나 응답자의 친구와 가족 등의 실명, 구체적인 사건 등 민감한 정보에 대한 보안에 유의하고 사전에 응답자가 동의한 방식을 준수한다.

면담 기록을 재현하는 방식은 다음과 같다. 첫째, 질문자와 응답자의 말의 순서를 그대로 드러내는 대화 방식이다. 독자나 청자는 질문자와 응답자의 대화를 가까이서 지켜보는 것 같이 느낀다. 둘째, 질문자의 목소리를 줄이고 응답자의 말을 위주로 내용을 구성하는 일인칭 서술 방식이다. 예를 들어 인터뷰 기사의 경우 기자의 질문은 간단한 한 문장 정도로 요점만 표시하고, 응답자의 발화를 길게 싣는 경우이다. 이렇게 되면 질문자가 독자나 청자의 시야각 밖으로 벗어나서 응답자의 발언을 직접 마주 보며 듣는 것 같은 효과를 낼 수 있다. 또한 질문자의 목소리가 혼재되어서 응답자의 목소리가 희석되는 것을 방지하는 장점도 있다. 다만 실제 면담 장면에서의 상호작용 맥락이 소거되어 전달이 안 되는 단점도 있다(이호연외, 2021). 셋째, 응답자의 말을 삼인칭으로 변환하는 삼인칭 서술 방식이다. 이 방식은 다큐멘터리 등에서 응답자를 객관화하여 조금 거리를 두고 제시하는 방식인데 여러 면에서 고려할 점이 있다. 응답자를 '그/그녀'라고 삼인칭으로 바꿔서 서술하면 응답자 고유의 생생한 목소리가 사라지고, 독자나 청자와 응답자의 심리적 거리가 커지며, 질문자의 개입이 용이해진다(Seidman, 2006/2009).

3) 면담 질문 방법

(1) 내면 탐구 질문

면담을 통해 내 앞에 있는 인격적 존재를 만난다. 응답자에게 인터넷에서 찾을 수 있는 단순한 정보를 묻기보다는 내면을 심도 있게 탐색하는 질문을 해야 한다. 전공이 무엇인지, 결혼은 했는지 등의 단편적인 정보로는 그 사람을 깊이 있게 이해하기 어렵다. Seidman(2006/2009)에서는 질적 연구 방법론에서 사용하는 면담 방법의 일환으로 인물의 내면을 탐구하는 질문의 구조화 방식을 제시하였다. 면담 질문을 응답자의 과거, 현재, 미래의 생애사의 맥락에서 현재 경험을 바라보도록 하고, 현재 경험을 구체적으로 확인한 후, 그 경험의 의미를 묻도록 구조화한 방식이다. 응답자가 일상에서 지각하고 인식하는 경험에 초점을 두고 그 의미를 구성하도록 하여 인물의 내면을 탐구한다.

이러한 면담 질문의 구조화 방식에 역할 질문과 비유 표현 사용 질문을 추가하여 인물의 내면 탐구 질문 단계를 제시하면 다음과 같다. 개인의 내면을 다각도로 탐색할 수 있지만 여기에서는 공적인 삶의 모습에 초점을 두어 직업과 진로의 관점에서 인물을 탐구하는 면담 사례를 사용하였다.

내면 탐구 질문 5단계

① 삶의 맥락에서 바라보기
② 일상의 경험에 주목하기
③ 내면의 목소리 끌어내기
④ 경험을 비유로 표현하기
⑤ 경험의 의미를 구성하기

■ 1단계: 삶의 맥락에서 바라보기

응답자 개인의 삶의 맥락 안에 현재의 경험을 놓아 보도록 요청한다. 응답자의 과거, 현재, 미래를 잇는 생애사의 단계에서 현재 경험을 바라보도록 질문한다.

질문자: 어떻게 해서 국어 교사의 꿈을 가지게 되셨나요? 꿈을 갖게 된 특별한 계기나 꿈을 이

루는 과정에서 기억에 남는 일이 있었다면 말씀해 주세요.

응답자: 아버지의 꿈이 교사였어요. 어려서부터 자연스럽게 교직에 대해 관심을 갖게 되었고, 친구들도 제가 가르쳐 주면 좋아했어요. 앞으로 내가 이 일을 하면 행복하겠구나라는 생각을 했어요. 사실 임용시험을 삼수해서 보았는데 마지막 발표 시각이 아버지께서 병원 진료로 서울에 오시는 시간과 겹쳤어요. 친구에게 합격 여부를 확인해 달라고 하고 서울역에 마중 나가서 기다리는 중에 친구 전화를 받았죠. 그때 아버지께서 기차에서 내리셨어요. 달려가서 와락 끌어안고 "저 합격했어요."라고 말했어요.

질문이 단순하면 답변도 단순해진다. "어려서부터 교사가 꿈이었나요?"라고 물으면 "네."라고 예나 아니요로 대답하게 되고, "언제 교사가 되셨나요?"라고 물으면 "스물다섯 살 때요."라고 단답형으로 대답하게 된다. 응답자가 구체적으로 답변하도록 하기 위해서는 질문도 구체적이어야 한다. 면담 사례에서는 꿈을 갖게 된 학창 시절의 계기나 꿈을 이루는 과정에서의 특정 사건을 질문하고 있다. '언제'나 '무엇을'과 같은 질문보다 '어떻게'라고 질문하여 자신의 삶을 전체적으로 조망하면서 구체적인 사건을 이야기하고 있다.

■ 2단계: 일상의 경험에 주목하기

응답자가 일상생활에서 지각하고 인식하는 세부적인 경험을 물어서 지금의 생각을 형성하는 토대를 확인한다. 응답자의 삶을 이해하기 위해서는 사는 곳, 가족 관계, 취미와 같은 정보도 필요하다. 삶 속에서 세상을 인식하고 지각하는 주체의 내면을 탐구하려면 더욱 심도 있는 질문이 필요한데 특별히 일상의 경험에 초점을 두어야 한다.

질문자: 국어 교사로서 일상에서 어떤 경험을 하고 계신가요?

응답자: 요즘은 토론을 지도하는데 평소에 말이 없던 아이들이 주어진 시간에 입을 열어 자기 의견을 말하는 게 기특해요.

응답자는 국어 교사로서 일과 시간 중에 여러 사람과 여러 일을 겪었을 것이다. 질문자가 현재의 경험을 물을 때 응답자가 가장 주목한 경험은 토론을 지도할 때 조용한 학생들이 자기 의견을 말하며 성장하는 것을 보면서 뿌듯한 감정을 느끼는 장면에 주목하였다.

■ 3단계: 내면의 목소리 끌어내기

응답자가 주목하는 일상의 경험이 무엇인지 확인했다면 그 상황으로 더욱 깊숙이 끌고 들어가 내면의 목소리를 끌어내는 질문을 한다. 이때 면담이라는 인위적인 의사소통 구도를 벗어나 응답자가 마음속 이야기를 하게 만드는 방법으로 앞에 있는 질문자를 가장 편안하게 이야기할 수 있는 사람으로 여기고 그 사람에게 말하도록 하는 역할 수행 질문(role playing question)이 있다(Seidman, 2006/2009). 구체적인 일화에 대해 물으면서 질문자와 응답자의 의사소통 구도를 해당 일화의 참여자로 바꾸는 것이다. 응답자는 자연스러운 상황에서 활기가 생기고 다른 목소리로 내면의 이야기를 하게 된다.

> 질문자: 학생이 성장하는 모습에 보람을 느낀다고 하셨는데 구체적인 사례를 소개해 주실 수 있나요?
>
> 응답자: 찬희라는 학생이 있었어요. 평소에 돌아가면서 교과서를 읽을 때 빼 놓고는 얘가 공적인 말을 하는 것을 들은 적이 없어요. 그런데 토론 시간에 5분 동안 입론을 해야 하니 어쩔 수 없이 하는데 생각이 깊더라고요. 감동적이었지요.
>
> 질문자: 학생이 성장하는 모습에 보람을 느낀다고 하셨는데 그러한 사례가 있다면 제가 찬희 학생이라고 여기시고 말씀해 주실 수 있을까요?
>
> 응답자: 찬희야, 선생님은 찬희가 늘 말이 없어서 무슨 생각을 하는지 궁금했어. 지난 국어 시간에 토론하면서 입론할 때 너의 생각을 들으니 굉장히 생각을 깊게 했구나라고 여겨져서 놀랐어. 평소에 말없이 그림만 그리고 있던 네가 짧지 않은 시간 동안 너의 생각을 펼쳐 나갈 때 가슴이 뭉클했단다.

첫 번째 질문처럼 사례를 소개해 달라는 평범한 질문에는 단순한 경험을 삼인칭의 시점에서 소개하는 데 그칠 수 있다. 두 번째 질문처럼 구체적인 역할 정체성을 부여하고 의사소통 구도를 바꾸어 물으면 응답자가 그 사례가 발생한 장면 안에서 일인칭 시점으로 말하게 되어 경험에 대한 느낌을 끌어올려 생생한 목소리로 응답하게 되는 효과가 있다.

■ 4단계: 경험을 비유로 표현하기

2단계와 3단계에서 일상의 경험에 주목하였다면, 응답자가 느끼는 경험의 의미를 확인할 필요가 있다. 이때 직접적으로 응답자에게 해당 경험이 주는 의미를 물을 수 있는데, 비유 표현을 사용하면 생생한 답변을 끌어낼 수 있다. '입시는 전쟁이다.'라고 표현하면 생생한 이미지를 만들어 낼 수 있다. '인생은 여행이다.'라고 하면 추상적인 개념을 구체화하는 데도 도움이 되고, 배우자는 여행의 동반자, 삶의 목표는 여행 목표 등과 같이 스토리텔링을 하는 데도 도움이 된다. 이렇게 'A는 B이다.'의 형식으로 근원 영역과 목표 영역을 표현하는 방식을 개념적 은유라고 한다. 이 방식을 사용해서 질문하면 응답자는 생생한 이미지를 갖게 되고 해당 경험을 구체화하여 말하게 된다.

> 질문자: 방금 말씀해 주신 경험을 바탕으로 '국어 교사는 OO이다.'라고 한 문장으로 말씀해 주실 수 있나요?
> 응답자: 글쎄요. 제가 생각하기에는 '국어 교사는 플로리스트이다.'라고 말할 수 있을 것 같아요. 꽃을 용도에 맞게 연출해서 아름답고 가치 있는 작품으로 만드는 플로리스트요.

비유 표현을 활용해 달라는 질문에 응답자는 자기의 경험을 한 문장으로 표현하였다. 응답자는 경험을 새로운 관점에서 재구성할 수 있으며 이 관점은 경험에 대한 의미를 이끌어 내는 데 도움이 된다.

■ 5단계: 경험의 의미를 구성하기

4단계에서 제시한 답변을 바탕으로 일상의 경험이 응답자에게 갖는 의미를 재구성하도록 질문한다. 일상을 어떤 경험으로 채우는지도 중요하지만 그 경험이 응답자에게 어떤 의미인지를 확인해야 한다.

> 질문자: 인상적인 답변이네요. 플로리스트로서 국어 교사의 삶은 선생님에게 어떤 의미입니까?
> 응답자: 국어 교사는 아이들이 자기의 생각하는 바, 느끼는 바를 언어로 자유롭게 드러내고, 언어로 구현된 외부 세계를 지각하여 소통하게 하는 직업이에요. 산과 들 여기저기에 작은 꽃씨로 있던 아이들이 자기의 꿈을 따라 말과 글로 세상을 느끼고 세상을 향해 소리를 내는 모습이 마치 꽃들이 새싹을 틔우고 아름답게 성장하는 것 같아요. 저는 꽃이 잘 피도록 돌봐 주는 사람이고요. 아이들이 조금씩 성장하는 것을 보면 시험을 준비하며 고생했던 시간들이 보상받는 기분이에요. 믿고 기다려 주신 부모님께도 감사하고요.

응답자는 학생의 성장을 꽃씨가 싹을 틔어 각자의 모양과 색으로 피어나는 과정에 비유하고 있다. 국어 교사로서의 일상의 경험이 의미하는 바를 그 꽃을 돌보고 잘 자라도록 돕고 작품으로 만드는 플로리스트로서 재구성해서 말하고 있다. 이를 통해 한 사람의 생애에서 현재 경험이 어떤 의미를 갖는지 구체적이고 생생한 답변을 얻어 낼 수 있다.

(2) 면담 의사소통 방법

면담에서 이루어지는 의사소통은 마치 깊은 지하수를 끌어 올리기 위해 필요한 한 바가지의 마중물처럼 응답자의 내면에서 자연스럽게 말이 흘러나오는 방식으로 이루어져야 한다. 질문자는 면담 과정에서 응답자의 내면의 소리를 경청해야 하며, 자발적인 답변이 이루어지도록 격려해야 하고, 자신의 반응이 긍정적으로나 부정적으로 답변에 영향을 미치지 않는지 점검해야 하고, 질문이 민감하거나 불편한 내용이 아닌지 유의해야 한다. 질문자는 면담이 이루어지는 전 과정에서 이러한 사항을 점검하고 질문의 내용과 방법을 적절하게 조정해야 한다.

■ 내면의 소리 경청하기

가장 바람직한 면담의 의사소통 방법은 많은 질문을 하기보다 응답자에 집중해서 경청하는 것이다. 이를 위해서는 응답자가 생각을 정리하도록 일정 시간을 기다려 주어야 한다. 응답자는 자기가 하는 말이 공개되므로 생각을 말로 드러내는 것이 조심스럽기 마련이다. 자기 생각을 정리하여 표현할 말을 준비하도록 참고 기다려야 한다.

면담 과정에서 응답자의 말이 자연스럽게 흘러나오도록 해야 한다. 질문자는 응답을 지속적으로 끌어내도록 적절하게 반응해야 한다. 잘 듣고 있음을 나타내기 위해 "네, 그렇군요."와 같이 공감을 드러내는 반응 표현과 더불어, "그래서 어떻게 되었나요?", "더 이야기해 주세요."와 같이 상대가 말하기를 지속하도록 격려하는 표현을 사용하며 경청한다. 이러한 과정은 앞서 다룬 공감적 듣기의 격려하기와 같다.

또한 응답을 경청할 때 언어로 표현된 내용뿐 아니라 내면의 목소리를 듣기 위한 노력이 필요하다. 언어 표현은 소극적이지만 응답자의 내면에는 강한 의지가 담겨 있을 수 있다. 이러한 내면의 목소리를 듣기 위해서는 발언 내용뿐 아니라 목소리, 속도, 말투와 같은 준언어적 표현과 표정, 손짓, 몸짓과 같은 비언어적 표현에도 주목해야 한다. 말의 속도에는 분노나 조급함 같은 감정의 변화가 드러나며, 얼굴 표정에는 내면의 감정이 고스란히 묻어난다.

침묵과 무응답도 의미로 해석해야 한다(최진숙, 2010: 25). 말을 이어 가지 못하는 침묵은 무엇인가를 호소하고 싶은 욕구의 표현일 수 있다. 웃음의 경우에도 기분이 좋아서 웃는 경우도 있지만 심적인 고통의 표현일 수도 있다. 크게 터지는 웃음과 한숨같이 스며 나오는 웃음의 의미는 다르다. 억지웃음에는 무엇인가 부끄러움을 감추려는 마음이 담겨 있다(이호연 외, 2021). 이렇듯 언어적 표현과 비언어적 표현이 불일치하는 지점에는 무엇인가 말하기 어려운 마음속 이야기가 담겨 있으므로 이러한 지점에 주목하고 필요하면 보충 질문을 해야 한다.

■ 반응의 영향 점검하기

질문자는 자신의 반응이 응답자의 발언에 영향을 미치지 않는지 점검해야 한다. 이것은 무의식적인 과정과 의식적인 과정 모두에서 발생할 수 있다. 무의식적으로 고개를 갸우뚱하거나 입술을 꽉 다무는 비언어적 메시지는 응답자를 심리적으로 위축시켜 말문을 막거나 주저하게 만들 수 있다. 반면에 자신도 모르게 미소를 짓거나 감탄의 눈빛과 탄성은 응답자가 내용을 부풀리도록 강화할 수 있다. 잘 듣고 있다는 경청의 반응은 필요하지만 응답을 긍정적으로나 부정적으로 강화하거나 왜곡하는 영향을 미치지 않는지 유의해야 한다.

질문자가 의식적으로 답변을 특정한 방향으로 유도하지 않도록 유의해야 한다. 특히 질문자가 이미 가치 판단을 한 후 이를 재확인하려는 시도도 바람직하지 않다. 다음은 질문자가 가치 판단을 한 후 기대하는 답변을 정해 놓고 응답자에게 수긍을 강요하고 있는 질문이다.

- 부모님께서 교직을 강요하셨군요? 그렇죠?
- 그런 방법은 바람직하지 않은 것 같네요. 동의하시나요?
- 그렇게 말씀하시는 것을 종합하니 교직 생활 초기에는 매우 불만이 많았군요?

'왜'나 '어떻게'라는 질문은 심도 있는 탐색을 위해 반드시 필요하지만 강도가 세지면 이유를 추궁하거나 상대를 비난할 수 있으므로 유의해야 한다(주경희, 2011: 253).

- 그 당시 왜 그렇게밖에 못 하신 건가요?
- 학생에게 어떻게 그렇게 하실 수 있나요?

■ 민감한 질문 유의하기

면담하는 과정 내내 응답자에게 민감하거나 불편한 질문이 아닌지 점검해야 한다. 중요한 내용이지만 응답자에게 민감한 질문일 수도 있다는 생각이 들면 "~에 대해 여쭤봐도 될까요?"라고 동의를 구하고 확인한다(Seidman, 2006/2009). 특히 질문자의 기준으로 판단해서 응답자를 난감하게 하는 다음과 같은 질문에 유의해야 한다.

- (특성화고를 졸업하고 바로 취업한 20세 청년에게) 새내기 환영회 재밌었나요?
- (간호학원에 다니는 청년에게) 기말고사 마쳤겠네요. 방학 계획은 무엇인가요?
- (미혼인 중년 여성에게) 어머니, 자제분은 다 컸지요?

4) 면접

(1) 면접의 개념

면접은 선발과 평가를 목적으로 이루어지는 면담이다. 일반적으로 면접은 면담의 하위 개념으로 다룬다(전은주, 2008; 조재윤, 2012). 면접은 일반적으로 여러 명의 면접자가 한 명의 피면접자를 평가하는 일대다 방식으로 이루어진다. 경우에 따라서 일대일 면접이나 여러 명의 피면접자를 동시에 평가하는 집단 면접을 하기도 한다.

면접 수행 방식에 따라 다양한 형태의 면접이 시행된다. 마주 보고 앉아 대화 방식으로 행하기도 하고, 피면접자의 전문성과 의사소통 역량을 파악하기 위해 발표 방식으로 프레젠테이션 면접을 하기도 한다. 여러 명의 피면접자를 소집단으로 구성하여 특정 주제에 대해 논의하는 모습을 관찰하여 다른 사람의 의견을 경청하며 자신의 주장을 펼치며 협력적으로 소통하며 문제를 해결하는 역량을 파악하는 토론 면접을 하기도 한다. 최근에는 면접자의 역할을 인공지능이 맡는 AI 면접도 시행하고 있다. 면접은 점차 개인의 성격적 특성뿐 아니라 학업이나 업무와 관련된 구체적인 역량을 확인하는 방향으로 이루어지고 있다.

(2) 면접의 구성 방식

면접은 질문 구성 방식에 따라서는 구조적 면접, 비구조적 면접, 반구조적 면접으로 구분한다.

■ 구조적 면접

구조적 면접은 사전에 준비하여 확정한 질문을 사용한다. 질문을 준비하기 위한 충분한 시간과 비용이 필요하다. 특히 평가의 효용이 큰 양질의 공통 질문과 정교한 채점 기준을 개발해야 하므로 많은 노력이 필요하다. 하지만 역량을 평가하기 위해 잘 구조화된 질문을 사용하므로 평가의 타당도가 높고, 면접자의 자의성을 줄여 공정성이 높다. 또한 경험이 부족한 면접자와 경험이 많은 면접자의 평가 차이를 줄일 수 있어 면접자 간 신뢰도도 높다.

이런 질문은 주로 직무 차원에서 발생할 수 있는 상황에서 중요 사건을 상정하여 개발한다. 역량을 확인하기 위해서는 해당 상황에 필요한 전문 지식으로 어떻게 대처할지를 묻는다. 윤리적 태도를 확인하기 위해서는 업무와 관련된 딜레마 상황을 부여하고 피면접자가 어떻게 판단하고 행동할지를 묻는다. 의사소통 역량을 확인하기 위해서는 앞에 있는 면접자를 해당 장면의 당사자로 여기고 실제 말을 하도록 시키기도 한다.

직무와 관련되어 면접 질문을 평가 차원으로 구조화하면 다음과 같다.

1. 직무에 대한 가치관을 묻는 질문

   "당신은 상담사로서 가장 중시하는 가치는 무엇입니까?"

2. 직무에 관련된 의사소통 역량을 묻는 질문

   "이러한 고민을 토로하는 학생에게 어떻게 말하겠습니까?"(앞에 있는 면접관을 해당 학생이라고 생각하고 직접 말하시오.)

3. 직무와 관련하여 자기 계발 계획을 묻는 질문

   "상담사의 전문성과 소양을 기르기 위해 앞으로 어떤 계획을 가지고 있습니까?"

4. 직무와 관련된 윤리적 태도를 묻는 질문

   "(딜레마 상황) 이런 상황에서 당신은 어떻게 대처하겠습니까?"

개별 평가 차원에 대해서 바람직한 답변과 그렇지 않은 답변을 예측하여 점수를 구분한 채점 기준도 사전에 마련한다. 모의 표본을 마련하여 사전에 모의 평가를 시행하면 평가자 간 평정의 신뢰도를 높일 수 있다.

■ 비구조적 면접

비구조적 면접은 질문을 사전에 확정하지 않고 친근한 대화 방식으로 자유롭게 질의응답을 한다. 질문과 평가 기준을 마련하는 수고가 필요 없고 피면접자의 답변에 따라 융통성 있게 질문할 수 있는 장점이 있지만 평가 도구로서는 공정성에 한계가 있다.

두 면접 방식의 차이를 검증한 연구에 의하면 비구조적 면접이 구조적 면접에 비해 후광 효과가 크게 나타났다(박상진·황규대, 2000). 후광 효과란 한 평정 요소에 대한 평정자의 판단이 연쇄적으로 다른 요소의 평정에도 영향을 주는 현상이다. 예를 들어 성적이 좋은 피면접자에 대해 성격이 성실하고 맡은 과업을 체계적으로 처리할 것이라고 미루어 짐작하는 것이다.

■ 반구조적 면접

비구조적 면접의 단점을 보완하기 위해 구조적 면접 방식과 절충한 반구조적 면접을 시행하기도 한다. 반구조적 면접에서는 대강의 질문 내용을 사전에 마련하되 그 틀 내에서 면접자의 융통성을 부여하여 시행한다.

(3) 면접의 답변 전략

■ 간결하고 솔직하게 답변하기

면접 질문에 대해 간결하되 구체적이고 솔직하게 답변한다. 질문의 맥락에 따라 답변 길이가 다르지만, '네', '아니요'나 단답형으로 답변하기보다 구체적인 이유를 들어 자신의 생각을 분명하게 표현한다.

질문마다 다르지만 답변 시간은 일반적으로 30초 정도 유지한다. 답변이 2분을 넘어가면 핵심이 흐려질 수 있으므로 2분 내에 마치도록 한다. 특히 집단 면접의 경우 혼자 발언권을 독점하지 않도록 유의해야 한다(신지영 외, 2010)

■ 정형화된 질문에 대해 답변 차별화하기

구조적 면접은 질문이 정형화되어 있으므로 질문의 유형을 사전에 파악하여 준비한다. 동일한 유형의 질문에 대한 답변 시간이 제한되므로 유형별 질문의 핵심 의도에 집중하여 답변하되, 다른 피면접자와 차별화하여 직무 분석과 자기 진단을 통해 자신의 특성을 부각할 필요가 있다(나은미, 2012).

■ 질문자의 의도 파악해서 적합한 답변하기

면접자의 질문은 표면적인 정보를 얻기 위함보다 피면접자의 성향, 사고방식, 가치관 등을 종합적으로 파악하기 위한 것이다. 질문에 담긴 면접자의 의도를 제대로 파악하지 못하고 단편적인 답변을 하지 않도록 유의한다. 예를 들어 "여가 시간에 무엇을 하시나요?"라는 아주 간단한 질문으로 피면접자의 자기 계발 의지와 전략, 사회성, 시간 관리 성향 등 하나의 질문으로 다각도로 면접자를 평가할 수 있다.

> 면접자: 여가 시간을 주로 어떻게 보내시나요?
> 지원자 1: 주로 집에서 쉬면서 드라마를 봅니다.
> 지원자 2: 저는 테니스 동호회에서 운동을 합니다.
> 지원자 3: 저는 '인간과 삶'이라는 독서 토론 동호회에서 활동합니다.

누구나 여가 시간에는 지원자 1과 같이 집에서 휴식을 취하는 시간이 있다. 질문의 의도를 파악하지 못하고 휴식에 초점을 맞추면 하나 마나 한 답변이 되어 버린다. 여가 시간을 어떻게 보내는지 왜 묻는지 근본적인 의도를 파악해서 답변해야 한다.

질문의 의도를 정확하게 파악하지 못하였을 경우에는 간단한 질문을 하여 필요한 정보를 얻은 후에 면접자의 질문 의도를 파악하여 면접자의 요구에 적합한 답변 내용을 구성해야 한다.

> 면접자: 미래에 자기 모습이 어떨 거라고 생각하나요?
> 지원자: 말씀하신 미래의 모습이 개인적인 생활에서의 모습인지 아니면 직장 생활에서의 모습인지 말씀해 주시면 구체적으로 답변하는 데 도움이 될 것 같습니다.
> 면접자: 아무래도 개인적 차원보다는 직무 차원에서 어떤 의지를 가지고 교직을 수행할지 궁금하군요.
> 지원자: 저는 학생과 함께 가르치고 배우며 성장하고자 하는 의지를 가지고 있습니다. 10년 후, 20년 후에도 늘 배우는 마음으로 학생들과 함께 성장하고 있을 것입니다.

■ 특정 상황에서 대처 방식을 묻는 질문에 답변하기

어떤 상황에서 어떤 목적으로 무엇을 어떻게 하였는지 묻는 질문은 과거의 행동 경험을 통해 지원자가 미래의 유사한 상황에서 어떻게 행동할지를 확인하기 위한 질문이다.

> 면접자: 자기 소개서에 보니 교재 집필 경험이 있다고 하셨는데 필진의 팀워크가 맞지 않아 일

의 진척에 어려움을 겪었을 때, 일을 체계적으로 진행시켜 문제를 해결한 경험이 있다면 말씀해 주세요.

이런 질문에 답변할 때는 그 당시 상황을 장황하지 않게 설명한다. 이 질문의 의도는 업무 수행 중 인간관계의 난관을 극복하는 문제 해결 역량을 확인하는 것이다. '체계적으로'라는 질문자의 표현에서 여러 명이 여러 과업으로 팀워크를 이루는 과제를 꼼꼼하고 체계적으로 처리하는 역량을 확인하고자 하는 의도가 엿보인다.

> 지원자: 네, 저는 과업 목록과 우선순위를 협의해서 정하고, 팀원들에게 과업의 내용과 절차를 명확하게 제시하여 문제를 해결했던 경험이 있습니다. 여러 명이 하는 과업에서는 서로 눈치를 보며 자기 업무만 하기보다는 부족한 부분을 함께 채워 가면서 협력하는 방식으로 일을 처리하는 편입니다.

또한 단순하게 문제를 해결했다는 결과를 언급하는 데서 그치는 것이 아니라 그 경험을 어떻게 내면화했는지를 언급하는 것이 중요하다. 그 경험으로 인해 얻은 교훈, 가치관, 습관화된 점 등 미래의 비슷한 상황에도 영향을 미칠 태도 차원의 언급도 더하면 효과적이다.

■ 딜레마성 질문에 답변하기

면접 질문에 양자택일이 어려운 딜레마가 담긴 경우가 있다. 구체적인 행동 방식을 묻기보다 지원자의 도덕적 판단 기준을 확인하기 위한 질문이다. 딜레마성 질문에는 이분법적으로 생각해서 하나만 선택하지 않고 양자를 동시에 다각도로 고려하여 답변한다.

> 면접자: 만약 시험 감독 중에 간신히 마음을 잡은 학생이 답안을 밀려 썼다고 1분의 추가 시간을 요청하면 어떻게 하실 겁니까? 시험을 이미 마친 다른 학생들이 보고 있습니다. 답안지를 바로 빼앗아 점수가 낮게 나오면 다시 낙담하여 방황할 것 같네요.

이 질문에는 두 가지의 도덕적 가치가 담겨 있다. 하나는 '공정성'이고 다른 하나는 '타인에 대한 배려'이다. 지원자 1과 지원자 2처럼 하나의 가치만 선택하기보다 지원자 3처럼 두 개의 가치를 종합적으로 고려하여 답변하는 게 효과적이다.

지원자 1: 다른 학생들도 보고 있으니 공정성 차원에서 무조건 바로 답안지를 걷어야 합니다.

지원자 2: 이 학생이 다시 방황하면 안 되니 1분의 추가 시간을 주어 기회를 주어야 합니다.

지원자 3: 우선 시험의 공정성을 위해 답안지를 수거합니다. 시험 후에 채점 결과를 알려 주고 답안을 밀려 쓰지 않았다면 좋은 점수를 받았을 거라고 따로 격려하며 상담을 통해 도움을 줄 방법을 찾겠습니다.

■ 장단점을 묻는 질문에 답변하기

자신의 장단점을 말해 보라는 질문에는 지원자의 장점을 파악하고자 하는 의도와 함께 지원자 자신의 단점을 인식하고 이에 대한 개선 의지가 있는지 확인하려는 의도도 담겨 있다.

장점을 언급할 때는 다른 지원자가 차별화하여 자신의 장점을 구체적이고 분명하게 답변한다. 자기 자랑이 지나치면 겸손하게 여겨지지 않을 수 있으므로, 주변 지인의 진술을 인용하는 방식으로 답변하면 신뢰도가 높아진다.

지원자: 저는 문제의 핵심을 파악하고 이를 구조화해서 설명하는 능력이 뛰어납니다. 학창 시절 부터 친구들이 제가 모르는 것을 설명해 주면, 이해가 잘 된다고 하였습니다.

단점을 언급할 때는 단점만 독립적으로 언급해서 부각되지 않도록 단점을 장점의 맥락에서 포함해서 다룬다. 지원자 1은 장단점을 독립적으로 언급하여 단점이 구체적으로 부각되었다. 지원자 2는 단점을 장점의 맥락에서 다루고 있다.

지원자 1: 저의 장점은 업무에 대한 집중력이 뛰어나다는 것입니다. 저희 단점은 여러 일을 동시에 처리하는 멀티태스킹 능력이 부족하다는 것입니다.

지원자 2: 저의 장점은 업무에 대한 집중력이 뛰어나다는 것입니다. 여러 일을 동시에 처리하지 못하는 것을 단점으로 볼 수도 있지만 현재 맡은 일에 집중해서 하나씩 완성도 높게 처리하기 때문에 전체적인 업무 성과가 높은 편입니다.

이에 덧붙여 현재의 단점을 분명하게 인식하고 있으며, 앞으로는 이를 보완하기 위한 자기 계발을 할 것이므로 본인의 발전 가능성에 주목해 달라는 언급을 한다.

■ 압박 면접 질문에 답변하기

경우에 따라 지원자를 극한 상황을 몰고 가서 지원자의 성격, 임기응변 능력, 인내심 등을 살피는 압박 면접을 하기도 한다. 압박 면접에서는 면접자가 일부러 불손한 태도로 선을 넘는 질문을 하여 지원자의 감정을 자극하는데, 압박 질문의 의도를 인식하고, 흥분하지 말고 평정심을 유지한 상태에서 합리적인 답변을 한다.

■ 집단 면접에서 답변하기

면접은 한 명의 지원자를 한 명이 면접하는 일대일 면접, 여러 명이 면접하는 일대다 면접, 다수의 지원자를 여러 명이 면접하는 집단 면접이 있다. 지원자 한 명을 면접하는 개별 면접에서는 지원자에 따라 최초 질문에 이은 추가 질문이 달라지기 마련이고, 앞 지원자에 대한 인상이 다음 지원자를 평가하는 기준으로 작용하기도 한다. 또한 지원자 한 명씩 평가하면 시간이 많이 소요된다.

집단 면접의 경우에는 주로 사전에 정한 공통 질문에 답변하는 구조적 면접을 사용한다. 여러 지원자가 한자리에 있으므로 뒤 차례의 지원자는 앞 차례 지원자의 답변에 영향을 받을 수도 있지만, 지원자의 개인 특성에 따라 질문이 상이하지 않고 일관된 기준을 사용하므로 평가의 공정성 측면에서 장점이 있다.

앞 사람의 답변에 영향을 받을 수 있으므로 답변을 준비하는 시간에 앞사람의 답변과 내용이 중첩되지 않도록 자신을 차별화하여 답변할 수 있도록 내용을 준비한다. 또한 개별 면접보다 경쟁하는 지원자들이 나란히 앉아 있으므로 긴장감이 고조될 수 있으므로 면접의 전 과정을 가상으로 연습해 보는 모의 면접을 실시하여 면접 상황을 간접적으로 경험하여 익숙해지도록 노력해야 한다.

5) AI 면접

(1) AI 면접의 특성

현재 AI(인공지능)를 이용한 면접이 활발하게 시행되고 있다. 취업 면접뿐 아니라 입시 면접에도 AI 면접을 시행하여 신입생을 선발하고 있다.

■ 분석 항목

AI 면접은 녹화와 녹음이 가능한 컴퓨터의 카메라를 보고 면접을 시행한다. AI 면접에서는 선택형으로 처리하는 문항도 있지만, 얼굴 표정과 목소리 자료가 분석되어 인공지능 기술로 지원자를 평가한다(김윤정·권순희, 2021).

첫째, 카메라에 찍힌 지원자의 표정을 영상 처리로 분석하여, 행복, 슬픔, 놀람, 침착, 공포, 분노, 혼란, 혐오 등 표정에 드러난 감정을 분석한다. 적당한 미소나 밝은 표정 등 호감도도 파악한다.

둘째, 지원자의 목소리를 음성 인식 기술로 분석하여 성량, 속도, 어조, 휴지 등 준언어적 요소를 파악하여 어조가 단조로운지 말하기 속도가 적절한지, 목소리의 특징은 어떠한지를 객관적으로 평가한다. 또한 음색과 말투에 대한 호감도도 평가한다.

셋째, 지원자가 사용하는 어휘를 분석하여 긍정, 부정, 중립, 복합의 네 가지 차원으로 구분하고, 어휘 사용 습관, 사용 단어의 특징, 전문용어 사용 여부를 파악한다. 주로 사용하는 단어로 적성을 판단한다.

넷째, 지원자의 사용 어휘를 워드 클라우드로 분석하여 자주 사용하는 단어의 분포나 경향성을 파악한다.

■ AI 면접의 장점

AI 면접의 가장 큰 장점은 인력, 비용, 시간이 절감되는 것이다. 대면 면접은 대기실을 포함한 면접 공간을 준비하고, 진행 요원과 면접관 등 인력을 확보하고, 시간을 맞추어야 한다. AI 면접을 시행하면 시공간 제약이 해소되어 면접을 위한 대기 및 이동 시간을 절약할 수 있다.

AI 면접은 면접자의 주관성을 배제할 수 있고 외적 기준에 의한 선입견이 미치는 영향을 줄일 수 있다. 사전에 확정된 객관적인 척도에 의해 자료가 처리되어 인간의 감정이나 편견에 의한 평가 신뢰도의 훼손을 방지할 수 있다. 지원자 입장에서도 직급이 높은 연장자가 아니고 자신의 외모나 말투에 편견이 없어 심리적으로 편안하게 느낀다.

■ AI 면접의 단점

AI 면접은 시행 도중 기계 오작동으로 인한 기술적인 문제가 발생할 수 있어 안정성 면에서 문제가 있으며, 이에 대해 지원자도 불안감을 느낄 수 있다. 이러한 기술적 문제점보다 AI 면접 시행은 윤리적인 면에서 다음과 같은 문제가 제기되고 있다(신나민·한정규, 2022).

- 면접 과정에서 취득한 자료의 보존 및 사용이 불투명하여 사생활 보호 차원에서 문제가 있다.
- 어떤 자료 처리 과정으로 면접 결과가 도출되는지 알 수 없어 투명성 차원에서 문제가 있다.
- 면접 진행 과정에서 문제가 발생하거나 면접 결과에 대해 책임 소재가 불분명하여 책무성 차원에서 문제가 있다.
- 성별이나 인종을 차별할 소지가 있다.

(2) AI 면접의 구성

취업을 목적으로 하는 AI 면접 시스템의 구성은 다음과 같다(김윤정·권순희, 2021).

■ 기본 면접
전형적인 면접 질문으로 자기 소개, 지원 동기, 성격에 대한 장단점에 대해 항목별로 답변한다.

- 자신의 장점과 단점을 말해 주세요. 그리고 단점을 개선하기 위한 노력에 대해 말해 주세요.
- 자신을 표현할 수 있는 단어, 숫자, 색깔을 말해 주세요. 그리고 그것이 의미하는 바에 대해 말해 주세요.
- 자신을 설명할 수 있는 단어를 세 가지 고른다면 어떤 게 있을까요? 그 이유는 무엇인가요?

■ 성향 분석
일반적으로 실시하는 인성 검사와 유사한데, 지원자의 성향을 파악하는 다수의 유사 질문의 척도에 표시한다. 내향적, 외향적, 감성적 등 개인의 성향과 자신감, 책임감, 성실성, 사교성, 이타심, 타인 신뢰, 호기심, 도전 정신, 도덕성 등 개인의 세부 특성이 점수로 표시된다.

■ 상황 대처
문제 해결 능력을 파악하기 위해 업무와 관련된 문제가 발생했을 때 대처 방안을 묻는다. 상사나 동료와 갈등 상황이거나 고객이 문제를 제기한 상황을 제시하고 60초 준비 시간을 갖고 60초 동안 답변한다.

당신은 남성 의류 매장의 주인입니다. 그런데 고객이 한 달 전에 사 갔던 옷을 환불해 달라고 합니다. 그 옷은 입은 흔적이 있습니다. 고객에게 어떤 말을 해 주겠습니까?

■ 보상 선호

여러 상황에서 의사결정 유형과 정보 활용 유형을 검사한다. 의사결정 시 어떤 가치나 기준을 중시하는지를 중점적으로 평가한다.

■ AI 게임

게임 형식으로 진행되는데 일반적인 적성 검사와 유사하다. 사람의 얼굴 표정 사진을 보고 감정을 맞추기, 색과 단어의 일치를 판단하기, 움직이는 조각의 모양 맞추기 등 인지 능력과 순발력 등 직무 수행에 필요한 역량을 측정한다.

■ 심층 면접

특정 상황에서 사고방식과 행동 방식을 묻는 질문을 통해 지원자의 가치관과 개인적 특성을 파악한다. AI 분석에 따라 지원자 맞춤형 질문을 한다.

- 함께 일하고 싶지 않은 사람의 유형에 대해 설명해 주세요.
- 만약 부득이하게 그 사람과 같이 일해야 할 경우에는 어떻게 할 것인가요?
- 혹시 그런 사람과 친해져야 한다면 어떻게 해야 할까요?

(3) AI 면접의 답변 전략

AI 면접에 답변하는 전략은 일반적인 면접의 답변 전략과 비슷하다. 다만 사람이 아니라 카메라와 마이크 등으로 영상과 음성 정보를 처리하여 인공지능이 판단하므로 다음과 같은 점에 유의해야 한다(김윤정·권순희, 2022).

첫째, 간결하게 답변한다. 음성 정보를 언어로 바꾸어 인식하므로 핵심어를 분명하게 하고 문장 표현을 간결하게 하여 답변한다. 장황하게 말하기보다 결론부터 말하는 두괄식 구성이 효과적이다.

둘째, 시간제한을 고려하여 순발력 있게 답변한다. 개별 면접 요소에서 요구하는 바를 정확하게 파악하여 신속하고 정확하게 답변해야 한다.

셋째, 면접 질문을 정확하게 이해하고 답변한다. 컴퓨터로 면접이 진행되므로 질문을 명확하게 이해하지 못했더라도 다시 묻거나 기다려 달라고 요청할 수 없다. 면접 질문의 요지를 빠르고 정확하게 파악해야 한다.

특히 AI 면접은 질문이 구조화되어 있으므로, 지원하는 학교나 기업이 지향하는 인재상을 바탕으로 면접 판단 기준에 맞추어 예상 질문에 대한 답변을 준비할 필요가 있다.

☑ 화법 교육 방향 ──

기존의 화법 교육에서는 학습자의 실제적 요구에 따라 면담보다 입시나 취업 면접에 비중을 두어 다루어 왔다. 하지만 앞에서 살펴본 바와 같이 인물의 내면을 탐구하는 면담은 소소한 일상의 대화와는 달리 공적인 관계에서도 인간에 대한 깊은 통찰에 이르게 하는 소통 방식으로 교육적 의의가 크다. 단순히 진로 탐색 목적으로 선배나 전문가에게 정보를 수집하는 차원에 머무르기보다는 상대의 가치관이나 철학을 일상의 경험에서 길어내어 공유하는 내면 탐구를 위한 면담에 교육의 중점을 둘 필요가 있다.

면접의 경우는 기술의 발달로 인해 앞으로 더욱 다양한 정보를 인공지능이 처리하여 정보를 산출하는 양상이 확대될 것이다. 인간의 건강을 돕기 위해 다양한 측정 정보가 필요하듯, 가용한 자원을 사용하여 많은 정보를 얻어 활용하는 양상은 더욱 확산될 것이며 자료가 축적될수록 나름의 정확성도 커질 것이다. 물론 수집된 인간 정보의 처리와 보관에 따른 윤리적인 문제도 간과해서는 안 될 부분이다. 화법 교육 차원에서는 이러한 면접 담화의 동향 변화에 예의 주시하여 필요한 역량을 신장해야 한다. 이와 더불어 AI 면접의 영상 처리와 음성 인식 기술을 평가용으로만 사용하기보다 화법 교육 차원에서 자기 점검 또는 자동 피드백 시스템으로 활용하는 교육적 방안도 마련하여 도입할 필요가 있다.

2. 발표

매체와 관련된 기술의 발달로 인해 학생들이 조사 내용을 발표하거나 직장인이 기획안을 발표할 때와 같이 일상 의사소통 상황에서 발표가 차지하는 비중도 커지고 중요도도 높아졌다. 종합적인 언어 수행 능력을 측정할 수 있다는 장점으로 인해 심층 면접의 일환으로 프레젠테이션(발표) 면접도 시행되고 있다. 여기에서는 발표의 개념과 특성, 발표의 내용 구성, 매체 자료의 설계와 제작, 표현 전략, 청중과 상호작용 방법에 대해 살펴보고자 한다.

1) 발표의 본질

(1) 발표의 개념

발표란 여러 사람을 대상으로 복합양식 매체 자료를 사용하여 정보를 전달하거나 설득하는 의사소통 행위이다. 주로 제한된 시간 내에 이루어지므로 핵심적인 내용을 짜임새 있게 조직하여 효과적으로 표현해야 한다. 발표는 일대다로 행해지는 대중적 말하기라는 점에서 연설과 같지만 복합양식 매체 자료를 사용한다는 점에서 차이가 있다. 매체 자료를 사용하는 말하기를 일반적으로 프레젠테이션이라고 부르나 여기에서는 발표라는 용어를 동일한 의미로 사용하고자 한다.

　발표는 자료를 수집하여 복합양식 매체 자료를 제작하고 핵심 내용을 설득력 있게 발표하므로 다양한 언어 능력을 종합적으로 요구한다. 발표를 효과적으로 하기 위해서는, 발표의 목적에 맞게 핵심 내용을 추출하는 요약 능력과 이를 논리적으로 구성하는 내용 조직 능력, 매체 자료를 활용하여 내용을 효과적으로 전달하는 표현 능력이 동시에 필요하다. 즉, 발표는 문제의 핵심을 분석하여 관련 자료를 수집하고 이를 체계적으로 구성하여, 제한된 시간에 매체 자료를 활용하여 설명이나 설득을 하는 의사소통 행위이다. 이를 위해서는 문제 분석 능력, 요약 능력, 논리적 사고 능력, 매체 자료 설계 및 제작 능력, 전달 능력 등 다양한 능력을 필요로 한다.

(2) 발표의 특성

　발표에 사용하는 매체 자료는 이미지, 영상, 소리 등 다양한 양식이 혼용되는데 이러한 특성을 복합양식성(multimodality)이라고 한다. 발표의 복합양식성은 두 가지 차원에서 구현된다. 첫째는 발표 도구로 사용되는 매체 자료의 복합양식성이다. 주로 파워포인트나 키노트와 같이 프레젠테이션 슬라이드를 제작하는 소프트웨어로 만든 디지털 매체 자료를 화면에 구현한다. 여기에는 텍스트, 사진, 차트, 영상, 소리 등 다양한 시각 양식과 청각 양식의 복합양식 매체 자료가 사용된다. 과거에는 시각과 청각의 특성을 강조하여 시청각 보조 자료란 용어를 사용하였으나, 최근에는 복합양식성을 강조하여 복합양식 매체 자료라고 부른다.

　둘째는 화면에 구현된 매체 자료와 발표자의 복합양식성이다. 연단에 선 발표자의 말소리는 청중에게는 청각 정보로, 손짓, 몸짓, 자세, 동선은 시각 정보로 지각된다. 화면에 구현된 매체 자료의 시각, 청각 정보와 발표자가 생산하는 시각, 청각, 공간 정보의 복합양식은 상호작용하면서 역동적으로 의미를 구성한다.

　이렇듯 발표는 복합양식 표현의 총체(總體)이다. 매체 자료의 복합양식성과 표현 주체인 발표자의 복합양식성이 상호작용한다. 예를 들면 매체 자료로 사용한 그래프를 설명하는 발화 순간에는, 매체 자료의 시각 양식과 발표자의 청각 양식이 상호작용한다. 영상으로 재현되는 인터뷰 영상에 대해 발표자가 손을 모으고 고개를 끄덕이는 순간에는 매체 자료의 청각 양식과 발표자의 시각 양식이 상호작용한다.

　발표를 준비한다고 하면 파워포인트 슬라이드 제작과 동일시하는 경향이 있는데, 발표를 수행하는 것은 준비 단계에서 복합양식 매체 자료를 청중의 수준과 관심을 고려하여 효과적으로 설계하여 제작하고, 수행 단계에서 매체 자료와 발표자가 생산하는 복합양식 정보의 상호작용을 동기화하면서 효과적으로 표현하고 전달하는 역동적인 현상임을 이해할 필요가 있다.

(3) 발표의 맥락

발표를 효과적으로 준비하기 위해서는 발표의 목적, 발표의 대상인 청중, 발표 장소 등 발표의 맥락을 분석할 필요가 있다. 목적(Purpose), 청중(People), 장소(Place)를 분석하는 것을 3P 분석이라고 한다.

■ 목적

발표의 목적은 크게 정보를 전달하는 설명과 청자의 태도를 변화시키는 설득으로 구분된다. 발표가 이루어지는 실제 상황에서는 설명을 목적으로 하는 발표에서도 청중과 공감대를 형성하기 위한 노력이 포함되고, 설득을 목적으로 하는 발표에서도 개념, 과정, 현황 등 일정 부분 설명의 내용이 포함되므로 이 둘을 엄밀히 구분하기 어렵고 다양한 목적이 혼재되어 있다. 그렇지만 발표의 주된 목적을 고려하지 못하고 슬라이드를 장황하게 나열하는 경우에는 의사소통의 목적을 달성하지 못한다. 발표의 주요 목적이 설명인지 설득인지 방향성을 명확히 설정하고 주제를 전개해야 발표자가 이루고자 하는 목적을 달성할 수 있다.

■ 청중

발표를 준비할 때 중요한 단계가 청중을 철저히 조사하고 분석하는 것이다. 청중을 분석하는 이유는 청중의 관심사, 배경지식, 주제에 대한 태도, 지적 수준 등을 면밀히 고려하여, 청중에게 적합한 내용을 선정하고 구성하기 위해서이다. 청중을 분석하여 내용 구성이나 매체 활용 방안을 마련할 때는 다음의 표를 사용한다.

발표 주제	
발표 목적	
시간	월 일 시 분 (총 분)
장소	

대상		
매체 자료	☐ 사진 ☐ 그림 ☐ 영상 ☐ 도표 ☐ 그래프 ☐ 인터넷 자료	
청중의 특성	분석	내용 구성 방향, 매체 활용 방안
연령		
성별		
인원		
지역		
기존 입장 (주제에 대한 태도)		
지적 수준		
사전 지식		
개인적 관련성		

발표에서 스토리텔링 구조로 내용을 전개하면서 이야기의 상황과 등장인물을 청중의 관심사에 가깝게 설정하면 청중의 흥미를 유발하는 데 도움이 된다. 설득을 목적으로 하는 발표의 주제에 대해 청중이 태도가 반대 입장이라면, 도입부에서는 공감대를 형성하기 위한 내용으로 시작하는 것이 도움이 된다. 발표의 내용에 대해 청중의 배경 지식이 부족할 때는 필요한 부분마다 보충 설명을 충실하게 넣어야 한다. 초등학생이라면 지적 수준을 고려하여 전문 용어를 쉬운 말로 풀어서 설명해야 한다. 이렇듯 청자 분석은 그 자체가 목적이 아니라 분석 결과를 발표 내용의 구성과 표현에 어떻게 적용하는가가 효과적인 발표의 관건이다. 청자 분석 결과를 내용 조직에 어떻게 반영하는지는 청자 분석을 본격적으로 다룬 7장의 내용을 적용하면 된다.

■ 장소

발표는 강단과 마이크만 필요한 일반적인 연설과 달리, 매체 자료의 사용이 매우 중요하다. 발표 장소의 크기, 좌석 배치 등 물리적인 시설과, 인터넷, 마이크, 컴퓨터, 빔프로젝터 등 프레젠테이션 장비, 조명과 음향 시설 등을 점검해야 한다. 이 모든 것이 발표가 가장 효과적으로 행해질 수 있도록 최적의 상태가 되어야 청중이 발표에 집중할 수 있다.

발표의 경우 시간제한이 있는 경우가 많은데, 빔프로젝터가 작동하지 않는 등 시설이나 장비로 인해 발표에 차질을 빚게 되는 일이 생기지 않도록 유의해야 한다. 이를 위해서는 발표 장소에 도착해서 시설이나 장비를 세심하게 점검하는 일이 필요하다. 또한 발표자가 서는 위치, 발표자와 청중의 거리, 스크린의 위치 등도 파악해야 한다. 발표 장소에 미리 서서 자세를 확인하고, 동선을 파악하여 실제 발표할 때 자연스럽게 움직일 수 있도록 한다. 청중석에서 발표자의 위치나 동선, 스크린의 위치를 확인하여 불편함이 없는지도 점검한다. 이러한 사전 점검과 동선 파악은 발표자의 의사소통 불안을 줄이는 데도 큰 도움이 된다.

2) 발표의 내용 구성

(1) 일반적 내용 구성

발표의 내용은 일반적으로 도입부, 전개부, 정리부로 구성한다. 발표의 내용은 설명과 설득의 목적에 따라 조직 방식이 달라진다.

■ 도입부

발표는 시간이 제한된 경우가 많으므로 도입부는 장황하지 않게 내용을 조직한다. 대부분의 청중이 발표의 필요성을 인식하고 참여했으므로 불필요한 인사말이나 발표의 취지를 거창하게 설명할 필요가 없다. 발표의 정황을 모두 파악하고 있는 상급자에게 보고하는 발표를 할 때는 업무 결과를 도입부에 먼저 제시하는 경우도 있다.

설명을 목적으로 하는 발표에서는 도입부에서 배경 지식을 활성화하고, 설득을 목적으로 하는 발표에서는 도입부에서 청중의 주의를 끌어 관심을 유도하고 공감대를 형성하고 화자의 공신력을 높인다. 도입부에서 청중의 관심을 유발하는 방법에는 여러 가지가 있다.

첫째, 발표 주제와 연관된 발표자 개인의 경험이나 주변 지인의 사례를 소개한다. 배경과 등장인물이 소개되면서 딱딱한 발표 내용을 흥미로운 이야기가 펼쳐지는 스토리텔링 구조로 전환하여 청중의 주의를 끌 수 있다.

작년 7월이었습니다. 저는 집에 돌아와 여느 때처럼 저녁 뉴스를 시청하고 있었습니다. 그때 전화가 왔는데 그 내용에 깜짝 놀라고 말았습니다.

둘째, 질문은 청중의 흥미를 유발하는 대표적인 방법이다. 청중이 모르는 내용을 간단한

퀴즈 형식으로 물어서 호기심을 유발할 수 있다. 질문을 하면 일방적인 내용 전달이 아니라 청중과 질의응답 구도가 되어 쌍방향 대화가 유발되는 효과가 있다.

예전에는 전화 너머로 들려오는 목소리가 매우 반가웠습니다. 공중전화에서 줄을 길게 서서 설레는 마음으로 기다렸던 적도 있었습니다. 지금은 누구나 휴대전화를 소지하고 있어 더욱 편리한 시대가 되었습니다. 그런데 왜 갑자기 전화로 대화하는 것을 두려워하고 꺼리게 되었을까요?

셋째, 청중에게 새로운 관점에서 생각을 자극하면서도 쉽게 공감할 수 있는 인용구를 사용한다. 인용구를 사용하면 발표 내용을 발표자의 관점에서 시작하도록 청중의 공감대를 형성하는 데 용이하다.

"우리는 듣지 않는다. 다만 다음에 내가 이야기할 것을 생각하고 있다."라는 말이 있습니다. 동의하시나요? 공감적으로 듣기는커녕 상대가 이야기하도록 참는 것조차 힘든 게 사실이지요. 저도 그렇습니다.

■ 전개부

설명을 목적으로 하는 발표에서는 주제를 청중이 이해하기 쉽도록 요점을 중심으로 체계적으로 조직하여 명확히 제시한다. 이때 설명하는 대상의 특성에 적절한 설명 방법을 활용해야 한다. 설명하는 대상이 방법이나 절차일 경우에는 시간적인 순서에 따라 과정이 분명하도록 내용을 조직한다. 사건일 경우에는 구체적인 시간과 장소, 관련 인물들의 구체적인 언행이 드러나도록 내용을 조직한다. 특히 사건의 원인과 결과가 드러나도록 인과 구조를 사용한다. 추상적인 개념일 경우에는 개념을 정의하고 해당 개념을 구성하는 요소들을 나열한 후 청중들이 파악하기 쉬운 사례로 이해를 돕도록 내용을 구성한다.

설득을 목적으로 하는 발표에서는 문제-해결 구조나 동기화 단계의 '주의 끌기-요구-만족-시각화-행동' 단계와 같은 설득을 위한 담화 구조로 내용을 조직한다. 이때 정형화된 틀에 내용을 맞추기보다 발표자가 평소 고민하고 먼저 설득된 내용을 위주로 주제를 전개한 후, 내용 조직 틀의 도움을 받는다.

■ 정리부

설명을 목적으로 하는 발표에서는 앞서 언급한 내용을 청중이 기억하기 쉽게 요약해 주는 방식으로 내용을 구성한다. 설득을 목적으로 하는 발표에서는 화자가 의도한 설득이 이루어지도록 구체적인 행동을 요구하며 마무리한다. 발표의 마무리 발언은 청중에게 여운과 감동을 남길 수 있는 감성적인 내용을 구성한다. 발표의 핵심을 나타내는 인상적인 표현이나 인용구를 활용할 수 있고, 발표자가 마지막으로 전하고자 하는 핵심 메시지로 내용을 구성할 수도 있다.

발표를 마친 후에는 필요에 따라 청중과 발표 내용에 대해 질의응답을 진행한다.

도입	전개	정리

청중 관심 유도(일화, 인상적 질문)
배경 지식 활성화
화자의 공신력 제고
발표 목적과 의의
	1) 설명형
	  - 설명 대상의 특성에 따라 내용
	    구성
	2) 설득형
	  - 문제-(원인)-해결 방식
	  - 동기화 단계 조직
		요점 정리
		구체적 행동 요구
		마무리 발언(인상적 표현, 인용구)
		필요 시 질의응답

(2) 동기화 단계 구성

일반적인 내용 구조와 더불어 앞서 다룬 설득 담화를 위한 동기화 단계를 활용하면 더욱 구체적인 내용을 조직할 수 있다. 발표의 내용 전개는 주로 슬라이드를 배열하는 방식으로 이루어지는데 동기화 단계 조직을 활용한 슬라이드 배열은 다음과 같다.

■ 주의 끌기

청중의 관심을 유도하기 위해 충격적인 사건, 통계, 그림, 사진 등으로 발표를 시작한다. 청중의 배경 지식이 부족할 경우에는 간단한 개념 설명을 덧붙인다. 동기화 단계의 특성상 설득의 목적을 미리 밝히거나 전체 내용을 개관하지 않고 청중의 몰입도를 높인다.

충격적인 사건이 발생하였다	이러한 상황은 지속될 것이다	(필요 시) 중요한 개념은 ○○이다

■ 요구

청중의 심리적 요구에 주목한다. 매출을 올리고자 하는지, 업무의 효율을 높이고자 하는지, 고객의 불만을 해소하고자 하는지, 공동체의 유대감을 높이고자 하는지 등 현재 상태에서 기인한 문제점과 그로 인한 청중의 심리적 요구에 주목하여 내용을 전개한다.

요구 단계에서 내용을 전개할 때는 청중이 현재 상태의 문제점을 구체적으로 느낄 수 있도록 한다. 예를 들어 현재 우리 집단의 상태와 다른 집단의 상태를 비교하여 격차를 제시하거나, 피해의 구체적인 사례를 제시하거나, 아무런 조치도 취하지 않고 현재 상태를 방치했을 때 초래되는 결과를 수치로 제시한다. 이때 매체 자료로 충격적인 통계 자료, 격차가 선명한 그래프 자료, 인상적인 사진 등을 사용한다.

현재 상태의 문제는 OO이다	문제의 원인은 OO이다	문제가 해결되어 OO감을 얻기 원한다.

■ 만족

문제의 해결책을 제시한다. 인력, 제도, 예산 등 해결책의 실현 가능성도 입증한다. 해결책을 요구 단계에서 증폭한 청중의 심리와 연결하여 만족감을 느끼게 한다.

이 단계에서 발표의 핵심 아이디어를 제시한다. 핵심 아이디어는 '해결책 A + 이익(문제 해결)'을 반드시 포함해야 한다. "해결책 A가 문제를 해결할 수 있다(이익을 가져온다)." 또는 "문제를 해결하려면(이익을 얻으려면) 해결책 A가 필요하다."라는 아이디어를 전문 용어를 사용하지 않고 쉬운 구어체 문장으로 표현한다. 청중은 '자세히 얘기해 줘'라는 생각을 품고 몰입하게 된다(Kurnoff & Lazarus, 2021/2022).

[핵심 아이디어] OO을 위해 A를 해야 한다	해결책은 실현 가능하다

■ 시각화

해결책으로 인해 청중과 청중이 속한 공동체의 이익을 명확하게 제시한다. 모호한 표현보다 구체적인 수치 등을 제시하여 해결책을 수용하고자 하는 욕구를 극대화한다.

[이익 1] 우리 공동체의 모습은 OO할 것이다.	[이익 2] 우리 공동체는 이익 1 OO을 얻을 것이다.	[이익 3] 우리 공동체는 이익 2 OO을 얻을 것이다.

■ 행동

발표자가 주장하는 구체적인 행동을 제시한다.

우리는 OO하기 위해 OO해야 한다.	OO을 위한 구체적인 방법은 OO이다.

(3) 스토리텔링 구성

설득을 위한 발표를 할 때 스토리텔링 조직을 활용하면 효과적으로 내용을 구성할 수 있다. 발표의 내용이 체계적으로 조직되지 못한 상태에서 장황한 내용의 슬라이드가 나열되면 청중의 시각적인 피로도가 커지면서 금방 흥미를 잃기 마련이다. 스토리텔링 조직은 제한된 시간에 청중의 몰입도를 높여 발표자가 원하는 주장을 청중에게 강하게 부각할 수 있다. 이러한 이야기 구조는 청중이 발표 내용을 오래 기억하는 데도 도움이 된다.

스토리텔링 구조는 동기화 단계에 쉽게 접목하여 활용할 수 있다. 도입부의 주의 끌기 단계에서 배경과 등장인물을 구체적으로 설정한다. 전체 이야기의 무대가 되는 배경은 주제와 관련하여 구체적으로 설정한다. 등장인물로는 청중과 직접적으로 연관 있는 사람을 설정하는 것이 뉴스에 나오는 관련 없는 사람을 설정하는 것보다 효과적이다. 청중에게 의미 있는 등장인물이 설정되면 발표 내용에 대한 청중의 개인적 관련성이 높아져 몰입도를 높일 수 있다.

등장인물은 경우에 따라 발표자 본인일 수도 있고, 청중의 한 명으로 할 수도 있고, 청중의 고객 등 제삼자로 설정할 수도 있다. 이야기의 전개에서 문제의 중심에 있고 해결책을 필요로 하는 사람을 등장인물로 설정한다. 발표 상황에 따라 실제 인물의 실명을 사용할지, 가명을 사용할지, 발표자 자신으로 할지, 가상의 인물로 이야기를 재구성할지를 결정한다.

스토리텔링 구조에서 배경과 등장인물은 일반적으로 도입부에서 청중의 주의를 끌기 위해 사용하는 단편적인 사례에만 제시되는 것이 아니다. 요구는 갈등 상황에서 등장인물의 요구와 직결되어야 하며, 문제의 해결로 인한 만족도 등장인물의 것이어야 한다. 동기화 단계 조직에 스토리텔링 구조를 적용한 발표의 개요는 다음과 같다.

주의 끌기

충격적인 사건이 발생하였다. (배경 + 등장인물)

이러한 상황은 지속될 것이다.

중요한 개념은 ○○이다. (필요 시, 청중의 배경 지식이 부족할 경우)

요구

현재 상태의 문제는 ○○이다.

문제의 원인은 ○○이다.

문제가 해결되어 ○○감을 얻기 원한다. (심리적 요구: 매출 올려 성취감, 갈등 조정하여 유대감, 업무 효율 높여 직업 만족감)

만족

○○을 위해 A를 해야 한다 [핵심 아이디어]

해결책 A는 실현 가능하다.

시각화

[이익 1] 우리 공동체의 모습은 ○○할 것이다.

[이익 2] 우리 공동체의 모습은 ○○할 것이다.

[이익 3] 우리 공동체의 모습은 ○○할 것이다.

행동

우리는 ○○하기 위해 ○○해야 한다.

○○을 위한 구체적인 방법은 ○○이다.

3) 매체 자료 설계와 제작

(1) 매체 자료의 특성

발표를 준비할 때 전체 내용을 구성하였다면, 매체 자료를 설계하고 제작해야 한다. 발표에서 사용하는 매체 자료는 그림, 표, 그래프, 사진, 동영상 등 시각 양식과 청각 양식이 모두 사용되는 복합양식 매체 자료로서 말할 내용을 형상화하거나 요약적으로 보여 준다. 일반적으로 이러한 복합양식 매체 자료는 디지털 기술로 구현되어 슬라이드 화면에 나타낸다.

발표의 내용 구성에서는 주제 전개에 따른 슬라이드의 배열이 중요하였다면, 발표를 위한 매체 자료의 설계에서는 발표의 기본 단위인 슬라이드의 분절된 인터페이스 구성이 중요하다(김영은·윤태진, 2013). 슬라이드를 구성하는 과정은 최근 중시되는 매체 문식성 또는 디지털 리터러시의 핵심이며, 다양한 복합양식 매체 자료의 구성, 배치, 표현 방식, 애니메이션 사용 등이 중요하다(백혜선 외, 2017).

발표는 연설과 달리 말로만 하는 것이 아니라 매체 자료를 함께 사용하게 된다. 발표자의 생각을 형상화한 매체 자료를 사용하면 다음과 같은 장점이 있다.

첫째, 매체 자료를 사용하면 청중이 내용을 이해하기 쉽다. 복잡하고, 낯설고, 전문적인 개념을 설명할 때 이를 직관적으로 나타내는 매체 자료를 사용하면 청중의 이해를 도울 수 있다. 시각 매체 자료를 활용하지 않았을 때의 청중의 이해도는 38%였지만, 매체 자료를 활용했을 때는 67%로 두 배가량 올라갔다(한정선, 1999).

둘째, 매체 자료를 사용하면 청중에게 강렬한 인상을 주어 흥미를 유발하고 설득력을 높일 수 있다. 이것은 주로 감성적인 측면을 강조하는 것과 관련이 있다. 발표 중에 청중에게 극적인 효과를 불러일으키거나, 발표 후에도 청중이 핵심 내용을 오래 기억하기 원할 경우 매체 자료를 사용하면 효과적이다. 연구 결과에 의하면 발표 시 청중의 75%가 청각 양식보다 시각 양식에 더 강렬한 자극을 받는다(Boone, Block & Kurts, 1994).

(2) 매체 자료의 유형

■ 도표

수치를 구체적으로 전달하거나 대량으로 보여 줄 때 표를 사용하면 효과적이다. 표를 사용하면 정보를 일일이 나열하여 문장으로 표현하는 것보다 한눈에 파악하기 쉬우며 내용을 비교하기 편하다. 구체적인 수치로 정확한 정보를 제시할 수 있으며 비교가 용이하여 중요한 의사결정이 필요할 때 효과적이다.

■ 그래프

발표의 내용을 청중이 직관적으로 이해하도록 하려면 그래프를 사용한다. 그래프를 사용할 경우는 정보의 특성을 고려하여 제시하고자 하는 정보에 맞는 것을 사용해야 한다.

막대그래프는 직각을 이루는 축 안에서 가로나 세로의 막대로 각 항목의 크기나 빈도를 구성한 것이다. 전체를 한눈에 개관하기 편하며 특히 항목 간의 상대적인 차이를 비교할 경우에 유용하다. 하지만 연속적인 변화를 파악하거나 전체에서 각 항목이 차지하는 비중을 파악하기 불편하다. 꺾은선그래프는 시간에 따른 추이를 보여 주거나 두 변수의 관계를 나타낼 경우에 적합하다. 꺾은선의 상승과 하강, 기울기의 정도, 두 선의 교차점 등 시간 변화에 따른 증감 현황을 한눈에 파악하기에 용이하다. 원그래프는 원이 100%인 전체를 나타내므로 개별 항목이 전체에서 차지하는 상대적 비중과 항목 간의 비중 차이를 나타낼 때 유용하다. 하지만 시간에 따른 변화를 나타내지 못하므로 한 시점의 상태만 표시할 수 있으며 100%를 초과하는 정보는 제시하기 어렵다. 방사형 그래프는 하나의 구성 요인의 세부 항목별 차이를 드러내는 데 용이하다.

■ 순서도

일련의 과정을 설명할 때는 순서도를 사용한다. 순서도는 단계별로 과정을 설명해야 하는 경우나 진행 절차, 심의 절차 등 일련의 절차를 설명할 경우에 효과적이다. 순서도를 사용하면 말로만 하는 것보다 청자가 해당 과정이나 절차를 직관적으로 이해할 수 있다.

■ 그림과 사진

그림이나 사진은 말로 묘사하기 어려운 상세한 형태를 시각적으로 전달하는 데 편리하다. 또한 시각 정보는 청중의 감정을 자극하는 데 사용할 수 있어서 발표의 도입부나 정리부에서 감성적 설득 전략의 도구로 사용하면 효과적이다.

■ 소리와 영상

발표할 때 시각적 정보뿐 아니라 청각적 정보가 필요한 경우에는 소리를 직접 들려주는 것이 효과적이다. 또한 사물의 움직임에 대해 설명하거나 면담 대화나 현지 상황 등을 설명할 때는 직접 영상을 보여 줄 수도 있다.

■ 모형과 실물

모형이나 실물을 사용하면 설명하려는 대상을 직접 보여 줄 수 있어서 효과적인 정보 전달이 가능하다. 예를 들어 소리가 나는 원리를 설명할 때 인체 모형을 활용하면 직접 볼 수 없는 부분을 입체적으로 이해할 수 있다.

(3) 매체 자료의 기능

매체 자료는 발표자의 사고를 슬라이드 화면에 재현한다. 발표자는 매체 자료를 통해 어떤 현상이나 특정 대상에 대한 자신의 의도나 관점을 재현한다. 발표자는 매체 자료에 사용하는 문구나 이미지를 선택하기도 하고 배제하기도 한다.

슬라이드의 면이 가장 비효율적으로 사용되는 방식은 발표자의 발화를 대본 형태의 줄 글로 지면에 적어 놓은 것이다. 청중은 눈으로 화면을 보면서 같은 내용을 귀로 듣는다. 문자 가 나열된 화면은 발표자의 발화를 자막으로 옮겨 놓은 것 이상의 기능을 하지 못하고 오히 려 의미를 파악하는 데 혼선을 초래하기도 한다. 반면에 우상향으로 올라가는 가파른 기울기 의 선 하나는 말하고 있는 대상이 시간의 변화에 따라 급격하게 증가하고 있어 사태가 심각 하다고 보는 발표자의 생각을 직관적으로 드러낸다.

매체 자료를 설계하고 제작할 때는 발표자가 대상을 바라보는 관점과 의도를 슬라이드 면 구성에 효과적으로 드러낼 수 있어야 한다. 발표자의 사고와 슬라이드의 화면 구성에 동 원되는 복합양식 매체 자료에 대한 이해가 필요하다.

■ 대상의 논리 구조 표상

발표자는 대상의 논리 구조를 슬라이드 화면에 표상해야 한다. 발표자는 글을 나열하여 작성하는 것이 아니라 대상의 논리 구조를 드러내는 다이어그램, 회로도, 도안을 표상한다. 슬라이드의 레이아웃을 선택할 때나 도해 조직자를 활용할 때 대상을 구조화해서 표상하도 록 설계해야 한다. 예를 들어, 두 가지 개념을 비교할 때는 공통점을 가운데 배치하고 양옆에 두 개념을 병립하는 레이아웃을 선택한다. 하나의 개념을 구분하는 여러 요소를 하위에 배치 하는 도해 조직자로 구조화하여 표상한다. 논리 구조는 레이아웃과 도해 조직자 외에도 글머 리 기호를 사용하거나 텍스트의 계층 구조를 사용하여 드러낼 수도 있다.

■ 대상의 상태나 정도 표상

발표자는 대상의 상태나 정도를 슬라이드 화면에 직관적으로 표상해야 한다. 어떤 대상 을 먼저 배치하거나 나중에 배치하여 시간의 선후 관계나 절차를 표상할 수 있다. 어떤 대상 은 높게 또는 낮게 배치하여 이것을 긍정적으로 보는지 부정적으로 보는지에 대한 인식을 표상할 수 있다.

막대그래프 자료를 활용할 때 수치 정보가 확인된 과거는 진한 색을 사용하고, 아직 미 정인 정보의 추정치를 빗금으로 처리하거나 회색의 음영으로 처리하는 것은 대상의 모호성 을 직관적으로 나타낸다. 또는 선 그래프의 추정치는 실선이 아니라 점선으로 나타내는 경우 도 이와 동일하다. 즉, 발표자는 대상에 대한 자신의 인식을 복합양식 매체 자료를 활용하여 화면에 직관적으로 표상하도록 매체 자료를 설계해야 한다.

■ 행동 유도성 시각화

행동 유도성(affordance)이란 사물의 디자인이나 형태가 인간의 특정 행동을 유발하는 특성을 의미한다. 복합양식 매체 자료를 시각적 행동 유도성이 작동하여 청중이 반응하도록 사용한다. Knaflic(2015/2016)에서는 다음과 같은 행동 유도성 사례를 들고 있다. 첫째, 시각 양식 매체 자료는 청중이 어디를 먼저 보게 할지, 어디에 집중하게 할지, 어디에 주의가 분산되지 않도록 혼란스러움을 제거할지 등을 고려한다. 예를 들어 두 축을 수치 정보로만 제시하기보다 면적을 크게 구획하는 초범주(super-category)를 설정하면 청중의 시선을 집중시킬 수 있다. 그림에서는 만족도와 민원 수를 기준으로 2×2로 면적을 구획하면, 만족도는 높지만 민원이 많아 시급하게 처리해야 할 사안에 시선을 집중시킬 수 있다.

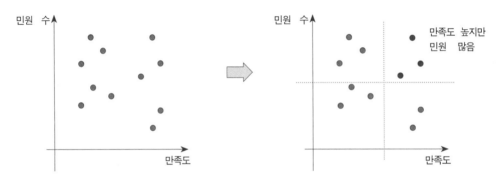

초범주 설정의 시각 유도 효과

둘째, 매체 자료로 내용이 담고 있는 메시지를 능동적으로 전달해야 한다. 왼쪽의 막대 그래프는 수치 정보를 시각적으로 구현해 주고 있지만 핵심 메시지를 파악하기 어렵다. 이를 오른쪽의 선 그래프로 제시하여 차이가 발생하는 시점, 격차가 커지는 양상을 직관적으로 보

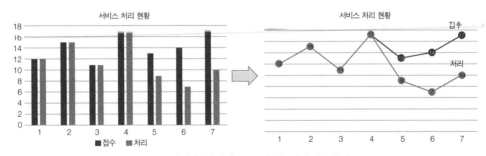

메시지를 효과적으로 보여 주는 매체 자료 선택

여 주어 문제가 심각하다는 메시지를 효과적으로 전달하고 있다. 오른쪽 위에 "5월에 경력 직원 2명의 퇴사 이후, 서비스 접수를 처리하지 못하는 문제가 악화되고 있다."라는 문구를 적으면 슬라이드 한 장으로 명확한 메시지를 전달할 수 있다.

(4) 매체 자료의 제작

■ 슬라이드 구성

발표는 분절된 슬라이드의 흐름으로 주제를 전개한다. 슬라이드의 흐름도 체계적이어야 하고 한 장의 슬라이드 화면에 담기는 정보의 양이나 형태도 적절해야 한다. 주어진 시간 내에 발표할 수 있을 정도로 슬라이드 수를 제한한다. 한 장의 슬라이드 안에도 너무 많은 정보를 담지 않는다.

슬라이드를 구성할 때는 수집한 매체 자료부터 넣지 말고, 헤드라인을 먼저 작성하여 주제를 전개한다. 헤드라인은 단어만 적지 않고 청중에게 전달할 메시지를 한 문장으로 적는다 (Knaflic, 2015/2016). 쉬운 헤드라인 문장은 청중이 전체 내용의 흐름을 이해하고 슬라이드의 내용을 한눈에 파악하는 데 도움을 준다.

■ 슬라이드 색상

슬라이드의 색상을 선택할 때 가장 핵심은 색채의 대조이다. 배경 색과 글자 색이 대비되도록 한다. 파랑과 검정과 같은 차갑고 어두운색은 청중으로부터 멀어지는 느낌을 주고, 노랑과 하양과 같은 따뜻하고 밝은색은 청중을 향해 다가오는 느낌을 준다. 일반적으로 청중은 어두운 배경과 밝은 글자로 된 시각 자료에 편안함을 느끼는 경우가 많다.

슬라이드 색상을 사용할 때 다음과 같은 점을 주의해야 한다(Kosslyn, 2007/2008: 175-183). 첫째, 적색과 청색, 적색과 녹색을 인접해서 사용하면 안 된다. 발표 내용에서 경계를 분명하게 표시해야 할 경우 파장의 차이가 많이 나는 색을 함께 사용하면 안 된다. 카메라의 렌즈와는 달리, 우리 눈의 수정체는 차이가 많이 나는 두 가지의 색에 동시에 초점을 맞추지 못한다. 긴 파장의 적색과 상대적으로 짧은 파장인 청색을 나란히 놓았을 때 아른거려 보이는 이유가 바로 이 때문이다. 이런 색의 조합은 청중의 시선을 분산시키므로 되도록 사용하지 않는 것이 좋다.

둘째, 글자는 반드시 배경색보다 따뜻한 계열의 색을 사용해야 한다. 노랑, 빨강, 주황색 같은 따뜻한 계열의 색이 초록, 파랑, 보라와 같은 차가운 계열의 색보다 앞으로 돌출되어 보이는 것을 왜곡된 입체시 효과라고 한다. 이 효과에 의해 배경색을 글자보다 따뜻한 계열의 색상으로 하면, 배경색이 텍스트보다 앞으로 튀어나와 보이게 된다. 특히 글자나 그래프에 진하고 채도가 높은 파란색을 쓰는 것은 좋지 않다. 이 색은 눈의 망막 앞쪽에 상을 맺히게 하기 때문에 제대로 초점을 맞출 수 없어서, 진한 청색의 외곽 부분이 번진 것처럼 보이게 된다.

이와 더불어 가장 중요한 칸을 돋보이게 하거나, 중요한 칸의 배경색을 바꾸거나, 해당 칸의 글자 색을 변경하고 고딕체로 하는 기법을 사용하여 강조하고자 하는 부분을 부각하는 효과를 낼 수 있다.

■ 슬라이드 글자체

슬라이드의 글자체는 일관되게 유지하는 것이 좋다. 다양한 글자체가 하나의 발표에 사용될 경우, 불안정한 느낌을 주므로, 꼭 구별해야 할 필요가 있거나 강조해야 할 경우를 제외하고는 글자꼴의 유형을 소수로 제한하여 사용한다. 격식 없어 보이는 글자체의 경우 전체 발표 내용의 신뢰감을 떨어뜨릴 수 있으므로, 중요한 발표일수록 여러 청중에게 무난하게 여겨지는 전형적인 글자체를 사용하는 것이 바람직하다. 글자체는 저작권이 있으므로 사용에 유의해야 한다.

내용을 강조할 때는 글자체를 변경하는 것보다 글자의 색상을 변경하는 것이 더욱 효과적이다. 연구 결과에 의하면 둘을 조합할 경우, 글자에 밑줄을 치고 색상을 다르게 한 경우에는 청중의 70%가 효과적이라고 답했으며, 글자체를 바꾸고 색상을 다르게 한 경우에는 20%만 효과적이고 답하였다. 글자에 밑줄을 치고 글자체를 바꾼 경우는 효과적이라는 답변이 10%에 그쳤다(송방원 외, 2004).

(5) 매체 자료 활용의 유의점

매체 자료를 사용할 때는 발표의 주체와 매체의 주객이 전도되지 않도록 유의해야 한다.

첫째, 매체 자료에 과도하게 의존하면 발표의 내용 분석과 구성보다 매체 자료를 준비하는 데 더 많은 시간과 노력을 소모하게 된다. 슬라이드에 넣을 사진을 찾고 슬라이드 화면을 시각적으로 예쁘고 화려하게 구성하기 위해 많은 시간을 사용하면서 정작 내용 분석과 발표 준비는 소홀히 하게 되는 경우가 발생한다.

둘째, 매체 자료가 부각되면 발표자의 위상을 주체가 아니라 내용을 읽어 주는 사람 정도로 낮출 소지가 있다. 청중은 매체 자료에 집중하고 발표자는 구석에서 내용을 읽어 주기만 한다면 매체에 발표 주체의 자리를 내주게 된다. 매체 자료가 생각의 흐름을 방해하고 말의 속도를 늦출 수 있다. 매체 자료는 핵심적인 아이디어를 뒷받침하는 보조 역할을 하는 것이지 핵심적인 아이디어 그 자체는 아니다. 장황한 매체 자료에 압도되어 발표자가 정말 중요하게 여기는 핵심적인 메시지를 분명하게 전달하지 못하는 경우가 생길 수 있다. 발표자의 발화 뒤에 매체 자료가 따라 나오도록 한다. 해당 내용을 언급하기도 전에 매체 자료가 제시되면 청중의 시선을 전부 빼앗겨서 발표에 대한 몰입도가 떨어진다.

셋째, 발표의 효과를 높이기 위해서는 적절한 매체 자료를 활용해야 한다. 발표의 내용에 적합한 매체 자료의 유형을 선택할 수 있어야 한다. 단순히 청중의 흥미를 유발하기 위해 자극적인 사진을 넣거나 내용과 관계가 없는 웹툰이나 뮤직비디오 등을 활용하는 것은 청중이 발표에 집중하는 것을 오히려 방해한다. 매체 자료는 무조건 양을 많이 사용하기보다 발표의 효과를 높일 수 있는 경우에만 그 목적과 주제에 적합한 것으로 적절하게 사용해야 한다.

4) 발표의 표현 전략

발표할 때 내용을 적은 원고나 슬라이드 화면을 그대로 읽는 행위를 하는 경우가 많다. 청중 앞에서 단지 자료를 읽어 주는 것이 아니라, 구두 의사소통의 특성을 충분히 살려 언어적, 준언어적, 비언어적 표현 전략을 효과적으로 사용해야 한다. 여기에서는 발표 시 언어적 표현 전략을 중심으로 살펴보고, 준언어적 표현 전략과 비언어적 표현 전략은 4장의 내용을 참고한다.

발표할 때는 정제된 언어 표현을 사용한다. 장황하고 모호한 표현으로 청중의 이해를 방해하거나 객관적이지 않은 주관적 판단을 담아 정보를 축소하거나 과장해서도 안 된다. 또한 함축적인 표현이나 장황한 수식보다는 간결하고 명료한 표현을 사용하여 핵심적인 정보를 분명하게 전달해야 한다.

(1) 객관적 언어 표현

사실적 정보를 전달할 때는 주관적인 판단을 드러내는 표현보다 객관적인 표현을 사용한다. 청중으로 하여금 오해를 유발하거나 잘못된 인식을 심어 줄 수 있으므로 사실을 축소, 은폐, 왜곡, 과장해서는 안 된다. 화자의 주관적인 판단을 드러내는 표현으로는 '~라고 생각한다.'와 '~라고 판단된다.' 등이 있다. 이런 표현은 화자의 주관적인 생각을 두드러지게 하는 느낌을 주므로 가능하면 사용하지 않는다.

올해는 매출 성장과 더불어 구조적 수익성 개선이 시작되는 첫해로 판단됩니다.
→ 올해는 매출이 20억 원 증가하여 구조적 수익성 개선이 시작되는 첫해입니다.

추측하는 표현은 정보의 정확성과 신뢰성을 떨어뜨린다. 이러한 표현으로는 '~인 것 같다.', '~인 듯하다.', '~가 싶다.', '~로 보인다.' 등이 있다.

해당 지역은 유동 인구가 적어 다른 지역보다 매출이 적은 것 같습니다.
→ 해당 지역은 유동 인구가 적어 다른 지역보다 매출이 적습니다.

정보를 강조하여 전달할 때 극단적이고 과장된 표현을 사용할 수 있는데 사실을 왜곡할 수 있으므로 유의해야 한다. '완전히, 절대로, 굉장히, 엄청나게, 너무' 등과 같이 극단적이고 과장된 표현에 유의해야 한다. '매우, 아주, 상당히, 많이' 등 수식어를 무분별하게 사용하는 경우가 있다. 의미를 강조하기 위해 적절하게 사용하는 것은 필요한데 꼭 필요하지 않은 경우에도 과도하게 사용하지 않는지 주의해야 한다.

새로운 대교를 건설하여, 지역의 교통 흐름이 상당히 좋아졌습니다.
→ 새로운 대교를 건설하여, 지역의 교통 흐름이 20% 개선되었습니다.

또한 '최상이다, 최고다, 열악하다, 형편없다, 절대 하지 말아야 한다, 있을 수도 없는 일이다.' 등과 같은 극단적인 표현을 쓰지 않도록 한다. 특히 '틀림없이 ~ 할 것이다.'나 '절대적으로 예상된다.' 등과 단언은 정보의 객관성을 해치므로 유의해야 한다.

(2) 간명한 언어 표현

핵심적인 정보를 분명하게 전달하기 위해서는 함축적인 표현이나 장황하게 수식하는 표현보다는 간결하고 명료한 표현을 사용해야 한다. 이를 위해서는 불필요한 군더더기 표현을 빼 버려야 한다. 의미가 중복되는 표현, 장황하고 상투적인 표현, 당연하고 진부한 표현 등을 간결하게 바꾸어 쓰려는 노력이 필요하다.

문장을 길게 이어서 표현해야 격식 있다고 생각하는 경우가 있으나 문장이 길어지면 내용이 복잡해지고 이해하기 어려워지기 마련이다. 문장 구조를 복잡하게 하기보다 단문을 유기적으로 연결하면 내용이 명료해진다. 가능하면 하나의 문장에는 한 가지 내용만을 담도록 한다.

특별한 의미를 가지고 있지 않는데도 습관적으로 사용하는 상투적인 표현에 유의해야 한다. 예를 들면 '~이라 하지 않을 수 없다.', '~을 부인할 수 없다.', '~에 다름 아니다.'와 같은 것들인데, 무의미한 표현으로 문장을 장황하게 만들어 간명성을 떨어뜨린다.

> 현재 입시제도는 미래 시대를 대비하는 인재를 양성하는 데 한계가 있음을 부인할 수 없습니다.
> → 현재 입시제도는 미래 시대를 대비하는 인재를 양성하는 데 한계가 있습니다.

단어나 문장을 사용할 때 의미가 중복되어 표현이 장황해지는 경우가 있다. 불필요하게 중복된 의미가 있는지 살펴 간결한 표현으로 고치도록 한다.

> 상대의 인신공격에 대해 반문하는 화법을 선택한 것은 어쩔 수 없는 불가피한 일입니다.
> → 상대의 인신공격에 대해 반문하는 화법을 선택한 것은 어쩔 수 없는 일입니다.

(3) 내용 연결 표현

내용 파악이 잘되는 발표에는 내용과 내용을 잇는 연결고리가 있다. 앞서 5장에서 다룬 내용 연결 표현을 사용하면 청자는 논의 전개의 방향을 쉽게 이해할 수 있다. 내용 연결 표현은 '지금까지', '마지막으로' 등과 같은 간단한 담화 표지부터 문장 이상의 표현까지 여러 방식으로 사용될 수 있다.

발표에서 내용을 제시하는 방식은 낱장의 슬라이드를 순차적으로 전개하는 것이다. 발표자의 발화가 갖는 연속성의 특성은 낱장의 슬라이드에 의해 분절된다. 슬라이드에 의해 분절되는 의사소통 현상은 주제의 전개 사이에 심리적 공간을 형성하여, 주제 전개에 대한 완벽한 연속성에 틈을 주어 독립된 주제의 갑작스러운 전환도 어느 정도 용인이 가능한 여지를 만든다. 매체 자료를 활용하며 발표하면서 발생하는 이러한 현상은 발표 구조의 응집성을 느슨하게 할 수 있는 편리함을 부여하지만, 내용의 응집성이 부족하면 발표 내용의 거시 구조가 약해진다. 발표할 때 내용 연결 표현을 사용하면 단락과 단락의 논리적 연결고리 역할을 하여 발표 구조의 응집성을 높인다.

지금까지 문제의 원인에 대해 살펴보았습니다. 그다음으로 해결 방안을 세 가지로 구분하여 말씀드리겠습니다.

내용 연결 표현은 쌍방향으로 대화를 유발하는 효과가 있다. 특히 의문문을 사용하면 청중의 관심을 유발하여 발표가 진행되는 동안 내용에 대한 청중의 심리적인 유대감을 지속시키는 데 도움이 된다.

여러분 중에 어렸을 때부터 당근을 싫어하는 분 혹시 있으신가요? 아마 딱딱한 식감 때문일 수도 있을 것 같은데요. 지금부터 하루에 당근을 하나씩 먹어야 하는 이유를 말씀드리려고 하니 잘 들어 보시기 바랍니다.

동기화 단계 조직을 적용한 발표 내용 조직의 응집성을 높이기 위해서 발표 준비 단계에서 다음과 같은 틀을 활용하여 내용 연결 표현을 사전에 계획해 두면 유창한 발표에 도움이 된다.

만족		
시각화		
행동		

    숙달된 발표자의 경우 전체 내용 구성을 머릿속에 담아 두고 발표 중에 자연스럽게 내용 연결 표현을 사용할 수 있지만, 일반적인 경우 미리 각 단계의 주요 내용 연결 표현만 준비해도 내용을 조리 있게 전달할 수 있다. 내용 연결 표현을 예상하여 준비할 때는 청중과 심리적 유대감을 높이는 방안을 고려한다.

(4) 매체 자료 설명 표현

    발표의 주체는 발표자이고, 매체 자료는 보조 자료이다. 매체 자료는 말로 설명하는 것보다 시각 양식과 청각 양식의 정보를 활용하는 것이 효율적이라고 판단될 때만 사용하는 것이 바람직하다.

    청중은 제시된 매체 자료를 통해 한눈에 많은 정보를 파악할 수 있기 때문에 매체 자료에 제시된 정보를 일일이 설명하는 것은 시간을 낭비하게 하며 내용 전달의 집중도를 떨어뜨린다.

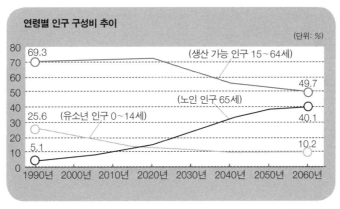

출처: 통계청

이러한 시각 자료를 사용할 때 다음과 같이 통계 정보를 일일이 나열하여 말하는 것은 바람직하지 않다.

"안녕하십니까? 연령별 인구 구성비의 추이에 대해 말씀드리겠습니다. 유소년 인구 비율은 1990년에는 25.6%였으며, 2060년에는 10.2%가 될 전망입니다. 노인 인구 비율은 1990년에는 5.1%였으나 2060년에는 40.1%가 될 전망입니다. (……) 이상으로 발표를 마치겠습니다.

슬라이드에 제시된 정보를 서로 연결하여 청중에게 의미 있는 정보를 도출한다. 제시된 정보는 서로 연관성을 가지고 있다. 항목을 비교하거나 변화의 추이 등을 파악하는 해석 작업을 통해 매체 자료의 의미를 도출해서 표현해야 한다.

해당 자료를 설명할 경우 '유소년 인구', '노인 인구', '생산 가능 인구'의 개별 정보를 독립적으로 언급하는 것이 아니라 이러한 정보의 관계를 해석하여 의미 있는 정보를 도출하여 언급한다. 이때 다음과 같은 내용을 고려해야 한다.

- 유소년 인구의 감소세와 노인 인구 증가세의 관계는 무엇인가?
- 유소년 인구 구성비와 노인 인구 구성비가 역전되는 교차점의 의미는 무엇인가?
- 인구 구성비 변화에 따른 생산 가능 인구의 변화는 어떤 관계가 있는가?

또한 선별한 정보를 논리적으로 연결하여 매체 자료에는 명시적으로 제시되어 있지 않지만 인구 문제의 심각성과 원인, 향후 전망 등 새로운 핵심 정보를 추론하여 전달할 수도 있

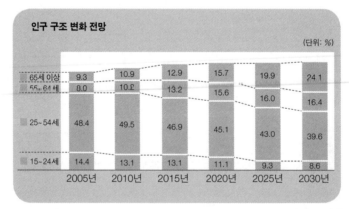

어야 한다. 이때 제시된 자료에서 타당한 근거를 사용하여 새로운 주장을 생성하는 논증 과정이 필요하다. 추론할 때는 논리적 비약이나 오류에 유의해야 한다. 예를 들어 다음 자료로 인구 변화에 대한 전망을 설명할 때, 드러나 있는 정보만 그대로 언급하는 것이 아니라 이러한 양상이 발생하는 원인이나 야기될 문제점 등을 전망과 함께 언급하는 것이 효과적이다.

- 고령화 비율과 노인 인구 비율이 지속적으로 높아지는 원인은 무엇인가?
- 고령 인구 증가가 우리 사회에 미칠 영향은 무엇인가?
  예 생산 가능 인구의 감소, 노인 부양의 부담 증가 등
- 인구 구조 변화에 따른 예상 문제점과 대책은 무엇인가?
  예 출산율 대책, 학령인구 감소에 따른 대책, 국방력 약화에 대한 대책 등

5) 청중과 상호작용

(1) 청중의 참여 유도

발표는 일대다의 의사소통 구도에서 이루어지지만, 청중에게 지속적으로 질문하고 동기를 유발하여 참여를 유도해야 한다. 발표자는 청중의 반응을 통해 실시간으로 피드백을 받아 내용이 지루한지 기분이 상했는지 호기심을 느끼는지를 즉각적으로 판단하여 적절히 대응해야 한다. 발표가 미숙한 초보 발표자의 경우 내용 전달에만 집중하여 청중의 반응에 적절하게 대응하지 못하는 경우가 많다.[1]

동기화 단계를 사용한 내용 조직에서도 도입부에서 청중의 주의를 끌고, 청중의 심리적 요구를 자극하고 만족감을 높이기 위한 해결책과 시각화를 제시하는 이유도 발표가 이루어지는 동안 청중과 교감이 이어지도록 하기 위해서이다. 내용 연결 표현을 사용하여 발표의 내용 전개를 안내하고 때때로 질문을 하여 쌍방향 대화를 유발하는 효과를 내는 언어 표현 전략도 청중의 참여를 유도하는 데 필요하다.

---

[1] 김태경(2013)에서 대학생 165명의 프레젠테이션을 평가한 결과 평가 항목 10개 중 '청중의 반응에 대한 적절한 대응'의 점수가 가장 낮아 이에 대한 노력이 필요함을 알 수 있다.

충분한 성량과 역동적인 어조로 청중의 집중을 유도하는 준언어 표현 전략도 중요하다. 원고나 스크린만 보는 것이 아니라 전체 청중과 고루 눈맞춤을 하는 시선 처리나 발표 내용에 맞는 표정과 손동작과 같은 비언어적 표현 전략도 청중과 교감을 유지하는 데 중요하다.

이렇듯 발표는 일방적인 의사소통 구도에서 이루어지는 것이 아니라 청중과 함께 교감하며 활발한 상호작용으로 함께 내용을 만들고 공유한다는 인식을 가질 필요가 있다.

(2) 청중과 질의응답

발표를 마무리한 후 발표 내용에 대한 질의응답이 이루어지는 경우가 많다. 청중과 질의응답을 하면 청중이 궁금한 바를 해소할 수 있어서 일방적인 내용 전달의 단점을 보완하고 상호작용의 장점을 살릴 수 있다.

■ 청중과 질의응답 시간 확보하기

청중과 질의응답할 수 있는 시간을 확보하기 위해 발표 시간을 조절해야 한다. 30분의 발표 시간이 주어졌다면 20분 동안 발표하고, 10분은 질의응답 시간으로 확보한다. 30분 분량의 발표 내용을 20분으로 압축하면 불필요한 내용이 줄고, 10분 동안 청중이 요구하는 보충 사항이나 궁금한 점에 답변하면, 청중이 원하는 내용을 상호작용적으로 전달할 수 있다. 청중 입장에서는 30분 동안 일방적인 내용을 듣고, 궁금한 사항을 질문하지 못한 채 발표가 끝난 경우보다 만족도가 높아진다.

■ 청중의 질문에 효과적으로 답변하기

발표자는 발표 내용을 충실히 전달했다고 생각할 수 있으나 청중은 예상을 벗어난 질문을 할 수 있다. 이미 설명한 내용을 청중이 이해하지 못하고 다시 질문하거나 초점에서 벗어난 질문을 하였다고 해서 면박을 주거나 무시하면 안 된다. 청중의 질문에는 다음과 같은 답변 전략을 사용한다.

첫째, 논점을 벗어난 질문도 일단 존중한다. "그렇게 생각할 수도 있겠군요.", "흥미로운 질문이네요."라고 질문의 취지는 존중한다. 그다음에 본론의 논점과 연결 지어 자연스럽게 답변한다.

둘째, 무례한 질문은 유연하게 대처한다. 발표 내용에 이견이 있는 청중이 발표 도중 갑자기 손을 들고 질문을 하는 경우가 있다. 발표 내용에 대한 반대 의견이므로 큰 목소리로 본인의 입장을 주장하는 경우도 있다. 이런 청중과 논쟁을 하면 발표 시간을 지키기 어려울 뿐 아니라 본론도 전달하지 못하고 시비를 가려 다른 청중에게 피해를 줄 수 있으므로 평정심을 유지해야 한다. 이분법적으로 시비를 가리려 들기보다는 "네, 당연히 그런 면이 조금 있습니다. 다만 저는 오늘 이러한 관점에서 말씀드리는 것입니다."와 같이 상대의 반대 입장을 부분적으로 인정하면서 발표자의 관점에서 강조하고자 하는 바를 부각하여 유연하게 대처한다. 그럼에도 불구하고 계속 공격적인 태도를 취하는 청중에게는 "생각하지 못한 부분을 언급해 주셔서 감사합니다. 저도 이 사안에 대해서는 그런 관점에서 다시 잘 살펴보도록 하겠습니다."와 같이 겸손한 태도로 상황을 마무리 짓고 준비한 다음 주제로 넘어가는 것이 바람직하다.

셋째, 답변을 모르는 질문은 청중과 협력하여 해결한다. 일단 답변을 모를 경우 무리하게 아는 척하는 것은 바람직하지 않다. "제가 미처 그 부분까지 준비하지 못했는데요. 추가적으로 조사해서 질문자께 메일로 답변을 드려도 될까요?"와 같이 겸손하게 인정하면 된다. 또는 해당 내용에 대해 알고 있거나 경험이 많은 청중과 협력하는 방법도 있다. "이 문제에 대해서는 저보다 경험이 많은 분들도 계실 텐데요. 혹시 경험을 공유해 주실 분 계신가요?"라며 청중의 참여를 유도한다. 주제에 대해 모든 것을 알고 있다는 거만한 태도보다 청중의 배경지식과 경험을 존중하고 함께 발표 내용을 구성해 간다는 마음가짐을 가질 필요가 있다.

(3) 발표 시 청중의 역할

발표는 일대다의 의사소통 구도이지만 청중도 발표자와 적극적으로 의미를 재구성하고 역동적으로 상호작용하면 발표를 효과적으로 만들 수 있다.

■ 발표 내용을 적극적으로 듣기

발표 시 청중의 가장 중요한 역할은 적극적 듣기이다. 적극적 듣기(active listening)란 단어의 뜻처럼 수동적으로 들리는 바를 듣는 것이 아니라, 청자가 적극적으로 의미 구성 행위에 참여하는 것이다. 발표 주제와 관련하여 알고 싶은 사항에 대해 스스로 질문을 만들고 발표를 들으면서 그에 대한 답을 적극적으로 탐색한다.

■ 이해되지 않거나 궁금한 사항 메모하기

발표를 들으면서 관련 지식이 부족하여 이해되지 않거나 궁금한 사항은 노트에 적어 메모한다. 메모하지 않으면 다음 주제에 대해 들으면서 잊기 십상이다.

■ 발표 내용에 대해 질문하며 소통하기

메모한 내용은 질의응답 시간에 질문한다. 이때 보편적으로 다른 청자도 보충 설명이 필요한 내용이라고 판단한 사항을 위주로 질문한다. 개인적인 호기심을 채우거나 자신의 지식을 과시하기 위해 불필요한 질문을 하여 전체 구성원에게 부여된 시간을 낭비하지 않는지 점검해야 한다.

☑ 화법 교육 방향 ──

발표 교육에서 복합양식 매체 자료의 설계와 제작의 비중이 점점 확대되고 있다. 이는 예번에 비해 복합양식 매체 자료를 수집하고 처리하는 방법이 더욱 쉬워졌기 때문이다. 하지만 발표 교육의 핵심은 슬라이드웨어의 사용 방법이라기보다 전달하고자 하는 핵심 내용을 복합양식 매체 자료로 표현하여 정보 전달력과 설득력을 높이는 방법이다. 이를 위해서는 화려한 시각 양식 자료의 사용보다 설득력 있는 내용 구성으로 주제를 전개하는 역량이 중요함을 알아야 한다.

또한 매체 자료의 복합양식성뿐 아니라 발표자의 목소리로 전달되는 언어적 메시지의 청각 양식과 손짓이나 몸동작과 같은 비언어적 메시지의 시각 양식의 복합양식성에 대한 인식도 중요하다. 발표를 교육할 때는 발표에 동원되는 다양한 복합양식이 발표 목적과 청중의 요구에 맞게 효과적으로 표현하는 데 주안점을 두어야 한다.

참고문헌

1장

박재현(2008), 「화법 수업에서 비디오 피드백에 대한 말하기 불안 학습자의 인식」, 『화법 연구』 13, 123~147.

서울대학교교육연구소 편(1995), 『교육학 용어사전』, 하우.

임태섭(2003), 『스피치 커뮤니케이션』, 커뮤니케이션북스.

Ayres, J. & Hopf, T.(1993), *Coping with Speech Anxiety*, 전은주 역(2008), 『말하기 불안, 어떻게 극복하는가?: 말하기 불안을 겪는 학생을 지도하기 위한 교사용 안내서』, 한국문화사.

Beatty, M. J.(1988), "Situational and Predispositional Correlates of Public Speaking Anxiety", *Communication Education* 37(1), 28 – 39.

Bertram-Cox, J. D. S.(1965), "Relaxation: An Approach to Platform Poise", *Speech Teacher* 14(3), 235 – 236.

Chaney, A. L. & Burk, T. L.(1998), *Teaching Oral Communication in Grades K-8*, Allyn & Bacon.

Cooley, C. H.(1902), *Human Nature and the Social Order*, Charles Scribner's Sons.

Holbrook, H. T.(1987), "Communication Apprehension: The Quiet Student in Your Classroom. ERIC Digest.", ERIC Publications.

Kearney, P. & Plax, T. G.(1996), *Public Speaking in a Diverse Society*, Mayfield.

Lomas, C. W.(1937), "The psychology of stage fright", *Quarterly Journal of Speech* 23(1), 35-44.

McCroskey, J. C.(1977), "Oral Communication Apprehension: A summary of recent theory and research", *Human Communication Research* 4(1), 78 – 96.

McCroskey, J. C.(1984), "The Communication Apprehension Perspective", in J. A. Daly, J. C. McCroskey, J. Ayres, T. Hopf & D. M. Ayres Sonandre (Eds.) *Avoiding Communications: Shyness, Reticence, and Communication apprehension*, Sage.

McCroskey, J. C., Richmond, V. P. & Stewart, R. A.(1986), *One on One: The foundations of interpersonal communication*, Prentice Hall.

Merton, R. K.(1968), *Social Theory and Social Structure*, Free Press.

Myers, G. E. & Myers, M. T.(1985), *The Dynamics of Human Communication: A Laboratory Approach*, 임칠성 역(1995), 『대인 관계와 의사소통』, 집문당.

Rosenthal, R.(1967), "Self-Fulfilling Prophecy", in *Readings in Psychology Today*, CRM Books.

Rosenthal, R. & Jacobson, L.(1992), *Pygmalion in the Classroom*, Irvington.

2장

구현정(2009), 『대화의 기법: 이론과 실제』, 경진문화.

박재현(2018), 「공감적 의사소통 역량의 교육 내용 체계」, 『작문연구』 37, 7-34.

박재현(2021), 「공감 순환 대화 교육 모형 개발 연구」, 『화법연구』 51, 23-47.

백미숙(2006), 「의사소통적-치료적 관점에서 듣기와 공감적 경청의 의미」, 『독일언어문학』 34, 35 – 55.

정상섭(2005), 「공감적 듣기의 듣기 교육적 수용 연구」, 『한국초등국어교육』 28, 277-305.

Adler, R. B.(1977), *Confidence in Communication: A Guide to Assertive and Social Skills*, 김인자 역(2007), 『인간관계와 자기표현』, 한국심리상담연구소.

Altman, I. & Taylor, D. A.(1973), *Social penetration: The development of interpersonal relationships*, Holt, Rinehart and Winston.

Berger, C. R. & Calabrese, R. J. (1975), "Some explorations in initial interaction and beyond: Toward a developmental theory of interpersonal communication", *Human communication research* 1(2), 99-112.

Chaney, A. L. & Burk, T. L. (1998), *Teaching Oral Communication in Grades K-8*, Allyn & Bacon.

Cozby, P. C. (1973), "Self-disclosure: A literature review", *Psychological Bulletin* 79(2), 73-91.

Derlega, V. J., Metts, S., Petronio, S. & Margulis, S. T. (1993), *Self-Disclosure*, 이두희·임승희·전기홍 역(2009), 『자기 노출: 친밀한 관계 형성의 중요한 요소』, 고려대학교 출판부.

Dindia, K. (1982), "Reciprocity of Self-disclosure: A sequential analysis", *Annals of the International Communication Association* 6(1), 506-533.

Jourard, S. M. (1971), *The Transparent Self*, 2nd ed., Van Nostrand Reinhold.

Luft, J. & Ingham, H. (1955), "The Johari window, a graphic model of interpersonal awareness", *Proceedings of the western training laboratory in group development*, 246.

Pearce, W. B., Sharp, S. M., Wright, P. H. & Slama, K. M. (1974), "Affection and reciprocity in self-disclosing communication", *Human Communication Research* 1(1), 5-14.

Petronio, S. (1991), "Communication boundary management: A theoretical model of managing disclosure of private information between marital couples", *Communication Theory* 1(4), 311-335.

Rawlins, W. K. (1983), "Openness as problematic in ongoing friendships: Two conversational dilemmas", *Communication Monographs* 50(1), 1-13.

Rogers, C. R. (1975), "Empathic: An unappreciated way of being", *The counseling psychologist* 5(2), 2-10.

Rosenberg, K. J. & Mann, L. (1986), "The development of the norm of reciprocity of self-disclosure and its function in children's attraction to peers", *Child Development*, 1349-1357.

Rosenberg, M. B. (2015), *Nonviolent communication*, 3rd. ed., 캐서린 한 역(2017), 『비폭력대화: 일상에서 쓰는 평화와 공감의 언어』, 한국NVC센터.

Rosenfeld, L. B. (1979), "Self-disclosure avoidance: Why I am afraid tell you who I am", *Communication Monographs* 46(1), 63-74.

Stewart, J. R. & Logan, C. E. (1998), *Together: Communication interpersonally*, McGraw Hill.

Wolvin, A. D. & Coakley, C. G. (1988), *Listening*, 3rd ed., W. C. Brown Publishers.

3장

구현정(2009), 『대화의 기법: 이론과 실제』, 경진문화.

오주영(1997), 「수사법에서 협력의 원리와 정중성 원리의 상호작용」, 『경성대학교 논문집』 18(1), 33-62.

이성영(1994), 「협력 원리에 대한 비판적 고찰」, 『선청어문』 22(1), 505-521.

Brown, P. & Levinson, S. (1987), *Politeness: Some Universals in Language Usage*, Cambridge University Press.

Grice, H. P. (1975), "Logic and conversation", in P. Cole & J. L. Morgan (Eds.) *Syntax and Semantics, Volume 3: Speech Acts*, Academic Press.

Lakoff, R. T. (1973), "The logic of politeness; Or, minding your P's and Q's", *Proceedings from the Annual Meeting of the Chicago Linguistic Society* 9(1), Chicago Linguistic Society.

Lakoff, R. T. (1990), "Talking Power: The Politics of Language in Our Lives", Basic books: A Division of Harper Collins Publishers.

Leech, G. (1983), *Principles of pragmatics*, Longman.

4장

구현정(2009), 『대화의 기법: 이론과 실제』, 경진문화.

신지영(2008), 「말하기 조음 및 운율 요소에 대한 평가」, 『한국어학』 38, 109-143.

이유나·허경호(2008), 「발표상황에서 발표자의 비언어적 요소가 발표자의 이미지 평가 및 메시지 인지도에 미치는 영향」, 『한국소통학보』 10, 38-72.

이창덕·임칠성·심영택·원진숙·박재현(2010), 『화법 교육론』, 역락.

임영환·김규철·김종윤·이기윤·정재민·박형우(1996), 『화법의 이론과 실제』, 집문당.

조민하(2014), 「프레젠테이션의 효과적인 조음 및 운율 전략: 대학생의 정보전달적 말하기와 설득적 말하기의 비교를 통하여」, 『화법연구』 24, 235-269.

Argyle, M.(1988), *Bodily Communication*, 2nd ed, Methuen.

Birdwhistell, R. L.(1970), *Kinesics and Context: Essays on Body Motion Communication*, University of Pennsylvania Press.

Burgoon, J. K., Buller, D. B. & Woodall, W. G.(1996), *Nonverbal Communication: The Unspoken Dialogue*, McGraw Hill.

Hall, E. T.(1966), *The Hidden Dimension*, Anchor Books.

Knapp, M.(1972), *Nonverbal Communication in Human Interaction*, Holt, Rinehart and Winston.

Kosslyn, S. M.(2007), *Clear and to the point: 8 psychological principles for compelling PowerPoint presentations*, 김경태 편역(2009), 『8가지 심리학 법칙으로 디자인하는 프레젠테이션 슬라이드』, 멘토르.

Richmond, V. P., McCroskey, J. C. & Payne, S. K.(1991), *Nonverbal Communication in interpersonal relationships*, Prentice Hall.

5장

두산동아(2002), 『두산세계대백과사전』.

박경자·임병빈·김재원·유석훈·이재근·김성찬·장영준·한호(2001), 『응용언어학사전』, 경진문화사.

박재현(2004), 「한국의 토론 문화와 토론 교육」, 『국어교육학연구』 19, 289-318.

배해수(1979), 「바이스게르버의 언어 공동체에 대하여」, 『한글』 166, 327-343.

서울대학교 국어교육연구소 편(1999), 『국어교육학사전』, 대교출판.

Hall, E. T.(1976), *Beyond culture*, Anchor Books.

Hofstede, G.(1984), *Culture's Consequences: International Differences in Work-Related Values*, 2nd ed., Sage.

Hymes, D.(1964), "Introduction: Toward Ethnographies of Communication", *American Anthropologist* 66, 1-34.

Labov, W.(1972), *Sociolinguistic Patterns*, University of Pennsylvania Press.

Lyons, J.(ed.)(1970), *New horizons in linguistics*, Penguin.

Santa Ana, O. & Parodi, C.(1998), "Modeling the speech community: Configuration and variable types in the Mexican Spanish setting", *Language in society* 27(1), 23-51.

Saville-Troike, M.(2003), *The Ethnography of Communication: An Introduction*, 3rd ed., 왕한석·백경숙·이진성·김혜숙 역(2009), 『언어와 사회: 의사소통의 민족지학 입문』, 한국문화사.

6장

김봉순(1996), 「텍스트 의미 구조의 표지 연구」, 서울대 박사학위 논문.

김봉순(2002), 『국어교육과 텍스트구조』, 서울대학교 출판부.

김영철(2004), 「우리말 담화표지의 기능 고찰: '거시기'를 대상으로」, 『한국언어문학』 52, 23 - 36.

박경현(2001), 『리더의 화법』, 삼영사.

박경현(2003), 「교사의 설득 화법」, 『화법연구』 5, 199 - 217.

신지연(2001), 「거시구조 접속의 연결어미」, 『텍스트언어학』 11, 159 - 176.

신지연(2005), 「단락 경계에서의 '그러나'의 의미 기능」, 『텍스트언어학』 19, 83 - 107.

이기갑(1995), 「한국어의 담화 표지 '이제'」, 『담화와 인지』 1, 261 - 287.

이응백·이주행(1992), 『말을 어떻게 할 것인가: 효과적인 화법의 비결』, 현대문학.

임규홍(1996), 「국어 담화 표지 '인자'에 대한 연구」, 『담화와 인지』 2, 1 - 20.

임영환·김규철·김종윤·이기윤·정재민·박형우(1996), 『화법의 이론과 실제』, 집문당.

임유종·이필영(2004), 「한국 초·중·고등학생의 발화에 나타난 연결 표현의 발달 단계」, 『텍스트언어학』 17, 173 - 200.

임태섭(1997), 『스피치 커뮤니케이션』, 연암사.

임태섭(2003), 『스피치 커뮤니케이션』, 커뮤니케이션북스.

전영우(1996), 「국어화법 논저 해제」, 『새국어교육』 52, 77 - 96.

전영우(2002), 『스피치 커뮤니케이션 짜임새 있는 연설』, 민지사.

조혜진(2001), 「화용론적 연결사(conectores pragmaticos)에 대한 일반적인 고찰과 E/LE 23 학습에서의 요구」, 『서어서문연구』 19, 151 - 167.

차배근(2002), 『설득 커뮤니케이션 이론: 실증적 연구입장』, 서울대학교 출판부.

황석자(2003), 「인과관계 연결사와 pourquoi의 문체적·화용적 분석」, 『불어불문학연구』 56, 895 - 927.

Bettinghaus, E. P. & Cody, M. J.(1994), *Persuasive Communication*, Harcourt Brace College publisher.

Brembeck, W. L. & Howell, W. S.(1976), *Persuasion: A Means of Social Influence*, Prentice Hall.

Cooper, L.(1932), *The Rhetoric of Aristotle*, D. Appleton and company.

Dewey, J.(1933), *How We Think*, D. C. Heath.

Festinger, L.(1957), *A Theory of Cognitive Dissonance*, Stanford University Press.

Gronbeck, B. E., German, K., Ehninger, D. & Monroe, A. H.(1995), *Principles of Speech Communication*, HaperCollins.

Hamilton, C.(1996), *Successful Public Speaking*, Wadsworth.

Hollingworth, H. L.(1935), *The Psychology of the Audience*, American Book.

Hovland, C. I.(1957), *The Order of Presentation in Persuasion*, Yale University Press.

Kearney, P. & Plax, T. G.(1996), *Public Speaking in a Diverse Society*, Mayfield.

Lucas, S. E.(1995), *The Art of Public Speaking*, McGraw Hill.

Lumsdaine, A. A. & Janis, I. L.(1953), "Resistance to 'counterpropaganda' produced by one-sided and two-sided propaganda presentations", *Public Opinion Quarterly* 17(3), 311 - 318.

McCroskey, J. C.(1978), *An Introduction to Rhetorical Communication*, Prentice Hall.

Monroe, A. H.(1949), *Principles and Types of Speech*, 3rd ed., Scott, Foresman.

Monroe, A. H.(1962), *Principles and Types of Speech*, 5th ed., Scott, Foresman.

Monroe, A. H. & Ehninger, D.(1969), *Principles and types of speech*, 6th ed., Scott, Foresman.

Osborn, M. & Osborn, S.(1994), *Public Speaking*, Houghton Mifflin.

Rodman, G. & Adler, R. B.(1997), *The New Public Speaker*, Harcourt Brace College Publishers.

Ross, R. S.(1974), *Persuasion: Communication and Interpersonal Relations*, Prentice Hall.

7장

박재현(2011), 『설득 화법 교육론』, 태학사.

차배근(2002), 『설득 커뮤니케이션 이론: 실증적 연구입장』, 서울대학교 출판부.

Apsler, R. & Sears, D. O.(1968), "Warning, personal involvement, and attitude change", *Journal of personality and social psychology* 9(2p1), 162−166.

Brehm, J. W.(1966), *A theory of psychological reactance*, Academic Press.

Cohen, A. R.(1964), *Attitude change and social influence*, Basic Books.

Cooper, E. & Dinerman, H.(1951), "Analysis of the film "Don't Be a Sucker": A Study in communication", *Public Opinion Quarterly* 15(2), 243−264.

Cope, F. & Richardson, D.(1972), "The effects of reassuring recommendations in a fear-arousing speech", *Speech Monographs* 39, 148−150.

Hovland, C. I. & Mandell, W.(1952), "An experimental comparison of conclusion-drawing by the communication and by the audience", *Journal of Abnormal and Social Psychology* 47(3), 581−588.

Hovland, C. I., Janis, I. L. & Kelly, H. H.(1953), *Communication and persuasion*, Yale University Press.

Hovland, C. I., Lumsdaine, A. A. & Sheffield, F. D.(1949), *Experiments on mass communication: Studies on social psychology in world war II*, Princeton University Press.

Jackson, S. & Allen, M.(1987), "Meta-analysis of the effectiveness of one-sided and two-sided argumentation", Paper presented at the annual meeting of the International Communication Association.

Kearney, P. & Plax, T. G.(1996), *Public Speaking in a Diverse Society*, Mayfield.

Kiesler, C. A., Collins, B. & Miller, N.(1969), *Attitude change: A critical analysis of theoretical approaches*, Wiley.

Lumsdaine, A. A. & Janis, I. L.(1953), "Resistance to 'counterpropaganda' produced by one-sided and two-sided propaganda presentations", *Public Opinion Quarterly* 17(3), 311−318.

O'Keefe, D. J.(1990), *Persuasion: Theory and research*, Sage.

Petty, R. E. & Cacioppo, J. T.(1979), "Issue involvement can increase or decrease persuasion by enhancing message-relevant cognitive responses", *Journal of personality and social psychology* 37(10), 1915.

Petty, R. E. & Cacioppo, J. T.(1986), *Communication and persuasion: Central and peripheral routes to attitude change*, 리대룡·이상빈·박희랑 역(1999), 『커뮤니케이션과 설득: 정교화 가능성 모델(ELM) 총설』, 범우사.

Petty, R. E., Cacciopo, J. T. & Sidera, J. A.(1982), "The effects of a salient self-schema on the evaluation of proattitudinal editorials: Top-down versus bottom-up message processing", *Journal of Experimental Social Psychology* 18(4), 324−338.

Petty, R. E., Cacioppo, J. T., Haugtvedt, C. P. & Heesacker, M.(1986), "Consequences of the route to persuasion: persistence and resistance of attitude changes", *Unpublished Manuscript, University of Missouri, Columbia, MO*.

Rhine, R. J. & Severance, L. J.(1970), "Ego−involvement, discrepancy, source credibility, and attitude change", *Journal of personality and social psychology* 16(2), 175−190.

Ross, L, Lepper, M. R. & Hubbard, M.(1975), "Perseverance in self-perception and social perception: Biased attributional processes in the debriefing paradigm", *Journal of personality and social psychology* 32(5), 880−892.

Sherif, C. W., Kelly, M., Rodgers, H. L., Sarup, G. & Tittler, B.(1973), "Personal involvement, social judgment, and action", *Journal of personality and social psychology* 27(3), 311 – 327.

Sherif, C. W., Sherif, M. & Nebergall, R. E.(1965), *Attitude and attitude change: The social judgment - involvement approach*, Saunders.

Sherif, M. & Hovland, C. I.(1961), *Social judgment: Assimilation and contrast effects in communication and attitude change*, Yale University Press.

Sivacek, J. & Crano, W. D.(1982), "Vested interest as a moderator of attitude – behavior consistency", *Journal of personality and social psychology* 43(2), 210 – 221.

Wood, W.(1982), "Retrieval of attitude - relevant information from memory: Effects on susceptibility to persuasion and on intrinsic motivation", *Journal of personality and social psychology* 42(5), 798 – 810.

8장

김영석(2008), 『설득 커뮤니케이션』, 나남.

박경현(1993), 「설득에서의 오류에 관한 고찰: 국어 화법 지도 개선의 한 방안으로」, 『한국국어교육연구회논문집』 50, 29-65.

백미숙(2002), 「연설문의 들머리와 마무리 구조 분석」, 『독어학』 5, 253-288.

이창덕·임칠성·심영택·원진숙(2006), 『삶과 화법』, 박이정.

차배근(1989), 『설득 커뮤니케이션 이론: 실증적 연구입장』, 서울대학교 출판부.

Aristotle, *The rhetoric and the poetics of Aristotle*, Modern Library College Editions, W. R. Roberts & I. Bywater(Trans.)(1984), McGraw - Hill Companies.

Gregory, H.(1990), *Public speaking for college and career*, McGraw Hill.

Hamilton, C.(1996), *Successful public speaking*, Wadsworth.

Hovland, C. I. & Weiss, W.(1951), "The influence of source credibility on communication effectiveness", *Public opinion quarterly* 15(4), 635-650.

Janis, I. L. & Feshbach, S.(1953), "Effects of fear - arousing communications", *Journal of Abnormal and Social Psychology* 48(1), 78 – 92.

Kearney, P. & Plax, T. G.(1996), *Public Speaking in a Diverse Society*, Mayfield.

Lucas, S. E.(1995), *The art of public speaking*, McGraw Hill.

McCroskey, J. C. & Jenson, T. J.(1975), "Image of mass media news sources", *Journal of Broadcasting & Electronic Media* 19(2), 169-180.

O'Keefe, D. J.(1990), *Persuasion: Theory and Research*, Sage.

9장

강태완·김태용·이상철·허경호(2001), 『토론의 방법』, 커뮤니케이션북스.

이병주·남궁은정·강태완(2005), 「사설의 논증적 분석: 툴민의 논증이론과 반 다이크의 텍스트 이론간의 섭합과 논거 - 토포스 분석의 방법」, 『한국소통학보』 4, 130-178.

임태섭(1997), 『스피치 커뮤니케이션』, 연암사.

Brinker, K.(1985), *Linguistische textanalyse: Eine einfuhrung in grundbegriffe und metho*, 이성만 역(2004), 『텍스트 언어학의 이해: 언어학적 텍스트분석의 기본 개념과 방법』, 역락.

Gronbeck, B. E., German, K., Ehninger, D. & Monroe, A. H.(1995), *Principles of Speech Communication*, Haper Collins.

Hamilton, C.(1996), *Successful public speaking*, Wadsworth.

Lucas, S. E.(1995), *The Art of Public Speaking*, McGraw Hill.

Osborn, M. & Osborn, S.(1994), *Public Speaking*, Houghton Mifflin.

Toulmin, S. E.(1958), *The Uses of Argument*, Cambridge University Press.

Williams, J. M. & Colomb, G. G.(2007), *The Craft of Argument* 윤영삼 역(2008), 『논증의 탄생: 글쓰기의 새로운 전략』, 홍문관.

10장

박재현(2011), 「교육적 기능을 고려한 토론 유형 선택의 변수」, 『화법연구』 19, 47 - 79.

박재현(2014), 「정책 토론의 입론 구성 교육 내용 연구」, 『우리말글』 60, 93 - 121.

박재현(2017), 「반대 신문의 교육적 가치와 반대 신문 전략」, 『국어교육』 156, 153 - 183.

이두원(2005), 『논쟁: 입장과 시각의 설득』, 커뮤니케이션북스.

이상철 · 백미숙 · 정현숙(2007), 『스피치와 토론』, 성균관대학교 출판부.

이선영(2010), 「토론 대회 경험과 토론 효능감에 대한 연구고등학교 토론 대회 소감문 분석을 중심으로」, 『국어교육학연구』 39, 403 - 436.

이선영(2011), 「토론 교육 내용 체계 연구: 초 · 중 · 고 토론대회 담화 분석을 바탕으로」, 서울대학교 박사학위 논문.

이정옥(2008), 『토론의 전략: 합리적 의사소통을 위한 토론』, 문학과지성사.

이창덕 · 임칠성 · 심영택 · 원진숙 · 박재현(2010), 『화법 교육론』, 역락.

한상철(2006), 『토론: 비판적 사고를 활용한 토론 분석과 그 응용』, 커뮤니케이션북스.

Edwards, R. E.(2008), *Competitive Debate: The Official Guide*, Alpha.

Emory National Debate Institute, *Policy debate manual*, 허경호 역(2005), 『정책토론의 방법』, 커뮤니케이션북스.

Kuper, G.(2000), "Student motivations for participating in policy or parliamentary debate", Paper presented at the annual meeting of the 68th central states communication association.

Meany, J. & Shuster, K.(2003), *On that Point!: An Introduction to Parliamentary Debate*, 허경호 역(2008), 『모든 학문과 정치의 시작, 토론 : 의회식 토론법으로 배우는 토론의 이해와 실제』, 커뮤니케이션북스.

Phillips, L., Hicks, W. S. & Springer, D. R.(2006), *Basic Debate*, McGraw Hill.

Rancer, A. S., Whitecap, V. G., Kosberg, R. L. & Avtgis, T. A.(1997), "Testing the Efficacy of a Communication Training Program to Increase Argumentativeness and Argumentative Behavior in Adolescents", *Communication Education* 46(4), 273 - 286.

Rodman, G. R. & Adler, R. B.(1997), *The New Public Speaker*, Harcourt Brace.

Scott, D. K.(1998), "Debating Values: Key Issues in Formatting an Argumentative Case", Paper presented at the Annual Meeting of the Central States Communication Association.

Seth, H. & Cherian, K.(2006), "Introduction to Lincoln Douglas Debate", http://debate.uvm.edu/dcpdf/LDIntroduction_to_LD_Debate_(NFL).pdf

11장

박재현 · 백정이 · 양경희 · 최영인(2019), 「협력적 의사소통 능력 평가 틀 구안」, 『리터러시 연구』 10(6), 75 - 111.

박준홍(2015), 「틀(frame) 유형을 활용한 협상 교육 내용 연구」, 『국어교육연구』 36, 83 - 114

서영진(2010), 「'협상' 담화 교수 · 학습 방안 연구: 호혜적 협상의 기본 요소를 중심으로」, 『국어교육학연구』 38, 203 - 232.

심영택(2011), 「협상 담화 교육 방법 연구」, 『화법연구』 18, 1 - 29.

이종수(2009), 『행정학 사전』, 대영문화사.

이창덕·임칠성·심영택·원진숙·박재현(2017), 『2015 개정 국어과 교육과정에 따라 새롭게 집필한 화법 교육론』, 역락.

정민주(2008), 「협상 화법의 교육 내용 연구」, 서울대학교 박사학위 논문.

정민주(2020), 「다중 의제를 활용한 중고등학생의 협상 수행 양상」, 『새국어교육』 124, 101-126.

정민주(2022), 「화법 교육을 위한 협상 담화 절차의 구조화 방안」, 『국어교육연구』 79, 1-35.

한국화법학회 화법용어해설위원회(2014), 『화법 용어 해설』, 박이정.

Aaron, M. C.(2007), *Negotiating Outcomes: Expert Solutions to Everyday Challenges*, 이상욱 역(2008), 『협상의 기술』, 한스미디어.

Bazerman, M. H. & Neale, M. A.(1992), *Negotiating Rationally*, 이현우 역(2007), 『협상의 정석』, 원앤원북스.

Dewey, J.(1910), *How We Think*, 1991 ed., Prometheus Books.

Fisher, R., Ury, W. & Patton, B.(1991), *Getting to Yes: Negotiating Aagreement without Giving in*, 박영환 역(2003), 『YES를 이끌어내는 협상법: 하버드대 협상 문제 연구팀의 혁신적 협상프로젝트』(개정판), 장락.

Gouran, D. S. & Hirokawa, R. Y.(1983), "The Role of Communication in Decision-Making Groups: A Functional Perspective", In M. S. Mander (Ed.) *Communication in Transition: Issues and Debates in Current*, Praeger.

Janis, I. L.(1972), *Victims of Groupthink: a Psychological Study of Foreign-Policy Decisions and Fiascoes*, Houghton Mifflin.

Janis, I. L.(1982), *Groupthink: Psychological Studies of Policy Decisions and Fiascoes*, Houghton Mifflin.

Lewicki, R., Barry, B. Saunders, D. & Minton, J.(2006), *Essentials of Negotiation*, 4th ed., 김성형 역(2008), 『전략적 과학으로 승부하는 협상의 즐거움』, 스마트비즈니스.

Mercer, N.(1995), *The Guided Construction of Knowledge: Talk Amongst Teachers and Learners*, Multilingual Matters.

Spangle, M. L. & Isenhart, M. W.(2003), *Negotiation: Communication for Diverse Settings*, Sage.

Thomas, J. C.(2005), *Negotiate to Win: The 21 Rules for Successful Negotiating*, 이현우 역(2007), 『협상의 기술: 미국 대통령의 협상코치 짐 토머스』, 세종서적.

12장

공병혜(2011), 「인터뷰: 실천적 해석학으로서의 대화」, 『범한철학』 63(4), 339-356.

김영은·윤태진(2013), 「한국사회 내 프레젠테이션 문화의 출현과 그 의미」, 『한국소통학보』 20, 150-187.

김윤정·권순희(2021), 「AI 면접을 대비하기 위한 화법 교육 방안」, 『한글』 82(4), 1101-1139.

김윤정·권순희(2022), 「대학생 인식 조사에 기반한 AI 면접 교육 범주 및 내용 연구」, 『한글』 83-4, 1401-1434.

김태경(2013), 「설명적 프레젠테이션의 평가 항목 설정」, 『한국언어문화』 52, 81-101.

나은미(2012), 「대학에서의 면접 교육의 방향 및 지도 방법」, 『화법연구』 21, 47-79

박상진·황규대(2000), 「면접구조화가 면접의 신뢰성과 타당성에 미치는 영향에 관한 연구」, 『인사조직연구』 8(2), 93-110.

박준홍(2009), 「면담하기 교육 내용 연구: 정보획득을 위한 면담하기를 중심으로」, 서울대학교 석사학위 논문.

백혜선·이규만·박소희(2017), 「국어 교과서 '매체 자료를 활용하여 발표하기' 단원의 매체 및 복합양식성 교육 내용 분석」, 『청람어문교육』 61, 청람어문교육학회, 181-211.

송방원·조용주·이면우(2004), 「청중 선호도 분석을 통한 프리젠테이션 디자인 변수 설정 방안: 효과적인 프리젠테이션의 설정 및 이행」, 『한국HCI학회 학술대회』 2004(2), 1027-1032.

신나민·한정규(2022), 「인공지능 기반 대학생 취업 면접에 대한 성별 차이분석」, 『한국소프트웨어감정평가학회 논문지』 18(1), 61-70.

신지영·정희창·도원영·조태린·지연숙·유혜원(2010), 『열려라, 말』, 커뮤니케이션북스.

이숙의(2022), 「라디오 정치 인터뷰 담화의 의사소통 전략 분석」, 『국제어문』 93, 33-61.

이호연·유해정·박희정(2021), 『당신의 말이 역사가 되도록』, 코난북스.

임칠성(2008), 「화법 교육과정의 '담화 유형'에 대한 범주적 접근」, 『화법연구』 12, 149-188.

전은주(2008), 「학교 화법 교육에서의 면담 교수-학습 내용에 관한 재고」, 『국어교육』 127, 81-109.

조국현(2016), 「텍스트의 매체성: '인터뷰'의 매체적 변이형 고찰」, 『텍스트언어학』 41, 295-317.

조재윤(2012), 「학교 면담 교육의 분석과 대안」, 『화법연구』 21, 한국화법학회, 159-189.

주경희(2011), 「면담 교육을 위한 교육 내용 구성 방법」, 『국어교육』 135, 243-265.

최진숙(2010), 「인터뷰에 대한 언어인류학적 성찰: 정체성 관련 인터뷰 자료를 중심으로」, 『한국문화인류학』 43(3), 3-34.

한정선(1999), 『프리젠테이션 오! 프리젠테이션』, 김영사.

Boone, L. E., Block, J. R. & Kurtz, D. L.(1994), *Contemporary Business Communication*, Prentice Hall.

Knaflic, C. N.(2015), *Storytelling with Data: A Data Visualization Guide for Business Professionals*, 정사범 역(2016), 『데이터 스토리텔링: 설득력 있는 프리젠테이션을 위한 데이터 시각화 기법』, 에이콘.

Kosslyn, S. M.(2007), *Clear and to the Point: 8 Psychological Principles for Compelling PowerPoint Presentations*, 김경태 역(2008), 『프레젠테이션 심리학: 뇌의 지각, 기억, 인식 작용을 이용해 청중을 사로잡는 법』, 멘토르.

Kurnoff, J. & Lazarus, L.(2021), *Everyday Business Storytelling: Create, Simplify, and Adapt a Visual Narrative for Any Audience*, 이미경 역(2022), 『뜻밖의 업무 역량, 스토리텔링: 청중을 움직이는 인류의 가장 오래된 비법』, 프리렉.

Rapley, T. J.(2001), "The Art(fulness) of Open-Ended Interviewing: Some Considerations on Analysing Interviews", *Qualitative research* 1(3), 303-323.

Seidman, I.(2005), *Interviewing as Qualitative Research*, 3rd ed., 박혜준·이승연 역(2009), 『질적 연구 방법으로서의 면담』, 학지사.